ENCICLOPÉDIA DA MODA

GEORGINA O'HARA CALLAN

ENCICLOPÉDIA DA MODA
DE 1840 À DÉCADA DE 90

NOVA EDIÇÃO

VERBETES SOBRE A MODA BRASILEIRA
Cynthia Garcia

TRADUÇÃO
Glória Maria de Mello Carvalho
Maria Ignez França

2ª reimpressão

COMPANHIA DAS LETRAS

Copyright © 1986, 1989 e 1998 by Thames & Hudson Ltd., Londres
Copyright do texto © 1986, 1989 e 1998 by Georgina O'Hara Callan
Copyright dos verbetes sobre a moda brasileira © 2007 by Cynthia Garcia

PUBLICADO MEDIANTE ACORDO COM THAMES & HUDSON LTD., LONDRES

Grafia atualizada segundo o Acordo Ortográfico da Língua Portuguesa de 1990, que entrou em vigor no Brasil em 2009.

Título original
The Thames & Hudson dictionary of fashion and fashion designers
(Londres: Thames & Hudson, 1998)

Projeto gráfico e capa
Rita da Costa Aguiar

Foto de capa
Alexandre Perroca (do livro *A costura do invisível*, de Jum Nakao, Editora Senac São Paulo, 2005, p.69)

Revisão técnica e pesquisa iconográfica dos verbetes brasileiros
Cynthia Garcia

Colaboração (verbetes brasileiros)
America Cavaliere
Carol de Lara
Priscilla Garcia
Vanessa Salem

Preparação
Maysa Monção

Revisão
Carmen S. da Costa
Marise Simões Leal

Atualização ortográfica
Página Viva

Dados Internacionais de Catalogação na Publicação (CIP)
(Câmara Brasileira do Livro, SP, Brasil)

Callan, Georgina O'Hara
  Enciclopédia da moda de 1840 à década de 90 / Georgina O'Hara Callan ; verbetes brasileiros Cynthia Garcia ; tradução Glória Maria de Mello Carvalho, Maria Ignez França. — São Paulo : Companhia das Letras, 2007.

  Título original: The Thames & Hudson dictionary of fashion and fashion designers.
  ISBN 978-85-359-0956-2

  1. Enciclopédias e dicionários 2. Estilistas (Moda) 3. Moda - Dicionário 4. Moda - História - 1840-1990 5. Trajes - História - Dicionários 6. Trajes especiais - Desenho - História - Dicionários I. Garcia, Cynthia. II. Título.

06-9203   CDD-391.003

Índice para catálogo sistemático:
  1. Moda : 1840-1990 : Enciclopédias e dicionários 391.003

[2017]
Todos os direitos desta edição reservados à
EDITORA SCHWARCZ S.A.
Rua Bandeira Paulista, 702, cj. 32
04532-002 — São Paulo — SP
Telefone: (11) 3707-3500
www.companhiadasletras.com.br
www.blogdacompanhia.com.br
facebook.com/companhiadasletras
instagram.com/companhiadasletras
twitter.com/cialetras

SUMÁRIO

Prefácio, 7
Como usar este livro, 11

ENCICLOPÉDIA, 13

Bibliografia, 346
Créditos das ilustrações, 356

PREFÁCIO

A *Enciclopédia da moda* cobre o período que vai de 1840 — quando surgiu a máquina de costura, que estabeleceu a base para a indústria de prêt-à-porter — até o fim da década de 90. Concentra-se nas principais capitais da moda dessa época: Paris, Londres, Nova York, Roma e Milão, pois foi a partir dessas cidades que surgiu o principal impulso da moda, embora outros lugares, como Hollywood, também tenham dado sua contribuição.

As biografias dos estilistas — os inovadores, os criadores, os intérpretes, mesmo aqueles cuja contribuição não foi maior nem menor do que fazer um bom trabalho durante um período específico — são importante componente deste livro. O primeiro estilista digno de nota foi Charles Worth. Um inglês em Paris, era considerado uma celebridade, cujos dons para o marketing e a publicidade, combinados a um talento inquestionável, estenderam sua influência para muito além do guarda-roupa dos bem vestidos. Nele podemos vislumbrar um criador de moda dos tempos modernos. Foi quem abriu caminho para outros grandes nomes do início do século xx: Doucet, Paquin, Poiret, Lanvin…

As viagens e os meios de comunicação espalharam a notícia. Patou levou modelos dos Estados Unidos para mostrar suas roupas em Paris — americanas esportivas que se adaptavam às alegres roupas da década de 20.

Duas mulheres assumiram as rédeas nas décadas de 20 e 30: Chanel e Schiaparelli. As ideias de Chanel continuam vivas; seu estilo era tão informal, desestruturado e

PREFÁCIO

descomplicado quanto ela mesma era complexa. Elsa Schiaparelli, com suas roupas espirituosas e irreverentes, trouxe humor à moda, buscando no mundo da arte as ideias mais avançadas para usá-las em seus modelos. Graças a ela, moda e arte se fundiram, e a moda nunca mais foi levada tão a sério.

Durante a Segunda Guerra Mundial, os Estados Unidos perderam o contato com Paris e começaram a seguir seu próprio caminho. Na capital francesa, a moda se manteve estagnada até 1947, quando Dior atraiu a atenção de todos. Embora estilistas parisienses estivessem trabalhando desde 1939 (e durante os anos da guerra) para criar um novo estilo, que em 1947 ficaria conhecido como o *New Look*, foi Dior quem o lançou, e é a ele que esse estilo será irrevogavelmente ligado.

A alta-costura de Balmain e Balenciaga dominou a década de 50, mas isso mudaria na década seguinte, quando Saint-Laurent levou a moda de rua à passarela, e muitos tabus foram quebrados na onda da cultura pop. Mary Quant tornou-se a heroína dos anos 60. A "sóbria década de 70" assistiu à ascensão de dois estilistas influentes nos Estados Unidos: Ralph Lauren, que captou a essência da América aburguesada ao romantizar o passado pioneiro; e Calvin Klein, cujas formas simplificadas transmitem um visual sem adornos e minimalista. Depois da revolução do vestuário nos anos 60, os anos 70 voltaram-se para a modernização de propostas clássicas ou, no outro extremo, para trajes temáticos, trajes de discoteca, moda étnica e "trajes executivos" para mulheres. No final da década, surgiram os japoneses: Miyake, Kawakubo e Kansai Yamamoto construíram uma ponte não só do Oriente para o Ocidente, mas também da década de 70 para a de 80. Eles lançaram a sobreposição de peças e, com isso, uma nova forma de encarar as roupas. Seu legado atravessou os anos 90 com o look minimalista, e suas ideias foram reexploradas pelos "desconstrucionistas".

O final do século XX foi marcado por um clima que nasceu com a revolução de costumes dos anos 60, e levou os criadores a olharem, cada vez mais, para as ruas e para a cena urbana multicultural em busca de inspiração. Estilistas como Vivienne Westwood uniram moda a sexo agressivo e cultura jovem anárquica. Foi nas ruas que nasceu o grunge, uma revolução tão importante como a que ocorreu nos anos 60. Os "desconstrucionistas" — como os belgas Martin Margiela e Ann Demeulemeester — desafiaram todo o conceito de vestuário ao reduzir os trajes a seus componentes básicos, rasgando e esfarrapando roupas; reposicionando mangas, zíperes e golas; e fazendo experimentos com tecidos inusitados. Ao mesmo tempo, ocorreu um renovado interesse pela alta-costura, quando as coroas das grandes casas de Paris passaram para as mãos jovens de John Galliano e Alexander McQueen.

PREFÁCIO

A moda também foi influenciada pelos criadores de figurinos para o cinema, principalmente no início do século XX. Embora o impacto da televisão tenha sido mais geral, o poder de suas imagens — homens do espaço com macacões, exércitos com fardas de combate, hippies e até tribos africanas pouco conhecidas — ajudou a difundir, ou mesmo iniciar, uma tendência.

Ilustradores também estão incluídos aqui. Na virada do século XIX, mais de cem periódicos de moda eram publicados em Paris. Os artistas da *Gazette du Bon Ton* lançaram o seu. As criações de Bakst para o teatro influenciaram a moda anterior à Primeira Guerra Mundial, enquanto Barbier e Lepape caracterizaram a mulher da época, assim como Eric faria trinta anos depois. Quando a fotografia se tornou a forma visual dominante, Steichen, Hoyningen-Huene e Horst, seguidos por Avedon, Penn, Parkinson e, mais tarde, Bailey, trouxeram suas interpretações pessoais de humor e estilo. Bruce Weber eliminou o artifício do gênero.

A moda não atrairia tanta atenção sem os editores de revista, cujos olhos selecionam os estilos de amanhã, e cujas mãos contratam o talento e a habilidade de hoje. Condé Nast, John Fairchild, Edna Woolman Chase, Diana Vreeland, Carmel Snow são nomes tão reverenciados hoje quanto os estilistas que eles mostravam em *Harper's Bazaar*, *Vogue* e *Women's Wear Daily*. Os artistas também estão relacionados: Christian Bérard, que trabalhou com Schiaparelli; Raoul Dufy, que criava tecidos para a Bianchini-Férier; Mondrian, cujas pinturas inspiraram Saint-Laurent; e Bridget Riley, famosa pela *Op Art*.

Há aqueles que seguem lado a lado com a moda, e às vezes a conduzem: Cartier, Schlumberger e Kenneth Jay Lane, por exemplo, nas joias; Ferragamo, Vivier e Blahnik, em sapatos; Paulette, Reboux, Daché e Treacy, em chapéus; Hermès e Gucci, em acessórios. Jackie Kennedy Onassis, Brigitte Bardot, Jawaharlal Nehru, Dwight D. Eisenhower e Madonna são citados aqui porque estão entre as pessoas que influenciaram a moda ou deram seu nome a uma peça de roupa ou a um estilo.

A moda também é o resultado da interação de estilistas com brilhantes mentes comerciais, industriais e científicas. O desenvolvimento das roupas para ginástica, por exemplo, está diretamente relacionado ao progresso na fabricação de fibras e tecidos. No campo da roupa íntima, o avanço dos tecidos também foi significativo. As numerosas e pesadas peças do século XIX foram substituídas por outras (e poucas) mais leves. Mais de uma peça íntima passou a ser peça externa; o penhoar transformou-se em vestido de chá e, finalmente, em vestido diurno; o sutiã e a calcinha viraram o biquíni; o espartilho preparou o caminho para o maiô; a camisa

PREFÁCIO

íntima, a princípio usada como camisola ou sob o espartilho, tornou-se modelo de vestido; combinações e bustiês tornaram-se trajes para a noite.

A moda é um reflexo mutável do que somos e dos tempos em que vivemos. As roupas revelam nossas prioridades, nossas aspirações, nosso liberalismo ou conservadorismo. Contribuem muito para satisfazer necessidades emocionais simples ou complexas, e podem ser usadas, consciente ou inconscientemente, para transmitir mensagens sexuais sutis ou diretas. Emprestam cor e forma a nosso ambiente e dão forma a nossos sentimentos. Como mostra este livro, as roupas e os estilistas que as criaram são a primeira e a última palavra da linguagem que é a moda.

NOTA DA EDIÇÃO BRASILEIRA

Os verbetes sobre a moda brasileira incluídos neste livro foram elaborados pela jornalista Cynthia Garcia, formada em história da arte pelo *Fleming College* (Florença, Itália) e, durante quinze anos, colaboradora e editora de edições especiais da revista *Vogue* e *Casa Vogue*. Atualmente é editora da revista *Wish Report* e professora do MBA Gestão do Luxo da Fundação Armando Alvares Penteado (FAAP).

COMO USAR ESTE LIVRO

Esta enciclopédia abrange a moda em todos os seus aspectos, com verbetes para estilistas, casas de alta-costura, fabricantes, criadores de acessórios e joias, cabeleireiros e figurinistas de teatro e cinema. Artistas e movimentos artísticos que influenciaram a moda têm seu lugar neste livro, assim como revistas e editores de moda, fotógrafos e ilustradores. Movimentos de moda, incluindo estilos de rua, também estão presentes. Além disso, uma simples olhada nestas páginas revelará verbetes como "Madonna", "butique", "Twiggy" e "Seventh Avenue", que, embora estejam fora das categorias mencionadas, fazem parte da história da moda.

Referências cruzadas estão indicadas pelo uso de VERSALETE e foram reduzidas ao mínimo necessário para tornar os verbetes mais legíveis. Embora os nomes dos estilistas estejam sempre destacados, o de roupas e tecidos não estão, uma vez que aparecem com muita frequência, e isso tornaria as remissões pouco úteis.

As ilustrações normalmente estão na mesma página ou na página ao lado daquela em que se encontra o verbete. Quando aparecem sob um título diferente, a referência é precedida por um asterisco: assim, no verbete "Era Espacial", *COURRÈGES.

A ordem alfabética dos verbetes funciona de acordo com o sistema letra a letra: assim, "lã" é seguido por "Lachasse", não por "lã de cordeiro".

A bibliografia está dividida em categorias, o que às vezes leva a sobreposições, e abrange as fontes mais importantes e informativas sobre a moda.

A BCDEFGHIJKLM NOPQRSTUVWXYZ

ABRAHAM Fábrica têxtil fundada na Suíça no século XIX. Em 1943, transformou-se em companhia limitada, com sede em Zurique. Conhecida por tecer e distribuir sedas para a alta-costura internacional e para as indústrias de prêt-à-porter, a Abraham também produz algodão liso e estampado, lã, raiom, jacquard e jérsei. Uma das principais fornecedoras para a França, a companhia fabricou os famosos xales de SAINT-LAURENT na década de 70.

ABRIGO Ver TRAINING.

ACETATO Tecido ou fio sintético de acetato de celulose criado na Alemanha em 1869. O trabalho com essa fibra foi desenvolvido no princípio do século XX pelos químicos suíços Camille e Henri Dreyfus, da Basileia, mas sua pesquisa foi interrompida durante a Primeira Guerra Mundial, quando o acetato foi usado na fabricação de encerados para revestir os aviões franceses e britânicos. Em 1920, a British Celanese Ltd. produziu uma fibra de acetato comercialmente viável utilizando o método Dreyfus. Desde então, o acetato vem sendo usado em lingeries, blusas, vestidos e roupas de malha, bem como em outras peças que necessitem de tecidos leves e sedosos.

ACOLCHOADO Ver MATELASSÊ.

ACRÍLICO Fibra sintética muito usada em substituição à lã. Apesar de lançado comercialmente em 1947, o acrílico só foi produzido em grande escala na década de 50. É um tecido forte e quente, de bom caimento, muito usado na confecção de malhas e trainings, inclusive em forro de botas, luvas, paletós e chinelos. As marcas de fantasia do acrílico são Acrilan e Orlon.

ADOLFO 1930-. Chapeleiro, estilista. Nascido Adolfo Sardiña, em Havana, Cuba. Adolfo emigrou para Nova York em 1948 e trabalhou como aprendiz de chapeleiro na Bergdorf Goodman. Em 1951 mudou-se para Paris e foi trabalhar com BALENCIAGA. Voltou para Nova York e para a Bergdorf Goodman, onde desenhou chapéus usando o nome de "Adolfo of Emme". Na década de 50, ganhou notoriedade graças à sua técnica de moldar chapéus com costuras, dispensando o uso de armações com arame ou enchimentos. Em 1962, iniciou seu próprio negócio. Suas inovações incluem bonés de jérsei com viseiras, chapéus com óculos protetores removíveis e enormes BOINAS de pele. Na década de 60, também lançou um *Panama Planter's Hat* feito de palha e adornado de uma fita ou tira de jérsei listrada; chapéus peludos de COSSACO feitos de veludo de lã ou pele; e variações de CHAPÉU-COCO e PILLBOX. As roupas que criou para usar com seus chapéus tinham vestígios de figurino: um capote comprido de oficial, de mélton com DRAGONAS e botões dourados; SAIAS FRANZIDAS de xadrez vichi, jumpers de organdi, blusas

GIBSON GIRL e saias de PATCHWORK. Nos anos 70, abandonou os elementos de figurino teatral, característicos de suas criações anteriores, baseando suas coleções em tailleurs de malha e vestidos de alfaiataria que atraíam uma clientela restrita e conservadora. Adolfo fechou as portas de seu ateliê em 1993.

ADRI 1930-. Estilista. Nascida Adrienne Steckling, em Saint Joseph, Missouri, Estados Unidos. Frequentou a School of Fine Arts na Universidade de Washington, em Saint Louis, Missouri. No verão de 1955, tornou-se editora convidada da edição universitária de *Mademoiselle*. No ano seguinte, estudou na Parsons School of Design, em Nova York, onde recebeu forte influência da estilista Claire MCCARDELL, professora da escola na época. Adri trabalhou para a loja atacadista de B. H. Wragge durante muitos anos e para Anne FOGARTY. Em 1972, começou a produzir sua própria linha de roupas, inclusive acessórios. Seus trajes são funcionais, práticos e fáceis de usar. Ela acredita na criação de um guarda-roupa intercambiável composto peça por peça.

ADRIAN 1903-59. Figurinista. Nascido Gilbert Adrian, em Naugatuck, Connecticut, Estados Unidos. Estudou em Nova York na School of Fine and Applied Arts e em Paris. Criou figurinos para shows da Broadway até 1925, quando foi para Hollywood fazer roupas para Rodolfo Valentino. De 1926 a 1928, trabalhou nos De Mille Studios, passando pouco tempo depois para a Metro-Goldwyn-Mayer, onde se tornou figurinista-chefe. Na MGM ele fez, por muitos anos, modelos para Greta GARBO. Para o papel dela em *Mulher de brio* (*A woman of affairs*, 1928), criou um CHAPÉU DE ABA CAÍDA que se tornou a tendência dominante durante pelo menos uma década. Em *Romance* (1930), fez com que ela usasse um chapéu de veludo com plumas de avestruz que encobria parcialmente um olho. Ficou conhecido como "Eugênia" e foi um estilo muito copiado. O PILLBOX para Garbo em *Como me queres* (*As you desire me*, 1932) foi outra criação que influenciou a moda, tal qual a REDE para Hedy Lamarr em *A mulher que eu quero* (*I take this woman*, 1940). Para Joan Crawford em *Redimida* (*Letty Linton*, 1932), Adrian fez um vestido de organdi branco com ombros largos, mangas em tufo e cintura estreita. Foi muito copiado nos Estados Unidos; a loja de departamentos nova-iorquina Macy's afirmou, na época, ter vendido 500 mil modelos semelhantes. Adrian deu a Crawford sua marca registrada: ombros largos com enchimentos, que faziam seus quadris parecer mais estreitos. Para Jean Harlow, fez vestidos sinuosos em CORTE ENVIESADO, revelando as linhas do corpo. Suas criações caracterizam-se por silhuetas e padronagens arrojadas; MANGAS DÓLMÃ e MANGAS QUIMONO; cinturas afuniladas e abotoamentos em diagonal. Adrian gostava de linhas assimétricas e frequentemente usava crepe preto em vestidos de noite longilíneos, de corte enviesado. Em 1942, afastou-se do cinema e abriu uma loja em Beverly Hills, Califórnia, embora continuasse a fazer roupas originais para filmes até a sua morte.

AERTEX Tecido celular de algodão, lançado na Inglaterra no final do século XIX por Lewis Haslam, ex-membro do Parlamento por Newport, Monmouthshire, e por sir Benjamin Ward Richardson e Richard Greene, médicos. Em 1888, os três formaram a Aertex Company. Em 1891, a companhia fabricava roupas íntimas femininas de Aertex, muito usado, até hoje, em roupas de baixo e *sportswear*. A partir da década de 70, passou a ser empregado também em camisas, blusas e saias de verão. Foi o precursor da malha de algodão térmica usada em roupas informais nos anos 90, como LEGGINGS, jaquetas e CAMISETAS.

AFRO Penteado natural e encaracolado, popular entre afro-americanos a partir da década de 60.

AGHA, MEHEMET FEHMY 1896-1950. Diretor de arte. Nascido em Kiev, Ucrânia. Estudou na École des Beaux-Arts em Paris durante a década de 20, conseguindo mais tarde um doutorado em ciência política. Trabalhou em Paris como chefe de estúdio na agência de publicidade Dorland, antes de ingressar na *Vogue* alemã, em Berlim, onde foi descoberto por Condé NAST. Em 1929, Agha foi transferido para a *VOGUE* americana, em Nova York. Ele modificou o projeto gráfico da revista, introduzindo o tipo sem serifa e revolucionando layouts e capas. Tornou conhecido o trabalho dos fotógrafos BEATON, HORST, HOYNINGEN-HUENE e STEICHEN. Também contribuiu com matérias para a revista. Em 1943, Alexander LIBERMAN, seu herdeiro natural, assumiu o posto.

AGNEAU RASÉ *Ver* ASTRACÃ.

AGNÈS B 1941-. Estilista. Nascida Agnès Troublé em Paris, França. Aos dezessete anos, começou a trabalhar na revista *Elle* como editora-assistente. Dois anos mais tarde, foi para a DOROTHÉE BIS como estilista e saiu em 1964, passando a trabalhar como freelance. Em 1975, abriu sua primeira loja em Paris, oferecendo roupas informais e de preço acessível a uma ampla faixa etária. Muitas de suas criações iniciais eram adaptadas dos uniformes dos operários franceses. Ela se especializou em peças avulsas, principalmente num CARDIGÃ com botões de pressão. Muito do charme de suas roupas reside no fato de parecerem usadas.

ÁGUA DE COCO Marca cearense de moda praia feminina e masculina, fundada em 1986, em Fortaleza, por Liana Tomáz (1975-). Com inspiração regional, caracteriza-se pelas cores vibrantes e uso de técnicas típicas do artesanato nordestino.

AIGRETTE *Ver* EGRETE.

ALAÏA, AZZEDINE 1940-. Estilista. Nascido na Tunísia. Estudou na Escola de Belas-Artes de Túnis antes de se mudar, em 1957, para Paris, onde trabalhou para DIOR, LAROCHE e MUGLER. Nos anos 70, aumentaram os pedidos

O vestido justo de costas nuas criado por Azzedine ALAÏA para a coleção verão de 1981 integra uma série de modelos de jérsei com zíperes, que permitiam a exposição de diferentes partes do corpo. O desenho é de Thierry Perez.

ALBINI, WALTER

de clientes particulares, e em 1981 Alaïa fez sua primeira apresentação. Uma de suas primeiras coleções (1986-7), feita em sua maioria de couro, incluía vestimentas com ilhoses de metal incrustados, saias de musselina tacheadas e MANOPLAS de couro. Seus primeiros modelos idealizavam a silhueta feminina com formas justas e curvilíneas, recortadas em pelica macia, jérsei e seda. Sua moderna forma de AMPULHETA fez sucesso graças à pureza de linhas e ao uso adequado de tecidos tecnologicamente desenvolvidos. Os conjuntos de stretch, feitos com Lycra e lã, permitiram-lhe cortar e modelar o tecido como se fosse uma casca em redor do corpo, criando uma espécie de segunda pele com roupas construídas de maneira complexa. Seu inventivo uso de zíperes é, ao mesmo tempo, prático e parte integrante da criação. Estilista muito influente, Alaïa continua fazendo experiências com tecidos, especialmente com um tipo de lã com aspecto de feltro, mas também com materiais elásticos e novas técnicas de tecelagem.

ALBINI, WALTER 1941-83. Estilista. Nascido em Busto Arsizio, Itália. Estudou estilismo e figurino de moda na Itália, antes de se mudar para a França, onde trabalhou como ilustrador para várias revistas italianas. Ao voltar para a Itália em 1960, trabalhou na KRIZIA durante três anos. Também produziu diversas coleções de prêt-à-porter para a BASILE, antes de abrir seu próprio negócio em 1965. Profundamente influenciado por CHANEL, e inspirado nas glamorosas roupas do cinema das décadas de 30 e 40, traduziu-as com sucesso em trajes sutis de corte original, os quais receberam considerável aclamação na Europa. Trabalhava principalmente com a seda, e dava tratamento requintado aos tecidos luxuosos. A influência de Albini foi interrompida por uma morte prematura.

ALBORNOZ Ampla capa com capuz, de origem árabe, frequentemente bordada e adornada com pingentes. A forma do albornoz serviu de base ao manto do século XIX. Também conhecido como "burnus".

ALEXANDRA, RAINHA 1844-1925. Nascida Alexandra Caroline Charlotte Louisa Julia, filha de Cristiano IX, em Copenhague, Dinamarca. Em 1863, Alexandra casou-se com o príncipe de Gales, que mais tarde se tornou Eduardo VII. Como princesa de Gales, foi responsável por diversas inovações na moda. Usava uma PELIÇA comprida, de abotoamento traspassado até a barra — um casaco prático

A rainha ALEXANDRA (centro) usando sua famosa gargantilha de pérolas, que começava no pescoço e descia além do corpete. A foto mostra também a duquesa de Fife (esquerda) e a princesa Vitória.

que foi muito copiado. Ditou moda também ao usar uma GARGANTILHA de joias. Sua famosa COLEIRA [*dog collar*], como às vezes a chamavam, era feita de carreiras de PÉROLAS que iam desde o pescoço até abaixo do CORPETE. Também usava em volta do pescoço uma fita larga de veludo, à qual se fixava um broche ou presilha. No final do século XIX, uma anágua — a Alexandra — recebeu o nome da princesa.

ALEXANDRE 1922-. Cabeleireiro. Nascido Alexandre Louis de Raimon, em Saint-Tropez, França. Fez seu aprendizado em Cannes, num dos salões do mestre-cabeleireiro ANTOINE. Em 1939, foi trabalhar no salão principal de Antoine, em Paris, onde, logo após a Segunda Guerra Mundial, se tornou diretor artístico. Inaugurou sua própria empresa em 1952. Durante os 25 anos seguintes, Alexandre criou mais de quinhentos penteados. Atribui-se a ele o ressurgimento das perucas na década de 60. Influenciou a moda de CHIGNONS, de cabelos curtos penteados para trás e de COQUES COLMEIA. Alexandre também é conhecido por sua técnica de adornar com fitas e joias penteados elaborados. Entre suas clientes, estão Greta GARBO, Elizabeth Taylor, Sophia Loren e Maria Callas. Foi, por muitos anos, o cabeleireiro pessoal da princesa Grace de Mônaco. Alexandre colaborou com inúmeros estilistas na criação de penteados para suas coleções.

ALFARO, VICTOR 1965-. Estilista. Nascido no México. Em 1981 Alfaro emigrou para os Estados Unidos e em 1987 estudou no Fashion Institute of Technology, em Nova York. Montou seu próprio negócio no início dos anos 90 e rapidamente conquistou a reputação de ser um estilista de roupas para a noite que sugerem sexo e poder. Seus trajes colantes, em couro e tecidos brilhantes, são usados por muitas mulheres famosas. As criações de Alfaro são influenciadas pelo STREET STYLE e, embora sejam muito bem cuidadas no corte e na forma, e em tecidos luxuosos, são consideradas de vanguarda.

ALGODÃO O algodoeiro, que atinge uma altura de noventa a 155 centímetros, produz uma bolsa de sementes (capulho) coberta de fibras. O algodão é colhido à mão ou à máquina, e as fibras são removidas por um descaroçador inventado em 1792 por Eli Whitney, no sul dos Estados Unidos. O algodão é usado em todos os tipos de roupas de moda, sendo particularmente adequado a roupas íntimas e trajes leves de verão.

ALIX *Ver* GRÈS.

ALMEIDA, RICARDO 1955-. Estilista de moda masculina. Filho de empresário paulista do ramo têxtil, foi representante de confecções até 1983, quando abriu sua própria fábrica de roupas, inicialmente para terceirizar para outras marcas. Em 1992, inaugurou a primeira loja. Suas roupas misturam o clássico e o moderno, em propostas bem dosadas de alfaiataria e peças informais.

ALPACA Lã da alpaca, animal da família dos camelídeos, nativo das regiões montanhosas dos Andes. Em 1836, sir Titus Salt lançou o tecido de alpaca, que, naquela época, era uma mistura de alpaca e seda. Mais barata que a seda pura, a alpaca possuía o mesmo brilho dos tipos de seda pesada existentes no século XIX. Tornou-se muito popular na década de 1840, quando o culto à saúde provocou um aumento no interesse por tecidos de lã. Era usada para confeccionar peças externas e para forrar casacos. No final do século XIX, a alpaca começou a ser misturada ao algodão e foi muito usada em vestidos e costumes até meados do século XX. A partir dos anos 50, a palavra alpaca passou a designar um tecido de crepe de raiom com textura firme, utilizado principalmente em peças externas.

ALPERCATA Ou alpargata, calçado de lona que, inicialmente, tinha solado de corda. Depois, o solado passou a ser confeccionado em borracha. Originária dos países mediterrâneos, onde era usada sobretudo por pescadores. Na segunda metade do século XX, tornou-se um sapato de verão muito comum. Também conhecida como *espadrille* (palavra francesa). Ver TÊNIS.

ALTA-COSTURA Ver HAUTE COUTURE.

Bolsas Orquídea, da AMAZONLIFE, que usa o couro vegetal em suas roupas e acessórios.

AMAZONLIFE Marca carioca de acessórios e roupas em couro vegetal, fundada em 2000 por Bia Saldanha (1963-) e João Augusto Fortes (1951-). Processado nos seringais da Amazônia, o Couro Vegetal (Treetap) é marca registrada da AmazonLife, único fabricante do produto no mundo. Os tecidos, banhados em látex, transformam-se em lâminas emborrachadas, que podem ser utilizadas em bolsas, roupas e acessórios. Premiado internacionalmente e exportado, o couro vegetal é uma alternativa ecológica ao couro animal.

ÂMBAR-NEGRO Ver AZEVICHE.

AMIES, HARDY 1909-2003. Estilista. Nascido em Londres, Inglaterra. Aos dezoito anos deixou o país para trabalhar na França e na Alemanha. Em 1930, voltou para Londres como representante de uma companhia britânica de balanças. Quatro anos depois, ingressou no ateliê de moda LACHASSE, onde se tornou diretor administrativo e estilista. A casa especializava-se em tailleurs de tweed, e em 1937 Amies criou um modelo chamado *Panic*, que atraiu muita atenção por causa da qualidade do corte e do bom caimento. Durante a Segunda Guerra Mundial, deu sua contribuição ao UTILITY SCHEME executado pelo British Board of Trade. Amies abriu seu próprio ateliê em 1945, comercializando alta-costura e prêt-à-porter, particularmente costumes e vestidos de corte clássico, quase sempre feitos de tweed e outros tecidos de lã. Criava vestidos diurnos para a futura rainha (na época, a princesa Elizabeth) e foi agraciado com o selo régio de qualidade em 1955. Também é conhecido por seus vestidos de noite de MANGAS BUFANTES e por seus fartos vestidos de baile. Em 1962, tornou-se o primeiro costureiro de mulheres a desenhar modelos masculinos. Amies conquistou fama internacional como estilista masculino e feminino. *Ver* LINTON TWEED.

Clássico tailleur de tweed de Hardy AMIES, coleção de 1953-4.

AMORIM, CARLA 1965-. Designer de joias nascida em Brasília, onde abriu sua primeira loja, em 1994. Diamantes, PÉROLAS, gemas brasileiras e ouro dezoito quilates em vários tons são usados em suas criações, em geral inspiradas na flora brasileira e na arquitetura da capital do país.

AMPULHETA Forma associada às mulheres do final do século XIX e início do século XX, as quais usavam espartilhos apertados que comprimiam a cintura e acentuavam o volume dos quadris e do busto. Esse tipo de silhueta foi relançado em 1947, no NEW LOOK de DIOR. *Ver também* SILHUETA EM S.

ANÁGUA Originalmente, a anágua era uma peça, usada sob a camisa masculina, que chegava até a altura dos quadris. Na Idade Média, transformou-se em peça feminina, semelhante a um colete matelassê. Porém, como a moda substituiu essa peça pela CAMISA ÍNTIMA, a anágua alongou-se e converteu-se em saia de baixo, amarrada em volta da cintura com fitas ou tiras. No século XIX, as linhas delgadas do DIRETÓRIO exigiram o abandono temporário da anágua. Mas em torno de 1840 estava novamente em uso, às vezes exposta sob as saias. Na década de 1860, o apoio aos "camisas-vermelhas" de Garibaldi criou a voga de anáguas de flanela vermelha. No decorrer do século XIX, as anáguas eram geralmente feitas de linho, algodão, musselina ou outros tecidos finos. No inverno, tecidos mais quentes e mais pesados eram usados sob os vestidos. No início do século XX, raramente as anáguas eram visíveis. Voltaram fugazmente à moda na década de 70, quando Ralph LAUREN apresentou versões de algodão sob saias de brim, como parte de seu "estilo camponês".

ANÁGUA BALMORAL ANÁGUA de crina branca ou cinzenta, usada em lugar da CRINOLINA de armação de meados do século XIX. *Ver também* BOTA BALMORAL.

ANA KARENINA 1. A heroína do romance de Tolstoi, publicado em 1876. Foram feitos vários filmes baseados no livro: em 1927, com o título americano *Love* (figurino de Gilbert Clark); em 1935 (figurino de ADRIAN); e em 1947 (figurino de Cecil BEATON). Ana Karenina transformou-se em termo usado livremente para designar vários modelos de vestidos glamorosos, românticos e adornados com pele. 2. Em meados da década de 60, o casaco conhecido como Ana Karenina tornou-se um estilo popular. Era cortado em qualquer comprimento, adornado com SUTACHE, tendo em volta do pescoço um pequeno círculo de pele.

ANARRUGA Tecido leve de algodão, raiom ou seda, com uma superfície de listras enrugadas. Essa superfície se cria quando conjuntamente se tecem fibras de coeficientes de encolhimento distintos. Muito usada em roupas de verão na segunda metade do século XX. Também conhecida, em inglês, como *seersucker*.

ANDREVIE, FRANCE 1950-84. Estilista. Nascida em Montauban, França, lançou sua própria linha numa butique em Saint-Tropez, em 1976. No ano seguinte, franceses e americanos aclamaram-na como estilista inovadora. Suas roupas eram clássicas no estilo, mas modernas no gênero, cortadas em formas grandes e ousadas, com inusitadas combinações de cores.

ANGEL, ZUZU 1923-76. Costureira, estilista de moda feminina e ativista política. Nascida em Minas Gerais, Zuleika Angel Jones radicou-se no Rio de Janeiro e foi um dos primeiros nomes da moda nacional a se inspirar na cultura popular brasileira. Em suas criações, utilizava a chita, a renda do Norte, pedras semipreciosas e bordados com fragmentos de bambu, madeira e conchas, entre outros materiais incomuns nas décadas de 60 e 70. Sua logomarca era um anjo, que aludia a seu sobrenome e ao filho assassinado durante a ditadura militar. No início da década de 70, abriu uma BUTIQUE com uma moda inédita, que desfilava nos Estados Unidos, onde vendia as roupas. Em sua homenagem, Chico Buarque compôs "Angélica". Teve clientes internacionais como Joan Crawford, Kim Novak, Verushka, Liza Minelli, Jean Shrimpton e Margot Fontein. Em 2001, Ronaldo FRAGA homenageou-a com a coleção "Quem matou Zuzu Angel?". Sua vida foi contada no filme *Zuzu Angel* (2006), dirigido por Sérgio Rezende. *Ver também* *FRAGA.

Zuzu ANGEL foi uma das primeiras estilistas a se inspirar na cultura brasileira e a utilizar a roupa como ferramenta política contra a ditadura militar. Na foto, Zuzu e a filha Ana Cristina.

ANGORÁ Pelo da cabra angorá, originária da Turquia. É também o pelo do coelho angorá, nativo da ilha da Madeira, atualmente criado em cativeiro nos Estados Unidos, na Europa e no Japão. Em ambos os casos, o angorá caracteriza-se por fibras longas, lisas e macias. É misturado com raiom e lã e usado em vestidos, malhas e suéteres. *Ver também* MOHAIR.

ANILINA Tintura produzida a partir de plantas do gênero *Indigofera* por sir William Perkin, na Inglaterra, em 1850. Primeiramente foi produzido o azul-violeta (a cor conhecida como índigo), seguido do roxo-forte, do verde e do magenta. A planta fornece a base para a produção de inúmeras tinturas. O amplo uso do índigo vem sendo substituído pelo alcatrão de ulha, conhecido também como coltar.

ANNIE HALL Estilo UNISSEX popularizado pela atriz americana Diane Keaton no filme *Noivo neurótico, noiva nervosa* (*Annie Hall*, 1977), para o qual Ralph LAUREN criou o figurino. A personagem interpretada por Diane vestia-se com roupas largas, principalmente calças *baggy*, enormes camisas masculinas e colete masculino risca de giz. Uma gravata e um chapéu mole completavam o traje. Outras interpretações do estilo Annie Hall incluíam misturar peças caras e de marcas famosas com roupas RETRÔ de segunda mão.

ANORAQUE Agasalho de comprimento até os quadris, com capuz, usado pelos Inuits. Acredita-se que a palavra seja originária das ilhas Aleutas. A princípio, o anoraque era feito de pele de foca. Até as últimas décadas do século XX, era confeccionado com náilon e acolchoado com outras fibras sintéticas para ser usado apenas ao ar livre. Fechado com zíper ou abotoado dos quadris ao pescoço, é usado em atividades esportivas ou informais. Nos anos 80, os estilistas produziram anoraques de cetim e de tecidos luxuosos para serem usados à noite. O traje, dependendo do tecido, é usado ao ar livre ou como uma jaqueta decorativa. *Ver também* PARCA *e* WINDCHEATER.

ANQUINHA Enchimento (de cortiça, penas ou outro estofo) usado sob a saia e preso às costas sob a linha da cintura, servindo de base sobre a qual o tecido da saia é pregueado ou drapeado. A anquinha proporcionou o formato de saia predominante nas décadas de 1860 e 1870. Também era usada sob a saia uma cesta de madeira, aço ou BARBATANA DE BALEIA amarrada à cintura e vergada sobre os quadris. Algumas anquinhas eram feitas de molas metálicas. *Ver também* CRINOLINA *e* WORTH, C. F.

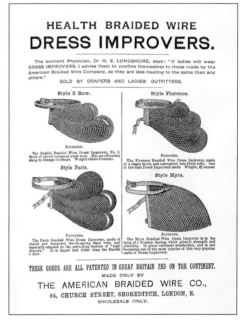

Conhecidas como aperfeiçoadoras de vestidos, as ANQUINHAS do final do século XIX tinham vários formatos.

ANTOINE 1884-1976. Cabeleireiro. Nascido Antek Cierplikowski, em Sieradz, Polônia. Antoine foi aprendiz de barbeiro, depois foi trabalhar para Pawel Lewandowski, o mais importante cabeleireiro da Polônia. Entre 1902 e 1906, foi contratado por salões de

Biarritz, Cannes, Deauville, Nice, Paris e Londres. Estabeleceu-se então em Paris e tornou-se cabeleireiro particular, atendendo as clientes em domicílio. Alguns anos mais tarde, abriu um salão, prestigiado por muitas socialites e atrizes, inclusive Sarah Bernhardt. Em 1910, cortou bem curtos os cabelos da atriz francesa Eve Lavallière, num estilo normalmente usado apenas por crianças. Dois anos mais tarde, porém, o corte foi amplamente adotado na Europa. Durante a Primeira Guerra Mundial, Antoine lançou perucas de cores vivas. Fez experiências com tinturas de cabelo em cores não naturais e, em 1924, tingiu de azul os cabelos grisalhos de lady Elsie Mendl, criando uma tendência muito usada. De 1925 a 1939, ficou entre Paris e Nova York, onde administrava um salão de beleza para a loja Saks Fifth Avenue, situada na ilha de Manhattan. Atribui-se a ele o CORTE GARÇONNE do final da década de 20, os penteados puxados para cima da década de 30, a fase dos cabelos mais longos de Greta GARBO, a franja de Claudette Colbert e a inusitada mecha loura ou branca superposta em cabelos escuros.

A famosa faixa loura ou platinada em cabelos escuros de ANTOINE, num penteado de 1931.

ANTONIO 1943-87. Ilustrador. Nascido Antonio Lopez, em Porto Rico. Filho de uma costureira, mudou-se para Nova York quando tinha oito anos. Estudou na High School of Industrial Art e no Fashion Institute of Technology. No início da década de 60, trabalhou como desenhista na SEVENTH AVENUE, até que, em 1964, conheceu o estilista Charles JAMES, que viria a exercer enorme influência sobre ele. Durante alguns anos, Antonio trabalhou com James, desenhando todas as roupas deste. No início dos anos 70, mudou-se para Paris, onde se estabeleceu como o principal ilustrador de moda dos dois lados do Atlântico. Seus inteligentes desenhos de mulheres esculturais são positivos, vigorosos e modernos. O estilo é inconfundível: pinceladas ousadas e impetuosas mostram, em detalhes claros e cuidadosos, tanto as roupas quanto os acessórios, cujo esmero de maneira nenhuma deprecia a ilustração. De Antonio, podemos dizer que seu trabalho estimulou um retorno à quase esquecida arte da ilustração de moda em revistas. Exerceu forte ascendência sobre muitos jovens artistas. *Ver* *MISSONI.

APLICAÇÃO A aplicação consiste em pedaços ornamentais de tecido costurados ou colados a outro pedaço de tecido ou a uma peça de roupa. Desenhos de pétalas, folhas e flores ou motivos animais são comumente aplicados em algodão, renda e cetim. A aplicação foi muito popular na década de 50, quando motivos simples de feltro eram usados para adornar SAIAS GODÊS, e na década de 70, quando desenhos mais elaborados eram costurados a jaquetas acolchoadas de cetim.

Capa da AQUASCUTUM de 1923. Esse estilo, que se originou do *trenchcoat* usado na Primeira Guerra Mundial, apresentou poucas mudanças ao longo do século XX.

AQUASCUTUM A firma Aquascutum (do latim, literalmente "escudo contra a água") foi fundada em 1851, como alfaiataria, em Londres. Os casacos Aquascutum foram alguns dos primeiros impermeáveis feitos de lã, e, durante a Primeira Guerra Mundial, foram usados pelos soldados britânicos nas trincheiras. Esses TRENCHCOATS, que chegavam aos tornozelos, tinham a aparência militar enfatizada por DRAGONAS e por argolas de latão no cinto, estilo que continua popular. Entre as duas grandes guerras, a empresa também comercializou elegantes casacos impermeáveis para homens e mulheres, que precisavam de roupas adequadas à vida cada vez mais ativa e ao ar livre. No início da década de 50, as CAPAS DE CHUVA Aquascutum eram feitas exclusivamente de Wyncol D.711, uma popelina de algodão e náilon. Em 1955, a firma lançou uma gabardina de algodão em cores iridescentes. Até então, capas de chuva eram feitas principalmente em cinza, azul e bege. Essas novas capas eram forradas com cetim e outros tecidos. No mesmo ano, a companhia quebrou a tradição e encurtou as capas até a altura dos joelhos. A necessidade de refazer a impermeabilização após a lavagem a seco foi eliminada em 1959, com um processo chamado Aqua 5, introduzido pela companhia. Na coleção de 1976-7, o *club-check* [xadrez de fundo bege] foi lançado como forro para as capas masculinas. Essa padronagem foi usada depois em acessórios, e, na década de 80, numa linha de roupas masculinas e femininas.

ARAN Estilo de tricô associado às ilhas Aran, na costa oeste da Irlanda. A lã, rústica e fiada à mão, geralmente em sua cor natural, é tecida em tranças, pontos torcidos e bolinhas, com uma parte central e dois painéis laterais, criando um efeito em relevo. O tricô Aran era tradicionalmente empregado em suéteres; mas, desde meados do século XX, também tem sido usado em cardigãs, casacos, cachecóis, TAM O'SHANTERS e mitenes. É sempre associado a roupas informais.

AREZZO Marca de calçados femininos fundada em 1972 pelos irmãos Anderson (1954-) e Jefferson Birman (1951-). Sua produção de calçados, em escala industrial, é subdividida em várias linhas manufaturadas no Rio Grande do Sul e segue as tendências da moda internacional, adaptando-as ao mercado brasileiro.

ARGYLE Padrão de losangos multicoloridos (inspirado no TARTÃ do clã escocês Argyle), outrora tricotado à mão na Grã-Bretanha, mas hoje feito à máquina em todo o mundo. O padrão Argyle é mais frequentemente encontrado em meias, cachecóis e suéteres.

ARMANI, GIORGIO 1934-. Estilista. Nascido em Piacenza, Itália. Estudou medicina na Universidade de Milão. Após o serviço militar, foi vitrinista na rede de lojas de departamentos La Rinascente. Trabalhou primeiramente como estilista de moda masculina com o fabricante Nino CERRUTI, de 1961 a 1970, quando se tornou freelance. Apresentou sua própria coleção de moda masculina em 1974 e, no ano seguinte, uma coleção de roupas femininas. Em 1981 lançou o Emporio Armani e Armani Jeans. É um dos mais influentes estilistas dos anos 80. Seu sucesso se deve, basicamente, ao conhecimento do vestuário masculino e à adaptação deste aos trajes femininos, além de uma estética contemporânea e mais informal. Ao rever o paletó do terno — tanto para homens como para mulheres —, ele criou uma vestimenta elegante e discreta, que mantém uma qualidade atemporal. As linhas simples e fluidas de sua alfaiataria, o visual ordenado e minimalista de seus trajes, frequentemente feitos de alpaca, lã, couro e camurça, resultam em roupas procuradas tanto por homens quanto por mulheres, garantindo-lhe reconhecimento internacional. Líder mundial na criação de moda masculina, Armani também faz roupas para mulher, as quais seguem os mesmos princípios do vestuário masculino, com proporções ampliadas, mas controladas. Nas décadas de 70 e 80 ele mostrou ternos para mulher com ombros extralargos, que contribuíram para o visual típico da época, o POWER SUIT. Em meados dos anos 80, suavizou progressivamente os ombros dos paletós, e suas roupas se tornaram discretas e menos marcantes. Ao trabalhar, invariavelmente, com cores sóbrias, Armani tem produzido BLAZERS grandes e soltos e calças bem cortadas, seguindo sempre uma modelagem baseada em linhas amplas e flexíveis. Grande parte de suas roupas femininas tem uma qualidade andrógina que atrai as mulheres que trabalham, pois favorecem um sutil "visual poderoso" que insinua muito mais sobre o estilo de vida do que uma específica atividade profissional.

Paletó de Giorgio ARMANI, de 1977, o mais radical dentre os estilistas de moda masculina do final do século XX. Armani criou um novo visual para os homens, com corte mais suave e linhas descontraídas.

ARRASTÃO Malha larga e aberta associada, no século XX, a MEIAS FINAS e MEIA-CALÇA. Tornou-se popular na década de 60. No final da década de 70 e na de 80, foi revivida como parte do vestuário PUNK.

Homens como estes tocavam o coração das mulheres americanas no final do século XIX e no início do século XX. Os desenhos e pinturas de Joseph Leyendecker para a companhia de camisas ARROW, em Troy, Nova York, provocaram o volume de cartas de fãs que uma estrela de música pop receberia atualmente. Embora a Arrow seja especializada em camisas masculinas, nota-se como as blusas femininas evoluíram a partir destes modelos da virada do século XX.

ARROW, COLARINHOS E CAMISAS Acredita-se que o colarinho destacável e engomado para camisas masculinas tenha sido inventado nos Estados Unidos na década de 1820. Quarenta anos depois, havia grande demanda por eles. Nessa época, messieurs Maullin e Blanchard fundaram uma fábrica em Troy, Nova York. Em 1889, ocorreu a fusão com a Coon & Company, e logo após foi lançada a marca Arrow. Em 1913, a companhia transformou-se em Cluett, Peabody & Co., Inc., e o artista J. C. LEYENDECKER foi contratado para ilustrar os anúncios dos colarinhos Arrow. No final da Primeira Guerra Mundial, a Arrow estava fabricando mais de quatrocentos tipos diferentes de colarinho. Nos anos seguintes, como a demanda por colarinhos destacáveis caísse, a Arrow lançou uma camisa já com colarinho, pré-encolhida e anatomicamente cortada. Após a Segunda Guerra Mundial, a Arrow ajudou a popularizar as camisas coloridas. Os estilistas vêm adaptando camisas masculinas às mulheres desde o início do século XX, seguindo de perto as alterações da moda no corte e no caimento; as camisas Arrow são um típico exemplo dos modelos imitados.

ARRUDA, VERA 1966-2004. Estilista alagoana. Nascida em Maceió, deixou sua marca inconfundível e criativa em peças que misturavam bordados, crochês, lurex, franjas, aplicações, tecidos populares e técnicas do artesanato nordestino. Usando cores vivas, jeans e peças de brechó, criou um universo KITSCH e feminino, com referências ao RETRÔ e ao pop. Assim como CHANEL, foi uma mulher bonita, de personalidade forte, a melhor modelo de suas criações. Paralelamente, desenvolveu coleções para ELLUS e ROSA CHÁ, e figurinos para o show-

A estilista alagoana Vera ARRUDA misturava crochê, bordados e retalhos para criar peças femininas urbanas e kitsch. Na foto, a estilista veste uma de suas criações.

biz nacional. A marca continua em atividade coordenada pelo marido e pela irmã da estilista.

ART, GOÛT, BEAUTÉ Revista mensal francesa de moda, publicada entre 1920 e 1933. Transformou-se em *Voici la Mode: Art, Goût, Beuaté* até 1936. Em sua maior parte, era impressa pelo método *pochoir*, que proporcionava alto padrão de reprodução de cores. Entre os artistas colaboradores, destacavam-se Georges BARBIER, Paul IRIBE, Georges LEPAPE, Charles MARTIN e André MARTY.

ART NOUVEAU Forma de arte decorativa que se disseminou pela Europa na década de 1890. Ganhou seu nome de L'Art Nouveau, loja que Siegfried Bing abriu em Paris em 1895. Outros proponentes do movimento foram Julius Meier-Graefe, também em Paris, e Arthur Lasenby LIBERTY, em Londres. Apesar de o *art nouveau* expressar-se principalmente na arquitetura, na decoração de interiores e no desenho de mobiliário, abrangeu também joias e tecidos. Caracteriza-se por linhas graciosas, um tanto exageradas, com traços alongados terminando em arabescos e em motivos de flores e de folhas. Nos anos 60, a Liberty reviveu os tecidos *art nouveau*. Ver também *FOUQUET, KLIMT e MUCHA.

ASHLEY, LAURA 1925-85. Estilista e industrial. Nascida Laura Mountney, em Merthyr Tydfil, País de Gales. Em 1953, Laura Ashley e seu marido Bernard formaram uma empresa para produzir lenços de cabeça e toalhas de chá estampados. Em 1959, Laura concebeu uma BATA de mangas curtas, inspirada no traje de jardineira e feita de tecido 100% algodão. Nos anos 60, criou vestidos largos com BOLSOS CHAPADOS e, mais para o final da década, longos de algodão estampado. Seus JUMPERS compridos eram usados sobre blusas de gola alta. No início da década de 70, apareceram algumas de suas mais conhecidas criações, incluindo os vestidos em estilo EDUARDIANO, muitos deles com gola alta de rufos e MANGAS PRESUNTO ou com DECOTES EM U e MANGAS BUFANTES curtas. A maioria de seus tecidos tinha estampas florais simples, baseadas em padrões dos séculos XVIII e XIX: minúsculos desenhos geométricos, flores, ramos encaracolados e pequenas manchas e listras. Até o início da década de 80, a companhia criava e fabricava somente roupas de algodão, mas depois as coleções passaram a incluir roupas de tecidos de algodão misto e de jérsei.

ASTRACÃ Originariamente, a pele do cordeiro caracul, encontrado na Rússia. Até o final do século XIX, foi muito usado para adorno em golas e punhos de casacos e para chapéus. No século XX, o nome se referia tanto à pele de cordeiro caracul quanto a um tecido ou a uma malha pesados, com superfície peluda de laçadas em relevo, os quais imitam aquela pele. Também conhecido como *agneau rasé*.

AUGUSTABERNARD Datas desconhecidas. Estilista. Nascida Augusta Bernard, em Provença, França. Abriu seu ateliê em 1919. Produzia roupas de bom gosto, bem cortadas, de linhas elegantes, e obteve muito sucesso até 1934, quando se aposentou.

AVEDON, RICHARD 1923-2004. Fotógrafo. Nascido em Nova York, Estados Unidos. Seus estudos de filosofia na Universidade Columbia foram interrompidos em 1942, quando foi convocado para ficar dois anos no setor de fotografia da Marinha Mercante. Em 1944, de volta à vida civil, Avedon começou a estudar fotografia na New School for Social Research, em Nova York. No mesmo ano, convenceu a filial nova-iorquina da loja de departamentos Bonwit Teller a emprestar-lhe algumas roupas de alta-costura para uma sessão de fotos. As fotografias resultantes renderam-lhe encomendas da loja. Em 1945, Alexey BRODOVITCH, diretor de arte da *HARPER'S BAZAAR*, contratou Avedon para fotografar celebridades e fazer a cobertura de moda. Vinte anos depois, ele passou para a *VOGUE*. Avedon usava lente grande-angular, ângulos exagerados e iluminação estroboscópica, tudo para captar expressões incomuns no rosto das pessoas. Em suas primeiras fotos de moda, escolhia cenários incomuns, como jardins zoológicos, circos, as plataformas de lançamento da Nasa no cabo Canaveral e ferros-velhos, além de orientar seus modelos a movimentar-se enquanto ele fotografava. O resultado eram fotos originais e dramáticas. No final da década de 50 e na de 60, Avedon concentrou em estúdio a maior parte de seu trabalho.

AZAGURY, JACQUES 1958-. Estilista. Nascido em Casablanca, Marrocos. Educado na Inglaterra, Azagury deixou a escola muito cedo para trabalhar numa fábrica de roupas. Depois de passar dois anos no London College of Fashion, e um ano na St. Martin's School of Art, conseguiu mostrar seu primeiro desfile, em 1978, na revista *Harper's & Queen*. Logo surgiram encomendas. Seu conjunto de malha de três peças — um TUBO curto sem alças, uma saia longa preguada e um casaco comprido sem mangas com as costas drapeadas — fez grande sucesso. Especializou-se em roupas glamorosas para a noite para o mercado internacional.

AZEVICHE Forma densa de linhito preto obtido a partir da decomposição de madeira flutuante encontrada em Whitby, na costa de Yorkshire, Inglaterra. Conhecido desde os tempos romanos, o azeviche tornou-se popular no século XIX, quando foi associado às joias para luto. Esteve mais em moda nas décadas de 1870 e 1880, quando era utilizado para fazer relicários, pendentes, broches e pulseiras, sendo lapidado em forma de frutas, flores e animais. Também conhecido como gagata ou âmbar-negro.

AZULAY, SIMÃO 1950-88. Estilista. Nascido no Pará e radicado no Rio de Janeiro a partir de 1965, Simão Azulay, irmão de David Azulay, criou três marcas: San Sebastian, Chez Simon e Yes, Brazil, esta última a mais famosa, fundada em 1980. A Yes, Brazil foi responsável por criar um estilo carioca, transportando para a moda HIPPIE o clima do TROPICALISMO, com jeans *délavés* tacheados, camisas em cores luminosas e roupas de estilo militar, usadas por artistas como Gilberto Gil e Caetano Veloso. Após a morte do estilista, a marca perdeu importância, embora continue em atividade.

A B C D E F G H I J K L M N O P Q R S T U V W X Y Z

BABADINHO Babado estreito e franzido, preso à borda de um decote, cava, punho ou bainha.

BABADO Tira de tecido franzida e costurada à barra de uma peça de roupa, em geral a saia. O babado pode ser do mesmo tecido ou de material diferente. Ao longo dos séculos XIX e XX, os babados adornaram vestidos e saias, principalmente roupas de noite.

BABY-DOLL Traje de dormir lançado na década de 50 e popularizado pelo filme *Boneca de carne* (*Baby doll*, 1956). Curto e adornado com renda sintética, laços e fitinhas, o baby-doll lembra as roupas íntimas infantis do século XIX.

BADGLEY, MARK Ver BADGLEY MISCHKA.

BADGLEY MISCHKA Dupla de estilistas. Em 1982, James Mischka (nascido em 1960, em Burlington, Wisconsin, Estados Unidos) entrou na Parsons School of Design, em Nova York, onde conheceu o colega de classe Mark Badgley (nascido em 1961, em East Saint Louis, Illinois, Estados Unidos). Depois de se formarem, Badgley trabalhou como estilista-assistente de Donna KARAN, enquanto Mischka foi estilista-assistente de Willi SMITH. Em 1987 os dois fundaram a empresa Badgley Mischka. Em 1987 fizeram um desfile que recebeu compradores das maiores lojas de departamentos, atraídos por suas versões elegantes e contemporâneas de modelos clássicos. Nos últimos anos têm conquistado uma clientela em Hollywood, interessada em seus VESTIDOS DE COQUETEL com decote, TÚNICAS cobertas de miçangas e vestidos de noiva com ombros nus confeccionados em crepe de seda e renda marfim.

BAGHEERA Veludo fino, felpudo, utilizado para vestidos de noite até o início do século XX. Anos depois, imitações de *bagheera* foram fabricadas com crepe de raiom.

BAILEY, DAVID 1938-. Fotógrafo. Nascido em Londres, Inglaterra. Após haver concluído os estudos, teve rápida passagem pela Força Aérea britânica, antes de dedicar-se à fotografia. Em 1959, trabalhou como assistente de John FRENCH. No ano seguinte, iniciou sua carreira de fotógrafo de moda, trabalhando para muitos jornais britânicos e revistas, inclusive VOGUE, *Elle* e GLAMOUR. Bailey foi aclamado um dos mais inovadores fotógrafos da década de 60. Seu estilo vivo e moderno captou com sucesso o ar jovial da época. Trabalhava sempre com a mesma modelo (na década de 60, Jean Shrimpton; depois, Marie Helvin), concentrando-se na relação entre a mulher e as roupas e enfatizando a liberdade da moda com fotografias claras, marcantes e descomplicadas. Na década de 70, começou a dirigir filmes e, desde então, publicou vários livros com suas fotos. *Ver também* *QUANT.

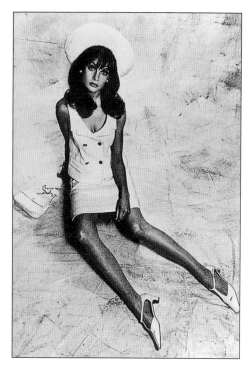

A top model Jean Shrimpton fotografada por David BAILEY em 1965.

Josephine BAKER chocou e fascinou o mundo com sua dança exótica e pouca roupa. Ela podia ser vista no Folies-Bergère usando modelos como este, de plumas de avestruz.

phine fez a pele negra entrar em moda e divulgou colares de contas, gargantilhas, braceletes, tornozeleiras, luvas de cores fortes, franjas e roupas coloridas. Costumava aparecer no palco nua ou usando apenas um saiote de plumas. Para um de seus espetáculos, criou-se um MAIÔ de tule bordado com STRASS.

BAINHA ABERTA Ponto cruzado que se usa para obter uma junção aberta decorativa entre duas extremidades de tecido, frequentemente a costura de uma roupa. Também conhecido como ponto *ajour*.

BAKER, JOSEPHINE 1906-75. Artista de teatro de revista. Nascida em Saint Louis, Missouri, Estados Unidos. Desde muito nova, sentiu-se atraída pelo teatro, pela música e pela dança. Saiu de casa aos dezesseis anos, para fazer parte de uma trupe itinerante de Filadélfia. Depois de trabalhar como corista em Boston e na Broadway, no início dos anos 20, juntou-se à *Revue Nègre*, com a qual viajou para Londres e Paris. No final da década, trabalhou no Folies-Bergère e no Casino de Paris. Jose-

BAKST, LÉON (Nikolaevich) 1866-1924. Artista plástico. Nascido Lev Rosenberg, em São Petersburgo, Rússia. Estudou na Academia Imperial de Artes em São Petersburgo. Durante muitos anos, trabalhou naquela elegante cidade como pintor da corte e como figurinista e cenógrafo. Em 1906, foi a Paris preparar a seção russa do Salon d'Automne de artes plásticas. Dois anos mais tarde, voltou à França com Sergei DIAGHILEV, como pintor de cenários e figurinista dos *BALLETS RUSSES. Trabalhando entre duas cidades, Bakst fundou uma escola liberal de pintura em São Petersburgo e produziu peças para o Opéra de Paris. Sua contribuição à moda resultou de sua associação com os Ballets Russes, para os quais criou cenários e figurinos de cores vibrantes, que tiveram uma influência direta nas roupas da época. *Ver* SAIA ENTRAVADA.

BALACLAVA Cobertura para a cabeça semelhante a um elmo, feita de tricô ou crochê, recebeu o nome da cidadezinha da Crimeia, onde se passou, em 1854, a Carga da Brigada Ligeira. As mulheres britânicas e norte-americanas tricotavam balaclavas para os soldados das duas guerras mundiais em cáqui, cor usada para camuflagem. A parte que cobre o pescoço pode ser dobrada para cima, sobre o queixo e a boca. Durante a década de 60 e em meados dos anos 80, a balaclava apareceu como peça de moda nas passarelas de Paris. É também conhecida por *cagoule,* palavra francesa.

BALENCIAGA, CRISTOBAL 1895-1972. Costureiro. Nasceu em Guetaria, próximo a San Sebastian, Espanha. Os talentos de Balenciaga revelaram-se bem cedo. Aos catorze anos era capaz de copiar roupas de costureiros. Fez treinamento como alfaiate e, em 1916, abriu um ateliê de costura e alfaiataria em San Sebastian. No início da década de 30 já ganhara a fama de melhor costureiro da Espanha. Balenciaga mudou-se para Paris em 1937. Sua experiência em alfaiataria lhe permitia desenhar, cortar, armar e costurar um

Tailleur de BALENCIAGA, em lã otomã cinza-escura, usado com boina de veludo vermelho, da coleção inverno de 1950.

vestido. Balenciaga não advogava tendências populares; suas roupas costumavam ser formais: simples, equilibradas e contidas. Frequentemente usava cores sombrias, como tons de marrom-escuro, apesar de, posteriormente, ter ganhado a fama de colorista. Em uma coleção do final da década de 50, apresentou lã tingida de amarelo-vivo e cor-de-rosa. Balenciaga enfatizava a elegância severa de seus modelos usando o branco em contraste com tons mais escuros. Em 1939 lançou uma linha de ombros caídos com cintura estreita e quadris arredondados, um estilo que prenunciava o NEW LOOK de 1947. Após a guerra, lançou casaquinhos com a cintura mais natural e mangas largas. Dez anos depois, Balenciaga criou uma linha inconfundível subindo as bainhas de seus vestidos e casacos na frente e deixando-as bem mais compridas atrás. Em 1956, lançou um vestido CHEMISIER solto, conhecido como SACO. Durante a década de 60 apresentou casacos soltos, amplos, com MANGAS MORCEGO. As manequins, em seus desfiles de 1963, usaram meias de arlequim, e ele foi um dos primeiros estilistas a vesti-las com COLANTS. Seu nome ainda é associado a botões grandes e a uma gola que, elevada sobre uma tira, fica afastada do pescoço. Considerado purista e classicista, Balenciaga fazia roupas facilmente identificáveis. Aposentou-se em 1968.

BALLETS RUSSES Série de balés criados por Sergei DIAGHILEV na Rússia nos primeiros anos do século XX. Pela primeira vez, o décor, o figurino e a música eram parte integrante da própria dança, que se apoiava na mímica. As cores, os tecidos e os modelos das roupas exerceram forte influência sobre a moda. Inspiradas no Oriente, as roupas eram livres, fluidas, em cores vibrantes, contrastando com as formas rigidamente construídas e os tons pálidos e delicados do final do século XIX. Muitas estampas eram pintadas sobre o linho, ou então se usavam APLICAÇÕES sobre vários tecidos, principalmente o veludo. Criaram-se tendências de cetins e sedas ricamente bordados, CALÇAS DE ODALISCA, EGRETES, TURBANTES e pedrarias. Os Ballets Russes foram apresentados pela primeira vez em Paris em 1909 e, um ano mais tarde, em Londres. As produções incluíam *O pássaro de fogo* (1910); *Schéhérazade* (1910), no qual Nijinski, pintado de preto, dançou no papel de um escravo; *Daphnis et Chloé* (1912); *L'après-midi d'un faune* (1912); e *Jeux* (1913). *Ver também* BAKST, POIRET e *COSSACO.

Programa desenhado por Léon Bakst para os BALLETS RUSSES, de Sergei DIAGHILEV.

BALMACAAN Sobretudo largo, de tweed, comprido até as canelas, com mangas RAGLÃ. Os *balmacaans* eram usados pelos homens no século XIX e, até o final do século, haviam sido adaptados para as mulheres.

BALMAIN, PIERRE 1914-82. Estilista. Nascido em Saint-Jean de Maurienne, França. A família de Balmain era proprietária de uma firma atacadista de cortinas. Balmain estudou arquitetura em Paris, na École des Beaux-Arts, mas não completou o curso. Trabalhou para MOLYNEUX entre 1934 e 1939, passando então dois anos no ateliê de LELONG, onde conheceu DIOR. Balmain abriu sua *maison* em 1945. Naquele ano, lançou saias longas com cintura estreita e forma de sino — linha que se tornou popular em 1947, como parte do NEW LOOK de Dior. Em 1951, abriu filiais nos Estados Unidos, para a venda de prêt-à-por-

BANDA

Os desenhos de René Gruau *Para o vaivém nos Champs Elysées* (no alto) e *Para um jantar na embaixada* (acima) mostram criações da coleção primavera-verão de 1946 de Pierre BALMAIN.

ter. Seu sucesso naquele país é atribuído ao fato de ter conseguido traduzir a moda francesa para o corpo geralmente maior da mulher americana, sem comprometer o estilo. Balmain criou muitas coleções de SPORTSWEAR para seu mercado de prêt-à-porter. Seu talento de estilista estava na habilidade de fazer tanto costumes de corte simples e perfeito quanto grandiosos vestidos toalete nas mesmas linhas delgadas, flexíveis e elegantes. Durante a década de 50, popularizou a ESTOLA também para o dia e criou a moda de vestidos justos sob paletós. Seus casacos eram generosamente cortados, com costas amplas e às vezes meia cintura. Na mesma época, seus agasalhos e capas em estilo COSSACO estabeleceram tendências. Balmain era famoso como estilista de personalidades internacionais.

BANANA REPUBLIC Loja aberta em São Francisco, em 1978, por Mel e Patricia Ziegler, especializada em roupas informais nos estilos SAFÁRI e EXCEDENTE DO EXÉRCITO. Muitas das peças práticas tinham zíperes e botões robustos, além de costuras duplas reforçadas. A loja vendia chapéus de "militar no deserto", casacos de pele de carneiro, shorts e diversos artigos para viagem, de cadeiras a roupas para os viajantes. A Banana Republic inspirou os estilos informais contemporâneos, baseados em shorts, camisas, jaquetas e calças, sempre amplos. A empresa foi comprada na década de 80 pela The GAP.

BANDA 1. Tira usada em volta da testa para evitar que o cabelo caia nos olhos durante atividades esportivas, popularizada por Suzanne LENGLEN na década de 20; pelos HIPPIES na década de 60; e pelo tenista americano John McEnroe no final da década de 70.

BANDANA

2. Tira de tecido, geralmente elástica, usada em torno do busto, como num BIQUÍNI. 3. O vestido modelo banda é o que possui uma tira horizontal sobre o busto.

BANDANA O termo vem, provavelmente, do hindi *bandhnu,* que descreve um método primitivo de tintura, o *tie-dye.* O nome foi dado aos LENÇOS grandes, de cores vivas, feitos mediante esse processo. As bandanas usadas por caubóis do Oeste americano costumavam ser pedaços de pano bem simples, tingidos de uma só cor, podendo ser usados em volta do pescoço ou cobrindo o queixo, a boca e o nariz, como proteção contra a poeira. Nas décadas de 50 e 60, quando as roupas americanas viraram moda, as bandanas foram usadas por baixo de camisas de brim, principalmente nos Estados Unidos. *Ver também* CAUBÓI *e* TIE-DYE.

BANDO *Ver* BANDA.

BANKS, JEFF 1943-. Estilista. Nascido em Ebbw Vale, País de Gales. De 1959 a 1962, estudou estilismo de tecidos e de interiores na Camberwell School of Art, em Londres. Em 1964, abriu uma loja chamada Clobber, em Londres, na qual vendia suas próprias criações e as de outros. Em 1974, dedicou-se à criação da rede de lojas Warehouse Utility, que fornece moda em cores ousadas, por preços moderados, a um mercado predominantemente jovem. Também trabalha como freelance para diversas companhias, inclusive a LIBERTY. Durante toda a década de 70, Banks esteve completamente sintonizado com a moda contemporânea. Graças à utilização criativa de tecidos pouco dispendiosos, permitiu que as jovens tivessem acesso à moda sem comprometer o bom gosto.

A rede de lojas Warehouse, sob a influência de Jeff BANKS, levou a moda às ruas de Londres, a preços acessíveis, na década de 70. Nesta fotografia, do outono de 1984, o colete é usado sobre camisas compridas e largas. Nesta época estava em voga o look amassado.

BANLON Marca de fantasia dada pela empresa americana Joseph Bancroft & Sons a um processo de texturização que ondula o fio e dá elasticidade a tecidos sintéticos. Na década de 60, a fibra Banlon foi popular em meias, malhas e vestidos.

BANTON, TRAVIS 1894-1958. Figurinista. Nascido em Waco, Texas, Estados Unidos. Estudou na Universidade Columbia e na Art Students League, em Nova York. Sua carreira de estilista começou como um confeccionista nova-iorquino de vestidos, até que em 1924 foi para Hollywood. A Paramount Pictures contratou-o como figurinista do filme *A melhor modista de Paris* (*The dressmaker from Paris,* 1925), estrelado por Leatrice

Joy. Durante a década de 20, Banton criou figurinos para muitas atrizes, inclusive Bebe Daniels, Pola Negri e Clara Bow. Nos anos 30, desenhou roupas para outras estrelas da Paramount, como Claudette Colbert, Marlene Dietrich, Kay Francis, Greta GARBO, Carole Lombard e Mae West, estabelecendo a marca registrada da Paramount: roupas elegantes e sensuais, geralmente com CORTE ENVIESADO. Banton ingressou na 20th Century Fox em 1939 e lá permaneceu por vários anos. Trabalhou nos estúdios da Universal de 1945 a 1948. Ao longo de sua carreira no cinema, Banton criou figurinos para mais de duzentos filmes. Na década de 50, voltou ao ramo varejista.

BARATHEA Tecido de fio penteado ou de lã usado no século XIX para roupas externas. Desde o início do século XX tem sido utilizado para a confecção de ternos.

BARBARA BELA Marca mineira de moda feminina criada em 1976 por Helen de Carvalho (1944-). Em 1964, depois de concluir a Faculdade de Belas-Artes de Belo Horizonte, começou a costurar para as amigas. Em 1974, abriu uma loja, e dois anos depois surgiu o nome da marca. Suas roupas têm estilo romântico, com bordados, rendas e filós à maneira antiga. Hoje, a segunda geração da família também está à frente da marca.

BARBATANA Pedaço de BARBATANA DE BALEIA ou armação que, no final do século XIX, era inserido em espartilhos ou suportes para criar a SILHUETA EM S da época. Com o formato de uma longa espátula, mais espessa em cima do que embaixo, a barbatana era presa por cordões. Ia desde o busto até a cintura ou quadris.

BARBATANA DE BALEIA Substância calosa do maxilar superior da baleia. No século XII, criou-se uma indústria para exploração da baleia na baía de Biscaia. No século XVII, a demanda transferira a indústria para a Groenlândia. A barbatana de baleia era geralmente utilizada para espartilhos e suportes. Aproximadamente de 1855 a 1866, quando a CRINOLINA estava em moda, a demanda de barbatanas era tão grande que as baleias ficaram ameaçadas de extinção. No final do século XIX, fibras elásticas e de metal substituíram a barbatana de baleia como modelador e suporte do corpo.

BARBIER, GEORGE 1882-1932. Ilustrador, figurinista. Nascido em Nantes, França. Estudou na École des Beaux-Arts, em Paris, de 1908 a 1910. Durante muitos anos, criou figurinos e cenários para teatro e foi ilustrador de LA GAZETTE DU BON TON, LE JOURNAL DES DAMES ET DES MODES, FEUILLETS D'ART, FÉMINA e VOGUE. Apreciava a arte setecentista e o ART NOUVEAU, e a forte influência deste pode ser notada nos arabescos e nas formas fluidas de suas graciosas e elegantes mulheres. Barbier também ilustrou álbuns de bailarinas e fez entalhes em madeira.

BARDOT, BRIGITTE 1934-. Atriz. Nascida em Paris, França. Modelo de *Elle* e *Jardin des Modes* até 1952, quando se tornou atriz. Em 1956, foi fotografada num BIQUÍNI de xadrez vichi adornado com babadinhos. Em seu segundo casamento, em 1959, usou um vestido cor-de-rosa de xadrez vichi adornado com renda; tinha DECOTE EM U, cintura bem ajustada, saia rodada e mangas três--quartos. Esse vestido, com um decote mais recatado, foi muito copiado.

BARÈGE

BARÈGE 1. Tecido leve, semitransparente, para vestidos, feito de seda e lã, com trama aberta. O barège era mais usado como VÉU ou adorno para a cabeça durante o século XIX. Foi produzido pela primeira vez no vale do mesmo nome, na França, apesar de Paris ter se tornado, mais tarde, o centro de produção. 2. XALE estampado que foi popular na França em meados do século XIX.

BARRA, ADRIANA 1974-. Estilista paulista de moda feminina. Autodidata, produz roupas profissionalmente desde 2003, misturando cores com muita sensibilidade e dando ênfase às estampas, muitas delas desenhadas pela própria estilista. Suas criações costumam ter modelagem RETRÔ, inspirada principalmente no estilo HIPPIE.

BARRETE Originariamente uma peça eclesiástica, o barrete é um chapéu quadrado com três ou quatro projeções que se irradiam do centro. Como peça de moda feminina, foi visto pela primeira vez após a Segunda Guerra Mundial e esteve em voga por pouco tempo.

BARRIL Formato de saia que é criado prendendo-se numa bainha mais estreita o tecido que parte da cintura. Visto pela primeira vez nas SAIAS ENTRAVADAS do início do século XX e, em saias bem mais curtas, no início da década de 60.

BARTHET, JEAN 1930-. Chapeleiro. Nascido nos Pireneus, França. Chegou a Paris em 1947 e lançou sua primeira coleção de chapéus em 1949. Por volta de 1965, era um dos chapeleiros mais importantes da França, com uma clientela que incluía estrelas do cinema e mulheres da alta sociedade internacional. Fornecia para as coleções de MONTANA, RYKIEL e UNGARO. Embora os chapéus de Barthet possuam formas altamente estruturadas, seu modelo característico é um FEDORA masculino com proporções adaptadas para a mulher.

BASILE Companhia fundada em Milão, em 1969, pelo negociante Aldo Ferrante, que havia sido funcionário da KRIZIA e dos MISSONI. A Basile começou com uma pequena confecção de roupas masculinas. Nas mãos de Ferrante, ficou conhecida pelas luxuosas roupas para o dia e para a noite, pelos ternos e paletós bem cortados, vendidos tanto no varejo quanto no atacado. ALBINI, TARLAZZI e VERSACE são apenas três dos estilistas que trabalharam na Basile criando roupas femininas.

BASQUE Pequeno saiote costurado ao CORPETE de um vestido ou casaquinho. A *basque* é pregueada ou franzida junto à barra do corpete.

BASS WEEJUNS Um tipo de MOCASSIM fabricado pela G. H. Bass Company, fundada em Wilton, Maine, Estados Unidos, em 1876. Originalmente chamado "mocassim norueguês", desde 1936 é muito usado em ocasiões informais. É também conhecido como *penny loafer*.

BASTO, CONSTANÇA 1978-. Designer carioca de calçados femininos, de estilo chique e requintado. Inaugurou sua marca em 1998, e hoje tem lojas no Rio de Janeiro, Nova York e São Paulo.

BATA O modelo medieval, conhecido por CAMISA ÍNTIMA, era uma peça solta de algodão ou linho, com uma PALA, que ia até os joelhos ou o meio da canela, usada pelas mulheres sob o vestido. Nos séculos XVIII e XIX, transformou-se em peça externa solta, usada por agricultores; semelhante a uma camisa, tinha uma pala para dar maior amplidão, servindo também de camisola. A maioria das versões apresentava mangas compridas, e algumas possuíam gola grande e achatada. No final do século XIX, as mulheres começaram a usar vestidos-batas feitos de algodão fino e cambraia, como alternativa às formas rígidas e espartilhadas da época. A partir de meados da década de 1880, vestidos-batas vendidos pela LIBERTY foram adotados pelas simpatizantes do TRAJE ESTÉTICO. Desde essa época, as batas são usadas por artistas plásticos. No século XX, a bata era uma peça solta, quase sempre leve, com mangas. Tem estado na moda desde a década de 40, mas principalmente na de 70, quando foi divulgada por Laura ASHLEY.

BATES, JOHN 1938-. Estilista. Nascido em Ponteland, Northumberland, Inglaterra. Na década de 50 trabalhou com Gérard PIPART no ateliê de Herbert Siddon, em Londres. Dois anos depois, tornou-se ilustrador freelance de moda. Após curta temporada numa companhia atacadista de estilismo, foi convidado em 1964 para formar a empresa Jean Varon. Sob essa marca, Bates contribuiu com grande variedade de modelos jovens para o cenário da moda nas décadas de 60 e 70. Lançou alguns dos minivestidos mais curtos no início da década de 60; TERNINHOS em 1962; vestidos-regatas telados em 1963; um CATSUIT para noiva; vestidos TUBO listrados e meias finas com vestidos combinando em 1964. Bates também concebeu o figurino de Diana Rigg no papel de Emma Peel, na série britânica de televisão *The avengers*; em 1965, cópias dessas roupas encontravam-se à venda e os conjuntos de couro e o paletó branco de vinil ficaram extremamente populares. Embora tenha feito inúmeras experiências com tecidos em ousadas estampas OP ART e em formas arrojadas, aderiu a uma silhueta despojada e simples e conquistou fama com vestidos de noite no estilo LINHA IMPÉRIO, geralmente com bordados primorosos. As roupas de noite desempenham papel proeminente em suas coleções.

Famoso vestido toalete de costas nuas, de John BATES, 1973.

BATIQUE Método indonésio de estamparia com cera, no qual esta é aplicada a certas partes do tecido para evitar que sejam tingidas. Durante as décadas de 60 e 70, tornou-se a forma popular de estampar tecidos para vestidos, blusas e camisas masculinas. As roupas de batique sempre estarão associadas à geração

HIPPIE, cujas visitas à Índia e fascínio pela cultura indiana acabaram influenciando seu estilo de vestir. *Ver também* ÉTNICO.

BATISTA Originalmente, um tecido leve, de textura fina, de algodão ou linho, que recebeu este nome em homenagem a Jean Baptiste, fabricante francês de linho do século XVIII. Tornou-se um nome genérico: de um algodão mercerizado, diáfano e fino, utilizado para confeccionar blusas, vestidos e lingerie; de lã fina e mais leve que *challis*; de seda diáfana e de tecido misto de poliéster, raiom ou algodão.

BATTELLE, KENNETH 1927-. Cabeleireiro. Nascido em Syracuse, Nova York, Estados Unidos. Após ter recebido baixa do exército americano, no final da Segunda Guerra Mundial, estudou humanidades na Universidade Syracuse. Completou seus estudos na Wanamaker Academy of Beauty Culture, em Nova York. Depois de um aprendizado em Syracuse e Miami, em meados da década de 50 foi para o salão de Helena Rubinstein em Nova York. A fama de Battelle chegou no início da década de 60, quando passou para o instituto de beleza montado pela chapeleira Lilly DACHÉ. Os penteados criados para Jacqueline Kennedy (ONASSIS) proporcionaram-lhe uma legião de seguidores.

BEATON, CECIL 1904-80. Fotógrafo, estilista, ilustrador, escritor. Nascido em Londres, Inglaterra. Estudou no St. John's College, Cambridge. Em 1925, foi para Londres trabalhar como escriturário e datilógrafo, aprendendo fotografia sozinho, nas horas vagas. Suas experiências fotográficas e projetos de cenários teatrais logo resultaram em encomendas. Quando Beaton foi para Nova York em 1929, já era um bem-sucedido fotógrafo de sociedade e de moda. Trabalhou para a *VOGUE* britânica e americana até 1936. O estilo no qual Beaton se tornou famoso envolvia a utilização de cenários artificiais de espelhos, celofane e tecidos prateados amassados, em frente aos quais dispunha as pessoas ou objetos, como se fizessem parte de um quadro vivo. Em meados da década de 30, mudou-se para Hollywood, onde fotografou atrizes e criou cenários e figurinos para teatro. Ilustrador fecundo, colaborou com muitas revistas inglesas e americanas. Publicou diversos livros de observações sobre a moda e pessoas importantes, alguns dos quais ilustrados com estudos fotográficos e caricaturas. Depois da Segunda Guerra Mundial, trabalhou principalmente em figurinos para teatro, cinema e ópera. Criou os figurinos de treze filmes, em especial de *Ana Karenina* (1947), *Gigi* (1958) e *Minha bela dama* (*My fair lady*, 1964).

BEENE, GEOFFREY 1927-2004. Estilista. Nascido em Haynesville, Louisiana, Estados Unidos. Abandonou a Tulane Medical School, em Nova Orleans, antes de se formar e começou a trabalhar no departamento de vitrines da filial de Los Angeles da rede de lojas de roupas I. Magnin. Em 1947, mudou-se para Nova York e estudou na Traphagen School of Fashion. Viveu em Paris de 1948 a 1951, frequentando a Académie Julian e o estúdio de costura da *maison* MOLYNEUX. Em 1952, voltou para Nova York e trabalhou em diversas confecções de prêt-à-porter, deixando a última delas, a Harmay, em 1954, para colaborar com o importante confeccionista Teal Traina. Em 1963, Beene criou sua própria firma. Durante a década de 60, tornou-se célebre pelos vestidos LINHA IMPÉRIO de cintura alta e debruados com passamanaria; pelas BATAS simples; e pelos vestidos em linha T. Enfatizou a simplicidade dessa linha aplicando detalhes nas golas e punhos. Um dos primeiros estilistas americanos de prêt-à-porter a lançar saias curtas com casacos compridos, ele também chamou muita atenção em 1967 com um longo preto para noite, modelado como uma batina e usado com um chapéu de padre. Em outra coleção, apresentou longos para noite, com lantejoulas, semelhantes a malhas enormes de futebol, até com números nas costas. As roupas de Beene são estruturadas, mas nunca rígidas, e apoiam-se nos detalhes artesanalmente bem cuidados. Muitas de suas criações trazem um componente de fantasia. Tecidos opulentos recebem tratamento informal, sendo misturados com êxito a materiais menos dispendiosos — por exemplo, flanela adornada com VIDRILHOS, algodão matelassê listrado com chiffon, jérsei com tafetá.

BEER Pertencente a um estilista alemão, Beer foi a primeira *maison* aberta na elegante Place Vendôme, em Paris, em 1905. A casa produzia vestidos e lingerie para uma clientela conservadora. Em 1929 foi encampada pela DRÉCOLL.

BELLVILLE SASSOON Belinda Bellville, filha de uma famosa costureira de Londres, Cuckoo Leith, fundou sua casa em 1953. David Sassoon (nascido em 1932, em Londres) tornou-se sócio depois de se formar no Royal College of Art, em Londres, nos anos 50. Nas décadas de 50 e 60, a casa foi sinônimo de trajes refinados de qualidade, principalmente vestidos de baile, VESTIDOS DE COQUETEL de chiffon, organdi e tule, e vestidos de

Casaco de noite dupla-face de organdi e *charmeuse* acolchoado, de 1984, cortado na forma T básica, mostrando a habilidade de Geoffrey BEENE em geometria e equilíbrio de tecidos de pesos diferentes.

Vestido de baile com CRINOLINA da casa londrina de BELLVILLE SASSOON, de 1982.

noiva. A empresa continua a criar e a produzir glamorosas roupas para a noite.

BENETTON Empresa familiar que Luciano Benetton estabeleceu no Norte da Itália no início da década de 60. Especializada em malharia de moda a preços baixos, a Benetton vem utilizando diversos tipos de lã (como lã de cordeiro, shetland e uma mistura de lã e angorá) na confecção de suéteres e cardigãs informais, em modelos simples e uma ampla gama de cores. Vende também camisetas, jeans e calças de algodão puro e misto. A rede mundial de lojas distingue-se por suas cores vivas, roupas de custo baixo e malhas. Gilberto, Carlo e Giuliana, irmãos de Luciano, associaram-se à firma no final da década de 60.

BENITO, EDOUARD 1891-1953. Ilustrador. Nascido Eduardo García Benito, em Valladolid, Espanha. Aos doze anos, estudou arte como aprendiz de um pintor. Sete anos mais tarde, mudou-se para Paris e estabeleceu-se como pintor e ilustrador. Benito trabalhou para inúmeras revistas e periódicos, inclusive LA GAZETTE DU BON TON, LE GOÛT DU JOUR, LA GUIRLANDE e LES FEUILLETS D'ART. Durante a década de 20, fez ilustrações para a VOGUE, produzindo várias capas memoráveis, cheias de estilo. Seu traço era forte, simples e econômico, mas muito elegante. Com linhas rápidas, captava as mulheres longilíneas e suaves que eram o símbolo dos anos 20.

BÉRARD, CHRISTIAN 1902-49. Artista, ilustrador. Nascido em Paris, França. Fascinado pelo teatro e pelo balé desde criança, colecionou álbuns de desenhos de figurinos e cenários. No final da década de 20, influenciava e inspirava diversos estilistas, notadamente DIOR e SCHIAPARELLI. Embora a pintura fosse o primeiro amor de Bérard, nos anos 30 ele se dedicou à estamparia de tecidos, à decoração de interiores e à ilustração de livros e de moda. Seu trabalho era publicado na HARPER'S BAZAAR e, mais tarde, na VOGUE, sendo imediatamente reconhecido, graças ao estilo livre, elíptico, que indicava forma elegante sem delineamento rígido. Bérard era um colorista audacioso. Sua utilização de combinações claro-escuras foi, a princípio, considerada vanguardista demais, tornando-se depois aceitável, até mesmo elegante.

BERARDI, ANTONIO 1968-. Estilista. Nascido em Grantham, Inglaterra, de pais italianos. Ainda estudante da St. Martin's School of Art, trabalhou com John GALLIANO por três anos. Lançou sua etiqueta quando deixou a faculdade, em 1994, e um ano depois mostrou sua primeira coleção. Suas criações combinam sensualidade com requintada alfaiataria, materiais de qualidade e atenção aos detalhes. Antonio é conhecido por suas roupas sexy, provocantes e altamente femininas, muitas vezes com elementos do STREET STYLE.

BERCSEK, FÁBIA 1978-. Estilista e ilustradora. Nascida em São Paulo, formou-se em moda em 1999, na mesma cidade, na Faculdade Santa Marcelina. Em 2004, abriu sua primeira loja. Suas roupas remetem ao imaginário feminino com toques de SURREALISMO. Seus desenhos têm influência RETRÔ, do mundo infantil e dos *mangá* (história em quadrinhos japonesa).

BERETTA, ANNE-MARIE 1937-. Estilista. Nascida em Béziers, França. Chegou em Paris com vinte anos e foi incentivada por Roger

Bauer, do ateliê de Jacques GRIFFE, a seguir carreira na moda. Na década de 50, Anne-Marie trabalhou para Antonio CASTILLO, fazendo criações para o teatro nas horas de folga. Em 1965, foi trabalhar com o confeccionista Pierre d'Alby e lançou uma linha de roupas de linho marrom muito bem-sucedida. Trabalhou depois para Georges Edelman, Ramosport — que, na década de 80, confeccionou sua coleção para artigos de chuva — e Bercher. Em 1974, lançou sua própria etiqueta de prêt-à-porter. Dona de um estilo sério e sombrio, vê suas roupas como esculturas móveis. Anne-Marie Beretta também desenha roupas de esqui e colabora para os elegantes costumes da Max Mara.

BERGÈRE Chapéu de palha de copa baixa e abas largas que foi popular no século XVIII e voltou à moda na década de 1860. Foi associado à moda pastoril do final do século XIX.

BERHANYER, ELIO 1931-. Estilista. Nascido Eliseo Berenguer em Córdoba, Espanha. Aos dezessete anos, saiu de casa e foi para Madri procurar emprego como trabalhador braçal. Dez anos mais tarde, foi contratado pela revista *La Moda* e por lojas de moda, pintando nas horas de folga. Em 1959, abriu seu próprio ateliê. Nos anos seguintes, Berhanyer transformou-se num dos estilistas mais importantes da Espanha, sendo um especialista autodidata em corte. Criou vestidos pretos de corte elegante, os quais combinava a BOLEROS e a blusas com babados no tradicional estilo espanhol. Também fez casacos, costumes e grandiosos vestidos toalete. A maneira de lidar com o tecido e com a costura deu um tom formal e um tanto austero a algumas de suas criações. É também famoso por suas roupas masculinas.

Elio BERHANYER, um dos mais requintados estilistas espanhóis, criou este terninho de crepe de lã preta em 1970, inspirado nos toureiros espanhóis.

BERLEI Foi fundada em 1907 como Grover & Company, uma confecção de ESPARTILHOS em Sydney, Austrália, por certa mrs. Grover e certa mrs. Mobberly. Em 1912 Fred R. Burley assumiu a companhia. A marca Berlei foi registrada em 1917. A empresa especializou-se em espartilhos e SUTIÃS para o mercado atacadista e, a partir de 1926, baseou seus modelos de roupas íntimas em estatísticas e informações de uma pesquisa antropométrica realizada pela Universidade Sydney. Foi aberta uma filial em Londres em 1934. A Berlei mantém sua fama mundial e seu status de marca-líder no mercado de roupas íntimas, tanto no varejo quanto no atacado.

BERMUDAS

BERMUDAS Nas décadas de 30 e 40, o arquipélago das Bermudas era um balneário muito popular para férias. Como as leis locais não permitiam que as mulheres mostrassem as pernas, surgiu a moda de SHORTS que chegavam quase aos joelhos. Desde então, as bermudas fazem sucesso como traje de verão para homens e mulheres. Algumas versões possuem barras.

BERNARDO, ANTONIO 1947-. Designer de joias. Nascido no Rio de Janeiro e formado em engenharia, desde pequeno acompanhava os pais à loja de componentes de relógios da família. No início dos anos 70, criou seu primeiro anel em prata, e logo passou a fornecer joias para as butiques cariocas. No começo dos anos 80, montou sua primeira loja no Rio de Janeiro, com joias feitas de pedras brasileiras e materiais e formas originais. Sua estética apurada e o design contemporâneo das peças já lhe renderam diversos prêmios internacionais.

BERTA Gola de meados do século XIX, semelhante a uma mantilha, geralmente feita de renda.

A BERTA de renda de c. 1843 valoriza o busto e afina a cintura. As joias esmeradas são um atrativo a mais, contrastando com o colo totalmente nu e o penteado discreto.

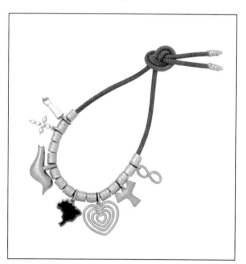

Premiadas internacionalmente, as joias de Antonio BERNARDO foram inspiradas em elementos da cultura brasileira.

BIAGIOTTI, LAURA 1943-. Estilista. Nascida em Roma, Itália. Formou-se em arqueologia pela Universidade de Roma. A princípio, trabalhou na pequena confecção de sua mãe, saindo em 1972 para criar uma empresa de estilismo em Florença. Na Itália, Laura é afamada como estilista de malhas clássicas, especializando-se em caxemira e em outras lãs. Seus modelos são sóbrios, macios e fluidos, com os atrativos ficando a cargo dos detalhes e do tecido. Ela também cria linhas para o dia e para a noite.

BIANCHINI-FÉRIER Empresa fundada em Lyon, França, por Charles Bianchini, industrial têxtil italiano que se estabeleceu em Paris na década de 1890. Na virada do século, Bianchini uniu forças com certo sr. Férier para formar a companhia Bianchini-Férier. A empresa fabrica seus próprios tecidos, principalmente sedas, mas também compra de outras companhias e os vende com seu nome. No início da década de 1900, a Bianchini-Férier lançou um *crepe georgette* que se tornou muito popular. *Ver também* *DUFY *e* POIRET.

BIBA *Ver* HULANICKI.

BIJUTERIA Ornatos feitos de pedras falsas ou semelhantes às preciosas, atendendo a tendências periódicas de moda. A bijuteria foi criada no século XVIII, principalmente para a classe média emergente e para os ricos, que, por segurança, usavam joias sem valor quando viajavam. Durante o século XIX, continuou a ser popular. Na década de 20, transformou-se em acessório com méritos próprios, deixando de ser simples imitação. Nas mãos de CHANEL e SCHIAPARELLI, tornou-se engenhosa e ostensiva. Depois dessa época, novos desenhos resultaram em peças elegantes, que não eram mais consideradas de segunda classe. Vários materiais são empregados, como imitações de ouro e prata, além de resinas e plásticos que reproduzem pedras preciosas. Da mesma forma que as roupas foram se transformando, aconteceu uma demanda por bijuterias não tradicionais. Braceletes, brincos, broches e anéis foram então reinventados, muitas vezes com formas esculturais. Hoje a bijuteria faz parte da cena da moda. Como os preços dos modelos excepcionais são muito altos, a bijuteria chega a ser objeto de coleção. *Ver* LANE *e* RABANNE.

BIKKEMBERGS, DIRK 1962-. Estilista. Nascido em Flavorsheim, Alemanha. Depois de estudar na Academia Real de Artes, na Antuérpia, serviu no exército real belga na Alemanha. Durante muitos anos foi estilista freelance para casas de moda europeias, até que em 1985 abriu sua própria empresa, especializada em roupas masculinas. Criou peças avulsas, em cores discretas e escuras, e conjuntos de LEGGINGS e malhas caneladas. Sua linha de calçados inclui variações de botas de soldados da infantaria, de ciclista e de futebolistas. Em 1993, apresentou sua primeira coleção feminina em Paris. Suas criações futuristas, urbanas e chiques incluem calças pata-de-elefante com comprimento até o chão, finos tops FRENTE-ÚNICA e calças de couro tacheadas.

BIQUÍNI ROUPA DE BANHO reduzida, de duas peças. Foi lançado na França, em 1946, simultaneamente por um estilista pouco conhecido, Louis Réard, e por outro de maior fama, Jacques HEIM. Este deu a seu biquíni o nome de "átomo"; mas quando os Estados Unidos, no mesmo ano, fizeram testes com a bomba atômica no atol de Bikini, o traje foi redenominado. Os primeiros eram adornados com motivos animais e com flores artificiais ou feitos de crochê. Na década de 50, o biquíni já se tornara popular na França, mas só por volta de 1965 foi aceito nos Estados Unidos. Nos anos 70, surgiu uma versão muito reduzida, a *TANGA: dois minúsculos triângulos de tecido eram presos por tiras amarradas nos quadris, e o top tipo SUTIÃ era amarrado em volta do pescoço e nas costas. *Ver também* BARDOT.

BLAHNIK, MANOLO 1943-. Estilista de sapatos. Nascido em Santa Cruz, Ilhas Canárias. Estudou direito e literatura na Universidade de Genebra e depois se mudou para Paris, onde passou o ano de 1968 estudando arte na École du Louvre. Mudou-se para Londres em 1970. Numa visita a Nova York, mostrou seu portfólio de esboços para vários editores de moda, inclusive Diana VREELAND, que o aconselhou a se concentrar na criação de sapatos. Blahnik foi colocado em contato com fabricantes italianos de sapatos. Em 1973, abriu sua primeira butique em Londres. Criou sapatos também para Ossie CLARK. Desde então, Blahnik tornou-se um dos mais famosos estilistas de sapatos do mundo e tem colaborado com as coleções de inúmeros estilistas de roupas e costureiros, incluindo Perry ELLIS, Calvin KLEIN, Jean MUIR, Zandra RHODES, Yves SAINT-LAURENT, Rifat OZBEK e Isaac MIZRAHI. Ele criou ainda simples SANDÁLIAS DE PLÁSTICO para a FIORUCCI. Os modelos vendidos em suas lojas de Londres e Nova York são altamente sofisticados. Blahnik é conhecido por utilizar couro colorido, geralmen-

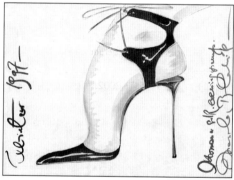

As fantásticas criações do estilista de sapatos Manolo BLAHNIK através das décadas: no alto, o modelo "Paloma", em pele de réptil azul-cobalto, para o verão de 1977; acima, escarpim para a noite de seda otomã, do inverno de 1997; ao lado, sandália de dedo com grandes bolas revestidas de napa macia, do verão de 1982.

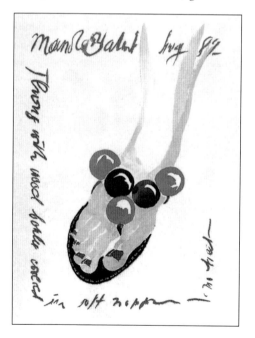

te adornado com desenhos graciosos e fluidos. A maioria de seus sapatos e sandálias leva sua marca: uma tirinha sobre o peito do pé. Estilista influente, tem uma clientela internacional fiel, apreciadora de suas criações exuberantes mas requintadas.

Bill BLASS da década de 60 à de 80: à esquerda, minivestido adornado com renda, de 1968; à direita, a mistura de corte impecável com babados exagerados, de 1982.

BLASS, BILL 1922-2002. Estilista. Nascido William Ralph Blass em Fort Wayne, Indiana, Estados Unidos. Em 1939 estudou estilismo de moda na Parsons School of Design em Nova York. Entre 1940 e 1941 trabalhou como desenhista para David Crystal, confeccionista de SPORTSWEAR, antes de ser convocado para o exército. Após a Segunda Guerra Mundial, foi estilista na Anna Miller & Co. Quando a Miller foi comprada pela Maurice RENTNER Ltd. em 1950, Blass continuou e, em 1962, tornou-se vice-presidente. Em 1970, comprou a companhia e mudou o nome para Bill Blass. Ele é mais conhecido como estilista de roupas diurnas. Baseando-se em peças tradicionais, como o PALETÓ DE MONTARIA, e suavizando suas linhas, criou um modelo mais fluido e menos severo. Seus costumes eram de alfaiataria, mas possuíam curvas para que se ajustassem ao corpo feminino. Mesmo suas roupas mais estruturadas são suavizadas por delicadas curvas na bainha, nas lapelas ou nos abotoamentos. Blass foi criativo na mistura de texturas e estampas. Ele utilizava tweeds e tecidos de camisaria e costumava criar suas roupas com um toque discreto de cor, como um babado de renda em tom vivo ou um enfeite de pele. Sua utilização de babados foi bastante eficaz. O vestido simples de verão de 1963, que possuía um pequeno rufo no pescoço e na barra, foi um best-seller. Em 1966, ele mostrou uma JAPONA feita com visom branco. Dois anos depois, a modelo Jean Shrimpton apareceu num anúncio usando um vestido bege de renda *chantilly* criado por Bill Blass, com gola e punhos de babados. A demanda pelo vestido foi tão grande que a Maurice Rentner Ltd. confeccionou o modelo em produção maciça. Blass é também reconhecido por ter sido um estilista de roupas para a noite, criando vestidos que, como suas roupas para o dia, traçavam linhas sinuosas mas tendendo ao exagero. Blass fez grande sucesso ao misturar casaquinhos estruturados e BABADOS nas roupas para a noite.

BLAZER Paletó esporte largo e leve usado pelos homens desde o início do século XX. A princípio era feito de flanela ou de listras largas, audaciosas, com cores fortes, ou de listras finas. Nos anos 20, as mulheres apropriaram-se do modelo, usando-o com saias pregueadas, camisas e GRAVATAS. O blazer azul-marinho em estilo naval, com botões dourados, também foi considerado como peça de moda. O comprimento clássico para o blazer vai até o alto da coxa. Versões mais curtas fazem parte de uniformes escolares. Os blazers são muito populares entre as mulheres desde a década de 70, como importante componente do estilo EXECUTIVO, sendo então usados com saia justa e blusa ou com camisa masculina. Ver CHANEL e KLEIN, Calvin.

BLAZER ETON Modelo de BLAZER curto, de forma quadrada, que compunha o uniforme dos rapazes do Eton College, Inglaterra, desde meados do século XIX até o início do século XX.

BLOOMER, AMELIA JENKS 1818-94. Em meados da década de 1850, Dexter Bloomer, proprietário e editor do jornal semanal de Nova York *The Seneca County Courrier*, publicou um artigo sugerindo que as saias curtas e as calças até os tornozelos usadas pelas mulheres turcas eram muito mais práticas que as saias compridas e volumosas e as anáguas das europeias e americanas. A mulher de Bloomer, Amelia, adotou o tema e publicou um artigo em seu próprio jornal feminista, *The Lily*, reivindicando roupas funcionais para mulheres. Imediatamente, diversas mulheres abandonaram os KNICKERBOCKERS e o CASACO NORFOLK para atividades esportivas e passaram a usar um traje que consistia num CORPETE ajustado, numa saia rodada até os joelhos e em CALÇAS TURCAS ou BLOOMERS que iam até o tornozelo, no qual eram presas e possuíam um babado. Na Inglaterra, esse traje ficou conhecido como "costume Camilla". Só foi adotado por um número significativo de mulheres por volta das décadas de 1880 e 1890, quando o ciclismo se tornou popular. A princípio, o uso de *bloomers* era alvo de afronta, diversão e zombaria pública.

Mrs. Amelia BLOOMER, c. 1850, usando o traje que defendia para todas as mulheres de bom senso.

BLOOMERS Desde o final do século XIX, a palavra *bloomers* descreve qualquer peça de roupa larga, franzida, semelhante a calças, que seja presa em algum ponto entre o joelho e o tornozelo e usada sob saias compridas. *Ver* BLOOMER.

BLOOMERS em ação: o traje completo de ciclismo com casaquinho, blusa com rufos, *bloomers*, chapéu palheta e sapatos baixos.

BLOW UP Marca paulistana de moda feminina criada por Roberto Pessoa (1945-) e inaugurada em 1974, na rua Augusta, em São Paulo. Foi uma das primeiras BUTIQUES no Brasil e a primeira loja de moda feminina a se instalar na rua Oscar Freire, hoje endereço dos últimos lançamentos de moda.

BLU-BLU BUTIQUE carioca criada em 1972 por Marilia Valls (1928-), em IPANEMA, Rio de Janeiro, como loja de blusas. Foi pioneira nos desfiles-happenings, eventos em que o trânsito da rua era interrompido e as modelos desfilavam em clima de festa. Produziu moda com referências brasileiras, como rendas e bordados, e muita cor, em um clima art déco tropical. Fechou em 1987.

BLUE MAN Marca carioca de moda praia feminina e masculina, fundada em 1972, ano em que David Azulay (1952-), irmão de Simão AZULAY, e o estilista Antônio Nazaré (1948-), o Binha, lançaram uma invenção minúscula mas revolucionária: o primeiro BIQUÍNI em tecido jeans. Capa de várias revistas internacionais, o biquíni jeans estimulou a mística de sensualidade em torno da "garota de Ipanema" e da praia carioca. Empresário e estilista, Azulay sempre teve olho para estamparia e admiração pela cultura brasileira, enaltecendo-a de maneira pop

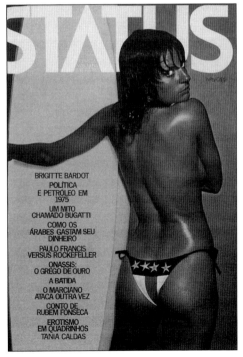

A BLUE MAN foi a primeira marca brasileira de moda praia a exportar tangas com estampas pop, como esta, dos anos 70.

e sexy em suas coleções. Em 1978, o biquíni com a bandeira dos Estados Unidos foi capa da revista *Time*. Com a TANGA, a marca passou a vender para a FIORUCCI italiana e partiu para a carreira internacional. Desde então o biquíni brasileiro tornou-se referência mundial de moda praia, simbolizando a beleza da mulher brasileira. Foi a primeira marca de moda praia a exportar.

BLUMENFELD, ERWIN 1897-1969. Fotógrafo. Nascido em Berlim, Alemanha. Em 1913 começou um aprendizado de três anos com um confeccionista de roupas femininas. Após a Primeira Guerra Mundial, mudou-se para a Holanda, onde durante dezessete anos foi livreiro, marchand e comerciante de produtos de couro, enquanto aprendia fotografia sozinho. Em 1936, estabeleceu-se em Paris como fotógrafo profissional. Dois anos mais tarde, recebeu encomendas da VOGUE, logo seguidas por um contrato com a HARPER'S BAZAAR. Blumenfeld passou vários anos da Segunda Guerra Mundial internado em um campo de prisioneiros de guerra. Depois de libertado, foi para Nova York, onde se naturalizou americano. Continuou a trabalhar como freelance para a *Vogue* francesa e a americana, para a *Harper's Bazaar* e para inúmeras outras revistas. Os primeiros trabalhos de Blumenfeld distinguiam-se por imagens surrealistas. Fez experiências com solarização, dupla exposição e distorção óptica. Sua utilização de tecidos úmidos para envolver a forma feminina foi amplamente copiada por fotógrafos mais jovens. Nas décadas de 40 e 50, Blumenfeld adaptou sua técnica, com sucesso, à fotografia em cores e produziu muitas fotos ousadas, admiráveis e, com frequência, levemente eróticas.

BLUSA Solta, de mangas curtas ou compridas, frequentemente confeccionada em algodão, linho, cambraia ou seda, é tradicionalmente usada com a barra para dentro da saia. Com a introdução das calças compridas, no início do século XX, surgiu a necessidade de modelar mais a blusa, daí os estilistas terem produzido versões ajustadas do modelo masculino de camisa.

BLUSA BALCÂNICA Blusa de cintura baixa e mangas largas muito em moda na Europa após as Guerras Balcânicas (1912-3).

Sucesso da década de 50, a BLUSA BETTINA de Givenchy foi assim chamada em homenagem a Bettina Graziani, uma das modelos preferidas do estilista.

BLUSA BETTINA Lançada por GIVENCHY em 1952, a blusa recebeu esse nome em homenagem a Bettina Graziani, uma das top models de Paris, que trabalhava exclusivamente para Givenchy na década de 50. A blusa era feita de tecido de camisaria, com gola larga e aberta e com mangas de babados de bordado inglês.

Foi muito popular durante anos e bastante copiada na Europa e nos Estados Unidos.

BLUSÃO 1. Jaqueta externa de comprimento até os quadris, com um cordão passado pela bainha que, quando puxado, cria um franzido suave. A forma da peça teve origem no ANORAQUE usado pelos Inuits e nas roupas à prova de vento e água usadas pelos exploradores do Ártico. Na segunda metade do século XX, a forma do blusão passou a ser, geralmente, associada às roupas informais masculinas e femininas. 2. BLUSA de tecido leve, franzida de modo a cair em dobras suaves sobre uma tira em volta dos quadris.

BLUSÃO DE AVIADOR Blusão que vai até a cintura, com abotoamento simples, usado pelo exército americano durante a Segunda Guerra Mundial. Após a guerra, foi adaptado ao uso civil, tanto para homens quanto para mulheres. Possui corte generoso, principalmente nos ombros, e tem mangas e bolsos longos. É fechado na frente com botões ou zíper. É usado em ocasiões informais por homens e mulheres, podendo ser confeccionado em vários tecidos, inclusive couro. *Ver também* JAQUETA DE PILOTO *e* JAQUETA EISENHOWER.

BOÁ Echarpe comprida, fofa e tubular, feita de PLUMAS ou de pele. No final do século XIX e no início do século seguinte, boás de plumas, principalmente de avestruz, foram muito usados. Voltaram à moda nas décadas de 30 e 60.

BOCA DE SINO As calças de marinheiro eram cortadas, tradicionalmente, em forma de sino, desde o joelho até o tornozelo. Uma versão da linha boca de sino, conhecida também como pata-de-elefante, com o tecido aderindo à coxa e abrindo-se a partir do joelho, tornou-se muito popular no final da década de 60, tanto para homens quanto para mulheres. A calça SAINT-TROPEZ, da mesma época, seguia forma semelhante.

BODY *Ver* CATSUIT.

BODY MAP Empresa criada em 1982 por David Holah e Stevie Stewart (ambos nascidos em 1958, em Londres, Inglaterra), depois de terem estudado juntos na Middlesex Polytechnic entre 1979 e 1982. A Body Map especializou-se em roupas desestruturadas e sobrepostas, para o mercado jovem. Os dois estilistas trabalhavam constantemente com preto, creme e branco, redefinindo formas tradicionais do corpo mediante a sobreposição de texturas e estampas diferentes.

Modelos jovens em branco e preto da década de 80, da companhia londrina BODY MAP.

BOHAN, MARC 1926-. Estilista. Nascido Roger Maurice Louis Bohan em Paris, França. Sua mãe era chapeleira. Bohan formou-se em arte e filosofia no Lycée Lakanal, em

Paris. Adquiriu experiência em estilismo entre 1945 e 1958, trabalhando sucessivamente em três *maisons:* PIGUET, MOLYNEUX e PATOU. Durante esses anos, foi contratado por pouco tempo por Madeleine DE RAUCH e trabalhou como estilista freelance para uma companhia atacadista de roupas de Nova York. Em 1958, a DIOR enviou Bohan para Londres, como diretor de negócios na Inglaterra. Foi chamado de volta dois anos mais tarde, para assumir o cargo de estilista-chefe e diretor artístico da Dior, sucedendo a SAINT-LAURENT. Em seus primeiros dez anos na *maison* Dior, adquiriu fama como o estilista que conseguia transformar moda pop em alta-costura, sem sacrificar o espírito jovial das roupas. Em 1961, lançou uma silhueta esguia, com CORPETES longos e delgados e saias justas. A coleção de Bohan de maior influência, em 1966, apresentava trajes baseados no filme *Doutor Jivago* (*Doctor Zhivago,* 1965). Eram casacos amplos, adornados com pele e acinturados; vestidos dançantes que iam até o meio das canelas; e botas. Bohan criou famosos vestidos de baile e roupas de noite em tecidos exóticos. Muitos modelos possuíam laços presos atrás, semelhantes a ANQUINHAS. Em 1989 ele deixou a *maison* Dior e no ano seguinte tornou-se diretor de moda da Norman HARTNELL, em Londres, onde seus modelos sofisticados revigoraram a casa de alta-costura. Bohan pediu demissão em 1992.

BOINA Gorro macio e circular que teve origem na Grécia ou na Roma antiga. O modelo mais comum de boina é a *basca,* que geralmente é usada com a borda aparecendo; mas há outros modelos, inclusive sem a borda. A princípio, o rabicho em cima da boina era costurado nela para cobrir o orifício da tecelagem. As boinas estiveram muito em moda na década de 1880, adornadas com flores, PLUMAS e fitas. Desde aquela época, permaneceram sem adornos a maior parte do tempo. Elas foram populares durante as duas guerras mundiais, quando o elástico para chapelaria esteve escasso. No final da década de 60 e na de 70, ocorreu o mais marcante retorno dessa peça, em parte suscitado pela boina que a atriz Faye Dunaway usava no filme *Uma rajada de balas* (*Bonnie and Clyde,* 1967). Ver *KANGOL.

BOLERO Casaquinho de origem espanhola, aberto, com ou sem mangas, tipo CORPETE, quase chegando à cintura. No início do século XX, os boleros eram usados com blusas de gola alta e babadinhos e com saias longas. Ressurgiu nas décadas de 60 e 70, sendo trajado com saias ou calças. Para a noite, eram populares os boleros de veludo preto. Para o dia, os boleros têm sido feitos de vários tecidos, inclusive diversos tipos de algodão, brocado, feltro, brim e couro. Algumas versões são adornadas com passamanaria.

BOLSA Saco levado na mão, de qualquer formato, tamanho ou material, seguindo as tendências da moda. Tem os lados achatados ou arredondados (sendo fechada em cima com zíper ou fecho de pressão), reforços internos e bolsos do lado de fora e de dentro. Do latim *bursa,* as primeiras bolsas foram as RETICULES dos séculos XVIII e XIX. Em meados da década de 1850, as viagens criaram a demanda de bolsas que pudessem ser carregadas na mão e fossem espaçosas e resistentes o bastante para levar artigos pessoais. Mais para o final do século, CARTEIRAS pequenas e finas, feitas para caberem nos bolsos dos casacos, entraram em moda, seguidas por bolsas enormes, que foram motivo de muita zombaria. As despojadas roupas do início do século XX deixavam pouco ou nenhum espaço para carregar objetos grandes, e desde aquela época as bolsas tornaram-se importante acessório de moda. Toda década presencia novas formas e estilos, e o desenho de bolsas, como o de outros acessórios, sofreu influência de movimentos artísticos, como o CUBISMO e o SURREALISMO. Bolsas a tiracolo entraram em moda após a Segunda Guerra Mundial. A partir da década de 60, sacolas de fotógrafo, de companhias aéreas e de compras passaram a ser usadas como bolsas. As décadas de 70 e 80 assistiram à moda de pastas, DUFFLE BAGS e imitações da clássica maleta de médico. Na década de 90, a MOCHILA foi a bolsa da moda.

BOLSA A TIRACOLO *Ver* BOLSA.

BOLSA ENVELOPE Bolsa retangular de vários tamanhos, com uma aba-fecho no mesmo formato de um envelope. Assim como a CARTEIRA, não possui alças. No século XX foi um formato elegante de bolsa.

BOLSA KELLY *Ver* HERMÈS.

BOLSO CHAPADO Grande e quadrado, costurado à parte externa de casacos, paletós e vestidos, está em uso desde o início do século XX. Também conhecido como bolso sobrecosido.

BOLSO SOBRECOSIDO *Ver* BOLSO CHAPADO.

BOMBACHAS Adaptação das calças de boca larga que iam até o meio da canela, usadas pelos vaqueiros da América do Sul. SAINT-LAURENT popularizou as bombachas na década de 60, quando eram usadas com botas, camisas e cintos largos de fivelas grandes e prateadas. *Ver também* SAIA-CALÇA.

BOMBAZINA Tecido fino, liso ou sarjado, com urdume de seda e com trama de lã penteada, geralmente preto. Produzida na China antiga e, mais tarde, na Europa, a bombazina foi usada para TRAJES DE LUTO desde o século XVI até o final do século XIX.

BONÉ Cobertura sem aba para cabeça, com uma pala. A princípio, era usado por operários. Na década de 60, versões em cores muito extravagantes, geralmente feitas de couro ou de PVC, tornaram-se populares. *Ver* BONÉ DE GOMOS.

BONÉ DE GOMOS Boné grande com pala larga, baseado num boné de açougueiro inglês do século XIX. Foi popular na década de 60, sendo então feito de TARTÃ, veludo, vinil e outros materiais.

BONÉ SHERLOCK HOLMES *Ver* DEERSTALKER.

BORDADO Trabalho ornamental de agulha, o qual forma sobre o tecido desenhos coloridos. Há séculos vem sendo usado para adornar várias peças de roupa feminina. Até o início do século XX, era feito exclusivamente à mão. *Ver também* FOLCLÓRICO e *LESAGE.

BORDADO INGLÊS Também conhecido como bordado suíço ou da Madeira, é uma forma de bordado inicialmente criada com agulha e linha. Caracteriza-se por linha branca em fundo branco (normalmente algodão), sobre o qual se faz um desenho de orifícios redondos ou ovais. As bordas são então recobertas com pontos. Conhecido na Europa desde o século XVI, o bordado inglês foi particularmente popular de 1840 a 1880, quando era usado em roupas de dormir e em roupas íntimas, mais comumente para crianças. A partir da década de 1870, uma máquina suíça passou a copiar com sucesso os modelos. Desde o início do século XX, o bordado inglês é empregado para adornar vestidos e roupas de verão, sendo ainda usado em roupas íntimas.

Os BORDADOS sempre foram utilizados para acrescentar luxo ou dar colorido a um tecido. Aqui, o bordado branco enriquece o manto palaciano de veludo na coroação de Nicolau II, Paris, 1896.

BORGES, PAULO 1962-. Paulista, nascido em São José do Rio Preto, idealizador e diretor da São Paulo Fashion Week, a semana de moda mais importante do hemisfério sul. Formado em informática, passou a trabalhar com moda em 1980, como produtor da jornalista Regina Guerreiro, na época responsável pela moda da revista VOGUE brasileira. Produziu desfiles e participou da idealização do Phytoervas Fashion (1994-7), evento que reuniu as grifes mais modernas do país. Em 1996, Borges lançou o Calendário Oficial da Moda Brasileira com o evento Morumbi Fashion, de desfiles sazonais de grifes de prestígio. Em 2001, ele e a irmã, Graça Borges, associaram-se a Graça Cabral, Denise Basso e Márcia Mizuno e criaram a Luminosidade, empresa responsável pela São Paulo Fashion Week.

BOTA No século XIX, as mulheres usavam botas com roupas diurnas, tanto no inverno quanto no verão. Costumavam ter saltos baixos, sendo feitas de couro ou de materiais mais finos e amarradas ou abotoadas até as canelas. Na primeira metade do século XX, as botas tornaram-se peças principalmente utilitárias, usadas no mau tempo. Botas de moda, criadas simplesmente para fazer efeito, surgiram na década de 60. Vieram em todos os comprimentos, desde o tornozelo até bem alto na coxa. Os materiais variavam, do plástico e vinil ao couro. Na década de 70, botas feitas para cobrir os pés e as pernas até o joelho tornaram-se peças populares no inverno, sendo produzidas em cores variadas. Também nos anos 70, outros modelos fizeram sucesso, como as botas curtas com as bordas viradas no tornozelo ou como as botas de CAUBÓI com complicados ornatos. As pesadas botas utilitárias de operários, conhecidas como DOC MARTENS, foram usadas pelos skinheads na década de 60, ressurgindo no cenário da moda na década de 80 de forma mais refinada. A partir de então, tornou-se parte do vestuário informal. *Ver* BOTA COURRÈGES, GERNREICH *e* PUNK.

BOTA para caminhadas, do final do século XIX. Uma de suas versões tornou-se a popular "bota da vovó" da década de 60.

BOTA BALMORAL Em meados do século XIX, a paixão da rainha VITÓRIA por sua propriedade escocesa de Balmoral ajudou a popularizar, no Reino Unido, a moda do TARTÃ e das roupas com nomes de cidades escocesas. A bota Balmoral cobria o tornozelo e possuía sola grossa, sendo adequada a passeios a pé. Era feita de couro e detalhada com ilhoses de metal e costuras elaboradas.

BOTA COURRÈGES Lançada na década de 60 por André COURRÈGES, em parte para se harmonizar com a silhueta de suas roupas, mas também para se contrapor às alturas do oscilante SALTO AGULHA. Era feita de pelica, couro de novilho ou verniz brancos. Foi criada para chegar ao meio da canela, com aberturas na parte superior do cano e um laço ou pingente na frente.

BOTANY Lã fina, originariamente obtida do carneiro MERINO da baía de Botany, em New South Wales, Austrália. No século XIX, a *botany* era utilizada em roupas externas, mas no século XX seu emprego tem-se limitado principalmente a malhas.

BOTÃO É usado como parte decorativa do vestuário desde o século XIV, embora sua importância dependa totalmente das tendências da moda. No início do século XIX, botões de tecido feitos à máquina e botões de cerâmica, vidro e papel machê já existiam, mas não apareciam muito na moda da época. A partir de meados do século XIX, conchas, madrepérola, vidro preto, aço e latão trabalhados e chifre moldado costumavam ser usados para fazer botões que, naquela época, haviam se tornado parte integrante do desenho de moda. Vestidos e blusas eram feitos com muitos botõezinhos. Na década de 1880, ressurgiu a utilização do esmalte (que fora popular no século XVIII), e também havia botões feitos de vidro ou porcelana ou cobertos de bordado. Essas tendências continuaram até a Primeira Guerra Mundial, quando ocorreu um declínio acentuado na quantidade de botões utilizados. Nos anos 20, o movimento art déco fez voltar a atenção aos botões; esse interesse continuou durante a década de 30 e estimulou a produção de botões de madeira, cortiça, plexiglás e plásticos. Nessa época, entraram em voga botões inovadores: usados como parte estratégica do modelo das roupas, costumavam assemelhar-se a cestas de frutas ou a maços de cigarro. MAINBOCHER apresentou botões de pressão prateados, ROCHAS lançou-os em forma de livros abertos e PATOU adornou seus trajes com botões em forma de vasos de flores, raposas, sereias e cobras. SCHIAPARELLI também utilizou

BOUCHÉ, RENÉ

O famoso casaquinho de seda rosa de Elsa Schiaparelli, decorado com BOTÕES metálicos em forma de acrobatas, parte da coleção de 1938 que ela chamou de "Circo". Schiaparelli costumava usar botões originais em seus modelos.

botões inusitados, principalmente os botões de acrobata de seu casaquinho "Circo". Após a Segunda Guerra Mundial, os botões ficaram menos decorativos e mais funcionais.

BOUCHÉ, RENÉ 1906-63. Artista, ilustrador. Nascido na França. Como pintor e retratista de sucesso, colaborou com a VOGUE durante a década de 40, ilustrando a alta sociedade. Trabalhava com bico de pena e creiom, mesclando com arte o caráter da roupa e o do usuário. Seus desenhos para mulheres eram elegantes, vibrantes e, com frequência, divertidos, embora fosse também capaz de variar seu estilo para obter uma forma menos definida e mais abstrata.

BOUCLÉ Ver BUCLÊ.

BOUËT-WILLAUMEZ, RENÉ 1900-79. Ilustrador. Nascido na Bretanha, França. Nas décadas de 30 e 40, foi colaborador frequente da VOGUE. Seu trabalho era suave e leve, geralmente desenhos em bico de pena de moda e de mulheres elegantes.

BOURDIN, GUY 1928-91. Fotógrafo. Nascido em Paris, França. Depois de receber baixa do serviço militar, passou algum tempo com Man RAY. Nos anos 60, estabeleceu-se como artista e fotógrafo, mas sua ascensão à popularidade aconteceu mais no final da década. Nos anos 70, trabalhou com frequência para a VOGUE francesa. As fotos de Bourdin são duras, distantes e marcadamente frias. Sexo, violência e SURREALISMO integram seu trabalho. Em 1976, ganhou celebridade ao produzir "Suspiros e sussurros" (*Sighs and whispers*), provocante catálogo de lingerie encomendado pela loja de departamentos nova-iorquina Bloomingdale's. Suas fotos surrealistas para os sapatos de Charles JOURDAN são igualmente famosas.

BOUTET DE MONVEL, BERNARD 1884-1949. Pintor, ilustrador. Nascido em Paris, França. Durante a Primeira Guerra Mundial, foi oficial zuavo ao lado de Jean PATOU. Era pintor e ilustrador de talento. Lucien VOGEL contratou-o para trabalhar na GAZETTE DU BON TON, até que esta fechou, em 1925. Terminada a guerra, colaborou com ilustrações de moda para FÉMINA, VOGUE e HARPER'S BAZAAR. O estilo econômico e moderado de Boutet de Monvel era muito requisitado, e ele foi responsável pela criação de muitos anúncios de Patou.

BRANDÃO, GIL 1925-82. Modelista e ilustrador. Nascido no Recife, formou-se em medicina e arquitetura e mudou-se para o Rio de

Janeiro em 1948, onde começou a fazer ilustrações para a revista *Fon Fon*. Sua influência na moda brasileira surgiu com a publicação semanal de seus moldes nas páginas do *Jornal do Brasil*, auxiliando o trabalho de muitas costureiras, numa época em que o prêt-à-porter ainda era incipiente e as roupas eram feitas por encomenda.

BRAQUE, GEORGES 1882-1963. Artista plástico. Nascido em Argenteuil, França. Participou do movimento fauvista até conhecer PICASSO, em 1907. Os dois pintores desenvolveram a forma de arte que veio a ser conhecida como CUBISMO. O trabalho de Braque influenciou desenhistas de estamparia nas décadas de 20 e 30. *Ver* FAUVISMO.

BRECHÓ Loja onde é possível encontrar roupas e acessórios de segunda mão a preços acessíveis, se comparados aos do prêt-à-porter. Na Europa, essas compras normalmente são feitas em feiras de rua, chamadas de "mercado das pulgas". No final do século XX, a compra de peças antigas virou moda e, consequentemente, fez os preços aumentarem.

BRIGANCE, TOM 1913-90. Estilista. Nascido em Waco, Texas, Estados Unidos. Estudou na Parsons School of Design, em Nova York, e mais tarde na Sorbonne, em Paris. Trabalhou como estilista da loja de departamentos nova-iorquina Lord & Taylor, até se alistar no exército americano. Após ter recebido baixa em 1944, retomou o trabalho de estilista e, em 1949, abriu seu próprio negócio. Tornou-se famoso por ser um especialista em roupas de praia.

BRIM Sarja de algodão de fios brancos e azuis, originária da cidade francesa de Nîmes; daí a origem da expressão *serge de Nîmes*. Desde o século XX, o brim vem sendo usado em roupas de trabalho por ser forte, durável e lavável. Na década de 40, era empregado em vestidos, saias, paletós e calças da moda. Atingiu o auge de sua popularidade na década de 70, com maciça fabricação de jeans, geralmente com marcas de estilistas. *Ver também* STRAUSS.

BRITISH COLONY Marca carioca de moda masculina. Maxime Perelmuter (1979-), estilista e proprietário da marca, entrou no mundo da moda por influência do pai, Georges Henri, estilista belgo-brasileiro radicado no Rio de Janeiro e falecido nos anos 80, famoso pelo requinte atemporal de suas coleções. Formado em marketing, Maxime mistura ao estilo clássico uma linguagem casual, carioca e urbana, que renova a moda masculina.

BRITISH WARM Sobretudo usado por oficiais britânicos na Primeira Guerra Mundial, mais tarde popularizado para uso civil. Era feito de tecido pesado (pelo de camelo, caxemira, mélton ou lã) e ligeiramente estruturado para ajustar-se ao corpo. Ia até os joelhos, podendo ser mais comprido, e tinha abotoamento simples ou duplo, bolsos grandes, LAPELAS bem largas e botões de couro. Inspirou uma série de modelos posteriores, para homens e mulheres.

BROCADO Suntuoso tecido de jacquard com estampa em relevo, geralmente flores ou figuras, muitas vezes feito de linha de seda dourada ou prateada. Desde meados do século XIX, o brocado é associado a roupas de noite.

BRODOVITCH, ALEXEY 1898-1971. Fotógrafo, diretor de arte, professor. Nascido em São Petersburgo, Rússia. Por volta de 1918, foi para Paris como refugiado. No início da década de 20, pintou cenários para os BALLETS RUSSES, empenhando-se também na concepção de tecidos, cartazes, livros e revistas. Em 1930, emigrou para os Estados Unidos, onde se tornou diretor da Philadelphia Museum School of Industrial Art. Em 1934, tornou-se diretor de arte da HARPER'S BAZAAR, e durante 24 anos suas ideias dominaram o visual da revista. Incentivava jovens fotógrafos e usava a revista como plataforma de novas ideias na fotografia de moda e no desenho gráfico. Demitiu-se da *Harper's Bazaar* em 1958, mas continuou lecionando e fazendo conferências até 1967, quando se aposentou e voltou a morar na França.

BROGUE Sapato resistente originário da Escócia e da Irlanda, como peça inteiriça de couro cru, amarrado por um cordão. O *brogue* moderno é um sapato de amarrar, com salto baixo. Feito de couro costurado, tem um desenho perfurado. A palavra *brogue* também descreve um sapato OXFORD perfurado e costurado da mesma forma.

BROOKS, DONALD 1928-. Figurinista, estilista. Nascido em Nova York, Estados Unidos. Foi educado em New Haven, Connecticut, e na Fine Arts School da Universidade Syracuse, de Nova York. Estudou na Parsons School of Design, que abandonou para trabalhar na primeira de muitas companhias de prêt-à-porter. Em 1958, começou a criar para sua própria etiqueta. Em meados da década de 60, foi um dos primeiros estilistas a incluir em suas coleções as luxuosas calças para noite e os largos PIJAMAS. Em 1959, começou a trabalhar como figurinista. Dentre as peças para as quais criou figurinos, está *Descalços no parque* (*Barefoot in the park*, 1962); dentre os filmes, estão *O cardeal* (*The cardinal*, 1963) e *A estrela* (*Star!*, 1968). Brooks é famoso por promover o CHEMISIER e por criar vestidos simples, sem enfeites, casacos adornados e ESTOLAS.

BROOKS BROTHERS Fundada em Nova York em 1818 como Brooks Clothing Company, foi pioneira em prêt-à-porter para homens. Em 1896, um representante da Brooks Brothers ficou impressionado com os colarinhos abotoados nas pontas usados pelos jogadores de polo na Inglaterra. Quatro anos depois, a loja lançou nos Estados Unidos a camisa com o colarinho abotoado. Essa foi uma das diversas especialidades da Brooks Brothers, muitas das quais tiveram origem na Inglaterra. Outras incluem a GRAVATA *foulard*; o madras para camisas,

O colarinho de camisa abotoado do BROOKS BROTHERS, até hoje um dos estilos mais elegantes e usados nos Estados Unidos.

originariamente criadas para oficiais britânicos na Índia; o tweed Harris, importado da Escócia; os suéteres *shetland*; e o PALETÓ POLO, originariamente branco, com botões de madrepérola e um cinto (mais tarde, passou a ser feito de pelo de camelo, em cinza, com diversos modelos de cinto). Essas modas foram lançadas entre a década de 1890 e o início da Primeira Guerra Mundial. Em 1949, a Brooks Brothers começou a vender camisas femininas de algodão cor-de-rosa com colarinho abotoado. Camisas polo de caxemira, lançadas na década de 50, também foram adotadas pelas mulheres.

BRUCE, LIZA 1955-. Estilista. Nascida em Nova York, Estados Unidos. Depois de chamar a atenção pelos sofisticados trajes de natação que criou para si mesma e para amigos, abriu sua firma em 1981, em Nova York. Embora desde 1988 tenha ampliado sua coleção e incluído roupas para o dia, o trabalho de Liza ficou marcado por suas primeiras criações, com silhuetas alongadas e um uso amplo de Lycra misturada com crepe, *mohair* e seda. Conhecida por seus modelos minimalistas, ela se especializou em vestimentas que se enrolam no corpo. Criou LEGGINGS de crepe elástico brilhante, que podiam até se transformar em peça básica do guarda-roupa.

BRUNELLESCHI, UMBERTO 1879-1949. Ilustrador e figurinista. Nascido em Montemurio, próximo a Pistoia, Itália. Depois de completar seus estudos em Florença, mudou-se para Paris, onde trabalhou como caricaturista e ilustrador, frequentemente com o pseudônimo Harun-al-Rashid. Em 1912, já estava ilustrando livros, criando cartazes e trabalhando para o *JOURNAL DES DAMES ET DES MODES* e para

Biquíni da coleção primavera-verão 1996 da estilista americana Liza BRUCE.

a *FÉMINA*. Foi também figurinista, criando guarda-roupas para os shows de Josephine BAKER. No início de sua carreira, o trabalho de Brunelleschi era reconhecido graças às linhas delicadas claramente executadas e aos arabescos extravagantes.

BUCLÊ Do francês *boucler*, "encaracolar". É um tecido ou malha confeccionado de fio com laçadas, o que lhe dá uma superfície felpuda. Jaquetas e malhas de buclê são populares desde a década de 50. Buclê é também o nome de um fio para tricô.

BÜNDCHEN, GISELE 1980-. Modelo brasileira nascida em Horizontina (RS) e descoberta em um shopping center. Por sua beleza, sensualidade e profissionalismo, tornou-se uma das modelos mais importantes do mundo e uma das mulheres mais ricas do planeta, segundo a revista americana *Forbes*. Nos anos 90, seu tipo exuberante chamou a atenção do fotógrafo Mario Testino e da editora da VOGUE americana Anna Wintour. Seu rosto expressivo, cabelos longos, curvas sensuais, busto volumoso, aliados à imagem saudável e bem-humorada, contrastavam com a magreza excessiva das modelos daquela década, que cultuava a androginia. Sua entrada na moda marcou o início de um ciclo estético com predomínio de formas femininas curvilíneas e abriu caminho para a moda e as modelos brasileiras no exterior. Retratada em inúmeras capas de revista, editoriais de moda e publicidade, Gisele transformou-se em ícone internacional de beleza e em uma das mulheres mais fotografadas da história. *Ver também* *ZOOMP.

BUQUÊ No século XIX, pequeno ramo de flores usado com vestidos de noite, na cintura ou no peito. Foi bastante comum até o início do século XX.

BURBERRY *Ver* BURBERRY, THOMAS.

BURBERRY, THOMAS 1835-1926. Lojista. Nascido em Dorking, Surrey, Inglaterra. Foi aprendiz de um comerciante de tecidos. Em 1856, abriu sua própria loja, a T. Burberry & Sons, em Basingstoke, Hampshire. Em sociedade com o dono de uma tecelagem de algodão, criou um casaco à prova de água baseado na trama fechada e no estilo solto da BATA usada pelos agricultores. O pano de algodão, chamado GABARDINA, era tratado no fio antes de ser tecido; depois, era batido em trama fechada e recebia novamente o tratamento impermeabilizante. Em 1891, abriu uma loja atacadista em Londres. Especializou-se em roupas de gabardina para lazer e para esportes. A peça mais popular era o casaco *walking burberry* tipo bata, cortado em linhas retas, de bom caimento, com botões embutidos e mangas RAGLÃ. Em 1902, Burberry registrou a marca Gabardine. Sete anos depois, o nome Burberry foi registrado como a marca dos casacos da empresa. Durante a Primeira Guerra Mundial, criou capotes para o British Royal Flyings Corps (precursor da Real Força Aérea britânica, a RAF). O modelo Burberry

A brasileira Gisele BÜNDCHEN, uma das modelos mais importantes do mundo, desfila biquíni com estampa Che Guevara para a CIA. MARÍTIMA.

em estilo militar transformou-se no TRENCH-COAT daquela guerra. Possuía uma PALA larga atrás, OMBREIRAS, tiras com fivelas nos punhos, uma aba abotoada num ombro e bolsos com tampa. Nos cintos, argolas de metal em formato da letra D serviam para prender equipamentos militares. Após a guerra, o *trenchcoat* integrou-se na vida civil. Conhecido como "Burberry", foi copiado em todo o mundo.

BURNUS Ver ALBORNOZ.

BURROWS, STEPHEN 1943-. Estilista. Nascido em Newark, Nova Jersey, Estados Unidos. Estudou no Philadelphia Museum College of Art e no Fashion Institute of Technology, em Nova York, indo depois trabalhar na loja de departamentos nova-iorquina Henri Bendel. Deixou a loja com o parceiro Roz Rubenstein para abrir um ateliê. No início da carreira, Burrows ficou conhecido por sua abordagem destemida da criação e construção de roupas. Criou peças de couro, principalmente jaqueta preta tacheada e calças de PATCHWORK. Sua marca registrada era a utilização de costuras à máquina bem visíveis, frequentemente em zigue-zague, as quais usava em bainhas de saias, criando um efeito amassado e ondulado que costumava ser descrito como "borda de alface". Fazia pespontos em cores contrastantes e embutia retalhos coloridos. Burrows também é famoso por suas roupas de lazer confortáveis e flexíveis e pelos trajes vibrantes e reveladores do corpo para a era das DISCOTECAS.

BUSTIÊ Peça íntima conhecida em várias formas desde o início do século XIX. É decotado, com a cintura marcada, baseado no SUTIÃ e na CAMISOLA, envolvendo o tronco e parte dos quadris. As alças são bem separadas, para permitir o uso com o DECOTE CANOA. Foi muito usado na década de 50 e ressurgiu na de 80, como peça externa para a noite, em tecidos exóticos. A estrela do rock e do cinema MADONNA promoveu bustiês de formas contemporâneas e exageradas — com taças em forma de cone costuradas — criados por Jean-Paul GAULTIER. Esses sutiãs e bustiês, reminiscentes dos modelos altos e pontudos da década de 50, tornaram-se, em versões menos exageradas, um popular componente dos trajes para noite.

Vivienne Westwood criou este BUSTIÊ no estilo espartilho para a primavera-verão de 1991. Na década de 80 e início da de 90, muitos estilistas propuseram roupas de baixo para ser usadas externamente.

BUSVINE

As BUTIQUES proliferaram na década de 60, especialmente na *Swinging London*. A Biba era tão popular e fazia tanto sucesso que foi ampliada e transformada em loja de departamentos. Era decorada, como mostra a foto, num nostálgico estilo anos 30.

BUSVINE Casa fundada em Londres em 1863 por certo Mr. Busvine, que havia sido aprendiz de Henry CREED, o jovem. Busvine fornecia a membros da família real britânica trajes de montaria e outras peças de alfaiataria. Na virada do século, tornou-se um nome conhecido entre a aristocracia. Abriu filiais em Paris e Berlim. Nos anos 20, Richard Busvine, neto do fundador, abriu uma filial em Nova York. Tornou-se estilista-chefe da casa londrina na década de 30. Em 1939, a Busvine foi incorporada à REDFERN.

Carnaby Street, no West End de Londres, era o endereço das BUTIQUES mais famosas da cidade nos anos 60, inclusive da minúscula loja de roupas masculinas I Was Lord Kitchener's Valet, que vendia vestimentas com a bandeira britânica e uniformes de ex-militares.

BUTIQUE As butiques começaram na década de 20, como pequenas lojas dentro das casas de alta-costura, vendendo os produtos secundários da alta-costura — uma linha de SPORTSWEAR na PATOU, bijuterias na CHANEL. Durante a década de 30, outros estilistas seguiram a ideia: Lucien LELONG abriu uma butique para vender suas "edições", versões menos dispendiosas de modelos que exigiam apenas uma (ou nenhuma) prova. Após a Segunda Guerra Mundial, abriram-se butiques em todo o mundo, com uma seleção de mercadorias de diversos estilistas ou com uma marca exclusiva. Nos anos 60, proliferaram butiques especializadas em moda jovem e barata ou em roupas de segunda mão, sendo as mais famosas as da CARNABY STREET, da KING'S ROAD e de Kensington, em Londres. As lojas mais populares eram a Bus Stop, de Lee Bender, e a Biba, de Barbara HULANICKI. *Ver também* SCHIAPARELLI *e* IPANEMA.

BUTTERICK, EBENEZER 1826-1903. Alfaiate da Nova Inglaterra, Estados Unidos, que em 1863 fez moldes de papel de um vestido xadrez vichi criado por sua mulher. Butterick graduou os moldes para que se pudessem fazer vestidos de tamanhos diferentes. Logo depois, começou a produzir moldes de camisas e, na década de 1880, havia milhares de agências nos Estados Unidos e no Canadá vendendo-os. Estabeleceu-se primeiramente em Nova York, e se instalou na Regent Street em Londres em 1873 onde publicava em revistas seus moldes de moda masculina, feminina e infantil. Também fundou um império editorial de mais de trinta revistas.

BYBLOS Casa de moda fundada na Itália, em 1973. Seus primeiros estilistas incluíam Gianni VERSACE e Guy PAULIN. Em 1981, os britânicos Alan Cleaver e Keith Varty assumiram como estilistas principais. Entre 1981 e 1996 eles produziram coleções de roupas jovens e sofisticadas, por vezes temáticas, baseadas em suas viagens pelo norte da África e Sudeste Asiático. Em 1996, Richard TYLER foi nomeado diretor de estilo.

ABCDEFGHIJKLM
NOPQRSTUVWXYZ

CABÃ Casaco que vai até os quadris e tem corte generoso, em geral com GOLA XALE e punhos grandes dobrados. Era usado na década de 50. Também conhecido como "casaco três-quartos".

Durante a década de 50, o CABÃ era um formato versátil de casaco. Estes foram anunciados pela Sears, Roebuck.

CABELOS CURTOS Corte semelhante ao "escovinha", um penteado usado pelas mulheres jovens de meados da década de 50 à década de 60. Voltou à moda nos anos 90.

CABELOS LONGOS Penteados altos, elaborados e criados para aumentar a altura da mulher foram populares no século XVIII. Nos séculos XIX e XX, os penteados femininos deixavam os cabelos mais próximos da cabeça. Durante a Segunda Grande Guerra, as francesas juntavam todo o cabelo no alto da cabeça, como forma de protesto contra a ocupação de Paris. Na década de 50, foi moda um estilo chamado COQUE COLMEIA. Na década de 70, em parte como resposta ao aparecimento do POWER SUIT, as mulheres penteavam os cabelos bem para o alto e para os lados, formando assim uma cabeleira farta e compacta. Esse estilo saiu de moda na década de 80, época dos cabelos lisos.

CACHAREL, JEAN 1932-. Estilista. Nascido em Nîmes, França. Iniciou sua carreira como aprendiz de alfaiate. Em 1956, mudou-se para Paris e, dois anos mais tarde, abriu um pequeno ateliê, onde confeccionava camisas masculinas. Esse empreendimento foi logo abandonado, e Cacharel abriu uma empresa de criações femininas. No início dos anos 60, lançou o bem-sucedido *chemisier crêpon*, baseado na camisa masculina e feito de um tecido geralmente associado à roupa de dormir. Durante os anos 60, Cacharel ficou famoso por suas blusas justas e camisas (em geral de algodão com estampa floral LIBERTY), SAIAS--CALÇAS e MÍNIS de gabardina com três pregas em cada lado. As saias eram usadas com suéteres *shetland* curtos, justos e de cores vibrantes, sobre camisas de estampas delicadas e blusas com golas bordadas. Esse estilo foi amplamente copiado. Nos anos 70, Cacharel introduziu em seu prêt-à-porter estampas mais ousadas e mais coloridas, muitas inspiradas em padrões e tecelagens da África e do Extremo Oriente. Emanuelle KHANH trabalhou com ele de 1962 a 1967. Cacharel contratou a fotógrafa Sarah MOON para criar a romântica imagem de marketing da empresa.

CACHECOL Tira longa de tecido, geralmente em lã tricotada à mão ou à máquina. É enrolada em volta do pescoço quando faz frio. Também conhecido como cachenê, do francês *cache-nez*.

CACHENÊ Ver CACHECOL.

CAFTÃ Acredita-se que seja originário da Mesopotâmia. É um traje de corte amplo que vai até os tornozelos, aberto na frente e dotado de mangas compridas e largas. Costumava ser amarrado com uma FAIXA de seda ou de algodão. Na década de 50, DIOR apresentou versões do caftã sem a faixa, usado sobre vestidos de noite que iam até o chão. Durante os anos 60, HALSTON e SAINT-LAURENT foram apenas dois dos estilistas que utilizaram essa forma básica. Na década de 70, os caftãs tornaram-se trajes de noite, cortados com amplidão, como eram aquelas roupas usadas em casa. Algumas versões possuíam zíper desde o tornozelo até o pescoço. A maioria era usada sem faixa. A forma do caftã também é empregada em camisolas. Podem ser feitos de quase todos os tecidos. São muito populares caftãs de tecidos sintéticos que delineiam as formas do corpo, assim como de cetim e tecidos bordados.

CAGOULE Ver BALACLAVA.

CALÇAS Peça externa que cobre o corpo desde a cintura até os tornozelos, com duas partes separadas envolvendo as pernas. De uma forma ou de outra, as calças vêm sendo usadas pelo homem desde a Antiguidade. Os calções do início do século XIX, os KNICKERBOCKERS e as pantalonas são os parentes mais próximos das calças modernas. Calças retas que iam até os tornozelos começaram a surgir no início da década de 1800, mas apenas no final do século XIX foram consideradas uma vestimenta aceitável para homens. Embora a atriz Sarah Bernhardt aparecesse vestindo calças na mesma época, só na década de 20 elas passaram a ser usadas normalmente pelas mulheres. Nas décadas de 20 e 30, CHANEL lançou as "calças de iatismo", e usavam-se calças (na maioria, largas) para praia e lazer. Na mesma época, calças para a noite, em tecidos elaborados, entraram em moda, e os homens vestiram OXFORD BAGS de pernas largas. Durante a Segunda Guerra Mundial, as mulheres, assumindo o trabalho masculino, usavam calças nas fábricas e nos campos; após a guerra, porém, as únicas calças em moda eram as BERMUDAS, as CALÇAS DE CICLISTA e as CALÇAS DE TOUREIRO, todas usadas em ocasiões informais. A verdadeira revolução das calças ocorreu na década de 60, com a moda UNISSEX, apesar de, às vezes, mulheres usando calças serem impedidas de entrar em restaurantes e de o assunto ser debatido de forma acalorada. Nos anos 70, as regras e atitudes sociais abrandaram-se, e as calças de muitos comprimentos e modelos tornaram-se peça aceitável da vestimenta feminina, tanto informal quanto formal. As calças CIGARRETE, trajadas pelos homens na década de 50, foram depois adotadas pelas mulheres. A batalha da mulher que aprecia calças foi quase totalmente vencida, embora em alguns segmentos ainda haja resistência à ideia de a mulher as usar no trabalho. *Ver também* BOCA DE SINO *e* TERNINHO.

CALÇAS CAPRI Durante a década de 50, eram calças razoavelmente folgadas que se afunilavam até o meio da canela e que se tornaram traje elegante de verão. Receberam o nome em homenagem à ilha de Capri, na Itália, balneário célebre da época.

CALÇAS DE CICLISTA As calças dos ciclistas profissionais (ajustadas ao corpo, de tecido elástico e com comprimento acima dos joelhos) tornaram-se populares na década de 80. Faziam parte da proposta de adotar as roupas de ginástica como vestimenta normal para o dia. Eram usadas com uma TÚNICA ampla ou por baixo de vestidos curtos.

CALÇAS DE ESQUI Até cerca de 1918, as mulheres usavam saias compridas ou calções nas rampas de esqui. Na década de 20, os PLUS-FOURS entraram em moda. Depois da Segunda Guerra Mundial, quando as mulheres se acostumaram a trajar calças, elas começaram a usar as de esqui. Feitas de lã, ou misturas de lã e fibras sintéticas, iam até o tornozelo, afunilando-se e prendendo-se sob o arco do pé por uma tira elástica. Em 1952, foram lançadas calças elásticas de esqui, de uma mistura de lã e náilon. Eram usadas com PARCAS de popelina em cores vivas. Nos anos 50, a forma das calças de esqui foi adotada como modelo informal. Voltou à moda no início da década de 80 e mantém sua popularidade.

CALÇAS DE ODALISCA Calças ou SAIAS-

CALÇAS DE ODALISCA viraram mania na década de 30. Nesta versão, tem bainhas abotoadas e punhos nos tornozelos.

-CALÇAS pregueadas ou franzidas até uma tira nos tornozelos, baseadas nos modelos usados pelas mulheres turcas. Entraram em moda pela primeira vez quando os BALLETS RUSSES apresentaram-se na Europa, no início da década de 1900. Foram usadas para a noite na primeira metade do século XX, atingindo o auge da popularidade nos anos 30.

CALÇAS DE TOUREIRO Calças justas, amarradas no joelho. Copiadas do estilo usado pelos toureiros espanhóis, entraram em moda em meados do século XX.

CALÇAS RANCHEIRAS *Ver* JEANS.

CALÇAS TURCAS *Ver* BLOOMERS *e* CALÇAS DE ODALISCA.

CALÇOLAS Calças compridas e largas que, a princípio, apareciam por baixo das saias. No início do século XIX, haviam-se tornado peça íntima generalizada. Folgadas, em geral eram feitas de algodão e linho. À medida que silhuetas mais delgadas entraram em moda no início da década de 1900, foram substituídas por peças menos volumosas, como os MACAQUINHOS. Na versão mais comprida, são conhecidas como *pantalettes* (palavra francesa).

CALLOT SOEURS Casa de alta-costura especializada em rendas, fundada em 1895 pelas quatro filhas de um antiquário parisiense. As irmãs começaram vendendo fitas e lingerie. Depois, usaram veludo antigo e renda para criar esmerados vestidos diurnos, que costumavam ser adornados com fileiras de contas. Para a noite, as irmãs Callot criavam pesados vestidos de cetim e estavam entre os primeiros estilistas a lançar vestidos de lamê. Suas roupas eram apreciadas por atrizes e anfitriãs internacionais. A Callot Soeurs fechou em 1937.

CALMAN LINKS Companhia fundada em Londres em 1893 pelo húngaro Calman Links (1868-1925). Especializou-se na produção de peças de *PELE de alta qualidade. Calman foi sucedido pelo filho, Joseph G. Links (nascido em 1904), que nos anos 30 desenvolveu métodos de produção destinados a reduzir o custo das peles de primeira qualidade, sem sacrificar o estilo. Depois da Segunda Guerra Mundial, a Calman Links trabalhou com BALMAIN, DIOR, AMIES, CAVANAGH e LACHASSE. Em 1955, a companhia começou a fornecer peles à rainha Elizabeth II da Inglaterra.

CAMAFEU Pedra dura, geralmente ágata, ônix ou sardônica, na qual era cortado um desenho em relevo. Foi popular na Grécia durante o período helenístico. No século I a.C., a produção de camafeus estava centrada em Roma. Nos séculos XVIII e XIX, cópias dos camafeus antigos eram o tipo de joia mais em

Casaco de pele de jaguatirica com mangas de *renard* azul da empresa britânica de peles CALMAN LINKS, *c.* 1935.

Broche CAMAFEU da década de 1850.

moda, presos às blusas e aos vestidos ou usados numa fita em volta do pescoço.

CAMBRAIA Tecido fino, leve e transparente, de algodão ou linho. Produzido por tecelagem plana, recebe um tratamento de goma. No século XIX e início do século seguinte, era muito usado para roupas íntimas e blusas delicadas.

CAMBRAIETA Tecido branco de algodão de trama fechada, feito pela primeira vez em Cambrai, França, recebendo acabamento com leve brilho numa das faces. No século XIX, era usado para fazer blusas simples e batas.

CAMEL HAIR Ver PELO DE CAMELO.

CAMISA ESPORTE Camisa de corte generoso com bolsos no peito e mangas largas chegando quase ao cotovelo. É abotoada na frente e confeccionada tanto em tecidos baratos quanto em tecidos de luxo.

CAMISA HAVAIANA Camisa masculina larga, estampada com frutas, flores, aves exóticas ou dançarinas em cores fortes. Foi popularizada nos Estados Unidos na década de 50, por turistas que voltavam do Havaí.

CAMISA ÍNTIMA Uma das peças de roupa mais simples e que existe, de uma forma ou de outra, há centenas de anos. Geralmente feita de dois pedaços retangulares de tecido costurados nos ombros e nos lados, pode não ter gola nem mangas. É feita de algodão, linho, cambraia ou seda, e os mais luxuosos desses tecidos costumam ser adornados. Antes do século XIX, a camisa íntima era também conhecida como BATA e usada como peça interna, sozinha ou entre o corpo e um ESPARTILHO ou SUPORTE. A maior parte delas era vestida pela cabeça, com botões ou tiras para fechar atrás. Durante o século XIX, a camisa íntima transformou-se numa blusa do tipo camisa. Ver CHEMISIER.

A CAMISA ÍNTIMA, roupa branca do século XIX, deu origem à maioria dos modelos de vestido do século XX.

CAMISÃO Camisa feminina de tamanho exagerado, geralmente cortada nas linhas das camisas informais masculinas. O estilo é popular desde a década de 50. O nome foi dado na década de 80, quando o camisão passou a ser aceito como um modelo para ser usado tanto durante o dia como durante a noite.

CAMISA POLO Originalmente era um pulôver de mangas curtas feito de lã tricotada e com uma gola virada para baixo, que se mantinha no lugar durante uma partida de polo. A partir da década de 30, passou a fazer parte das vestimentas de lazer. No final do século XX, foi mostrada nas passarelas como alternativa da camisa para ser usada com terno.

CAMISETA Camisas de algodão em forma de T, com mangas curtas, eram usadas sob a farda durante a Primeira Guerra Mundial, sendo mais tarde adotadas pelos operários. Desde a década de 60, são muito populares no Ocidente, estampadas com slogans políticos, logotipos, piadas, comentários sociais ou marcas. Camisetas lisas, de algodão puro ou misto, são usadas no verão. Também chamada *T-shirt*, conforme a expressão americana corrente. *Ver também* HAMNETT *e* PUNK.

CAMISETA REGATA Peça de malha de algodão sem mangas, baseada numa roupa íntima masculina usada desde o século XIX. Durante curto período na década de 60, foi muito usada como peça externa, e voltou no final da década de 70 como parte do vestuário PUNK.

CAMISOLA Peça íntima introduzida no início do século XIX, baseada num CORPETE largo e sem mangas, ou CAMISA ÍNTIMA. Originariamente, era usada entre o ESPARTILHO e o vestido, como peça protetora. Cobria o corpo desde o busto até a cintura e possuía alças finas. No início do século XX, quando muitas mulheres abandonaram o espartilho, a camisola era usada sobre a pele. A princípio, era feita de algodão ou cambraia, e os modelos mais elegantes eram enfeitados com renda. Cetim e seda foram muito usados durante a década de 30. O surgimento dos tecidos feitos com fibras sintéticas, mais fáceis de cuidar, popularizou as camisolas. *Ver* NANZUQUE.

CAMPONÊS Estilo que se inspira em trajes rurais de muitos países, geralmente interpretados como saias rodadas até o meio da canela; blusas com bordados ou ponto casa-de-abelha e MANGAS BUFANTES; e LENÇOS DE CABEÇA. Embora seja um estilo bucólico, simples, esteve em moda em várias épocas no século XX, principalmente nas décadas de 30, 60 e 70. *Ver* FOLCLÓRICO.

CAMURÇA É produzida polindo-se o lado interno da pele curtida de um animal. O resultado é uma superfície aveludada num dos lados do couro. No século XX, sobretudo após a Segunda Guerra Mundial, a camurça foi usada principalmente em casacos e jaquetas, embora tenha sido transformada também em saias, GILÊS, sapatos e bolsas.

CANELADO Tipo de ponto usado em MALHARIA artesanal ou industrial provido de caneluras. É utilizado na tecelagem de acabamentos e modelos de blusas, saias, vestidos, cardigãs, TWINSETS, suéteres e pulôveres. A blusa justa de canelado estreito esteve em moda nos anos 60. Também conhecido como *rib* (palavra inglesa).

Versão de 1965 da blusa CANELADA sem mangas.

CANELEIRAS Tradicionalmente usadas por bailarinas, são meias compridas sem pé, de lã, calçadas em torno das canelas e dos tornozelos para manter o calor do corpo antes, durante e após os exercícios. No culto à saúde da década de 70, as caneleiras entraram na moda, sendo então usadas ou sobre calças, enfiadas em botas ou sob saias compridas. Eram encontradas em variada gama de cores. Também chamadas perneiras ou tornozeleiras.

CAPA Termo genérico para uma peça externa solta, com ou sem mangas, que cobre o corpo desde os ombros até os quadris, os joelhos ou os tornozelos. Pode não ter gola, mas costuma ser feita com uma gola alta e dura ou com uma gola que cai sobre os ombros. As capas foram muito usadas no final do século XIX e no século XX, principalmente na década de 60. *Ver* BALMAIN, CAPINHA *e* TRIGÈRE.

CAPACETE Chapéu com lados que cobrem as orelhas. Popularizado por Pierre CARDIN na década de 60. *Ver* *ERA ESPACIAL.

CAPA DE CHUVA Criada com base no TRENCHCOAT do final do século XIX, a capa de chuva foi desenvolvida como uma peça impermeável no século XX, sendo usada por homens e mulheres. Na década de 30, versões em estilo militar, com DRAGONAS e PALA dupla nos ombros, eram usadas com a gola levantada e com o cinto folgado por estrelas de Hollywood. Essa moda perdura até hoje. *Ver também* AQUASCUTUM *e* BURBERRY.

CAPETO, ISABELA 1961-. Estilista carioca. Formou-se em 1991 pela Scuola di Moda de Florença, Itália, onde viveu durante dois anos. Apresentou o primeiro desfile de moda feminina em 2004, no Rio de Janeiro. Suas roupas autorais subvertem a função original de técnicas tradicionais de costura, criando detalhes lúdicos e novas texturas.

Coleção de CAPAS da *maison* Gagelin, onde Charles Frederick Worth trabalhou quando chegou em Paris. Ele se casou com uma de suas assistentes, que o inspirou a se tornar o fundador da *haute couture*. As capas eram perfeitas para se usar sobre as CRINOLINAS, como mostra a ilustração do *Petit Courier des Dames*, da década de 1850.

CAPEZIO Companhia americana fundada em 1887 para fabricar sapatilhas de ponta. Em 1944, Claire MCCARDELL convenceu a Capezio a fazer SAPATILHAS inspiradas nos modelos de bailarina. Elas tornaram-se imensamente populares.

CAPINHA Peça ampla, de uso externo, tradicionalmente uma versão mais curta da CAPA, sem aberturas para os braços. As capinhas estiveram na moda no final do século XIX, e da década de 50 até meados da de 70, variando em comprimento e em tecido. *Ver* BALMAIN *e* TRIGÈRE.

CAPOTE DE MARINHEIRO Sobretudo de abotoamento simples ou duplo, de comprimento até os quadris, usado por marinheiros no século XIX. A peça era semiajustada e costumava ter botões de metal, DRAGONAS e bolsos. Na segunda metade do século XX, tornou-se popular como traje informal, sem adornos. *Ver* JAPONA.

CAPUCCI, ROBERTO 1929-. Estilista. Nascido em Roma, Itália. Estudou na Accademia delle Belle Arti, em Roma. Trabalhou com o estilista Emilio Schuberth antes de abrir seu próprio ateliê, aos 21 anos. Aclamado na Itália, foi para Paris em 1962, voltando para Roma sete anos depois. Capucci corta e drapeja o tecido em roupas extraordinárias, extravagantes e ousadas, para uma mulher cuja presença serve apenas para exibir o domínio de Capucci sobre a linha e o corte.

CARACUL Pele negra, encrespada e brilhante do filhote de carneiro persa, encontrado na Ásia central. Foi muito usada em casacos e chapéus no final do século XIX e no início do século XX. É também o nome dado ao tecido que imita aquela pele. *Ver também* ASTRACÃ.

CARDIGÃ Paletó militar de mangas compridas, feito de malha de lã penteada, debruado com pele ou galões e abotoado na frente. Foi usado por oficiais do exército britânico durante a Guerra da Crimeia e recebeu esse nome em homenagem ao sétimo conde de Cardigan, James Thomas Brudenell (1797-1868), que comandou a Carga da Brigada Ligeira. No século XX, o modelo, sem a gola, foi adaptado

Em 1957, Roberto CAPUCCI criou este vestido toalete original, com duas grandes tiras presas ao corpete, acima do cinto, que funcionam como uma leve sobressaia.

às vestimentas para o dia. O cardigã tornou-se peça popular entre tricoteiras e fabricantes de malharia, sendo produzido em diversos estilos e modelos e tendo por base uma peça de lã (ou mistura de fios e lã) abotoada na frente, com mangas compridas. Nas décadas de 20 e 30, CHANEL ajudou a divulgar o cardigã como parte de um conjunto duas-peças (com cardigã e saia) ou de um três-peças (com cardigã, suéter e saia). Na década de 50, houve o modismo de usar o cardigã com as costas para a frente. *Ver* PRINGLE *e* TWINSET.

O CARDIGÃ clássico, em 1918.

CARDIN, PIERRE 1922-. Estilista. Nascido em San Biagio Di Callalta, próximo a Veneza, Itália, de pais franceses. Foi criado em Saint-Étienne, na região do Loire, na França. Saiu de casa aos dezessete anos, para trabalhar com um alfaiate em Vichy, onde começou a fazer *tailleurs*. Em 1944, após a libertação da França, Cardin foi para Paris, e um ano depois passou a trabalhar com a PAQUIN e com SCHIAPARELLI. Conheceu Christian BÉRARD e Jean COCTEAU; para este, fez o figurino do filme *A bela e a fera* (*La belle et la bête*, 1946). Também trabalhou para DIOR. Em 1949, começou a fazer figurinos para teatro. Durante os sete anos seguintes, Cardin adquiriu fama como alfaiate de ternos masculinos e criador de roupas extravagantes e fantásticas. Nessa época, montou uma pequena loja de suas roupas masculinas e femininas. Em 1957, fez sua primeira coleção feminina, seguida, seis anos depois, por uma linha prêt-à-porter. Ao longo da década de 50, criou casacos com bainhas drapejadas e costas amplas, SAIAS BOLHA e CHEMISIERS desestruturados. Nos anos 60, lançou perucas coloridas feitas pelas irmãs Carita. Seus VESTIDOS RECORTADOS, casacos que se abriam a partir de golas curvas e pespontadas e o uso de grandes BOLSOS CHAPADOS exerceram ampla influência na moda. Sua coleção de 1964 foi denominada *ERA ESPACIAL e apresentava CATSUITS de malha, calças justas de couro, CAPACETES e MACACÕES COM MANGAS MORCEGO. Na mesma década, subiu as saias para dez centímetros acima do joelho e baixou os decotes nas costas e na frente, até o umbigo. O nome de Cardin é associado à utilização de malhas flexíveis transformadas em MODELADORES, *catsuits*, vestidos tubo, TÚNICAS sobre LEGGINGS e meias opacas. Usou com frequência o CORTE ENVIESADO para fazer vestidos em espiral e a GOLA-CAPUZ. Nos anos 60 e 70, as criações de Cardin revelaram um estilista forte e vigoroso, em cujo trabalho as formas do corpo às vezes se submetem às linhas das roupas. Suas criações eram simples e ousadas, frequentemente com traçado irregular. Cardin é um estilista conceitual, capaz de impor uma ideia a toda uma coleção. Os aspectos claros e coerentes de seu trabalho têm sido copiados e traduzidos em detalhes por inúmeros estilistas e confeccionistas.

CARNABY STREET Rua do West End londrino que na década de 60 ficou famosa por suas inúmeras BUTIQUES, que vendiam a preços acessíveis tanto roupas da moda (como CAMISETAS, MÍNIS, calças BOCA DE SINO e SAINT-TROPEZ) quanto acessórios originais. Hoje, o nome é sinônimo do culto jovem dos *swinging sixties* (ou da *swinging London*). *Ver também* KING'S ROAD *e* *BUTIQUES.

CARNEGIE, HATTIE 1889-1956. Estilista, confeccionista. Nascida Henrietta Kanengeiser, em Viena, Áustria. A família mudou-se para os Estados Unidos e alterou o sobrenome para Carnegie. Aos quinze anos, Hattie começou a trabalhar na loja de departamentos nova-iorquina Macy's, adornando chapéus. Em 1909, abriu uma chapelaria com uma sócia que fazia vestidos. Quatro anos depois, comprou a parte da sócia e assumiu a criação de roupas. Apesar de não costurar nem desenhar, o talento de Hattie consistia em saber comunicar suas ideias a pessoas que as executavam. Lançou sua primeira coleção em 1918, e dez anos depois uma coleção prêt-à-porter. Entre as duas Guerras Mundiais, ela importou muitas criações de costureiros, e parte de seu sucesso era resultado da habilidade para adaptar a moda parisiense ao gosto americano. Foi muito influente entre os estilistas e empregou, em épocas diversas, Claire MCCARDELL, Pauline TRIGÈRE, James GALANOS, Gustave TASSELL e Travis BANTON. Nas décadas de 30 e 40, o nome Carnegie era sinônimo de costumes e vestidos elegantes e convencionais. Seus bem cortados tailleurs de lã penteada cinza, com saias retas, golas impecáveis e botões de pedras, e seus impecáveis vestidos pretos transformaram-se em símbolo de status para as mulheres americanas. Hattie inspirava-se na alta-costura, mas evitava qualquer teatralidade ou extravagância em suas criações. Era famosa por um tom de azul, o "azul Carnegie", e apreciava o preto. Em seu salão nova-iorquino, uma mulher podia comprar um traje completo, incluindo acessórios, como BIJUTERIAS, chapéus, luvas e lingerie. Durante a Segunda Guerra, tornou-se a estilista de maior visibilidade, pois, na impossibilidade de obter modelos franceses, Hattie apostou em suas próprias criações, aliada às tecelagens que lhe forneciam material. Morreu em 1956. O salão continuou até 1965, e o atacado até a década de 70.

CAROSA Firma italiana fundada em Roma, em 1947, pela princesa Giovanna Caracciolo. A casa produzia moda de alta qualidade, com bons tecidos. Fechou em 1974.

CARTEIRA Bolsa sem alças. Desde o início do século XX é usada em diversos formatos e tamanhos, desde a pequena, com miçangas, até a BOLSA ENVELOPE grande. *Ver* POCHETTE.

CARTIER Manufatura de joias e bijuterias fundada em Paris, França, em 1847, por Louis-François Cartier (1819-1904). Em 1898, Alfred Cartier (1841-1925), filho do fundador, mudou a empresa para sua luxuosa sede na rue de la Paix. No mesmo ano, o filho de Alfred Cartier, Louis-Joseph (1875-1942), entrou no negócio. Na virada do século, a Cartier era uma joalheria bem estabelecida, que fornecia a diversas casas em todo o mundo. Em 1902, Pierre Cartier (1878-1964), o segundo filho de Alfred, abriu uma filial em Londres. Em 1909, estabeleceu-se uma filial em Nova York. A Cartier é famosa por suas joias e pelo desenvolvimento do relógio de pulso, incluindo a criação, em 1904, de um modelo para Santos Dumont e, em 1931, um exemplar de luxo à prova d'água.

Colar em forma de serpente de CARTIER, de 1968, com esmeraldas e diamantes montados sobre platina e ouro branco.

CARVEN Casa fundada em 1945, em Paris, por Carven de Tommaso (nascida c. 1909), costureira que se especializou em criações para a mulher *mignon*, adaptando também as proporções dos acessórios. Em 1956, a casa introduziu duas coleções de malhas, que se tornaram a primeira de uma longa linha de produtos licenciados comercializados mundialmente. Conhecida pelos detalhes ultrafemininos, como o branco sobre branco e os adornos de renda ou bordado, Carven produziu delicadas vestimentas em série, além de seu perfume Ma Griffe. Em 1993, Maguy Muzy assumiu como estilista da coleção de alta-costura.

CASA CANADÁ Casa de moda feminina de luxo. Fundada em 1928, no Rio de Janeiro, como peleteria, tornou-se a primeira *maison* de luxo do país, em 1944. Sob a coordenação de Mena Fialla (1908-2001) e Cândida Gluzman, seus desfiles passaram a ditar a moda da alta sociedade. Foi neles que surgiu a primeira manequim brasileira, Nilza Vieira da Costa. A Canadá de Luxo era a marca de modelos de alta-costura. A Casa Canadá, primeiro emprego de DENER como costureiro, fechou as portas em 1966.

CASACO NORFOLK Originariamente usado por homens na segunda metade do século XIX, o casaco Norfolk, assim chamado em homenagem ao duque de Norfolk, era uma peça até os quadris, feita de tweed de lã, com

O CASACO NORFOLK ilustrado na edição de abril de 1905 da TAILOR & CUTTER.

grandes BOLSOS CHAPADOS, PREGAS MACHO na frente e atrás e um cinto do mesmo tecido. Na década de 1890, foi adotado pelas mulheres para atividades esportivas, sendo então usado com KNICKERBOCKERS. Ver *LAUREN.

CASACO POLO A princípio, casaco usado por espectadores de eventos esportivos, como críquete e polo. Lançado no século XX, destinava-se a ocasiões informais. É feito de pelo de camelo ou de lã leve, em cor clara, e é bem amplo nas costas. Ver também BROOKS BROTHERS.

CASACO TRÊS-QUARTOS Ver CABÃ.

CASA-DE-ABELHA Tira ou pedaço inteiro de tecido franzido com pontos decorativos. Visto tradicionalmente na PALA de vestidos de criança, também pode ser aplicado na cintura, nos quadris e nos punhos.

O detalhamento em CASA-DE-ABELHA levado ao exagero, em 1881.

CASCO DE TARTARUGA Material translúcido amarelo, ou em diversos tons de marrom, obtido da carapaça da tartaruga. Desde os tempos romanos, é empregado para fazer joias. Entalhado com incrustações de ouro, prata ou madrepérola, foi usado, a partir do século XVII, em pentes, broches e joias. A moda de casco de tartaruga chegou ao auge no final do século XIX. Após a Primeira Guerra Mundial, sua utilização entrou em declínio.

CASELY-HAYFORD, JOE 1956-. Estilista. Nascido em Kent, Inglaterra. Trabalhou em Londres, na Savile Row (rua famosa pelos ateliês de camisaria e alfaiataria para homens), antes de iniciar seu aprendizado formal na Tailor and Cutting Academy, em 1974. No ano seguinte foi para a St. Martin's School of Art, formando-se em 1979. Fez também um curso de um ano de história da arte. Ficou conhecido como estilista de vestimentas para bandas de rock. Mas suas roupas eram procuradas por pessoas de fora do meio musical, o que resultou em contratos freelance e encomendas de figurinos para teatro e cinema. Casely-Hayford absorve o impacto do STREET STYLE e tem a capacidade de interpretá-lo para o mundo da moda, traduzindo-o em um estilo feminino e refinado que mistura o corte magistral com tecidos de alta tecnologia.

CASHMERE Ver CAXEMIRA.

CASHIN, BONNIE 1915-2000. Estilista. Nascida em Oakland, Califórnia, Estados Unidos. Sua mãe era costureira. No início da década de 30, foi com uma companhia de balé para Nova York, onde frequentava a Art Students League e criava figurinos para as coristas do Roxy Music Hall. Em 1937, produziu uma

CASIMIRA

Da pioneira estilista americana Bonnie CASHIN, dois de seus típicos modelos amplos e confortáveis: poncho de *mohair* de lã, de 1961 (à esquerda); e o casaco clássico "Nô", de 1962, de *mohair* com debruns de camurça (à direita).

coleção de SPORTSWEAR para os confeccionistas Adler & Adler, posteriormente trabalhando para a empresa em tempo integral. Em 1943, ingressou na 20th Century-Fox, em Hollywood; em seis anos, criou figurinos para mais de trinta filmes importantes. Voltou para Nova York em 1949 e, quatro anos depois, abriu sua própria empresa. Bonnie Cashin, que está entre os grandes estilistas americanos do século XX, acreditava em criações simples e descomplicadas; suas roupas eram folgadas e funcionais e costumavam sobrepor-se, podendo ser tiradas de acordo com o clima ou a temperatura. Muitas de suas criações são relevantes até hoje. Era especialista em misturar tecidos, trabalhando frequentemente com lona, couro, popelina, camurça e tweed. Durante as décadas de 50 e 60 — seus anos mais criativos —, produziu, entre inúmeros trajes, paletós em estilo chinês sobre vestidos, capas de chuva de lona e popelina, vestidos de camurça com franjas, TABARDOS de lã, QUIMONOS debruados com couro, smokings compridos de tecido de tapeçaria e vestidos de jérsei com capuz. O nome Cashin costuma ser mais asso-

ciado ao lançamento e à popularização do PONCHO como peça de moda; às saias longas e franjadas, de *mohair* xadrez, para serem usadas em casa; e à sua marca registrada, o PULÔVER com gola muito alta em forma de funil, formando uma espécie de capuz. Muitas criações contemporâneas reproduzem a praticidade das roupas de Bonnie, que se aposentou em 1977.

CASIMIRA Tecido sarjado de trama fechada, semelhante ao burel. Foi muito usado durante o século XIX.

CASIMIRA ENFESTADA Termo genérico para um tipo de tecido. Originariamente era um tecido de lã para camisaria mais largo do que todos os outros. O termo também se refere a uma lã para ternos, de trama bem fechada, com pelo liso e certo brilho, ou um tecido de algodão com trama fechada e estrias transversais.

CASSINI, OLEG 1913-. Estilista. Nascido Oleg Loiewski em Paris, França, de pais russos. Foi educado em Florença, Itália, na English Catholic School, formando-se na Accademia delle Belle Arti em 1934. Sua mãe tinha uma loja de roupas em Florença; depois de ter trabalhado com ela por um curto período, Cassini abriu um pequeno salão, com criações exclusivas. Em 1936, seguiu para Nova York, onde foi contratado por vários confeccionistas da SEVENTH AVENUE até 1940, quando passou para a 20th Century-Fox, em Hollywood. Após a Segunda Guerra Mundial, tornou-se chefe do departamento de figurino nos Eagle-

Os modelos de Jacqueline Kennedy, amplamente copiados nos Estados Unidos, eram criados por Oleg CASSINI, que assina todos os modelos desta página. Acima, à direita, destaque para o vestido de noite inspirado na linha Império, cuja atração era o adorno preso ao busto. Acima, à esquerda, modelo que Jacqueline veste na foto.

Na visita oficial do presidente Kennedy a Paris, em 1961, Jacqueline Kennedy, ao lado do marido e do presidente francês Charles de Gaulle, vestiu um de seus trajes de maior sucesso: chapéu *pillbox*; colar em estilo Chanel; duas-peças curto, de corte levemente severo, com mangas três-quartos; e luvas longas.

-Lion Studios. Por volta de 1950 retornou à Seventh Avenue. Durante a década de 50, o nome Cassini era associado aos glamorosos vestidos justos, aos tailleurs de malha, aos casacos e VESTIDOS DE COQUETEL. Também fez muitas criações para musicais e para a televisão. Em 1961, Jacqueline Kennedy (ONASSIS) escolheu-o para estilista oficial. Cassini trabalhou com ela na evolução de seu estilo pessoal de vestir, desenhando muitas roupas que foram amplamente copiadas. Entre elas, um vestido longo de noite, de seda otomã, com gola alta; e um conjunto de mantô castanho de lã, semiajustado, com uma gola circular removível de zibelina russa, o qual era usado sobre um vestido na mesma lã.

CASTELBAJAC, JEAN-CHARLES DE 1950-. Estilista. Nascido em Casablanca, Marrocos. Em meados da década de 50, mudou-se para a França com a família. Em 1968, começou a desenhar para sua mãe, que possuía uma confecção. Logo depois, criou várias linhas para o confeccionista parisiense Pierre d'Alby, antes de abrir seu próprio negócio em 1975. Na metade da década de 70, Castelbajac conquistou a fama com roupas funcionais, modernistas e high-tech. Como realce à estrutura claramente definida de suas criações, ele usa tecidos e fibras naturais. Em 1974, modificou o comprimento da jaqueta de esqui, transformando-a em casaco matelassê, o qual foi intensamente copiado. No ano seguinte transferiu-se para a firma italiana Max Mara para criar a etiqueta Sportmax. Misturando sempre sua vida pessoal e seu interesse por cinema, música, arte e meio ambiente com o trabalho de estilista, Castelbajac criou muitas roupas que estampavam mensagens, logotipos ou imagens. É famoso por suas roupas para o dia chiques mas rústicas e, também, por seus tecidos pintados à mão, os quais contribuíram muito para influenciar os trajes *wearable art*, populares no início da década de 80. Castelbajac começou a criar para André COURRÈGES em meados da década de 90.

CASTILLO, ANTONIO 1908-84. Estilista. Nascido Antonio Canovas del Castillo del Rey, em Madri, Espanha. Estudou no Colegio del Pilar, em Madri, na Universidade de Madri e no El Sacro Monte, em Granada. Criou vestidos, joias e chapéus para as casas de PAQUIN e PIGUET de 1936 a 1944, quando Elizabeth Arden persuadiu-o a trabalhar em seu salão em Nova York. Trabalhou com ela de 1945 a 1950 e produziu coleções baseadas em ombros com linhas naturais e em silhuetas longilíneas encimadas por chapéus pequenos. Era também requisitado como figurinista pela New York Metropolitan Opera e pela Broadway. Em 1950, voltou para Paris e foi trabalhar com a LANVIN. Numa de suas primeiras coleções para essa casa, em 1951, apresentou vestidos toalete de cetim branco adornados com marta. Castillo continuou a fazer criações baseadas nos ROBES DE STYLE originais de Lanvin, com CORPETES justos e saias godês compridas. Utilizava tecidos macios para seus mantôs e vestidos, que costumavam ser drapejados nos quadris ou ter painéis laterais. Entre 1956 e 1960, surgiram capas em suas coleções: com franjas e três camadas em 1956, até os quadris ou até os pés por volta de 1960. Em 1962, Castillo deixou a Lanvin e, dois anos depois, abriu seu próprio ateliê. Continuou a criar roupas elegantes e figurinos esmerados para clientes particulares, para o teatro e para o cinema, notadamente para o filme *Nicholas e Alexandra* (*Nicholas and Alexandra*, 1971). Fechou sua casa em 1970.

Irene CASTLE, símbolo de mulher moderna, atingiu a fama dançando. Criou a moda de cabelos curtos e roupas que não restringiam os movimentos.

CASTLE, IRENE 1893-1969. Dançarina. Nascida Irene Foote, em New Rochelle, Nova York, Estados Unidos. Na década de 10, Irene e seu marido, Vernon Blythe Castle, tornaram-se uma dupla famosa de dançarinos, a princípio trabalhando no Café de Paris, mas viajando constantemente para outros países da Europa e para os Estados Unidos. Irene adaptou suas roupas à dança, encurtando-as, utilizando tecidos macios e fluidos, abrindo fendas nas saias ou fazendo-as mais rodadas. Seus sapatos com fivelas, sua estreita FITA DE CABELO de veludo adornada com pérolas e seu hábito de usar casacos e BONÉS masculinos foram amplamente copiados. Ela também cortou os cabelos bem curtos e ajudou a popularizar a silhueta de menino das décadas de 10 e 20.

CASTOR Pele marrom-clara de um roedor aquático, outrora encontrado em toda a Europa e hoje confinado ao Canadá e aos Estados Unidos. A pele é espessa, macia, quente e durável. Casacos de pele de castor estiveram muito em moda no final do século XIX, sendo depois considerados mais práticos que glamorosos.

CATSUIT Macacão justo, em geral de mangas compridas, fechado com zíper ou botões na frente, desde o umbigo até o pescoço. Foi popular na década de 60 e deve seu nome ao fato de ser feito de tecidos colantes. Os *catsuits* costumavam ser usados com botas. Também conhecido como *body*, "corpo" em inglês. *Ver* CARDIN.

CAUBÓI Moda baseada nas roupas de trabalho dos vaqueiros e pioneiros americanos, que incluíam camisas de algodão xadrez, BANDANAS, JEANS ou BOMBACHAS e BOTAS de saltos grossos adornadas com couro lavrado. PONCHOS e paletós de couro com franjas também eram usados. A moda caubói foi popular nas décadas de 60 e 70.

Botas sempre foram parte indispensável do visual CAUBÓI. Estas, na tradicional pele de réptil marrom, são criação de Paul Smith, de 1989.

CAUDA Pedaço de tecido comprido e retangular preso à parte traseira de um vestido, nos ombros ou na cintura. Durante o século XIX, a cauda era muito usada em roupas for-

No final do século XIX, vestir-se para sair era um processo complicado. Era necessário um chapéu, um regalo e um casaco, embora fosse pouco provável sentir frio sob camadas de tecido adornado com miçangas e uma longa CAUDA.

mais de noite, mas quase desapareceu do cenário da moda na virada do século. *Ver também* WORTH, C. F.

CAUMONT, JEAN-BAPTISTE 1932-. Estilista. Nascido no Béarn, França. Estudou arte em Paris. Trabalhou brevemente para BALMAIN e foi ilustrador de moda para a *VOGUE* e a *Marie Claire*. No final da década de 50, começou a trabalhar em Milão para a rede italiana de lojas de departamentos La Rinascente. Em 1965, criou sua própria marca de prêt-à-porter naquela cidade. Caumont é famoso por suas criações de malha. A linha masculina "Caumont Monsieur" data de 1970.

CAVALERA Marca paulista de moda de vanguarda masculina e feminina, criada em 1995 pelo empresário e então deputado estadual Alberto "Turco Loco" Hiar (1965-) e pelo músico Igor Cavalera (1970-), da banda Sepultura. É conhecida pelas roupas urbanas irreverentes, com paleta de cores ousadas, e pelas camisetas com estampas que debocham de ícones da cultura pop e fazem referência ao mundo da música e à cultura contemporânea. Já colaboraram com a marca os estilistas André LIMA e Thaís LOSSO.

CAVANAGH, JOHN 1914-. Estilista. Nascido na Irlanda. Na década de 30, estagiou na casa MOLYNEUX em Londres e Paris. Após a Segunda Guerra, estudou moda nos Estados Unidos, e em 1947 foi trabalhar com BALMAIN em Paris. Quatro anos depois, voltou para Londres, onde em 1952 abriu seu próprio ateliê. Bem-sucedido desde o início, conduzia seu trabalho como um costureiro muito atento ao corte

Com muita ironia, a CAVALERA explora ícones da cultura pop. Já passaram pela marca estilistas como Thaís Losso e André LIMA.

e à forma. Com a mesma eficiência com que promoveu silhuetas longilíneas, ele lançou os looks de saias rodadas e ombros arredondados. Suas criações na década de 50 antecipam o vestido SACO ou CHEMISIER. O sucesso de Cavanagh continuou durante os anos 60, com a produção de coleções para atacado e prêt-à-porter. Aposentou-se em 1974. *Ver* *KLEIN, BERNAT.

CAXEMIRA Fibra natural rara, selecionada da tosquia da cabra caxemir, encontrada na Mongólia Interior (na República Popular da China), Irã, Iraque, Turquia e Afeganistão.

Conhecida desde o século XIV, a caxemira vem sendo amplamente usada na Europa desde o século XIX, empregada em vestidos para crianças e misturada a outras fibras para fazer roupas externas femininas. No século XX, a caxemira foi usada em casacos, vestidos, cachecóis e suéteres. Tecido de produção cara, costuma ser misturado a outras fibras, como a lã. Um traje feito somente de caxemira é considerado artigo de luxo. Ver também PRINGLE e TWINSET.

CERRUTI, NINO 1930-. Estilista. Nascido Antonio Cerruti em Biella, Itália. A indústria têxtil da família Cerruti foi fundada em 1881 por três irmãos. Funcionando em volta de uma velha fábrica, a companhia especializou-se em tecidos de lã de alta qualidade. Aos vinte anos de idade, Nino Cerruti, neto mais velho de um dos três irmãos, deixou a universidade e assumiu a direção da companhia. Na década de 50, como meio de promoção, encomendou quatro peças teatrais, para as quais criou os figurinos. Em 1963, lançou uma linha de malhas. Seu primeiro empreendimento de prêt-à-porter masculino foi em 1967, mesmo ano em que abriu seu estúdio em Paris. Nove anos depois, introduziu uma linha feminina. Suas elegantes roupas masculinas e femininas, geralmente para o dia, têm corte clássico e são feitas de tecidos de alta qualidade. No campo de moda masculina, Cerruti é um reconhecido líder na confecção de ternos.

CETIM Denominado em homenagem a Zaitum, China, de onde se origina. A princípio era um tecido brilhante de seda com trama bem fechada. No século XX, raiom e outras fibras sintéticas tomaram o lugar da seda. Luxuoso, o cetim é mais usado para roupas de noite.

CETIM DE ALGODÃO Fazenda forte e lustrosa, geralmente feita de algodão com tecelagem de cetim. É muito usado como forro de casacos e, no século XX, em roupas de noite.

CHALAYAN, HUSSEIN 1970-. Estilista. Nascido em Nicósia, Chipre. Formou-se em moda na Central St. Martin's School of Art, em Londres, em 1993. Sua coleção de formatura foi lançada pela Browns, principal loja londrina de grifes de estilistas. Em 1994 apresentou sua primeira coleção solo. É conhecido pelo corte refinado em luxuosos tecidos macios e vaporosos. Em 1997 mostrou uma coleção de trajes de noite com vestidos em forma de coluna feitos num requintado jérsei opaco enfeitado com miçangas negras, bordados ou correntes douradas.

A coleção de Nino CERRUTI para 1980-1 incluía estes exemplos clássicos de terno masculino e feminino.

Modelo para a noite da coleção outono-inverno de 1997-8 de Hussein CHALAYAN.

CHALLIS Tecido leve, de trama simples, originariamente feito de seda e lã e estampado com delicados motivos florais. Acredita-se que o nome derive da palavra anglo-indiana *shalee*, que significa "macio". Desde o início do século XX, o *challis* tem sido feito de lã misturada com algodão e raiom, sendo mais usado em vestidos.

CHAMBRE SYNDICALE DE LA COUTURE *Ver* HAUTE COUTURE.

CHAMBRE SYNDICALE DE LA COUTURE PARISIENNE *Ver* HAUTE COUTURE.

CHAMBRE SYNDICALE DE LA HAUTE COUTURE *Ver* HAUTE COUTURE.

CHANEL, COCO 1883-1971. Estilista. Nascida Gabrielle Bonheur Chanel em Saumur, França. Pouco se sabe sobre o início da vida de Chanel, mas acredita-se que ela já tivesse alguma experiência em costura e chapelaria antes de abrir uma loja de chapéus em Paris, em 1910. Três anos depois, inaugurou uma butique em Deauville e outra em Biarritz, em 1915. Chanel confeccionava e vendia chapéus, blusas simples e soltas e CAMISAS ÍNTIMAS. As roupas de Chanel eram criadas para ser usadas sem ESPARTILHOS e eram feitas com menos forro para ficarem mais leves e menos rígidas. Já em 1914 ela apresentou um vestido *chemisier* simples. Em 1916 começou a fazer roupas de jérsei, tecido barato usado anteriormente só para roupas íntimas. Mais tarde, a demanda deste tecido e de uma malha especial chamada *kasha* persuadiu Chanel a fabricá-los. Em 1918 Chanel estava produzindo CARDIGÃS e TWINSETS. Adaptou suéteres masculinos e lançou-os sobre saias lisas e retas. Em 1920 lançou calças largas para mulheres, baseadas na BOCA DE SINO dos marinheiros, chamadas "calças para iatismo". Dois anos depois, Chanel lançou amplos PIJAMAS para praia, generosamente cortados. A vida pessoal de Chanel chamava a atenção, aumentando sua influência sobre a moda durante os anos pós-Primeira Guerra. Ela própria usava as roupas que havia adaptado de peças tradicionais masculinas: capas de chuva com cintos, camisas simples de gola aberta, BLAZERS, cardigãs, calças e BOINAS macias. Suas cores preferidas eram o cinza e o azul-marinho, mas criou também a voga do bege. Tornou-se uma personagem famosa, o arquétipo da GARÇONNE — seios pequenos, magra, usava roupas folgadas e confortáveis e um corte de cabelo curto, lembrando um

Acima, Coco CHANEL nos anos 20 vestindo seu moderno conjunto três-peças com cardigã, mais os colares de pérolas e os sapatos bicolores. Acima, à direita, vestido toalete de CHANEL, de musselina de seda preta, complementado com pérolas, datado de 1925. Ao lado, a inconfundível silhueta esguia, de seios pequenos, de Coco CHANEL, desenhada aqui por seu amigo e colega Jean Cocteau. Em 1937, quando o desenho foi feito, Chanel estava no auge da carreira. Seus trajes toalete apresentavam muitos dos traços de moda que a tornaram famosa: modelo elegante sem gola e com decote em U, bijuteria abundante e grande laço adornando os cabelos curtos.

menino. Durante toda a década de 20, Chanel lançou uma ideia de moda após a outra. Combinou saias de tweed com suéteres e colares compridos de pérolas, transformou a JAPONA e as capas de chuva em trajes de moda e popularizou o PRETINHO. Seu casaquinho cardigã sem gola era adornado com passamana-

CHAPÉU BONECA

ria, possuía BOLSOS CHAPADOS e era usado com saias de tweed até os joelhos. Seus vestidos *chemisier* simples tinham decote redondo, reto ou DECOTE CANOA, eram folgados, chegando ao meio da canela ou mais abaixo, e eram usados com cintos na cintura ou nos quadris. Outras inovações da época foram laços pretos enormes, botões dourados em blazers, SAPATOS ABERTOS e bolsas com correntes douradas. Exerceu forte influência sobre as joias, mostrando conjuntos elegantes de tweed usados com colares de pérolas falsas de várias voltas ou correntes douradas. Na década de 30 encomendou BIJUTERIAS elaboradas ao duque Fulco *DI VERDURA, utilizando pedras falsas e semipreciosas em engastes ostensivos. Em 1929, Chanel abriu uma butique em seu salão de Paris para vender acessórios: bolsas, cintos, lenços e bijuterias. No ano seguinte foi para Hollywood desenhar roupas para diversos filmes da United Artists, como as de Gloria Swanson em *Tonight or never*. De volta à França em meados da década de 30, Chanel concentrou boa parte de sua atenção em confecção. Fechou seu salão em 1939, na deflagração da Segunda Guerra Mundial. Em 1954, aos 71 anos de idade, reabriu-o e apresentou mais uma vez os conjuntos corretos que haviam sido sua marca registrada antes da Segunda Guerra Mundial. O mundo ficou chocado ao ver moda reciclada do período anterior à guerra, porém mais mulheres do que nunca adotaram o conjunto Chanel e, na década de 60, ele havia se tornado um símbolo de elegância tradicional, usado (como na década de 20) com uma bolsa de corrente dourada e um colar de pérolas. O estilo perdura até hoje, em particular nos Estados Unidos.

CHAPÉU BONECA Ver CHAPÉU DE PALA.

CHAPÉU BRETÃO Originariamente usado por camponeses na França, esse chapéu tem a aba toda virada para cima. Tem sido muito popular desde o final do século XIX.

CHAPÉU CHINÊS Chapéu do Sudeste Asiático, feito de folhas de bambu ou de palha, tradicionalmente usado por trabalhadores para protegê-los do sol e da chuva. Em geral inteiriço, o chapéu tem forma cônica, descendo numa inclinação oblíqua que cobre por completo a cabeça. Foi popular nas décadas de 30 e 50.

CHAPÉU-COCO Chapéu duro de copa redonda e aba bem curvada dos lados, usado por homens no final do século XIX. Na Inglaterra, após a Primeira Guerra Mundial, passou a ser aceito em ocasiões formais, substituindo a cartola. Até os anos 50 e 60, era associado a homens de negócios londrinos, mas raramente é visto hoje em dia. Foi usado por mulheres durante a voga UNISSEX da década de 60, mas nunca foi peça importante da moda feminina.

CHAPÉU COLMEIA Formato exagerado de chapéu, popular entre 1910 e 1915. A copa alta descia sobre a testa, onde o tecido era às vezes virado para cima, formando uma aba.

CHAPÉU DE ABA CAÍDA Chapéu associado a Greta GARBO, que o usou em *Mulher de brio* (1928). Baseado no popular chapéu CLOCHE da década de 20, mas um pouco maior, o chapéu de aba caída pendia para um lado e era puxado sobre a testa. Ver ADRIAN.

CHAPÉU DE ABA LARGA Chapéu de aba muito larga, em geral reta, com a mesma largura em toda a volta. Possui copa baixa, sendo usualmente feito de palha. Foi popular até o final dos anos 50. *Ver* BEATON.

CHAPÉU DE MATINÊ Chapéu de aba larga usado no início do século XX para chás e passeios à tarde.

CHAPÉU DE PALA Chapéu feminino em formato de capuz, com ou sem aba frontal, cobria o alto, os lados e a parte posterior da cabeça e era amarrado sob o queixo. Também conhecido como chapéu boneca (*poke bonnet*). No século XIX, os chapéus de pala eram geralmente feitos de palha e adornados de crepe, renda, cetim, seda ou veludo. Alguns modelos deixavam o rosto descoberto, enquanto outros atingiam proporções tão exageradas que era impossível ver o rosto, exceto pela frente. A moda durou até 1860, aproximadamente.

Apesar dos penteados exageradamente complicados do século XIX, os CHAPÉUS DE PALA eram acessórios de moda essenciais. Redondos ou ovais, geralmente escondiam o perfil. Eram adornados com fitas e renda.

CHAPÉU EUGÊNIA *Ver* ADRIAN *e* EUGÊNIA, IMPERATRIZ.

CHAPÉU GELO *Ver* HOMBURG.

CHAPÉU-PANAMÁ Chapéu de cor clara em vários formatos, feito de palha da planta *Carloduvica palmata,* encontrada no Equador e em países vizinhos e tecida em trama fechada. É chamado panamá porque o presidente americano Theodore Roosevelt usou-o durante uma visita ao canal do Panamá em 1906. O chapéu continuou sendo usado durante o verão, principalmente pelos homens, até a Segunda Guerra Mundial.

CHAPÉU VIÚVA ALEGRE Em 1907, a atriz Lily Elsie foi a estrela da opereta *A viúva alegre* nos palcos de Londres. Seus vestidos de cintura alta de chiffon crepe-da-china foram criados por LUCILE, que também foi responsável por seu chapéu exagerado e cheio de plumas. O "Viúva Alegre" ficou na moda por muitos anos. Costumava ser feito de palha, com uma copa profunda recoberta de tule e plumas de avestruz.

O elaborado e enfeitado CHAPÉU VIÚVA ALEGRE, criado por Lucile, um estilo altamente em moda no início do século XX.

CHARLES, CAROLINE 1942-. Estilista. Nascida no Cairo, Egito, de pais ingleses. Estudou na Swindon School of Art, Wiltshire, Inglaterra, até 1960, quando foi ser aprendiz de Michael SHERARD. Passou quase dois anos trabalhando com Mary QUANT, antes de se estabelecer por conta própria no final de 1963. Durante a década de 60, Caroline revelou-se uma estilista popular de roupas elegantes para jovens. Criou minivestidos e minissaias de algodão puro e de flanela. Das TÚNICAS e calças do final dos anos 60, passou com facilidade para as linhas leves e longas da moda que predominou no início da década de 70. Utilizando estampas bonitas e frequentemente luxuosas, firmou-se como estilista de roupas mais sofisticadas. Suas coleções são essencialmente práticas, baseadas na ideia de um guarda-roupa com peças coordenadas.

Modelo de saia e blusa de *voile* de algodão da estilista britânica Caroline CHARLES no estilo cigano da década de 70.

CHARLESTON Dança americana da década de 20. Seus vigorosos passos para os lados a partir dos joelhos tornaram necessários os vestidos mais curtos. Muitas vezes, as barras desses vestidos, majoritariamente simples e tubulares, possuíam franjas, para dar a impressão de comprimento sem impedir os movimentos.

CHARMEUSE Marca de fantasia de um cetim lustroso leve, de algodão, raiom ou seda, criado no século XX.

CHASE, EDNA WOOLMAN 1877-1957. Editora. Nascida Edna Alloway, em Nova Jersey, Estados Unidos. No final da década de 1890, iniciou sua carreira no departamento de distribuição da VOGUE. Tornou-se repórter, depois editora executiva e, em 1914, editora. Naquele ano, convenceu um confeccionista americano a fazer um desfile com modelos vivas, no estilo parisiense. Em vez de depender de Paris durante os anos da Primeira Guerra Mundial, Edna incentivou os confeccionistas americanos a fornecer moda para a maioria, e não unicamente para a minoria, e defendeu na *Vogue* o tema "mais bom gosto do que dinheiro". Como editora-chefe, dirigiu o gosto da mulher americana por quase quarenta anos. Em 1933, foi para Londres, onde seus esforços evitaram o fechamento da *Vogue* britânica. Edna voltou para Nova York e aposentou-se dezenove anos mais tarde, em 1952.

CHÂTELAINES Criadas no século XVII para carregar relógios e sinetes, as *châtelaines* eram correntes, geralmente de prata, usadas em volta da cintura e caindo sobre a saia. Ressurgiram na década de 1830. A partir de 1849, *châtelaines* de aço eram usadas para carregar um número cada vez maior de objetos práticos: tesouras, dedais, chaves etc. Após a década de 1880, raramente foram vistas.

CHELSEA Região de Londres, Inglaterra, que é sinônimo de moda desde o século XIX, quando se tornou hábitat de muitos artistas. No século XX, o *Chelsea look* adquiriu muitas formas, demasiado variadas para ser listadas. A região está principalmente associada à década de 60, quando na sua rua principal, a KING'S ROAD, surgiram BUTIQUES e lojas que atraíam clientes de todas as idades. As lojas especializavam-se em roupas acessíveis, prêt-à-porter, sendo muitas dos próprios estilistas. O *Chelsea look* da década de 60 consistia em MÍNIS, botas de couro que iam até a coxa e malhas justas caneladas. Ver JOHN, AUGUSTUS; e QUANT.

CHEMISIER No início do século XX, a forma da CAMISA ÍNTIMA foi adaptada por muitos estilistas. CHANEL foi uma das primeiras a criar vestidos *chemisier*: peças simples, soltas, com manga comprida e um cinto amarrado sob o busto, na cintura ou em volta dos quadris. LANVIN, PAQUIN e WORTH, C. F. também criaram vestidos *chemisier*. Na década de 50, um vestido solto baseado na camisa íntima apareceu nas coleções de BALENCIAGA. Ver também DIOR e SACO.

CHENILE Tecido com textura semelhante à de pele, criada ao tecerem-se em tufos os fios do urdume. Teve origem na França seiscentista. O chenile pode ser feito de algodão, seda, raiom ou lã. No final do século XIX, foi utilizado em decoração, como tecido de estofamento, e também para fazer vestidos de noite. No final do século XX, foi revivido e largamente empregado como tecido para a casa e para roupas.

CHEONGSAM Vestido-bata justo, originariamente usado no Extremo Oriente. Em geral, possui GOLA DE MANDARIM, mangas compridas e fenda nos dois lados. No final da década de 50 e na de 60, esteve na moda por pouco tempo, como traje de noite. Também conhecido como "vestido Suzy Wong".

CHERUIT, MADELEINE Datas desconhecidas. Estilista. Nascida na França. Foi aprendiz na casa de alta-costura de Raudnitz, em Paris, França. Por volta de 1906, abriu seu próprio salão e, em 1914, ficou famosa por seus costumes para caminhadas e vestidos para tarde. Após a Primeira Guerra Mundial, criou capinhas de cinema e saias rodadas para noite. Em 1925, concebeu vestidos pintados à mão, de inspiração cubista. Muitos dos vestidos de Madeleine Cheruit possuíam adornos e bordados em demasia e começaram a perder o atrativo em meados da década de 20, quando trajes menos complicados entraram na moda. A casa fechou em 1935.

CHESTERFIELD na virada do século XX, com gola e punhos de veludo.

CHESTERFIELD Recebeu esse nome na

década de 1830, em homenagem a Philip Dormer Stanhope, quarto conde de Chesterfield. No século XIX, o *chesterfield* era um sobretudo masculino de lã cinza, acinturado, com gola de veludo (no século anterior, tiras de veludo preto haviam sido costuradas às golas dos casacos dos nobres franceses, em sinal de luto depois da morte de Luís XVI, em 1793). Após a Primeira Guerra Mundial, o *chesterfield* longilíneo com gola de veludo preto foi adaptado para mulheres jovens. Variações do modelo, com abotoamento duplo e bolsos, surgiram durante os séculos XIX e XX.

CHIFFON Tecido extremamente leve e fino, produzido de fios muito torcidos. É feito de seda, lã ou fibras sintéticas. Tem sido utilizado quase exclusivamente para roupas de noite. Desde o início do século XX, lenços de chiffon têm entrado e saído da moda.

CHIGNON Penteado que enrola na nuca os cabelos compridos, no formato de uma broa, com aspecto frouxo, mas cuidadosamente presos. Foi comum do século XIX à década de 20, sendo frequentemente adornado. O *chignon* esteve em moda no final da década de 60 e início da seguinte, como parte da volta do estilo EDUARDIANO. Também conhecido como "chinó".

CHINCHILA Roedor originário dos Andes que tem pelos compridos, densos e macios. A pele é geralmente cinza-pálido, com uma listra preta em toda a extensão da cauda. Na virada do século, a pele de chinchila esteve em alta para adornar casacos e capas. Por volta de 1900, o animal passou a ser majoritariamente criado em cativeiro.

CHINÓ *Ver* CHIGNON.

CHINTZ Do hindi *chint*, "tecido estampado". É um pano de algodão que adquire brilho mediante goma. Geralmente, traz desenhos de flores, frutas e pássaros, sendo popular em forrações desde a década de 1600. A princípio, a maior parte do *chintz* era importada da Índia; mas, à medida que a produção aumentava no Reino Unido, os britânicos começaram a exportá-lo para a Europa. No século XX foi usado para fazer paletós e coletes, principalmente na década de 60 e início da década de 80, aparecendo em coleções a cada vez que a moda pede estampas florais. *Ver também* CHITA.

CHITA Tecido popular de algodão com cores vivas e estampas florais, originário do CHINTZ indiano e produzido no Brasil desde o início do século XIX, até hoje associado à cultura popular brasileira. A *chitinha* tem estampas florais miúdas; e o *chitão*, estampas de flores graúdas. Apesar de ser considerado um pano pobre, usado em roupas caipiras, está sempre presente na moda brasileira. *Ver também* CHINTZ.

A CHITA é um tecido popular de algodão, com cores vibrantes e estampa de flores, desenvolvido a partir do CHINTZ.

CHLOÉ Confecção de prêt-à-porter fundada na França, em 1952, por Jacques Lenoir e Gaby Aghion. Karl LAGERFELD fez criações para a Chloé de 1965 a 1983; Martine SITBON entre 1987 e 1991; em 1992, Lagerfeld voltou para dirigir a equipe de estilistas. A Chloé se especializou no prêt-à-porter de qualidade, abrangendo vestimentas simples, elegantes e coordenadas, confeccionadas em tecidos luxuosos e em cores diferenciadas. Graças a Lagerfeld, a Chloé se manteve na linha de frente da moda. Em 1997, Stella McCartney foi para a casa como estilista-chefe.

CHONG, MONICA 1957-. Estilista. Nascida em Hong Kong. Foi educada em Hong Kong e na Austrália. No início da década de 70, mudou-se para a Inglaterra, indo estudar moda no Chelsea College of Art, em Londres, de 1974 a 1977. Trabalhou na loja londrina Browns, antes de produzir, em 1978, sua primeira coleção, composta de doze peças para um mercado jovem. Desde então, tem produzido roupas para o dia e para a noite.

CIA. MARÍTIMA Marca de moda praia feminina. Criada em 1990 por Benny Rosset (1966-), faz parte do Grupo Rosset, fundado em 1939 e um dos maiores fabricantes de tecidos com LYCRA da América Latina. É uma das marcas brasileiras mais fortes em moda praia e exporta para diversos países. Seu estilo é feminino e sensual, com muitas estampas e cores. Tem como segunda marca a Água Doce, também de moda praia. Ver *BÜNDCHEN

CIERACH, LINDKA 1952-. Estilista. Nascida em Lesoto, África, de pais anglo-poloneses. Em meados da década de 70, trabalhou para a *VOGUE* britânica, estudou no London College of Fashion e estagiou na YUKI. Em 1978, fundou seu ateliê de costura, produzindo roupas clássicas e de boa alfaiataria. Em 1986 recebeu a encomenda do vestido de casamento da duquesa de York, o que lhe trouxe fama internacional. Um ano depois fez sua primeira coleção de prêt-à-porter. Lindka especializou-se em finos bordados e adornos de miçangas, que incorporou às roupas femininas e formais para o dia e a noite.

CIGANA Estilo que compreende saias rodadas com babados e blusas com decote grande, em geral com elástico, feitas de tecidos leves e de cores vibrantes. Lenços que envolvem o pescoço ou a cintura são outro aspecto dominante do estilo cigana. Em 1959, Jules François CRAHAY produziu uma coleção cigana; e, no início da década de 70, Thea *PORTER e Caroline *CHARLES criaram vestidos e conjuntos duas-peças baseados nos trajes ciganos.

CIGARRETE Calças justas e estreitas, a princípio populares entre os homens ingleses durante a década de 50. Calças semelhantes têm sido usadas pelas mulheres desde os anos 60.

CINTA Espartilho sem barbatanas, leve, feito de elástico, lançado na década de 20. Envolvia os quadris e o estômago, geralmente com tiras laterais de elástico, prendendo também as MEIAS FINAS. A cinta foi ficando progressivamente mais leve, em especial na década de 30. Durante a segunda metade do século XX, a cinta foi sendo substituída pela CINTA-CALÇA, à medida que as mulheres rejeitavam os espartilhos rígidos, que não podiam ser usados sob as calças. Desde o final dos anos 60, as mulheres preferem um aspecto mais natural, o que deixou a cinta-calça fora de moda. *Ver* ESPARTILHO, GAULTIER *e* MADONNA.

CINTA-CALÇA CINTA firme e elástica, sem LIGAS, usada na década de 60, quando a popularidade das calças compridas exigia roupas íntimas mais simples. Com ligas, chama-se cinta-liga.

CINTA-LIGA *Ver* CINTA-CALÇA.

CINTO O cinto tem suas origens numa CINTA ou faixa militar que era usada em volta da cintura para segurar as roupas ou sustentar armas. Na moda feminina, a popularidade do cinto dependeu tanto da posição da linha da cintura quanto do estilo de vestir. O cinto só passou a ser importante na década de 1850, quando costumava ser feito com o mesmo tecido do vestido ou da saia. Mais para o final do século, por influência do ART NOUVEAU, cintos com fivelas decorativas tornaram-se populares. Como as cinturas baixaram nos anos 20, os cintos desapareceram da moda; mas, dez anos mais tarde, sua popularidade voltou, e ressurgiram os cintos no mesmo tecido da roupa. Após a Segunda Guerra Mundial, ficaram sensivelmente mais largos, a fim de chamar a atenção para a cintura fina e os quadris largos do NEW LOOK, tendência que se estendeu pela década de 50. Nos anos 60, viam-se com frequência cintos de couro, de plástico e de correntes douradas, e houve breve tendência de uma versão do cinto de CAUBÓI com fivela grande. Cintos de estilo masculino, geralmente de couro, em larguras e modelos diferentes, foram usados na década de 70; outros, em cores vibrantes, tiveram especial popularidade. No final daqueles anos, a influência dos estilistas JAPONESES na moda suscitou a tendência de cintos muito compridos, enrolados várias vezes em torno do corpo. Atualmente são feitos de borracha, plástico, camurça, metal, couro e tecido. *Ver* CUMMERBUND, FAIXA *e* OBI.

CINTURITA Também conhecida como *guêpière* (palavra francesa), a cinturita é um ESPARTILHO reduzido, feito com barbatanas e entremeios de elástico, amarrado nas costas ou na frente, para afinar a silhueta, criando uma cintura de vespa (*guêpe*). Marcel ROCHAS foi um dos primeiros estilistas a lançar a *guêpière*, em 1946. Era usada sob as roupas do NEW LOOK do período pós-Segunda Guerra Mundial. Na década de 80, cintos largos e amarrados, semelhantes à cinturita, estiveram em moda por pouco tempo. *Ver* BUSTIÊ *e* ESPARTILHO.

CIRÉ Em francês, "encerado". Processo pelo qual cera, calor e pressão são aplicados a tecidos como cetim, produzindo um efeito liso, polido e brilhante. Tecidos de *ciré* foram usados principalmente nas décadas de 20, 30 e 60.

CLAIBORNE, LIZ 1929-. Estilista. Nascida em Bruxelas, Bélgica. Estudou na Escola de Belas-Artes e no Estúdio dos Pintores, na Bélgica, e também na França e nos Estados Unidos. Em 1949 venceu um concurso de estilismo da *HARPER'S BAZAAR* e de Jacques HEIM, cujo prêmio foi viajar e desenhar na Europa. Ao voltar para Nova York, trabalhou com Tina LESER e, pouco depois, com Omar KIAM. Em 1960, começou a criar modelos para a Youth Guild Inc. No ano seguinte, foi uma dentre os muitos estilistas que ajudaram a promover a ideia de acabar com a classificação severa das roupas para ocasiões específicas, desenhando guarda-roupas completos com peças avulsas combinando entre si. Em 1976, Liz Claiborne abriu sua própria empresa. Continua a produzir roupas predominantemente jovens, atentas à moda.

CLARK, OSSIE 1942-96. Estilista. Nascido Raymond Clark, em Liverpool, Inglaterra. Frequentou o Manchester College of Art de 1957 a 1961. Depois, passou três anos no Royal College of Art, em Londres, época em que começou a desenhar para a Quorum, companhia que surgiu no início da década de 60 e que se tornou uma das BUTIQUES mais famosas do CHELSEA. Em 1966, Clark passou a trabalhar na firma em tempo integral. Ele foi um dos mais famosos estilistas do final da década de 60 e do início da de 70, responsável pelo lançamento e popularização de diversas tendências. Seu trabalho continuou sendo muito influente e hoje é reconhecido como linha de frente da vanguarda dos *swinging sixties*. Sua jaqueta de motociclista de couro, com a gola larga, cortada bem curta e fechada na frente com um zíper fora do centro, passou a ser uma peça de alta-moda muito copiada. Produziu HOT-PANTS, casacos MÁXI e vestidos de CIGANA com SAIA EM LENÇOS. No final dos anos 60, Clark utilizou couro metálico e couro de cobra, mas sua habilidade estava associada principalmente ao uso de crepe, cetim, jérsei e chiffon. Ele franziu e drapejou esses tecidos em blusas e vestidos — com enormes decotes, mangas muito amplas e cinturas finíssimas — e salientou as formas do corpo. No início da década de 70, seus vestidos ENVELOPE de crepe atraíram enorme atenção e demanda; iam até os tornozelos, tinham mangas amplas e eram ajustados atrás, deixando à mostra um triângulo de pele nua.

Vários tecidos de seus vestidos foram criados por sua mulher, Celia Birtwell. Em 1975, Clark trabalhou com a confecção londrina Radley, onde seus vestidos de noite prêt-à-porter de crepe e chiffon eram produzidos. Deixou a firma após alguns anos e, em 1983, fez um breve retorno, continuando a criar exclusivamente para suas clientes.

Blusa de Ossie CLARK, do revival eduardiano dos anos 70.

CLEAVER, ALLAN Ver BYBLOS.

CLEMENTS RIBEIRO Dupla de estilistas, formada por Suzanne Clements (nascida em 1968, em Surrey, Inglaterra) e Inácio Ribeiro (nascido em 1963, em Itapecerica, Brasil). Ambos estudaram na St. Martin's School of Art, em Londres. Formaram-se em 1991 e casaram-se um ano depois. Trabalharam como consultores de criação para várias empresas de moda até que, em 1993, abriram um ateliê em Londres. A Clements Ribeiro mistura formas simples e bem ordenadas com o uso exuberante e extravagante de cores, estampas e materiais. Eles inverteram os valores estabelecidos ao utilizar tecidos de alta-costura para as roupas básicas do dia a dia, como uma camiseta em pura caxemira, por exemplo. Em

1996 produziram uma coleção que incluía listras multicoloridas e xadrezes na diagonal, além de caxemira tricotada em listras com todas as cores do arco-íris.

A dupla de estilistas CLEMENTS RIBEIRO tornou-se conhecida pelo uso de listras multicoloridas e xadrezes diagonais. Este modelo é parte da coleção outono-inverno de 1997.

CLERGERIE, ROBERT 1934-. Estilista de sapatos. Nascido em Paris, França. Em 1895, Joseph Fenestrier comprou uma pequena manufatura de sapatos em Romans, na França, transformando-a numa empresa ganhadora de prêmios. Ele morreu em 1916 e, em 1922, a empresa passou a ser conduzida por seu filho, Joseph Émile Jean Fenestrier, morto em 1966. Doze anos depois, Robert Clergerie, que fez carreira como administrador e trabalhou sete anos na Charles JOURDAN, obteve o controle das ações da companhia Unic Fenestrier. As linhas puras e arquiteturais dos sapatos garantiram sucesso internacional à Clergerie. Seus calçados são criados para não distrair a atenção das roupas. No entanto, esse reducionismo do desenho tornou-se amplamente popular.

CLIPE DE ROUPA Peça de moda que surgiu em torno de 1930. Consistia em dois clipes com pedras, presos nas laterais de um vestido ou blusa, logo abaixo dos ombros. Geralmente feito de STRASS, o clipe de vestido permaneceu um acessório importante nas décadas de 30 e 40, sendo mais usado em vestidos toalete e em VESTIDOS DE COQUETEL.

CLOCHE Chapéu feminino usado desde, aproximadamente, 1915 até meados da década de 30, atingindo maior popularidade nos anos 20. É um chapéu justo que cobre a cabeça a partir da nuca, sendo puxado sobre a testa. Pode ter aba ou não. Na década de 20, os *cloches* costumavam ser adornados com fita de gorgorão.

O CLOCHE dos anos 20 era enterrado na cabeça. Observe o laço elaborado, que chama a atenção para os olhos.

CLODOVIL 1937-2009. Costureiro e apresentador de televisão. Nascido no interior de São Paulo, Clodovil Hernandez mudou para a capital do estado em 1956, onde passou a vender seus desenhos. Na década de 60, abriu seu ateliê de alta-costura e a partir de então ficou conhecido pelos modelos exclusivos que desenhou para as damas da alta sociedade brasileira. Começou a trabalhar na TV na década de 80. Seus vestidos se baseiam em técnicas da alta-costura parisiense, aos quais acrescenta motivos do artesanato brasileiro.

COCTEAU, JEAN 1889-1963. Artista, cenógrafo, ilustrador, poeta, dramaturgo. Nascido em Maisons-Lafitte, França. Era muito envolvido com o mundo da moda, graças tanto ao teatro quanto a sua amizade com Elsa *SCHIAPARELLI. Ele desenhava para os balés de DIAGHILEV e trabalhava muito próximo a Schiaparelli, que incentivava suas atitudes não conformistas e aplicava seus temas surrealistas a acessórios de moda. Cocteau também desenhava capas para diversas revistas, principalmente para a HARPER'S BAZAAR. Ver * CHANEL.

COELHO Pele de pelo comprido de um roedor encontrado na Europa, América do Norte, América do Sul, China, Japão e Austrália. As peles de coelho são tingidas ou marcadas, para que se assemelhem a outras peles. Em geral, o coelho é barato, mas raramente está na moda.

COELHO, GLORIA 1951-. Estilista nascida na Bahia e radicada em São Paulo. Deu início à sua própria marca em 1974. Nos anos 80, ao participar do curso de estilismo do STUDIO BERÇOT, ministrado por Marie Rucki na Casa RHODIA, em São Paulo, Gloria Coelho percebeu como unir emoção e raciocínio no desenvolvimento do conceito de uma coleção. A marca G Gloria Coelho, hoje apenas Gloria Coelho, é referência de moda conceitual e pesquisa de ponta. Em suas coleções, a inspiração histórica e o futurismo cibernético conseguem tomar forma de roupa, em geral confeccionada com tecidos tecnológicos. É casada com Reinaldo LOURENÇO, também estilista, e mãe de Pedro Lourenço (1990-), garoto prodígio, que se iniciou na moda brasileira aos treze anos.

Jeisa Chiminazzo desfila roupa de Gloria COELHO, referência brasileira de moda conceitual e pesquisa têxtil.

COLARINHO ALTO Colarinho alto e duro para camisa ou blusa, com as pontas viradas para baixo. No final do século XIX e no início do seguinte, foi um estilo de camisa muito usado para o traje formal masculino. Nos anos 20, as mulheres adotaram por pouco tempo esse estilo, revivido na década de 70.

COLEIRA Ver GARGANTILHA.

COLETE

O COLARINHO ALTO da década de 1890 era usado quase exclusivamente pelos homens até a década de 20, quando as mulheres o adotaram por pouco tempo.

COLETE Peça masculina sem mangas que vai até a cintura e é usada sob o paletó e sobre a camisa. Geralmente feito de seda ou de tecidos muito bordados, o colete era abotoado na frente e costumava ter dois bolsos pequenos. As mulheres adotaram coletes no final do século XIX, usando-os com saias e blusas até o início do século XX. Nos anos 60, como parte da explosão geral da moda, as mulheres usaram muito o colete, preferencialmente os riscas de giz. Durante as décadas de 70 e 80, o colete, feito de tecidos variados, foi absorvido como mais uma peça do vestuário feminino, sendo habitualmente usado com costumes de alfaiataria. Foi também adaptado aos trajes informais, cortado em proporções exageradas, desde que o STREET STYLE entrou em voga. *Ver* EXECUTIVO *e* GILÊ.

COLLANT Palavra francesa que designa o modelador, que tem suas origens no LÉOTARD e no MAIÔ do início do século XIX. Na década de 60, lançaram-no para ser usado sob os vestidos semitransparentes em moda na época. O *collant* é uma peça fina de malha, geralmente da cor da pele, decotado na frente, sem costas e com alças estreitas. Para cobrir completamente o corpo, pode ser atrelado a uma meia-calça igual, ou se apresentar numa só peça. É feito sem botões e sem arcos sob as taças, de maneira a modelar o corpo suavemente. Em 1985, a estilista Donna KARAN lançou uma linha de *collants* pretos, coordenados com jeans, saias justas ENVELOPE e ternos. Feitos com Lycra ou outro tecido elástico, de lã ou caxemira, se fecha entre as pernas, podendo ter mangas curtas ou compridas. *Ver* CATSUIT.

O clássico COLLANT rendado da década de 60.

COMBINAÇÃO Peça inteiriça composta de sutiã com alças finas preso a uma anágua abaixo do busto. O primeiro tipo de combinação surgiu na década de 30, mas só nos anos 60 (quando mudanças na moda criaram a necessidade de lingerie mais funcional e confortável) ela se tornou popular.

COMME DES GARÇONS Ver KAWAKUBO.

COMPANY Marca carioca de roupa casual e SPORTSWEAR feminino e masculino, fundada em 1973 por Mauro Taubman (1953-94) e Luiz Machado. Primeira marca brasileira a patrocinar esportes, a se concentrar no segmento de *sportswear* jovem e primeira BUTIQUE a conquistar expressão nacional. Seu estilo carioca, de roupas esportivas e casuais, influenciou outras marcas nacionais. A rede de lojas Company fechou as portas ao público em 2000.

COMPLEXO B Marca carioca de roupa masculina. Ex-bancário, Beto Neves (1964-) começou a fazer roupa masculina em 1986. Ganhou visibilidade ao participar da Babilônia Feira Hype (feira de moda para novos estilistas), do Fashion Rio e ao criar o logotipo com o São Jorge e o dragão, em 1998, quando então abriu uma loja no Rio de Janeiro e outra em São Paulo. Seu público é formado por artistas e homens que procuram uma moda alternativa, panfletária e bem-humorada.

CONJUNTO DE MARINHEIRO A princípio foi usado por meninos na década de 1840, quando WINTERHALTER pintou o príncipe Eduardo, então com cinco anos, usando uniforme branco de marinheiro. Faziam parte do traje as calças BOCA DE SINO, a GOLA DE MARINHEIRO, o lenço no pescoço e um chapéu. Mais tarde, a moda foi adaptada a meninas e, depois, a adultos. As calças boca de sino foram substituídas por KNICKERBOCKERS, shorts ou calças compridas. Os tecidos mais comuns eram algodão ou sarja. Durante as décadas de 20 e 40, as mulheres usaram muito esse tipo de conjunto, que consistia em saias pregueadas, blusas com gola de marinheiro, PALHETA e CAPOTES DE MARINHEIRO. Azul-marinho e branco são as cores tradicionais.

Eduardo VIII da Inglaterra vestindo o original CONJUNTO DE MARINHEIRO, popular na virada do século XX.

CONJUNTO MAO Assim denominado em homenagem a Mao Tsé-tung (1893-1976), fundador da República Popular da China. Feito de crepe preto e modelado em linhas retas, o conjunto consiste em calças e num paletó de mangas compridas e gola alta abotoado na frente. A popularidade do conjunto Mao na década de 60 associava-se tanto a experiências com roupas UNISSEX quanto ao apoio dado por muitos estudantes e jovens às políticas de esquerda.

CONNOLLY, SYBIL 1921-98. Estilista. Nascida em Dublin, Irlanda. Foi educada em Waterford. Em 1938, foi para Londres a fim de estudar estilismo na confecção Bradley's, mas voltou para Dublin no início da Segunda Guerra. Sybil ingressou na casa de moda irlandesa de Richard Alan, tornando-se dire-

Vestido toalete de Sybil CONNOLLY, a grande dama do estilismo irlandês, que criou roupas para o dia e para a noite. Esse vestido é do início da década de 60.

tora aos 22 anos. A partir de 1953, criou uma coleção de alta-costura com o seu nome, fazendo enorme sucesso na Irlanda, nos Estados Unidos e na Austrália, além de promover o uso de linho irlandês, tweed e renda. Em 1957 se separou de Richard Alan e estabeleceu seu próprio ateliê de alta-costura. No início da década de 50, atraiu muita atenção com um método de preguear à mão linho fino para lenços para transformá-los em blusas e vestidos delicados. Especializou-se em adaptar tecidos tradicionais — como crochê e linhos irlandeses, renda *Carrickmacross* e tweed *Donegal* — a roupas da moda. Durante os anos 50 e 60, ajudou a popularizar lãs, tweeds e *mohairs* feitos à mão. Criou também fama internacional como decoradora.

CONRAN, JASPER 1959-. Estilista. Nascido em Londres, Inglaterra. Filho de sir Terence Conran, que desde a década de 60 influencia o desenho de móveis e objetos decorativos britânico, em particular, e europeu, em geral. De 1975 a 1977 frequentou a Parsons School of Art em Nova York. Passou pouco tempo trabalhando como estilista na FIORUCCI, antes de voltar para Londres, onde criou uma coleção feminina para a loja de departamentos nova-iorquina Henri Bendel. Em 1977, tornou-se consultor na firma britânica Wallis. A primeira coleção com seu próprio nome foi lançada um ano depois. Jasper Conran raramente se desvia do estilo criado por essa coleção inicial. Mantém a simplicidade na modelagem, o que produz um corte fácil, suave e adequado a muitas mulheres. Usa tecidos de qualidade para cortar seus trajes confortáveis.

CONWAY, GORDON 1894-1956. Ilustradora e figurinista. Nascida em Clairborne, Texas, Estados Unidos. Foi educada nos Estados Unidos e na Itália. Por volta de 1915, começou a trabalhar para as revistas VOGUE, VANITY FAIR e HARPER'S BAZAAR. Seu estilo suave e colorista teve forte influência de BARBIER, ERTÉ e LEPAPE. Em 1920, chegou a Londres, onde trabalhou para publicações francesas e britânicas. Em 1930, ela começou a desenhar figurinos para o cinema e o teatro britânicos. Aposentou-se em 1936.

COOPA-ROCA Cooperativa de trabalho artesanal e costura fundada em 1986, na favela da Rocinha, Rio de Janeiro, pela socióloga Maria Teresa Leal (1958-). Sob orientação da socióloga, mais de setenta moradoras da favela transformam refugos de tecelagem em roupas e objetos de design através de técnicas artesanais como crochê, PATCHWORK, frufru, fuxico e cuxim (as três últimas são técnicas do artesanato nordestino). A Coopa-Roca ganhou visibilidade na moda ao fazer detalhes de fuxico para os jeans da coleção de verão 2002-3 da M. OFFICER, incentivando a volta do artesanato à moda brasileira. Ocasionalmente convidada a participar de desfiles nacionais importantes e de exposições no exterior, tornou-se uma associação-modelo ao transformar o artesanato numa importante ferramenta sociocultural.

COQUE COLMEIA Penteado popular na década de 50. O cabelo era penteado para trás, a fim de adquirir um formato alto, de cúpula, no alto da cabeça. *Ver* ALEXANDRE.

CORFAM Marca de fantasia de um couro sintético macio, flexível e poroso, desenvolvido nos Estados Unidos pela DU PONT. O Corfam foi lançado na década de 60 e usado em ESCARPINS pelo fabricante britânico RAYNE. Mary QUANT usou-o em botas que iam até o tornozelo.

CORI Marca paulista de moda feminina. Fundada em 1957, pelo grupo Pasmanik, as primeiras lojas da rede só foram abertas na década de 80. A empresa tornou-se uma referência na moda brasileira comercial de estilo desde que o estilista Alexandre HERCHCOVITCH assumiu o posto de diretor de criação, em 2002. Suas peças seguem as tendências internacionais, com o toque autoral, embora comportado, de Herchcovitch.

CORPETE 1. Parte de um vestido ou casaco situada entre os ombros e a cintura. Durante o século XV, o corpete era uma peça justa feita de duas camadas de linho costuradas ou coladas para ficar mais firmes. No século XVI, usavam-se BARBATANAS DE BALEIA para criar uma frente bem rígida. Já no século XIX, o corpete era justo e dotado de barbatanas. Apresentava comprimentos variados, dependendo da posição da cintura em determinada época da história do vestuário. 2. Desde o século XX, é o termo usado por costureiros para denominar a parte da frente e das costas de uma roupa presa à cintura de uma saia. *Ver* CORPINHO *e* ESPARTILHO.

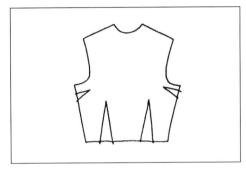

Durante a década de 1860, o CORPETE era a parte superior do vestido, ajustada, tratada como peça de moda por si só. Somente durante o século XX a palavra começou a referir-se à parte superior de uma roupa, mostrada aqui com pences.

CORPETE LIBERTY Peça íntima lançada no início do século XX por uma companhia britânica fabricante de ESPARTILHOS. É um CORPETE abotoado na frente, montado com tiras coladas de um tecido macio de malha de tricô. Versões mais leves foram produzidas nas décadas de 20 e 30. Esse corpete foi fabricado até os anos 50.

CORPINHO Peça íntima popular até a década de 20. Baseado na camisola, era muito armado com barbatanas e acolchoado para dar uma aparência cheia, arqueada e arredondada ao busto. Ajustado em volta dos seios ou ligeiramente mais comprido, foi, mais tarde, substituído pelo SUTIÃ.

CORREIAS DE TORNOZELO

Três penteados populares da década de 20. À extrema esquerda, o corte liso; no centro, o CORTE POODLE; e ao lado, as linhas aneladas da onda Marcel. O vestido ou casaquinho da moça da esquerda possui gola Peter Pan, enquanto a do centro parece estar usando um vestido cuja parte frontal tem uma estampa semelhante a hieróglifos egípcios.

CORREIAS DE TORNOZELO Usadas pelas mulheres há muitos séculos, tanto como enfeite quanto como um meio de manter os sapatos presos aos pés. Têm sido populares, por certos períodos, em todas as décadas, tanto em sapatos de salto alto quanto nos sapatos baixos.

CORTE BOLHA Corte curto, em que o cabelo é encaracolado como se tivesse bolhas, obtidas com uma permanente. Muito usado do final da década de 50 até a década de 70.

CORTE ENVIESADO Corte contra o fio do tecido que resulta num caimento suave, drapejado. Vestidos com corte enviesado foram usados nas décadas de 20 e 30, aparecendo com frequência nos filmes da época. *Ver* ADRIAN *e* VIONNET.

CORTE ETON Estilo reto de penteado para mulheres, com os cabelos cortados bem acima das orelhas, semelhante ao dos alunos do Eton College, a tradicional escola pública inglesa para meninos. Foi um penteado popular nas décadas de 20 e 30. Anos depois, uma mecha passou a cair sobre o rosto.

CORTE GARÇONNE Corte curto de cabelo formando uma ponta na nuca. Foi muito usado na década de 20. *Ver também* ANTOINE *e* MELINDROSA.

CORTE POODLE Penteado em que o cabelo, após ser cortado num comprimento em torno de quatro centímetros em toda a cabeça, é anelado. Foi popular no final da década de 40 e na década de 50.

COSSACO Palavra que descreve os habitantes do Sudeste da Rússia. No início do século XX, o termo era associado a soldados russos que usavam sobretudos escuros com mangas largas e bastante rodados, botas de couro e chapéus de astracã. No final da década de 60, Yves SAINT-LAURENT foi um dos estilistas que mergulharam na história da indumentária russa para produzir uma coleção "cossaca", composta de calças largas enfiadas em botas altas, saias rodadas dançantes, vestidos e casacos que costumavam ser amarrados com FAIXAS largas e grandes chapéus de pele.

COSTUME *Ver* TAILLEUR.

Vários estilistas produziram versões do look COSSACO na década de 70, mas ninguém foi tão bem-sucedido quanto Yves Saint-Laurent, criador destas roupas, inspiradas nos *Ballets Russes*, em sua coleção de 1976.

COSTUME CAMILLA Ver BLOOMER.

COTELÊ É um tecido estriado, de algodão ou raiom, com pelo de veludo. Tecido resistente, até o século XIX era associado a cavalariços e lavradores. Durante o século XIX foi utilizado em calções, casacos e trajes de caça. No século XX tornou-se popular em roupas informais, principalmente paletós, saias e calças.

COURO Pele de animal curtida ou quimicamente tratada. Utilizado para acessórios até o século XX, quando foi transformado, principalmente na década de 60, em vestidos, tailleurs, TERNINHOS, jaquetas e casacos. Ver BATES, MONTANA e VERSACE.

COURRÈGES, ANDRÉ 1923-. Estilista. Nascido em Pau, França. Fez o curso de engenharia civil, mas em pouco tempo abandonou a carreira e foi para Paris, empregando-se numa pequena casa de moda. Em 1949, foi trabalhar com BALENCIAGA, permanecendo até abrir seu próprio ateliê, em 1961. No início

Traje de André COURRÈGES, o estilista da "Era Espacial", de 1965, tipicamente geométrico e futurista. Destaque para as botas, também criadas por ele.

da década de 60, Courrèges lançou saias muito curtas; minivestidos, com calças e TERNINHOS em branco e prata; calças tubo e calças de CORTE ENVIESADO; vestidos brancos com detalhes em bege, e vice-versa; BOTAS brancas que iam até o meio da canela; e óculos grandes. Suas roupas eram bem delineadas e angulosas. Vestidos e casacos simples e severos com formato TRAPÉZIO eram ousadamente debruados em cores contrastantes. No final da década de 60, Courrèges produziu coleções de prêt-à-porter. Suavizou a austeridade de suas roupas (que nessa época haviam começado a dar a impressão de fardas), usando curvas, e apresentou macacões de cosmonauta, CATSUITS de malha, mantôs com pespontos em relevo em volta da cava e no tronco, vestidos TRANSPARENTES e VESTIDOS RECORTADOS. Suas coleções em branco possuíam detalhes em laranja, azul-marinho, cor-de-rosa e azul bem fortes. Ficou conhecido como o estilista da ERA ESPACIAL, por causa de suas criações funcionais e futuristas, sem detalhes supérfluos. Considerado por muitos como um "arquiteto da moda", por sua devoção à construção das roupas, Courrèges buscou inspiração no guarda-roupa masculino, julgando-o praticamente adequado à mulher moderna. Suas criações foram amplamente copiadas, em sua maioria de uma forma muito diluída. Em 1965 vendeu sua empresa para a L'Oréal. Voltou ao mundo do estilismo dois anos mais tarde e permaneceu ativo, produzindo roupas esportivas inconfundíveis, muitas em tons pastel. Nos anos 90, a volta do estilo anos 60 suscitou um renovado interesse no trabalho de Courrèges.

COURTAULD Em 1809, George Courtauld abriu uma fábrica de seda em Essex, Inglaterra. A partir de 1816, seu filho, Samuel Courtauld III (1793-1881), ampliou o negócio da família. Em torno de 1850, Samuel Courtauld & Co. era o maior fabricante inglês de crepe de seda para luto. Em meados dos anos 1880, a voga geral de TRAJES DE LUTO sofreu um declínio. Em 1904, a companhia adquiriu os direitos, exclusivos no Reino Unido, do processo de viscose para fabricação de seda artificial, conhecida mais tarde como RAIOM. Por volta de 1914, a Courtauld criara um monopólio de produção de fio de viscose na Grã-Bretanha e nos Estados Unidos. Ao longo do século XX, a empresa foi um gigante na indústria de fibras sintéticas. Nos anos 50, produziu a primeira fibra de acrílico inglesa, a Courtelle.

COUTURE Abreviação de HAUTE COUTURE. O termo *couture* refere-se a roupas criadas individualmente, em vez de produzidas em massa. Atualmente, abrange edições limitadas de roupas.

COVEN Marca mineira de moda feminina fundada em 1994, em Belo Horizonte, por Liliane Rebehy Queiroz. Especializada em tricô, com pontos rendados tecidos em máquina fina e cartela de cores vivas. Mistura referências esportivas, urbanas e pop.

COVERI, ENRICO 1952-90. Estilista. Nascido em Florença, Itália. Estudou na Accademia delle Belle Arti, em Florença. Em 1973, começou a trabalhar como freelance para diversas companhias, criando coleções de malha e roupas para o dia sob o nome de Touche, entre outros. Mudou-se para Paris em 1978, indo trabalhar no Espace Cardin. Pouco tempo depois, voltou para a Itália, onde abriu sua própria empresa. Coveri era um estilista ousado, de moda jovem e divertida. Misturava cores fortes em desenhos inteligentes de tops e calças de malha que fizeram muito sucesso. Também era famoso por seu hábito de aplicar em suas roupas personagens cômicas e desenhos de arte pop.

COWBOY Ver CAUBÓI.

COX, PATRICK 1963-. Estilista de sapatos. Nascido em Edmonton, Canadá. Um interesse precoce pela moda britânica levou-o ao Cordwainer's College, em Londres. Ainda estudante, criou uma coleção de calçados para Vivienne WESTWOOD, destacando-se os sapatos com PLATAFORMA dourada e grandes

CREED, HENRY

Patrick cox é famoso por seus sapatos masculinos e femininos. Esta bota de salto alto é da coleção outono--inverno de 1997-8.

nós. Seguiu-se um convite para criar para os jovens da BODYMAP e para John GALLIANO. Cox rapidamente ficou conhecido por incorporar, aos clássicos sapatos femininos, um toque de humor com o uso de materiais como redes de correntes, franjas de seda e crucifixos. Gradualmente ele foi refinando seu estilo e, em 1991, abriu uma loja em Londres com um mostruário de suas criações em calçados ao lado de móveis antigos. Dois anos depois, Cox introduziu os LOAFERS, sapatos baixos, de proporções volumosas e exageradas, que atraíram ambos os sexos.

CRAHAY, JULES-FRANÇOIS 1917-88. Estilista. Nascido em Liège, Bélgica. Trabalhou no ateliê de costura de sua mãe em Liège e, como vendedor, na casa de Jane Regny em Paris. Em 1952, começou a trabalhar com Nina RICCI em Paris, onde se tornou estilista--chefe. A coleção de Crahay de 1959 apresentava decotes profundos e antecipou o estilo CIGANA. Adquiriu fama como estilista de roupas para a noite. Em 1963, foi trabalhar na LANVIN, sucedendo a Antonio del CASTILLO. Aposentou-se em 1984.

CRAWFORD, JOAN Ver ADRIAN.

CREED, CHARLES 1909-66. Estilista. Nascido em Paris, França, de pais ingleses. Foi educado na Inglaterra, antes de ser enviado a Viena, Áustria, para estudar alfaiataria e arte. Ao voltar para a Inglaterra, foi trabalhar na LINTON TWEED Ltd., em Carlisle. Seguiu-se breve passagem pela loja de departamentos americana Bergdorf Goodman. Na década de 30, Creed ingressou na alfaiataria de sua família em Paris. Durante os anos da Segunda Guerra Mundial colaborou com o UTILITY SCHEME. Após a guerra, abriu sua própria casa em Londres, que era famosa por seus refinados ternos de corte clássico. Trabalhou em Londres e Nova York até o final da década de 40, criando coleções para confeccionistas americanos de SPORTSWEAR. Não foi um inovador na moda, mas, como seu pai e seu avô, produziu ternos de lã e tweed distintos e elegantes. Ver CREED, HENRY (O VELHO); e CREED, HENRY (O JOVEM).

CREED, HENRY (O JOVEM) 1863-?. Estilista. Nascido em Paris, França, de pais ingleses. Filho de um alfaiate que abrira um negócio em Paris, Creed confeccionava trajes de montaria para a família real britânica. Tornou-se famoso pelos costumes de alfaiataria (TAILLEURS) que fazia para mulheres no início da década de 1900, os quais tiveram enorme sucesso. Os costumes eram cortados com um casaquinho BASQUE e com uma saia rodada que se abria sobre os quadris. Creed promoveu o tweed em seus ternos. Ver CREED, CHARLES; e CREED, HENRY (O VELHO).

CREPE

Na época da CRINOLINA, era impossível vestir-se sozinha.

CREED, HENRY (O VELHO) Datas desconhecidas. Estilista. Nascido na Inglaterra. A primeira firma Creed de alfaiates foi estabelecida em Londres no início do século XIX. Henry Creed abriu uma filial em Paris na década de 1850. *Ver* CREED, CHARLES; *e* CREED, HENRY (O JOVEM).

CREPE 1. Palavra que descreve uma variedade de tecidos naturais e sintéticos, os quais adquirem textura enrugada mediante o uso de calor e a tecelagem. 2. Tecido fino de fio penteado e torcido, utilizado em roupas clericais e TRAJES DE LUTO no século XIX.

CREPE-DA-CHINA Crepe feito de seda crua. Desde o século XIX, é popular em peças leves, como lingerie e blusas.

CREPE GEORGETTE Tecido fino, de textura bastante enrugada, geralmente feito de seda, seda e algodão, seda e raiom ou outras misturas. Desde o início do século XX, vem sendo utilizado em blusas leves e em roupas toalete.

CREPE MARROQUINO Crepe pesado feito de misturas de seda, raiom ou lã e utilizado nos séculos XIX e XX em vestidos e roupas externas.

CREPOM Termo genérico para um tecido enrugado semelhante ao crepe. Na segunda metade do século XX, foi utilizado em vestidos, blusas, roupa íntima e roupa de dormir. No início da década de 60, CACHAREL criou uma camisa feminina de crepom.

CRINOLINA Na década de 1840, a crinolina era uma pequena ANQUINHA feita de crina (do francês *crin*, "crina"). Durante a década de 1850, surgiu a crinolina de armação, feita de arcos de aço. Ela produzia saias extraordináriamente rodadas. O estilo foi divulgado pela imperatriz EUGÊNIA, e as mulheres europeias seguiram-na. Por volta de 1865, o formato mudou para achatar as saias na frente e produzir volume atrás. *Ver também* WINTERHALTER.

CRISTAL DE VIDRO Composto de potássio, vidro e óxido de chumbo branco utilizado para fazer pedras artificiais. Desenvolvido no século XV na Itália, passou a ser muito usado no desenho e fabricação de joias no século XVIII na França e na Inglaterra. A demanda de joias de preços acessíveis, mas de aparência verdadeira, resultou na produção de inúmeras peças feitas de compostos incolores de vidro, em geral com uma lâmina colorida atrás. O cristal continuou na moda até a década de 50. Na década de 80, retornaram em engastes sofisticados. *Ver* BIJUTERIA.

CROCHÊ Artesanato decorativo que é criado fazendo-se laçadas em fios ou linhas com uma agulha especial, de ponta de gancho. Muito usado em xales e cobertores. Na década de 60, peças de crochê estiveram na moda, dentro dos estilos CAMPONÊS e HIPPIE, como vestidos, COLETES e casacos. A década de 90 reviveu o crochê, que apareceu em meias, coletes e bolsas.

CRUZ No final da década de 80, o crucifixo começou a aparecer nas passarelas como bijuteria. Na década de 90 foi muito usado, em vários formatos e tamanhos, em colares, broches, alfinetes e até em fivelas de sapato.

CRUZ, MIGUEL 1944-. Estilista. Nascido em Cuba. Fez estágio na escola da Chambre Syndicale de la Haute Couture (*ver* HAUTE COUTURE) em Paris e depois trabalhou para CASTILLO e BALENCIAGA. Em 1963, mudou-se para a Itália, onde desenhou como freelance antes de abrir sua própria empresa de prêt-à-porter em Roma. Cruz é famoso por suas criações de couro, camurça e tricô. Além de produzir suas próprias coleções, ele desenha para outras companhias.

CUBISMO Movimento de arte abstrata, do início do século XX, liderado por Georges BRAQUE e Pablo PICASSO. Os artistas sobrepunham diversos pontos de vista do modelo, o qual era decomposto e recomposto em padrões geométricos. Artistas como Sonia DELAUNAY e estilistas como Jean PATOU inspiraram-se no cubismo para criar ousadas formas e estampas geométricas. A influência do cubismo foi ampla, afetando não só as roupas mas também os acessórios, principalmente bolsas, bolsinhas de cosméticos, bijuterias e sapatos.

CULOTE Calça de montaria bem folgada dos quadris aos joelhos (fazendo um semicírculo dos lados) e bem justa dos joelhos aos tornozelos. O acabamento inclui uma bainha ou uma tira de tecido que passa por baixo do pé. Também conhecido como *jodphurs*, nome de um antigo estado no Noroeste da Índia no qual se originou a indumentária. É um estilo que volta à moda periodicamente.

CUMMERBUND Do hindi e persa *kamarband*, "saiote". Tira larga usada como FAIXA na cintura, sendo parte do traje masculino tradicional na Índia, Irã e América do Sul. No final do século XIX, o *cummerbund* foi adotado pelos europeus, sendo então feito de seda, cetim ou faille e usado com roupas toalete em lugar do COLETE. Durante o século XX, as mulheres adotaram o *cummerbund* para o dia e para a noite, confeccionado em vários tecidos.

ABCDEFGHIJKLM NOPQRSTUVWXYZ

DACHÉ, LILLY *c.* 1904-89. Chapeleira. Nascida em Bègles, França. Ainda adolescente, foi aprendiz de uma chapeleira em Bordeaux. Anos mais tarde, mudou-se para Paris e trabalhou com Caroline REBOUX. Em 1924, emigrou para os Estados Unidos e tornou-se vendedora de chapéus na loja de departamentos Macy's, em Nova York. No mesmo ano, depois de trabalhar por pouco tempo na chapelaria The Bonnet Shop, comprou a firma e expandiu os negócios. No final do período conhecido como "Depressão", quando usar chapéu era rigorosamente necessário, ela ergueu o Daché Building na rua 56 Leste. Trabalhou com Travis BANTON em Hollywood. O sucesso veio rapidamente. Daché era famosa por seus TURBANTES drapejados; CLOCHES bem justos, com abas, moldados para se ajustarem à cabeça; REDES; e BONÉS. Durante quase três décadas, foi uma das principais chapeleiras dos Estados Unidos. Em 1949, começou a criar vestidos e acessórios. *Ver* *PARNIS.

DACRON Marca de fantasia de uma fibra artificial fabricada pela DU PONT nos Estados Unidos no início dos anos 50. Em meados daquela década, foi muito usada em blusas com babados. *Ver* POLIÉSTER.

DAGWORTHY, WENDY 1950-. Estilista. Nascida em Gravesend, Kent, Inglaterra. Frequentou o Medway College of Art de 1966 a 1968 e estudou arte e desenho industrial na Middlesex Polytechnic de 1968 a 1971. Trabalhou então com a confecção de atacado Radley, antes de abrir seu próprio negócio em Londres, em 1973. Wendy especializou-se num prêt-à-porter com formas soltas e livres, executado em fibras naturais e empregando detalhes engenhosos, como bolsos duplos e capuzes destacáveis. Suas roupas, tanto as masculinas quanto as femininas, eram práticas e flexíveis, adequando-se a todas as ocasiões e estações. Ela gostava de misturar padrões, texturas e cores, em um estilo jovem e espirituoso. Wendy encerrou seu negócio em 1988 e, no ano seguinte, passou a dirigir o curso de moda na Central St. Martin's School of Art, em Londres. Em 1988 foi nomeada professora de moda no Royal College of Art.

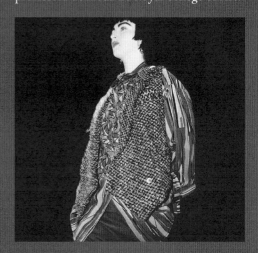

A habilidade de Wendy DAGWORTHY na mistura de texturas foi revelada na coleção de 1985.

DAHL-WOLFE, LOUISE 1895-1989. Fotógrafa. Nasceu em São Francisco, Estados Unidos. Em 1914 Dahl-Wolfe frequentou o San Francisco Institute of Art. Durante os vinte anos seguintes ela estudou, trabalhou como decoradora de interiores e viajou muito. Foi somente em meados da década de 30 que voltou seriamente sua atenção para um interesse que teve a vida inteira: fotografia. Seu primeiro emprego como fotógrafa de moda foi na loja Saks Fifth Avenue, em Nova York. Em 1936 passou a trabalhar para a HARPER'S BAZAAR, para a qual contribuiu regularmente até se aposentar. Dahl-Wolfe tornou-se famosa por sua utilização de cores em estilo pictórico.

DALÍ, SALVADOR 1904-89. Artista plástico. Nascido em Figueras, Espanha. Originariamente cubista, tornou-se surrealista em 1929. Sua imaginação indômita e fantástica era meticulosamente executada nos detalhes de seu trabalho. Criou tecidos para *SCHIAPARELLI e contribuiu com muitas ideias para o desenho de joias e de moda. Ver SURREALISMO.

DAMASCO Originalmente era um tecido de seda ricamente adornado que foi trazido para o Ocidente no século XII, por via de Damasco, na Síria, onde também era fabricado. O damasco caracteriza-se por um padrão em relevo que faz parte da tecelagem e tem cor uniforme. Foi muito usado em vestidos no século XIX, mas no século XX passou a ser associado à decoração.

DANSKIN Em 1881, Joel e Benson Goodman abriram uma loja em Manhattan, Nova York, que vendia meias, produtos de couro e roupas femininas e infantis. Em 1923, os filhos dos Goodman assumiram a empresa e criaram a Triumph Hosiery Mills em Filadélfia, Pensilvânia. Durante a década de 30, a companhia especializou-se na produção de meias finas para teatro e meias em algodão e seda em tamanhos difíceis de encontrar. O nome Danskin foi criado nos anos 50, na mesma época em que a firma produzia seus primeiros LÉOTARDS, bem como as primeiras meias-calças que tentavam prevenir o enrugamento nos joelhos e tornozelos. Na década seguinte, a Danskin fabricou uma elegante linha de *sportswear* infantil de náilon, malhas, meias sem costura para ginástica e dança e a meia-calça. Em 1970, lançou um *collant* com fecho entre as pernas. Durante toda a década de 70, em resposta ao surgimento do interesse internacional pela ginástica e pela dança, a Danskin criou inúmeros modelos de *léotards* e maiôs, de misturas brilhantes de náilon e Spandex. A atitude atualizada da companhia para com as roupas de dança e de ginástica ajudou a levá-las das academias para as ruas. O *léotard* tornou-se peça muito usada nas DISCOTECAS e frequentemente substituía o maiô na praia. Por outro lado, os *léotards* ajudaram a restabelecer o interesse no maiô. A Danskin utiliza misturas de algodão e lã e as fibras Antron e Spandex.

DASLU Multimarca paulistana fundada em 1958, em São Paulo, por Lúcia Piva de Albuquerque e Lourdes Aranha. Inicialmente uma butique fechada de roupa importada, a Daslu cresceu até se transformar, em meados dos anos 80, em uma loja de departamento de luxo que agrega as grandes marcas internacionais e nacionais, além de coleções próprias, feminina, masculina e infantil, para clientes de alto poder aquisitivo. Sob a direção de Eliana Tranchesi (1956-2012), filha de Lúcia Piva de Albuquerque, a Daslu tornou-se, a partir dos anos 90, a maior loja de departamento de alto luxo da América Latina. Foi responsável por criar um visual adotado principalmente pelas mulheres da elite de São Paulo: cabelos louros e lisos, calças justas e curtas no estilo capri, sapato alto de bico fino e bolsa de marca.

DAVID, JULES 1808-92. Ilustrador. Profissional prolífico e talentoso, trabalhou em Paris e colaborou com várias revistas e publicações inglesas e alemãs. David tinha um estilo preciso e claro e usava a cor mais ousadamente que seus contemporâneos. Seus modelos também possuíam mais movimento do que os rígidos modelos dos *fashion plates* [desenhos de moda] de meados e do final do século XIX. *Ver* LINHA PRINCESA.

DECOTADO CORPETE de blusa ou vestido recortado distante do pescoço. A versão vitoriana deixava os ombros à mostra. O decote é um componente tradicional de vestidos toalete e vestidos de baile.

DECOTE BATEAU *Ver* DECOTE CANOA.

DECOTE CAMPONÊS Decote baixo, redondo e franzido, inspirado em blusa camponesa, lançado na década de 20. Foi popular tanto em vestidos quanto em blusas.

DECOTE CANOA Decote raso, em forma de canoa, que vai de um ombro ao outro e tem a mesma profundidade na frente e nas costas. Desde o início da década de 20, é muito usado em vestidos e blusas. Também conhecido como decote *bateau* ("barco", em francês).

DECOTE CORAÇÃO Decote de vestidos e blusas cortado em duas curvas quase semicirculares, que lembram um coração. Foi muito usado durante o século XX.

DECOTE levemente ousado de Charles Frederick Worth para o vestido de noite da condessa de Greffulhe, em 1896. A fotografia é de Nadar.

O DECOTE CORAÇÃO num corpete franzido de 1943.

DECOTE EM U Decote profundo, em forma de U, muito usado durante o século XX em vestidos, corpetes e camisetas.

DEERSTALKER Tradicional boné masculino inglês de tweed para caça. Possui abas na frente e atrás, e algumas versões têm protetores para as orelhas. No século XX, também foi usado por mulheres. Vulgarmente conhecido como "boné Sherlock Holmes".

DE LA RENTA, OSCAR 1932-. Estilista. Nascido em São Domingos, República Dominicana. Estudou na Universidade de São Domingos e na Academia de San Fernando, em Madri, Espanha. Embora pretendesse tornar-se pintor abstrato, deu o primeiro passo em direção a uma carreira em moda quando desenhou um vestido para a filha debutante do embaixador dos Estados Unidos na Espanha; o vestido apareceu na capa da *Life*. Logo depois, De la Renta foi trabalhar na casa de alta-costura de BALENCIAGA, em Madri. Em 1961, seguiu para Paris como assistente de Antonio del CASTILLO na Lanvin-Castillo. Dois anos mais tarde, foi com Castillo para o salão de alta-costura e prêt-à-porter de Elizabeth Arden em Nova York. Em 1965, De la Renta passou a trabalhar com Jane Derby; quando Jane se aposentou, naquele mesmo ano, ele abriu seu próprio negócio. Na década de 60, ficou rapidamente conhecido como criador de roupas extravagantes, opulentas e, ao mesmo tempo, de bom gosto. Desenhou diversas coleções temáticas, baseadas em moda da belle époque; estampas de arte abstrata; roupas de noite com inspiração oriental; e exóticos vestidos de flamenco. Sua coleção CIGANA de 1967 atraiu muita atenção. No decorrer dos anos seguintes, De la Renta firmou-se como estilista de vestidos, casacos, costumes e roupas para o dia, tanto de alta-costura quanto de prêt-à-porter, sendo positivos e vibrantes, com uma utilização ousada e, ao mesmo tempo, controlada da cor. É famoso por suas roupas de noite, VESTIDOS DE COQUETEL e vestidos longos, muitos dos quais com detalhes esmerados, como bordados e babados.

Oscar DE LA RENTA utilizou babados de impacto e um laço gigante em sua coleção de noite de 1984.

DELAUNAY, SONIA 1884-1979. Artista plástica. Nascida Sonia Terk, em Odessa, Rússia. Foi criada em São Petersburgo, onde estudou pintura. Em 1905, mudou-se para Paris a fim de prosseguir os estudos; em 1910, casou-se com o artista Robert Delaunay. Sonia pintava telas abstratas ousadas, dominadas por curvas, triângulos e quadrados. Em 1925, trabalhou na companhia têxtil BIANCHINI-FÉRIER e criou estampas geométricas em cores contrastantes. No mesmo ano, concebeu estampas PATCHWORK que Jacques HEIM utilizou para fazer casacos. Sua influência pode ser observada no trabalho de PATOU, de SCHIAPARELLI e de outros estilistas das décadas de 20 e 30.

DELINEATOR, THE Em Nova York, no início da década de 1870, Ebenezer BUTTERICK editava uma revista, *The Ladies' Quarterly Review of Broadway Fashions*, a fim de promover a venda de seus moldes de papel. Em 1877, encampou a *Metropolitan*, que depois, como *The Delineator*, tornou-se uma das revistas femininas mais vendidas. Até 1894, quando a base da revista foi ampliada para abranger assuntos gerais do lar, *The Delineator* era totalmente dedicada à moda. Mais tarde, incluiu também ficção. Na década de 20, atingira a tiragem de um milhão de exemplares, tendo várias edições no exterior. Em 1928, a Butterick Publishing Company fundiu *The Designer* com *The Delineator*. Em 1937, *The Delineator* foi encampada pela *The Pictorial Review*.

DELL'OLIO, LOUIS 1948-. Estilista. Nascido em Nova York, Estados Unidos. Formou-se na Parsons School of Design, em Nova York, em 1969. Trabalhou na Teal Traina e em outras companhias atacadistas até 1974, quando ingressou na Anne KLEIN. Com Donna KARAN, Dell'Olio transformou os modelos originais de SPORTSWEAR da companhia em roupas contemporâneas de modelagem simples. Karan deixou a companhia em 1984 e Dell'Olio continuou produzindo modelos para Anne Klein até 1993.

DELMAN, HERMAN B. 1895-1955. Industrial de calçados. Nascido em Portersville, Califórnia, Estados Unidos. Foi educado em Portland, Oregon, onde sua família possuía uma pequena loja de sapatos. Depois de servir no Corpo de Fuzileiros Navais americano durante a Primeira Guerra Mundial, abriu uma sapataria em Hollywood, seguida de uma filial na Madison Avenue em Nova York. Ele promovia jovens criadores, os quais contratava para fazer sapatos nas vitrines de suas lojas. Em 1938, contratou Roger VIVIER. Embora a parceria tenha sido interrompida pela Segunda Guerra Mundial, o contrato foi renovado em 1945, e Delman fabricava os sapatos de Vivier, representando-o em todo o mundo por vários anos. *Ver também* RAYNE.

DE LUCA, JEAN-CLAUDE 1948-. Estilista. Nascido em Paris, França. Estudou advocacia na Suíça e na Itália. Colaborou com GIVENCHY durante um ano, antes de ir trabalhar na DOROTHÉE BIS em 1972. Pouco depois, passou a ser estilista freelance. Desde 1976, De Luca assina suas criações. Cria roupas glamorosas, sofisticadas e tradicionais, em linhas leves.

DEMEULEMEESTER, ANN 1959-. Estilista. Nascida em Kortrijk, Bélgica. Depois de se formar na Escola de Arte em Bruges, estudou desenho de moda na Academia Real de Belas-Artes, na Antuérpia. Em 1981, iniciou um período de seis anos como estilista freelance para companhias internacionais de prêt-à-porter. Em 1985, lançou sua própria coleção. Membro do grupo de estilistas experimentais surgidos na Bélgica em meados da década de 80, Ann Demeulemeester é uma DESCONSTRUCIONISTA que evita adornos e cores em favor de um cuidado rigoroso com os detalhes e com a combinação de tecidos. Suas criações quase sempre incorporam as contradições: a austeridade da silhueta é marcada pelo suave drapejamento dos tecidos ou por tecidos com aspecto antigo; os materiais nostálgicos do estilo HIPPIE, com as bordas desfiadas, são utilizados em casacos austeros. Os vestidos e casacos longos tornaram-se exemplares de seu estilo, ao lado dos trajes FRENTE-ÚNICA, das blusas transformadas pelas gravatas e das calças e saias que deixam à mostra os ossos dos quadris.

Modelo para noite da estilista belga Ann DEMEULEMEESTER, da coleção primavera-verão de 1996-7.

DE MEYER, BARÃO ADOLPHE 1868-1949. Fotógrafo. Nascido em Paris, França. Foi criado na Saxônia, estudou em Paris e mudou-se para Londres em 1895. Em 1901, após o casamento, tornou-se barão De Meyer, elevado à nobreza pelo rei da Saxônia. Em 1913, mudou-se para Nova York e começou a trabalhar para Condé NAST na VOGUE. Produziu fotos românticas, difusas (utilizando contraluz), de mulheres da sociedade com roupas da moda. De Meyer não era um retratista (as modelos eram apenas um elemento a mais em suas fotos), e sim fotógrafo pictórico. Seu trabalho concentrava-se no brilho do branco e do prata, em superfícies reluzentes, sugerindo beleza e um quê de distância do observador. Em 1918, De Meyer voltou para Paris, contratado pela HARPER'S BAZAAR, permanecendo na revista até 1932. Durante seu reinado na *Vogue* e os primeiros anos na *Harper's Bazaar,* o trabalho de De Meyer foi muito imitado; no início da década de 30, porém, o estilo já saíra de moda, e sua influência estava em declínio.

DENER 1937-78. Costureiro paraense de alta-costura. Nascido em Belém, Dener Pamplona de Abreu começou a trabalhar aos treze anos, no Rio de Janeiro, na CASA CANADÁ, àquela época a casa de alta-costura mais importante da então capital do Brasil. A partir de 1951, ao abrir seu ateliê em São Paulo, passou a vestir clientes como as primeiras-damas Sara Kubitscheck e Maria Teresa Goulart. Casou-se duas vezes: a primeira em 1965, com uma de suas manequins, Maria Stella Splendore. Em 1968, fundou a Dener Difusão Industrial de Moda e, cinco anos depois, com outros costureiros, a Associação da Moda Brasileira. Publicou dois livros: a autobiografia, *Dener, o luxo*, e o manual *Curso básico de corte e costura*. Rival de CLODOVIL, foi premiado várias vezes no Brasil e no exterior. Figura polêmica e destacada das décadas de 60 e 70, foi um dos maiores nomes da moda brasileira de todos os tempos, ao unir seu talento à habilidade para o marketing pessoal. Muitas de suas criações de alta-costura resultavam em roupas de tecidos preciosos, bordados com conchas, pedras e cânhamos, fazendo referência à cultura brasileira.

DENER (ao centro) foi o primeiro costureiro a usar elementos da cultura brasileira na alta-costura. As roupas desta foto de 1972 foram inspiradas no candomblé.

DENIM *Ver* BRIM.

DE RAUCH, MADELEINE 1896-1985. Estilista. Nascida em Ville-d'Avray, França. Madeleine criava as próprias roupas antes de abrir um salão de alta-costura com suas duas irmãs em 1928. A casa, famosa pelas roupas informais, fechou em 1973.

DERBY Sapato de amarrar semelhante ao OXFORD. Possui recortes e adornos costurados à gáspea.

DESCONSTRUCIONISTAS Termo usado na década de 90 para descrever um grupo de estilistas cujas criações, baseadas em um corte austero e em cores sóbrias, foram muito influentes e interpretadas como uma forma intelectual do GRUNGE. Desfazendo as peças que compõem a moda e rearranjando-as — quase sempre em formas não tradicionais —, esses estilistas forçaram uma reavaliação das roupas e da maneira de usá-las. Os desconstrucionistas têm fortes inclinações artísticas e encaram as vestimentas como superfícies para seus processos experimentais de "pintura". Eles parecem fazer manifestos culturais com suas costuras aparentes e seus vestidos com ares de "traje hospitalar". Suas roupas têm sido descritas como toscas e deliberadamente sem atrativos. No entanto, a prolongada influência desse estilo despojado e sua consequente reconstrução não podem ser negadas. *Ver* DEMEULEMEESTER, LANG *e* MARGIELA.

DESSÈS, JEAN 1904-70. Estilista. Nascido Jean-Dimitre Verginie, em Alexandria, Egito, de pais gregos. Em 1925, abandonou os estudos de direito e começou a trabalhar num ateliê de alta-costura, a *maison* Jane, em Paris. Abriu seu próprio estabelecimento em 1937. Após a Segunda Guerra Mundial, Dessès voltou para o Egito e a Grécia. Suas criações das décadas de 40 e 50 refletiram as influências das viagens. Especializou-se em vestidos de noite drapejados de chiffon e musselina, baseados nos antigos trajes gregos e na MODA EGÍPCIA; vestidos bordados; vestidos justos com casaquinhos apertados; e saias dançantes para a noite. Era muito procurado pela realeza europeia e por estrelas de cinema. Em 1949, começou a produzir coleções prêt-à-porter para o mercado dos Estados Unidos.

DIAGHILEV, SERGEI 1872-1929. Diretor de balé. Nascido em Novgorod, Rússia. Depois de completar seus estudos em São Petersburgo, Diaghilev fundou a revista *Mir Iskusstra* (*O Mundo da Arte*). Em 1906, a preparação e organização de uma exposição de arte russa no Salon d'Automne levou-o a Paris. Em 1909, voltou para Paris com os BALLETS RUSSES. Nos anos seguintes, lançou na Europa os bailarinos Nijinsky, Pavlova e Rubinstein; a música de Stravinsky, Ravel e Prokofiev; os cenários, criações e figurinos de PICASSO, Derain, De Chirico, Matisse e BAKST; e a coreografia de Balanchine.

DIANA, PRINCESA DE GALES 1961-97. Nascida lady Diana Frances Spencer, em Northamptonshire, Inglaterra. Antes do noivado, preferia blusas com babados e vestidos e saias simples, lisos ou com estampas florais miúdas. Depois do casamento, em 1981, seu novo estilo de vestir foi amplamente copiado. A princesa de Gales foi responsável por promover SAPATILHAS de saltos baixos, GOLAS DE MARINHEIRO e golas em rufos, vestidos longos tomara que caia e chapéus. No final da década de 80 e na década de 90, seu estilo foi se tornando progressivamente elegante e sofisticado. Em 1997, a coleção de seus vestidos toalete e trajes de coquetel, de vários estilistas, foi leiloada pela Christie's de Nova York e rendeu mais de 3 milhões de dólares, doados para obras de caridade. *Ver* *EMANUEL.

DI CAMARINO, ROBERTA 1920-2002. Estilista. Nascida Giuliana Coen Camarino, em Veneza, Itália. Refugiando-se na Suíça durante a Segunda Guerra Mundial, começou a fazer bolsas. Em 1945, voltou para Veneza, onde abriu sua firma. Iniciando com sacolas de veludo listrado e bolsas de couro lavrado, progrediu para lenços, sombrinhas, cintos, sapatos e luvas. Também desenhava e fabricava tecidos e roupas vendidos em todo o mundo com a etiqueta Roberta di Camarino. No pós-guerra, seu desenho inovador atraiu as atenções para os acessórios de moda.

DIJON Marca carioca de moda masculina. Criada em 1964 pelos irmãos Humberto e Miguel Saad, tornou-se famosa entre os anos 70 e 80 por utilizar como propaganda fotos sensuais da modelo Luiza Brunet. Sua moda baseava-se na adaptação do estilo da classe alta parisiense e milanês para o consumidor brasileiro.

DINASTIA Telenovela americana sobre a vida de membros de famílias ricas da indústria petrolífera exibida pela primeira vez em 1983. As atrizes vestiam roupas caras de seda e cetim, com corte de alfaiataria, frequentemente à moda dos figurinos de Hollywood na década de 30, embora se mantivessem dentro das tendências da década de 80.

DIOR, CHRISTIAN 1905-57. Estilista. Nasceu em Granville, Normandia, França. Abandonou os estudos de ciências políticas para estudar música, mas, em vez disso, ocupou seu tempo dirigindo uma galeria de arte e viajando até 1935, quando começou a ganhar a vida em Paris vendendo croquis de moda para jornais. Em 1938, foi trabalhar com Robert PIGUET. Passou para LELONG em 1942, onde trabalhou ao lado de Pierre BALMAIN até que o magnata do algodão, Marcel Boussac, ofereceu-lhe a oportunidade de abrir sua própria casa de alta-costura. A primeira coleção de Dior, em 1947, a princípio chamada "linha corola", recebeu o apelido de NEW LOOK. Os vestidos *New Look* tinham saias amplas que se abriam a partir de cinturas justíssimas e CORPETES armados com barbatanas. As saias eram mais compridas do que em anos anteriores — pregueadas, franzidas, drapejadas e nesgadas — e costumavam ser forradas de tule para que se armassem. Os chapéus eram usados de lado, sendo frequentemente acompanhados de uma GARGANTILHA. Na coleção de 1948, denominada ENVOL, as saias faziam volume atrás, usadas com casaquinhos com as costas folgadas, esvoaçantes e golas altas. No ano seguinte Dior apresentou saias justas com uma prega atrás, vestidos de noite tomara que caia, corpetes e casaquinhos que parecem blusas. Em 1950 as saias tornaram-se mais curtas e os casacos, grandes e folgados, alguns com GOLAS EM U. Nos sete anos seguintes Dior lançou sua versão do CHAPÉU CHINÊS, que vinha até quase os olhos e era adornado com laços; e a popular LINHA PRINCESA, que dava a ilusão de cintura alta devido à utilização de ombros arredondados em casaquinhos curtos e cintos colocados bem alto nas costas de mantôs e casaquinhos. O conjunto de três peças de 1952 — casaquinho cardigã, blusa simples usada para fora da saia e saia macia de crepe, em tons pastel — influenciou a moda por muitos anos. Muitas de suas coleções apresentavam mangas três-quartos e estolas que permaneceram na moda durante toda a década de 50. Em 1953 encurtou as saias novamente para cinco centímetros abaixo do joelho e lançou-as com mantôs e casaquinhos em formato de BARRIL, mais pesados na parte superior. Dior liderou a volta dos ternos masculinos em 1954, denominando LINHA H sua coleção naquele ano. Os chapéus ou tinham abas bem pequenas ou exageradamente largas. Fez um casaquinho branco de lenço de cambraia, suavemente pregueado e com cara de blusa, com o decote bordado em contas brancas. A linha H era particularmente adequada para a noite. Seguiram-se a *LINHA A e a LINHA Y, em 1955, apresentando grandes golas em V e estolas gigantes. Muitas roupas de inspiração oriental entraram na moda naquele ano, inclusive a versão de Dior do CAFTÃ e do CHEONGSAM. Obteve também sucesso considerável com um vestido de chiffon de cintura alta e alças de rolotê e com um LONGO. A última coleção de Dior, em 1957, foi baseada na VAREUSE, um traje com a gola afastada do pescoço e cortado para cair solto até os quadris. Lançou ainda a *sahariènne* com bolsos de abas abotoadas; uma *vareuse* com cinto; vestidos em forma de TÚNICA; e um ves-

O tailleur "Bar", de Christian DIOR, segue a tônica da "linha corola", apresentada na coleção de 1947, que surpreendeu o mundo e ficou conhecida como New Look. Foto de Willy Maywald.

DISCOTECA

O posicionamento dos botões e o adorno na gola e nos bolsos acrescentam charme à austeridade clássica deste tailleur de proporções impecáveis da coleção de 1949 de DIOR. Foto de Willy Maywald.

Saia com pregas-faca da coleção de 1951-2 de DIOR. Observe a forma estruturada da gola e as pences longas, que enfatizam o busto e afinam a cintura. Um chapéu grande equilibra a amplidão do godê da saia. Foto de Willy Maywald.

tido CHEMISIER sem cinto, com a gola afastada do pescoço e BOLSOS CHAPADOS. Dior preferia o preto, o azul-marinho e o branco. Suas roupas eram complementadas com broches no decote, no ombro e na cintura. Fios de pérolas em volta do pescoço foram muito copiados desde que Dior os lançou na década de 50. A elegância indiscutível de suas linhas e estruturas esculpidas influenciou a estética feminina e os estilistas durante décadas.

DIRETÓRIO Termo popular para a cintura alta. O estilo é associado ao período do Diretório na França (1795-9), quando os estilistas franceses trouxeram de volta os antigos trajes gregos e romanos. O vestido "Diretó-

rio" possui uma saia reta e longa, cintura exageradamente alta, decote grande e pequenas MANGAS BUFANTES. Foi muito usado nas décadas de 1880, de 1900 e, novamente, de 1960. *Ver* LINHA IMPÉRIO.

DISCOTECA Na década de 60, o surgimento das discotecas provocou muitos estilos extremos, mas nos anos 70 a moda de discoteca já se tornara aceitável para o dia e para a noite. Estilistas americanos, como Stephen BURROWS, Betsey JOHNSON e Norma KAMALI, produziram roupas que ou se destinavam à dança de discoteca ou se adaptavam a ela. Incluíam *léotards*, camisetas, shorts e jeans elásticos, e todas elas permitiam agilidade nos movimentos. A empresa americana DANSKIN vendeu inúmeros *léotards* com meias-calças combinando e saias ENVELOPE como trajes para discoteca. Os tecidos para roupas de dança incluíam algodão, brim, camurça e veludo (liso e cotelê). A adição da fibra Spandex a muitos tecidos aumentou-lhes a elasticidade. Acessórios metálicos extravagantes, VIDRILHOS e LANTEJOULAS entraram na moda, bem como estampas tropicais, imitação de couro de cobra, malhas de futebol americano e camisas de seda brilhante. As discotecas da década de 70 eram vitrines de moda extravagante e exótica.

Chapéu DISCOTECA criado em 1976 pelo britânico David Shilling.

DI VERDURA, FULCO 1898-1978. Joalheiro. Nascido Fulco Santostefano della Cerda, duque de Verdura, em Palermo, Sicília. Foi para Paris em 1927 e trabalhou como estilista de tecidos e joias para CHANEL. Em 1937, mudou-se para Nova York, onde foi contratado pelo joalheiro Paul Flato, que logo o colocou à frente da filial californiana. Em 1939, Di Verdura abriu sua própria loja em Nova York. Seu nome associou-se à volta de engastes de ouro, em vez de platina, e à promoção de bijuterias de esmalte. Trabalhava muito com ouro e produziu uma coleção de caixinhas. Sua grande habilidade era misturar no mesmo engaste pedras semipreciosas e pedras preciosas, buscando ideias na natureza: conchas, penas, asas e folhas, por exemplo. Di Verdura também usava motivos clássicos, como bodas de brasões e nós de marinheiro. Suas *torsades* de pérolas barrocas e suas correntes de ouro eram muito admiradas. Joalheiro que exerceu grande influência e cujas criações atemporais têm servido de inspiração a outros, Di Verdura vendeu sua firma em 1973.

Broches de Fulco DI VERDURA: à esquerda, modelo para Chanel, c. 1930; à direita, broche em forma de abelha com o corpo de coral, da década de 60.

DJELLABAH De origem marroquina, é uma CAPA com capuz, de mangas compridas e largas, usada aberta no pescoço, chegando ao joelho ou mais abaixo. Originariamente, era feita de algodão ou lã, e adornada com passamanaria. Durante as décadas de 60 e 70, muitos estilistas utilizaram as linhas de *djellabah* como inspiração para modelos de casacos e vestidos.

DOLCE & GABBANA

Domenico Dolce e Stefano Gabbana têm mostrado seu vigor na moda italiana desde o lançamento da primeira coleção da DOLCE & GABBANA, em 1985. Inspirando-se no cinema italiano, a dupla criou roupas voluptuosas, às vezes coladas ao corpo, para o dia e a noite. Os modelos acima são da coleção primavera-verão de 1990.

DOC DOG Marca paulistana de moda feminina e masculina de vanguarda. Fundada em 1997 por Mario Protti (1943-) e Thais Carneiro (1956-), introduziu o estilo trash-tropical de linguagem irônica e pop para consumidores de alto poder aquisitivo. Tão importante quanto as roupas é a imagem da loja, que reforça o clima underground, *clubber* e pop da marca.

DOC MARTENS Ver BOTAS.

DOEUILLET Casa de alta-costura fundada em Paris em 1900 por Georges Doeuillet, que havia sido aprendiz na CALLOT SOEURS. Com a morte de Jacques DOUCET em 1929, as casas se fundiram e a Doeuillet continuou a produzir vestidos altamente elaborados. A casa fechou em 1937.

DOLCE & GABBANA Empresa de moda. Domenico Dolce (nascido em 1958 próximo a Palermo, Sicília, Itália) e Stefano Gabbana (nascido em 1962 em Milão, Itália) abriram um estúdio de consultoria de moda em 1982. Três anos depois, a dupla mostrou sua primeira coleção em Milão, majoritariamente feminina. Os modelos consistiam em roupas desestruturadas e com complicados sistemas de ajuste. Por volta de 1987, inspirados em clássicos de cinema do Sul da Itália, criaram uma coleção marcada por romantismo e voluptuosidade, com saias godês, blusas com rufos e xales de renda, que fizeram sucesso imediato. As coleções posteriores incluíram ideias marcantes da dupla, como vestidos ESPARTILHO, TERNINHOS risca de giz, casacos com bordados florais, vestidos pretos sensuais, paletós na LINHA IMPÉRIO e LEGGINGS. Em 1991, MADONNA popularizou o CORPETE coberto de VIDRILHOS criado por eles. Muitos de seus modelos são adaptados do vestuário tradicional da era pré-feminista, que eles glamorizam e modernizam. Na década de 90, a Dolce & Gabbana tornou-se uma das mais importantes e bem-sucedidas empresas do prêt-à-porter italiano.

DOLLY VARDEN Modelo de vestido que começou a ser popular por volta de 1870, recebendo o nome em homenagem à heroína do romance *Barnaby Rudge* (1841), do escritor inglês Charles Dickens. A roupa incluía um vestido com estampa de flores, um CORPETE justo, uma sobressaia com armação lateral e ANQUINHAS usadas por cima de uma saia de outra cor. Um chapéu grande, caído, adornado com flores, completava o traje. *Ver também* WATTEAU.

DÓLMÃ 1. Traje longo, masculino, semelhante a um casaco, originário da Turquia. Foi pela primeira vez adaptado para peça masculina de moda no século XVIII, como uma vestimenta de mangas largas. No século XIX, foi lançado sob várias formas para as mulheres. Usado como peça externa, o dólmã costumava ter comprimento três-quartos e mangas largas, sendo fechado no pescoço. Era reto na frente e ajustado atrás sobre a ANQUINHA. 2. A partir do século XX, a palavra "dólmã" passou a descrever qualquer abrigo que vá até os tornozelos, com mangas compridas e generosas e adornos de renda, franjas e rufos. A linha do dólmã tem sido imitada como mantô, geralmente feito de caxemira, veludo, lã ou tecidos com estampa PAISLEY.

O DÓLMÃ do século XIX normalmente tinha comprimento três-quartos e mangas largas, cobrindo a anquinha na parte de trás.

DONOVAN, TERENCE 1936-96. Fotógrafo. Nascido em Londres, Inglaterra. Depois de um aprendizado e um estágio como fotógrafo militar, trabalhou para John FRENCH. Em 1957, Donovan abriu seu próprio estúdio e, nos anos seguintes, seu nome tornou-se familiar nas páginas de moda e nas capas de diversas revistas francesas e britânicas. *Ver* QUANT.

DORMEUSE *Ver* TOUCA.

DOROTHÉE BIS Cadeia de lojas aberta em 1962 por Elie e Jacqueline Jacobson em Paris e, mais tarde, nos Estados Unidos. As lojas vendiam versões adultas de roupas jovens: meias três-quartos, BONÉS altos, VESTIDOS RECORTADOS e TERNINHOS. Jacqueline Jacobson também criava malharia. A marca ficou famosa pelos pulôveres canelados, pelas malhas de crochê e pelos vestidos que tinham a aparência de compridos suéteres artesanais. Suas malhas faziam conjunto com meias de lã, echarpes de crochê e chapéus CLOCHE. *Ver também* KHANH.

DOUCET, JACQUES 1853-1929. Estilista. Nascido em Paris, França. Antes dos vinte anos de idade, herdou dos avós uma loja de lingerie. Em 1875, abriu uma casa de alta-costura, onde criava extravagantes vestidos de renda, musselina, cetim e seda. Seus VESTIDOS DE CHÁ, seus costumes bem cortados e seus mantôs forrados de pele faziam muito sucesso. Foi um dos costureiros mais famosos e respeitados de fins do século XIX e princípios do século XX. Atrizes, socialites e nobres escolhiam o salão de Doucet pelo bom gosto dos tecidos e pela qualidade do acabamento de suas roupas. Tornou-se famoso pelo tratamento delicado de cores pastel e de tecidos (principalmente sedas iridescentes) e por sua maneira de utilizar a pele como se esta fosse um tecido mais leve e macio. Usou pinturas dos séculos XVII e XVIII, das quais era ávido colecionador, como fonte de inspiração para seus vestidos de baile e roupas em geral. No início do século XX, Doucet abraçou a causa do banimento do ESPARTILHO rígido. Após sua morte, a *maison* juntou-se à DOEUILLET.

DRAGONAS Tiras no ombro de uma túnica ou de um capote militar, utilizadas para prender atavios. Muito populares no final do século XIX, as dragonas também apareceram em jaquetas e casacos de estilo militar durante o século XX, principalmente nas décadas de 30 e 60.

DRÉCOLL Casa fundada em Viena, em 1902, por Christoff von Drécoll. A *maison* vestia as senhoras da corte imperial. Foi aberta uma filial em Paris, dirigida por monsieur e madame Besançon de Wagner. Em 1929, a filha do casal, Maggy, com o marido Pierre, tomou as rédeas do negócio. No mesmo ano a Drécoll se juntou à BEER. Em 1931, ocorreu nova fusão, dessa vez com a casa Agnès, que tinha se estabelecido em 1906. A Agnès-Drécoll fechou as portas em 1963.

A Marselhesa é uma elegante ilustração do artista francês Étienne DRIAN. Foi publicada na *Gazette du Bon Ton* em 1915.

DRIAN, ÉTIENNE 1890-1965. Ilustrador. Nascido em Bulgneville, França. Trabalhou em Paris entre 1910 e meados da década de 20.

Seu estilo inconfundível ilustrava as páginas seletas da GAZETTE DU BON TON, FÉMINA e de outras revistas. Suas figuras humanas são facilmente reconhecidas por sua extrema fluidez de movimento.

DRILL Tecido resistente de algodão, semelhante ao brim. Tradicionalmente utilizado nos Estados Unidos para roupas de operários, desde a década de 40 vem sendo usado como tecido de moda para trajes de verão.

DROSÓFILA Marca mineira de moda feminina. Fundada em 1990, em Belo Horizonte, por Dayse Soares, que desenvolve o estilismo com Bruno Coelho, formado em moda pela Westminster School of London. Suas roupas são femininas e passam por vários tingimentos para ganhar a aparência de brechó própria do estilo da marca.

DRYDEN, HELEN 1887-1934. Ilustradora. Nascida em Baltimore, Maryland, Estados Unidos. Estudou na Pennsylvania Academy of Fine Arts. No início da década de 20, ficou famosa como criadora de capas e ilustradora de artigos de revistas, em especial para a VOGUE.

DUFFLE BAG Saco cilíndrico e resistente confeccionado em lona, originariamente usado por soldados para carregar seu equipamento. Um cordão forte é passado por ilhoses de metal e depois puxado a fim de fechar a abertura. Desde a década de 70, a forma do saco de equipamento tem sido utilizada em BOLSAS A TIRACOLO feitas de diversos materiais.

DUFFLE COAT Capote curto, com ou sem capuz, usado pelos membros da Marinha britânica durante a Segunda Guerra Mundial. O capote ia até os quadris ou até os joelhos; era feito de tecido grosso de lã e abotoado com pinos de madeira que passavam através de PRESILHAS de cordão ou couro. Após a guerra, *duffle coats* excedentes foram vendidos a civis e tornaram-se um traje popular de inverno, tanto entre homens como entre mulheres. Versões renovadas sempre voltam às passarelas.

DUFY, RAOUL 1877-1953. Artista plástico. Nascido em Le Havre, França. Abandonou os estudos aos catorze anos para trabalhar numa importadora de café. Em 1895, começou a estudar desenho e pintura à noite na École Municipale des Beaux-Arts, em Le Havre. Em 1900, após um ano de serviço militar, mudou-se para a Beaux-Arts parisiense e, pouco mais tarde, entrou em contato com os fauvistas. Fez sua primeira exposição individual em 1906. Nos anos seguintes, o tom e o uso da cor de

Tartarugas, estampa criada por Raoul DUFY para a tecelagem Bianchini-Férier, 1912-20.

Dufy tornaram-se mais suaves. Durante toda a sua vida, trabalhou com as artes decorativas. Em 1911, com Paul POIRET, dedicou-se a desenvolver técnicas de tingimento e estamparia em cores. Pouco depois, tornou-se diretor artístico na tecelagem francesa BIANCHINI-FÉRIER. Dufy criava estampas para sedas e brocados em linhas ousadas, quase rudes, e em cores fortes. Muitas mulheres que não se interessavam pelas pinturas de Dufy usavam roupas ou decoravam suas casas com tecidos criados por ele. Dufy também elaborou cenários para teatro, ópera e balé. *Ver* FAUVISMO.

DUNCAN, ISADORA 1878-1927. Bailarina, coreógrafa. Nascida em São Francisco, Califórnia, Estados Unidos. Desde muito nova, interessou-se por música, poesia e dança. Em São Francisco, Nova York e Chicago, escandalizava o público com suas túnicas soltas, fluidas e frequentemente reveladoras, e com seus números improvisados de balé, os quais executava descalça. No início da década de 1900, partiu para a Europa, sendo finalmente aclamada em Londres, Paris e outras cidades europeias. Duncan abriu uma escola de dança próxima a Berlim, em 1904, e outra em Moscou, em 1921. Suas constantes viagens pela Europa ajudaram a popularizar uma tendência geral a roupas menos restritivas.

DU PONT Firma fundada em 1802 por Eleuthère Irénée du Pont de Nemours (1771-1834) em Wilmington, Delaware, Estados Unidos, para fabricar pólvora. Os filhos de Du Pont acrescentaram uma tecelagem de lã, iniciando uma indústria têxtil que passaria por gerações da mesma família até a década de 70. Nos anos 20, a companhia adquiriu da França a licença para fabricar celofane. Seguiu-se a aquisição de outra invenção francesa, o raiom. A companhia, com sede nos Estados Unidos, dedica-se amplamente à produção de fibras sintéticas desde o início do século XX. *Ver também* CORFAM *e* NÁILON.

ABCDƐFGHIJKLM NOPQRSTUVWXYZ

EDUARDIANO O chamado estilo eduardiano é associado ao período compreendido entre a década de 1890 e 1910. Sua silhueta possui gola alta e mangas compridas, com peito amplo e cintura bem justa num espartilho, fazendo uma curva sobre quadris largos, onde o volume das saias é franzido sobre as nádegas, caindo atrás e na frente até chegar aos tornozelos. As saias eram aumentadas com GODÊS, e usavam-se ANQUINHAS para aumentar a roda. Alguns vestidos, principalmente os toalete, deixavam os ombros à mostra. Os chapéus eram pequenos e floridos, ou enormes e emplumados. Carregava-se um GUARDA-SOL ou uma bolsinha. A mulher eduardiana abastada devia mudar de vestido várias vezes ao dia. A maior parte de suas roupas era feita de tecidos suntuosos e muito adornada com rendas e fitas. Usavam-se também alfinetes de chapéu e joias rebuscados e PARURES. Na década de 70, houve grande revival da moda. Blusas rendadas com golas altas e babadinhos foram usadas com saias compridas e rodadas e com botas de amarrar. GARGANTILHAS e bijuterias de CRISTAL DE VIDRO da época também se tornaram populares, principalmente o broche preso junto ao pescoço. Laura ASHLEY foi um expoente desse estilo. *Ver também* ALEXANDRA, RAINHA; BLOOMERS; *CLARK; GIBSON GIRL; CHAPÉU VIÚVA ALEGRE; *e* SILHUETA EM S.

Mulheres numa galeria de arte, em 1902, elegantemente vestidas no típico estilo EDUARDIANO.

EDUARDO VIII 1894-1972. Nascido Albert Christian George Andrew Patrick David em Richmond, Surrey, Inglaterra. Foi príncipe de Gales de 1910 a 1936, quando se tornou o rei Eduardo VIII. Abdicou no mesmo ano para casar-se, em 1937, com mrs. Wallis Simpson, e recebeu o título de duque de Windsor. Quando jovem, foi responsável por diversos tipos de moda masculina. Durante a década de 20, promoveu o uso de sapatos de camurça, PLUS-FOURS, CHAPÉU-PANAMÁ e suéteres FAIR

ISLE. As viagens que fez a Paris na década de 30 inspiraram estilistas franceses a usar em roupas femininas o tecido dos ternos do príncipe, conhecido como xadrez príncipe-de-gales. *Ver também* *CONJUNTO DE MARINHEIRO.

EDUARDO VIII, no retrato pintado por sir William Orpen, usando suéter fair isle, plus-fours, brogues e boné, peças que ajudou a divulgar.

EGRETE PLUMA alta (em geral da águia-pescadora ou da garça-real) que adornava um CHIGNON ou um chapéu no final do século XIX. As egretes foram usadas em chapéus até a década de 40.

EISEN, MARK 1960-. Estilista. Nascido na Cidade do Cabo, África do Sul. Filho de um confeccionista, estudou comércio nos Estados Unidos. Quando era estudante na Universidade Southern California, criou um capacete de futebol para a escola que vendeu milhares de peças. Em 1988 apresentou sua primeira coleção, com ternos muito bem-acabados de brim desbotado e retingido com tinturas especiais. Sua marca registrada, um vestido justo e um paletó de alfaiataria, foi amplamente adotada. As silhuetas de Mark Eisen são estreitas e encurtadas, em roupas de tecidos elásticos que modelam bem. Ele usa cores elétricas e iridescentes.

ELÁSTICO Tecido de fios entrelaçados de borracha de látex. Por volta de 1830, pedaços de elástico haviam substituído as molas de metal antes empregadas nos ESPARTILHOS e nas roupas íntimas. Por causa de sua flexibilidade, o elástico é, desde o século XIX, muito usado na confecção de roupas íntimas, roupas de banho e roupas de ginástica.

ELLIS, PERRY 1940-86. Estilista. Nascido em Portsmouth, Virgínia, Estados Unidos. Bacharelou-se em administração de empresas no College of William and Mary, fazendo depois um mestrado em varejo na Universidade de Nova York. De 1963 a 1967, foi comprador na loja de departamentos Miller Rhoads, em Richmond, Virgínia. Em 1968, ingressou na John Meyer, de Norwich, Nova York, como diretor de criação. Seis anos depois tornou-se estilista de SPORTSWEAR para a companhia Vera, onde em 1978 recebeu sua própria etiqueta. Ellis abriu sua firma em 1980. Suas criações masculinas, tão clássicas quanto contemporâneas, já eram amplamente aclamadas nos Estados Unidos, e logo ele adquiriu fama graças aos mantôs, calças e malhas femininas de estilo sóbrio. As criações femininas de Ellis eram enérgicas e elegantes. Ele será lembrado como o mais puro exemplo de estilista do *sportswear* americano. Muitas de suas roupas eram cortadas em linhas masculinas, mas adaptadas com maestria ao corpo da mulher. Com frequência, usava lãs texturizadas e tweeds.

Conhecido inicialmente por suas roupas masculinas, o estilista americano Perry ELLIS adaptou, na década de 80, o terno masculino à silhueta feminina, criando um modelo informal mas elegante.

ELLUS Marca de moda feminina e masculina criada em 1972 por Nelson Alvarenga (1949-). No início vendia camisetas pintadas à mão e jeans *stonewashed*. Responsável pelo crescimento da moda jeans no mercado brasileiro, é uma das marcas mais influentes desse segmento no país. Seu estilo irreverente, com cortes ousados, lavagens e detalhes inusitados atrai os consumidores jovens.

EMANUEL, DAVID E ELIZABETH Estilistas. David Emanuel (1953-), nascido em Bridgend, Glamorgan, País de Gales e Elizabeth Weiner (1953-), nascida em Londres, Ingla-

Esboço do vestido de noiva de lady Diana Spencer para seu casamento com o príncipe de Gales, em 1981. Uma criação de David e Elizabeth EMANUEL.

terra, conheceram-se na Harrow School of Art. Em 1975, já casados, foram aceitos no Royal College of Art e, em 1977, apresentaram sua coleção de graduação. A demanda por suas criações bastou para abrirem um salão em Londres imediatamente depois de terem saído da faculdade. Os Emanuel especializaram-se em roupas de noite em estilo bufante, com os ombros nus, destinadas ao mercado atacadista. Em 1979, começaram a criar roupas de alta-costura para mulheres de todo o mundo, além de uma linha prêt-à-porter. Ficaram célebres por seus vestidos muito femininos e por seus luxuosos trajes toalete, em especial vestidos de baile, que costumavam ter SAIAS GODÊS e ser feitos de renda, seda, tafetá, tule e veludo. Em 1981, DIANA, princesa de Gales (então lady Diana Spencer), encomendou aos Emanuel seu vestido de noiva. Em 1990 os Emanuel desfizeram a sociedade. *Ver também* *GOLA DE MARINHEIRO.

ENGAGEANTES Meia manga lavável que podia ser amarrada ao braço sob a manga sino ou MANGA PAGODE. Terminava no pulso, em punhos fechados ou em babados abertos. As *engageantes* foram usadas desde meados até o final do século XIX.

ENVELOPE O termo se refere a um estilo no qual a roupa é fechada se enrolando em torno do corpo em vez de utilizar botões ou outros tipos de fecho. Pode ser utilizado tanto em vestidos como em saias, blusas e tops em geral. A saia envelope do século XX teve origem no SARONGUE. Parte da saia, feita de um pedaço retangular de tecido, é enrolada uma vez em torno do corpo, enquanto a parte da frente é transpassada para ser amarrada na cintura. Os tops envelope foram muito populares na década de 80 por causa da voga de vestimentas para ginástica. Em geral, as roupas em estilo envelope são populares para ocasiões informais, moda praia e (em versões que chegam ao tornozelo) para a noite. Ver *VON FÜRSTENBERG.

O estilo ENVELOPE tem sido muito usado em tops, saias e vestidos desde a década de 50. O top acima é da estilista americana Vera Maxwell.

ENVOL Termo que significa "decolagem", dado por Christian DIOR à sua coleção de 1948. As saias eram elevadas atrás, como ANQUINHAS, ou de lado, sendo usadas com casaquinhos curtos com punhos largos e golas afastadas do pescoço. Outros casaquinhos abriam-se em formas amplas atrás, para usar com saias retas, tubulares.

ERA ESPACIAL Nome dado à coleção de André *COURRÈGES de 1964, a qual apresentava calças SAINT-TROPEZ usadas com vestidos e jaquetas sem manga ou de manga curta. Os vestidos eram curtos e cortados em linhas meticulosamente simples. A maior parte das roupas era usada com botas que iam até as canelas e que tinham bico quadrado, geralmente feitas de couro branco e macio. Um chapéu grande em forma de ELMO completava o conjunto. Quase todas as roupas dessa coleção (e das cole-

Conjunto da ERA ESPACIAL, de Pierre Cardin, para o outono de 1966. A abertura do elmo se repete nas aberturas do casaco. Note o bico quadrado do sapato.

ções de outros estilistas que seguiam essa inspiração) eram feitas de tecido branco. As cores eram utilizadas de forma esparsa e estratégica.

ERIC 1891-1958. Ilustrador. Nascido Carl Oscar August Erickson, em Joliet, Illinois, Estados Unidos, de pais suecos. Frequentou a Academy of Art de Chicago durante dois anos. Saiu em torno de 1909 e trabalhou vários anos como artista comercial e pintor de placas, antes de se mudar para Nova York em 1914. Em 1916, suas primeiras ilustrações apareceram na VOGUE; por volta de 1925, ele pertencia ao quadro de artistas da revista, especializando-se em desenhos que retratavam pessoas em cenários elegantes. Casou-se nos anos 20 e mudou-se para Paris. As ilustrações de Eric eram cheias de vida, fluidas e confiantes, em contraste com os estilos lineares da década de 20. Em seus desenhos de moda, acentuava a importância dos detalhes. Continuou trabalhando para a *Vogue* até a década de 50.

ERTÉ 1892-1990. Ilustrador, estilista. Nascido Romain de Tirtoff, em São Petersburgo, Rússia. Erté (nome adaptado da pronúncia francesa de suas iniciais, R. T.) estudou pintura na Rússia, antes de ir para Paris em 1911. Foi contratado por Paul POIRET de 1913 a 1914 e também trabalhou por pouco tempo com DIAGUILEV, em cenários de teatro e balé. De 1916 a 1926, produziu inúmeras capas para a HARPER'S BAZAAR americana e, na década de 20, criou em Paris e Nova York cenários para o Folies-Bergère e para o Ziegfeld Follies. Elaborou ainda muitos figurinos para Josephine BAKER. Em 1925, durante uma visita a Hollywood, fez figurinos para diversos filmes. O estilo de Erté tinha forte influência de miniaturas persas e indianas do século XVI. Seus desenhos da figura feminina eram curvilíneos, expressivos e muito estilizados. Mulheres elegantes e, com frequência, decadentes, longos casacos de pele, joias e acessórios eram objeto de trabalhos personalíssimos, com detalhes precisos. Após a Segunda Guerra Mundial, Erté continuou a criar figurinos e cenários para ópera, teatro e balé.

ESCARPIM Lançado em meados do século XIX, o escarpim é um sapato fechado, com salto baixo ou médio e uma linha que se afina em direção ao bico. É muito usado desde seu lançamento, embora a cada década a moda dite o tipo e altura do salto.

ESPADRILLE *Ver* ALPERCATA.

ESPARTILHO Usado para conseguir a cintura fina que estava em moda no século XIX, o espartilho descendia do CORPETE do século XV, que era endurecido por dois pedaços de linho colados. Usado sob o vestido, mas frequentemente sobre uma BATA fina de algodão ou de musselina, o espartilho costumava ser feito de pedaços de BARBATANA DE BALEIA inseridos como armação numa peça de tecido. Era amarrado com firmeza na frente ou atrás da cintura, tendo sido assunto de grande controvérsia a partir de mais ou menos 1850, quando grupos reformistas dos dois lados do Atlântico protestaram contra os danos físicos causados pela roupa excessivamente apertada. Apesar desses protestos, no final do século XIX foram produzidas as mais complicadas formas de espartilho. A SILHUETA EM S tornou-se popular, criada por espartilhos que desciam pelos quadris e projetavam o busto para a frente. No início da década de 1900, POIRET afirmou ter libertado as mulheres do espartilho; LUCILE e VIONNET alegaram a mesma coisa. Nessa época, o espartilho com barbatanas foi substituído por um tecido elástico que achatava a cintura, em vez de apertá-la. As peças íntimas da década de 20 anunciaram a moda da CINTA-CALÇA e da CINTA da década de 30. Em 1947, surgiu a CINTURITA, que ajudava a criar as cinturas finas do NEW LOOK. O espartilho foi sempre confeccionado em cores variadas, mas o preto, o branco, o cinza e o rosa eram as mais populares. Em 1987, Vivienne WESTWOOD incluiu em sua coleção espartilhos aumentados, inspirados em modelos do século XVIII. Na década de 90, muitos estilistas introduziram a ideia do espartilho em suas criações, em lingeries e em roupa externa: nos

O cartum de La Vie Parisienne, de junho de 1924, mostra um ESPARTILHO sendo amarrado, confeccionado mais com tecido elástico do que com barbatanas de baleia.

ESPINHA-DE-PEIXE

A silhueta em S ainda estava na moda na virada do século XX. Em 1901, foi apresentado às leitoras de *The Ladies' Field* o ESPARTILHO Specialité, que era feito de "barbatanas autênticas de baleia" e prometia mais elegância.

vestidos curtos para a noite formados por saias rodadas presas a corpetes-espartilhos; nos sutiãs incrustados em tailleurs discretos; nos espartilhos metálicos e de couro usados como casacos, por cima de vestidos. Esses espartilhos eram feitos de espuma e Lycra, com suportes de plástico. *Ver também* SUPORTE *e* BUSTIÊ.

ESPINHA-DE-PEIXE Padrão que lembra a estrutura do esqueleto do peixe, é o efeito de zigue-zague produzido pela tecelagem de sarja quebrada. Desde o século XIX, a espinha-de-peixe é usada em peças externas, ternos, casacos e saias.

ESPONJA Da palavra francesa *éponge*, o termo refere-se a um grupo de tecidos esponjosos, porosos e macios. As fazendas desse grupo, muitas das quais feitas de algodão, são bastante usadas em roupas de praia e de verão desde a década de 30.

ESPRIT Empresa de moda. Fundada pelo casal americano Susie Russell e Doug Tompkins (ambos nascidos em 1943). A marca foi lançada em 1968 com o nome *Esprit de Corps* pela Plain Jane Dress Company, que confeccionava vestidos de corte simples no estilo anos 40. Em 1972, a firma mudou o nome para Esprit. O hábil marketing, desenvolvido desde a década de 70, tornou a marca conhecida por suas roupas esportivas e coloridas, criadas para um público jovem.

ESQUILO Pele leve, macia e fofa, de pelo curto, retirada do roedor de mesmo nome, encontrado em quase todos os continentes. A pele de esquilo é naturalmente ruiva ou cinza-escuro azulado, mas costuma ser tingida de marrom-claro. É muito utilizável, e desde o final do século XIX tem sido transformada em capinhas, casacos e estolas.

ESTAMPA DE ANIMAL Tecidos fabricados com padrões e cores que imitam as peles de animais têm sido transformados em blusas, casacos e echarpes desde a década de 30. Usados em vestidos, LEGGINGS e acessórios, tornaram-se populares nas décadas de 70 e 80.

ESTEVEZ, LUIS 1930-. Estilista. Nascido em Havana, Cuba. Foi educado nos Estados Unidos e depois estudou arquitetura em Havana. Frequentou a Traphagen School of Fashion em Nova York, antes de ir para Paris trabalhar com PATOU por dois anos. Em 1955, Estevez abriu seu próprio negócio em Nova York. Mudou-se para a Califórnia em 1968 e estabeleceu-se como estilista de roupas toalete glamorosas, para clientes como a atriz Eva Gabor. Em 1974, lançou uma linha com seu nome. Desde 1977, tem sua própria firma, especializada no estilo elegante, suave e contido que caracteriza a Costa Oeste dos Estados Unidos.

ESTILO LIBERTY É o estilo cujo nome deriva da loja londrina Liberty, fundada em Londres em 1874, por Arthur Lasenby LIBERTY, que ainda hoje comercializa tecidos, artigos de decoração e roupas. Ver ASHLEY.

ESTILO VOVÓ Populares no final da década de 60 e início da década seguinte, as "roupas da vovó" incluíam "camisas do vovô" sem colarinho, *XALES, saias compridas e rodadas, óculos pequenos de aro redondo, sapatos de saltos grossos e bico arredondado ou *BOTAS de amarrar de cano longo. Também conhecido em inglês como *granny style*.

ESTOLA Agasalho comprido e retangular, geralmente usado em volta dos ombros e cruzado sobre o peito. Entrou na moda pela primeira vez na década de 50, quando era usado sobre vestidos longos para noite.

ÉTNICO Termo usado por estilistas, redatores e criadores do mundo da moda para descrever trajes inspirados em roupas dos nativos da América do Sul, da África, do Oriente, do Pacífico e de países com grandes comunidades camponesas. As roupas étnicas tanto podem ser simples e funcionais como feitas com maestria e adornos complicados. Os dois tipos influenciaram os estilistas. Desde a década de 60, quando as pessoas começaram a experimentar estilos de vida diferentes, a criação de moda vem incorporando imagens de outras culturas ao corte, à modelagem e ao adorno das roupas. O conceito multicultural já está firmemente estabelecido na moda contemporânea.

EUGÊNIA, IMPERATRIZ 1826-1920. Nascida Eugenia Maria del Montijo, em Granada, Espanha. Em 1853, ao casar-se com Napoleão III, tornou-se imperatriz da França. Em 1870, foi exilada para a Inglaterra. Líder de moda durante seu reinado, é geralmente associada à popularização da CRINOLINA na década de 1850. A partir de 1860, WORTH criou muitos de seus vestidos, os quais eram avidamente copiados por damas de sua própria corte e por outras em toda a Europa. ADRIAN desenhou um chapéu, o "Eugênia", que recebeu esse nome por causa de versões usadas pela imperatriz. Ver *WINTERHALTER.

EXCEDENTE DO EXÉRCITO Fardamento excedente das Forças Armadas que foi vendido, na década de 50, ao público europeu e norte-americano. Eram DUFFLE COATS, jaquetas de aviação, calças e botas, peças que fizeram parte do cenário da moda nos anos 60 e, desde então, marcaram um estilo próprio. De início, foram usadas pelos jovens, que minaram a seriedade das vestimentas, combinando-as com camisetas ousadas e coloridas e com calças de alfaiataria. JAQUETAS DE PILOTO, BLUSÕES DE AVIADOR e DUFFLE COATS se transformaram em vestimentas do dia a dia,

EXECUTIVO

feitas em tecidos e cores condizentes com os trajes informais. *Ver também* STREET STYLE.

EXECUTIVO Durante a década de 70, à medida que mais mulheres assumiam cargos bem pagos, tradicionalmente ocupados por homens, o traje "executivo" feminino passou a fazer parte do cenário da moda, não se restringindo a mulheres que trabalhavam fora de casa. Consistia em costumes de alfaiataria, de saias e paletós geralmente de tecido risca de giz; usados com camisa e gravata masculinas, ou com blusa e GRAVATA-BORBOLETA, ou com lenço de seda amarrado ao pescoço. Os BLAZERS tornaram-se populares, tanto para o dia quanto para a noite, trajados não só como parte da silhueta de alfaiataria, mas também com saias rodadas ou calças informais.

Em 1977, a empresa americana Sears, Roebuck anunciava o conjunto de quatro peças com colete, ideal para a mulher EXECUTIVA.

FABIANI, ALBERTO Datas desconhecidas. Estilista. Nascido em Tivoli, Itália. Aos dezoito anos, foi para Paris como aprendiz de alfaiate, retornando a Roma três anos mais tarde para trabalhar na empresa varejista de roupas da família. Depois de cinco anos, assumiu a empresa. Durante a década de 50, Fabiani foi reconhecido internacionalmente por seus costumes e vestidos sóbrios e de alfaiataria, mas imaginativos. Em 1953, casou-se com a estilista rival SIMONETTA. Na década de 60, abriram juntos uma casa em Paris — Simonetta e Fabiani. Após vários anos, Fabiani voltou para Roma, onde retomou sua carreira de costureiro e criador de acessórios de primeira linha, até aposentar-se, no início da década de 70.

FABRICE, SIMON 1951-. Estilista. Nascido no Haiti. Mudou-se para Nova York, com a família, aos catorze anos. Após ter estudado no Fashion Institute of Technology, tornou-se desenhista de estampas têxteis e, em 1975, abriu seu próprio negócio. Fabrice logo ficou famoso como competente estilista de roupas luxuosas e sexy para a noite. Os vestidos que levam sua assinatura são pintados à mão e, frequentemente, adornados com miçangas.

FAÇONNÉ Palavra francesa que significa "figurado". Descreve certas fazendas que trazem motivos ou padrões incorporados na tecelagem.

FAILLE Tecido leve, macio e brilhante, de seda ou de raiom, com um efeito de listras transversais em relevo. Semelhante ao gorgorão, porém muito mais macio, a faille é usada desde meados do século XIX para diversos trajes femininos, principalmente casacos e vestidos.

FAIRCHILD, JOHN 1927-. Editor. Nascido em Newark, Nova Jersey, Estados Unidos. Depois de ter-se formado em Princeton em 1949, trabalhou durante dois anos numa companhia de pesquisas. Passou então para a Fairchild Publications, fundada por seu avô, Edmund Fairchild. Tornou-se repórter do jornal do comércio de roupas WOMEN'S WEAR DAILY, em Nova York. Em 1954, foi enviado a Paris como chefe da sucursal francesa do jornal. Ao assumir o posto, Fairchild rompeu com o jornalismo tradicional de moda, introduzindo fofocas juntamente com as notícias, desconsiderando os embargos estabelecidos pelas casas de alta-costura para a publicação de desenhos antes das datas prefixadas, e apresentando seus artigos num estilo alegre, informal e irreverente. Em 1960, voltou para Nova York e assumiu o cargo de editor do *Women's Wear Daily*. Imediatamente, cedeu espaço a ilustradores de moda de primeira linha e continuou a publicar tanto matérias úteis e factuais sobre os negócios quanto notícias de eventos beneficentes e festas da sociedade.

Em 1965, tornou-se chefe-executivo da Fairchild Publications, retomando em 1971 o cargo de editor do *WWD*. Em 1970, lançou um novo jornal, o *W*, e mais tarde outro, o *M*, dedicados a mulheres e homens que ele chamara de *The Beautiful People* ["Os colunáveis"].

FAIR ISLE Padrão geométrico multicolorido, assim denominado em homenagem a Fair Isle, uma das ilhas Shetland, na Escócia, de onde é originário. Em suéteres, o desenho *Fair Isle* restringe-se em geral a uma faixa na parte superior da frente, seguindo a linha do pescoço de um ombro ao outro. Durante a década de 20, o príncipe de Gales ajudou a popularizar o suéter *Fair Isle*, que usava para jogar golfe. Ver *EDUARDO VIII e *RONAY.

Malha no tradicional padrão FAIR ISLE, que teve sua origem em uma das ilhas Shetland, na Escócia.

FAIXA Tira comprida e larga de tecido usada em torno da cintura ou dos quadris. No século XIX, faixas de tecidos luxuosos eram usadas na cintura de vestidos de baile. No século XX, foi utilizada de maneira formal e informal, tanto na cintura quanto nos quadris.

FALBALÁ Ver FOLHO.

FATH, JACQUES 1912-54. Estilista. Nascido em Maison-Lafitte, França. Trabalhou como guarda-livros e corretor na Bolsa de Valores de Paris. No início da década de 30, depois de um ano de serviço militar, passou vários anos estudando desenho de roupa e de moda. Em 1937, abriu um salão e rapidamente ficou conhecido como um líder da moda francesa, embora só depois da Segunda Guerra Mundial seu nome tenha ficado mundialmente famoso. Os modelos de Fath eram conhecidos por seu formato AMPULHETA, decotes profundos, cinturas muito justas e saias rodadas. De certo modo um herói não louvado da moda, antecipou em 1939 o estilo de vestir que, em 1947, pelas mãos de DIOR, ficou conhecido como NEW LOOK. Em 1948, fez uma viagem aos Estados Unidos e criou uma linha prêt-à-porter. Foi um estilista popular nos Estados Unidos, onde suas roupas alegres e espirituosas eram bem aceitas. Seus trajes eram, quase sem exceção, criados em linhas suaves, com formas curvilíneas, simples e estruturadas. Também se atribui a Fath o lançamento de meias finas com a parte superior de renda *chantilly*.

FAUVISMO Movimento artístico do início da década de 1900, em geral associado ao Salon d'Automne de Paris em 1905 e ao trabalho de um grupo de artistas que incluía Henri Matisse e André Derain. Suas formas distorcidas e cores vivas, em padrões achatados bidimensionais, motivaram um crítico a denominá-los *Les Fauves* (os animais selvagens). O uso da cor pelos fauvistas teve considerável impacto tanto sobre a moda quanto sobre o desenho têxtil.

FEDORA Chapéu de feltro macio originário do Tirol, Áustria. Tem copa cônica, uma concavidade no centro, a frente estreitada e uma aba flexível. Recebeu esse nome em homenagem a *Fédora*, peça do dramaturgo francês Victorien Sardou, apresentada em Paris em 1882. As mulheres começaram a usar o modelo no final do século XIX, principalmente em atividades esportivas. Esse chapéu também foi popular entre os homens, desde aquela época até a década de 50. *Ver também* HOMBURG.

FELTRO Fazenda que não é tecida, sendo feita pelo processo de esteira ou pela aglomeração de fibras como algodão, pelo, raiom e lã. Tradicionalmente utilizado para a fabricação de chapéus e, no século XIX, para forração. Tornou-se popular na década de 50, transformado em casacos e SAIAS GODÊS, que costumavam ser adornadas com APLICAÇÕES.

FÉMINA Revista de moda lançada em 1901. Foi publicada intermitentemente, inclusive como *Fémina et Vie Heureuse Réunis*, até 1956. Foram colaboradores da revista alguns artistas, ilustradores célebres e, nos anos seguintes à Segunda Guerra Mundial, fotógrafos.

FENDA Abertura em um paletó ou casaco que lhe dá volume e amplidão. É usada por costureiros desde o século XIX.

FENDI Companhia fundada em 1918 por Adele Fendi (1897-1978) e que, desde 1954, é administrada por suas cinco filhas e pelos maridos e filhos destas. As irmãs são Paola (nascida em 1931), Anna (1933), Franca (1935), Carla (1937) e Alda (1940). A companhia fabricava bolsas de couro macio e sacolas de verão de tiras de lona. Em 1962, Karl LAGERFELD foi contratado para desenhar peles; quatro anos depois, a empresa começou a apresentar coleções a compradores internacionais. A maior contribuição da Fendi para a moda está em suas técnicas pioneiras de cortar peles, no uso de peles tingidas e na mão de obra de alta qualidade. Lagerfeld foi responsável por atrair a atenção internacional para a empresa, graças a seus modelos criativos, como o casaco de brim forrado com pele, e o logotipo com os dois "F". A firma produz também uma bem-sucedida linha de acessórios, que divulgam a marca.

Casacos de pele de carneiro da Mongólia na coleção de alta-costura da FENDI para o outono-inverno de 1984-5.

FENIT (Feira Nacional da Indústria Têxtil) Feira semestral, realizada em São Paulo e criada em 1958 por Caio de Alcântara Machado (1926-2003), é a pioneira das feiras comerciais. A partir dela, surgiram outras feiras, de outros setores, e a prática se instalou no país. Nos anos 60, revolucionou o setor com grandes desfiles, como os da RHODIA, enfatizando a produção nacional para exportação. Vários nomes da moda nacional desfilaram nas passarelas da Fenit, entre eles DENER, CLODOVIL, Karla GIROTTO e Ronaldo FRAGA, assim como marcas estrangeiras, como Pierre CARDIN,

FÉRAUD, LOUIS

Jean-Paul GAULTIER e Vivienne WESTWOOD. *Ver também* *RHODIA.

FÉRAUD, LOUIS 1921-1999. Estilista. Nascido em Arles, França. Atuou na Resistência francesa durante a Segunda Guerra. Em 1949, abriu uma *maison* em Cannes, a qual foi prestigiada por muitas estrelas do festival de cinema. Em seguida, tornou-se figurinista. Mudou-se para Paris em 1960, onde estabeleceu uma confecção de prêt-à-porter. Pintor praticante, Féraud inspirava-se na arte de outras culturas, principalmente nas sul-americanas. Há uma utilização sensível da cor em suas criações, que, desde a década de 60, tornaram-se cada vez mais clássicas.

Sandália com tiras acolchoadas de pelica dourada; sola e salto de plataforma em camadas de cortiça recobertas de camurça de várias cores, de 1938.

FERRAGAMO, SALVATORE 1898-1960. Estilista de sapatos. Nascido em Bonito, próximo a Nápoles, Itália. Entre os nove e os catorze anos de idade foi aprendiz de sapateiro. Aos dezesseis anos, juntou-se a seus irmãos na Califórnia, onde fazia à mão sapatos para a American Film Company. Esse trabalho resultou em encomendas particulares de atores e atrizes. Durante a década de 20, criou SANDÁLIAS romanas com tiras que se amarravam em volta dos tornozelos. Em 1923, foi para Hollywood trabalhar para a Warner Bros., a Universal e a Metro-Goldwyn-Mayer. Ferragamo voltou para a Itália em 1927 e abriu em Florença uma oficina com aproximadamente sessenta empregados — a primeira produção em grande escala de sapatos feitos à mão. Clientes do mundo inteiro iam à manufatura de Ferragamo. Ele afirma ter criado o salto anabela (em 1938), solas de PLATAFORMA e o apoio de metal para os saltos altos. A falta de couro durante a guerra levou Ferragamo a fazer experiências com alternativas não con-

Sapato com a parte superior de patchwork de quadrados de camurça, bico oval e salto anabela coberto com tiras de camurça de várias cores, datado de 1942-4.

À esquerda embaixo: o famoso calçado "invisível" de 1947, criado com fios de náilon, estabeleceu uma voga que reaparece em quase todas as décadas desde então, principalmente na de 70. O salto coberto de pelica é conhecido como forma "F"

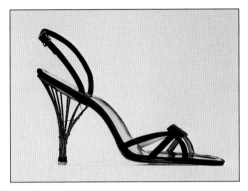

Sandália de cetim preto com reforços de camurça, fivela de metal e salto alto em forma de gaiola de bronze. Chamada "Calipso", é de 1955-6.

vencionais, incluindo cortiça, celofane, ráfia e cânhamo. Ele também fez sapatos com renda, bordado, conchas de caracol, seda crua, tiras de tecido, tafetá e náilon. Em 1947, inventou o "sapato invisível", com gáspea de náilon transparente e salto de camurça preta. Embora não fosse escravo da moda, Ferragamo foi responsável por inovações e modelos que estavam muito à frente dos estilos contemporâneos. Até 1957, criara mais de 20 mil modelos e registrara 350 patentes.

FERRÉ, GIANFRANCO 1944-. Estilista. Nascido em Legnano, Itália. Formou-se em arquitetura em Milão em 1967, mas preferiu criar joias para Walter ALBINI. Estabelecido como estilista freelance a partir de 1970, desenhou joias sob encomenda para LAGERFELD e FIORUCCI. Em meados da década de 70, criou SPORTSWEAR e roupas externas. Desde a abertura de sua própria casa em 1978, surgiu como um dos mais talentosos estilistas italianos de prêt-à-porter. Seus trajes são geralmente concebidos de maneira gráfica, em linhas fortes e cores vibrantes. Muito sensível à forma e ao contorno, Ferré apresenta coleções que trazem as marcas de alguém cujo aprendizado inicial foi o estudo cuidadoso de detalhes, a análise e o planejamento. O tratamento intelectual que Ferré dá ao estilismo produz roupas poderosas e controladas, as quais costumam ser envolventes e sobrepostas. Apelidado de "o Frank Lloyd Wright da moda italiana", Ferré ficou conhecido pelo habilidoso uso de cores — como vermelho, preto, branco e dourado — e pela utilização de tecidos luxuosos — como pele, couro e tafetá. Entre 1986 e 1988, apresentou uma coleção de alta-costura. Em 1989 foi nomeado diretor artístico da DIOR, deixando a *maison* em 1996 para conduzir sua própria casa.

FEUILLETS D'ART, LES Luxuosa revista de artes publicada de 1919 a 1922. Embora planejada para sair duas vezes ao mês, sua publicação era irregular. Consistia numa pasta que trazia gravuras de moda e artes. Entre os colaboradores, encontravam-se BARBIER, Robert Bonfils, DRIAN, MARTY e LEPAPE.

FICHU 1. Pequeno lenço ou XALE usado em volta dos ombros e preso ao peito com um broche. 2. Babado ou pedaço de tecido, geralmente renda, costurado sobre o peito de uma blusa ou vestido.

FIGUEROA, BERNARD 1961-. Estilista de sapatos. Nascido em Montpellier, França. Estudou no Studio Berçot, escola de moda de vanguarda em Paris. Para uma mostra de estudantes, Bernard criou sapatos com saltos

FIO ESCÓCIA

FICHU de tule e renda cor de creme, preso com um broche de flor, publicado em *La Mode Universelle* de 16 de junho de 1876.

esculpidos em metal, detalhando de forma abstrata notas musicais, peixes e folhagens. Os sapatos chamaram a atenção de Thierry MUGLER, que fez encomendas para suas coleções. Figueroa colaborou com Christian DIOR e Claude MONTANA antes de se mudar para Boston, indo trabalhar para a empresa americana Rockport, fabricante de sapatos para caminhar feitos em grandes tiragens. Dois anos depois, foi para Nova York. Em 1992, lançou uma linha de sapatos feitos sob encomenda, incluindo saltos esculpidos à mão, frequentemente com a forma de ramos de árvores ou revestidos com ouro 22 quilates ou madrepérola. Seus GHILLIES de camurça clara têm figuras recortadas no peito do pé, e suas MULES são feitas com malhas de arame que se amoldam aos pés.

FIO ESCÓCIA Fio duplo de algodão torcido para compactar as fibras. Até meados da década de 40, o fio escócia foi usado principalmente em MEIAS FINAS.

FIORUCCI, ELIO 1935-. Estilista. Nascido em Milão, Itália. Em 1962, herdou de seu pai uma sapataria. Em meados da década de 60, começou a viajar para Londres, buscando MÍNIS e outras roupas da moda para sua butique em Milão. Em 1967, abriu uma maior para vender roupas dos estilistas londrinos voltados para os jovens. Fiorucci tornou-se famoso em todo o mundo em meados da década de 70. Viajava com frequência e colhia ideias e peças que passava a uma equipe de estilistas. Lojas Fiorucci foram abertas pelo mundo, decoradas de maneira que tanto a mercadoria como o empacotamento e a exposição das peças refletissem a sua marca. As roupas eram jovens, inovadoras e, com frequência, divertidas: acessórios eletrônicos, galochas e SANDÁLIAS DE PLÁSTICO em cores fortes, camisetas com estampas computadorizadas, sapatos *PLATAFORMA e meias e lenços fluorescentes. Fiorucci captou o espírito do momento para um mercado predominantemente jovem, reciclando ideias antigas. Na década de 70, seus jeans justos e anatômicos fizeram grande sucesso.

FISHER, HARRISON 1875-1934. Ilustrador. Nascido em Nova York, Estados Unidos. O pai, o pintor de paisagens Hugh Antoine Fisher, foi seu professor. Aos dezesseis anos, depois de estudar no Mark Hopkins Institute of Art, em São Francisco, começou a vender ilustrações. Tornou-se conhecido por suas graciosas ilustrações de moças volúveis e vivazes, principalmente nas capas da revista feminina *Cosmopolitan*.

FITA DE CABELO Tira de tecido, frequentemente de fita ou de veludo, usada no alto da cabeça para manter os cabelos afastados da testa. São populares desde o final do século XIX, principalmente entre meninas e jovens. É vulgarmente conhecida como "faixa de cabelo". *Ver* BANDA.

FLANELA Termo genérico que engloba muitas fazendas de lã penteada, tecidas em pesos diferentes. O termo inclui fibras sintéticas. A flanela é geralmente macia; pode ser lisa ou sarjada e levemente felpuda de um lado. No século XIX era muito usada para fazer anáguas. Durante o século XX, flanelas de pesos variados foram usadas em roupas íntimas, roupas externas, paletós, vestidos, saias e calças.

FOCA Mamífero aquático encontrado nas regiões mais frias do mundo. As focas são caçadas por sua pele lisa ou, como acontece no norte do Pacífico, por seu pelo. Durante a segunda metade do século XIX, a grande demanda pela pele densa, brilhante e durável das focas devastou seriamente os rebanhos. A pele era usada em casacos e chapéus. A pele do filhote é considerada particularmente valiosa.

FOGARTY, ANNE 1919-80. Estilista. Nascida Anne Whitney, em Pittsburgh, Pensilvânia, Estados Unidos. Interessou-se por criação de figurinos quando estudava teatro no Carnegie Institute of Technology, em Pittsburgh. Em 1939, transferiu-se para a East Hartman School of Design e pouco depois foi para Nova York trabalhar como redatora e modelo de provas de roupas. Em 1948 foi para a Youth Guild, onde adaptou o estilo NEW LOOK do pós-guerra a saias godês de cintura estreita e corpetes ajustados, visando o mercado jovem americano. Em 1950, foi para a Margot Dresses, onde criou casacos para crianças, chapéus, sapatos, bijuteria e lingerie; continuou a utilizar sua silhueta de "boneca de papel", constituída por um corpete justo e uma saia rodada acinturada, para o dia e para a noite. Seus vestidos de algodão tinham saias bailarina armadas com anáguas rígidas feitas de rede de náilon. Em 1957, Anne Fogarty começou a criar para a Saks Fifth Avenue e, cinco anos depois, abriu sua empresa. Acrescentou novas formas em suas coleções, como o vestido de chá em que a saia rodada tinha cintura baixa; uma silhueta estreita dentro da LINHA IMPÉRIO com saia ampla; além de muitas blusas e saias com babados. Foi uma das primeiras estilistas americanas a produzir BIQUÍNIS. Em 1970, fechou a empresa, mas continuou trabalhando como freelance.

FOLCLÓRICO Estilo associado aos trajes CAMPONESES. A influência dos trajes russos sobre a moda começou no fim da Primeira Guerra, quando grande número de nobres russos se estabeleceu em Paris. Padrões de bordado russo e búlgaro foram usados para adornar roupas. Na década de 30, as SAIAS FRANZIDAS entraram na moda, e o bordado da Europa oriental (em geral formas simples e coloridas de flores, plantas e folhas) reapareceu. Nos anos 60 e 70, a moda inspirada em trajes camponeses voltou como parte das tendências ÉTNICAS do período. *Ver* RUSSO, SAINT-LAURENT *e* TRAJE TIROLÊS.

FOLHO Termo que data do século XIX. Descreve um adorno, originalmente de pele, que em geral fica na barra de uma saia. Conhecido também como falbalá.

FONTANA Casa de alta-costura fundada em Roma, Itália, em 1943 por três irmãs: Zoe (1911-78), Micol (1913-) e Giovanna (1915-2004). Na década de 50, a casa Fontana tornou-

-se conhecida por suas roupas glamorosas e teatrais, particularmente os trajes toalete e os vestidos de renda para casamento. A casa continua com uma importante linha de acessórios, mas é sempre associada aos estilos curvilíneos que fizeram sucesso nas décadas de 50 e 60.

FORTUNY, MARIANO 1871-1949. Estilista de tecidos e roupas. Nascido Mariano Fortuny y Madrazo, em Granada, Espanha. Estudou pintura e desenho na Espanha, antes de passar temporadas na França e na Alemanha, onde aprendeu química e tingimento. Em 1889, estabeleceu-se em Veneza, fotografando, pintando, esculpindo, fazendo gravuras a água-forte e desenhos. Fascinado pelos efeitos da luz difusa, criou cenários para teatro e ópera. No final da década de 1890, começou a estampar tecidos. Inspirado nos veludos e brocados italianos dos séculos XV e XVI, nas tapeçarias orientais e nas túnicas gregas, Fortuny criou vestidos pregueados e capas que tingia com corantes vegetais. Embora fossem de seda, assemelhavam-se a ricos veludos. Entre 1901 e 1934, registrou em Paris mais de vinte invenções, para sistemas de iluminação de palco e para processos de estamparia de tecidos. Seu lenço "Cnosso", de 1906, inspirou-se na arte cicládica. Era um VÉU retangular de seda que podia ser trajado de diversas formas, sendo amarrado em volta do corpo ou usado como adorno com o vestido "Delfos", uma peça solta e cilíndrica, feita de cetim de seda de cor forte, que se ondulava mediante um processo especial de plissar, o qual Fortuny patenteou em 1909. O "Delfos" podia ser sem mangas ou ter MANGAS DÓLMÃ, e era amarrado na cintura com um cordão de seda. Todos os vestidos de Fortuny enfatizavam a forma feminina em movimento. Isadora DUNCAN foi uma de suas clientes mais famosas. Ele adaptou a maior parte das formas de roupas ÉTNICAS a trajes extravagantes e exóticos: o QUIMONO japonês, o ALBORNOZ e o DJELLABAH do Norte da África, o SÁRI indiano e o DÓLMÃ turco. Ficou famoso por seus tecidos estampados. A flora era um motivo constante. Muitos dos vestidos e véus de Fortuny adquiriam caimento por meio de contas delicadas, que também serviam de adorno, produzidas na ilha italiana de Murano. Depois de sua morte, o processo Fortuny foi adquirido pela condessa Gozzi, a qual, quando ainda se chamava Elsie McNeill, ajudara Fortuny a vender seus tecidos de decoração nos Estados Unidos. Um misto de artista, inventor e costureiro, ele possuía uma visão iluminada de estilismo, combinando cor e textura a um corte sem igual, que lhe garantiu um lugar de destaque no universo da moda.

Em 1985, uma exposição em Londres fez renascer o interesse pelas criações de FORTUNY; aqui, modelo com ombro caído.

FORUM Marca paulista de moda feminina e masculina. Criada em 1981 por Tufi Duek

(1954-), começou produzindo jeans e camisetas até se transformar em grife, e então ditar tendências no mercado brasileiro. As coleções femininas da Forum enaltecem as formas e a sensualidade com tecidos tecnológicos leves e modelagem bem talhada. Seu estilo reúne tendências da moda urbana internacional e é influenciado pela cultura brasileira. Tufi Duek criou também a marca Triton, para o público adolescente, e a marca Tufi Duek para o mercado externo, em especial os Estados Unidos.

FOUQUET, GEORGES 1862-1957. Joalheiro. Nascido em Paris, França. Filho do joalheiro francês Alphonse Fouquet (1828-1911), Georges começou a trabalhar na firma do pai em 1891. Especializou-se em joias ART NOUVEAU, principalmente as peças desenhadas por Alphonse MUCHA. Criou também algumas peças neoclássicas.

FOURREAU Ver LINHA PRINCESA.

FOX, FREDERICK 1931-. Chapeleiro. Nascido em New South Wales, Austrália. Durante nove anos, foi aprendiz de chapeleiro em Sydney, antes de ir para Londres, em 1958. Trabalhou na Longee, na Brook Street, até abrir seu próprio negócio, em meados da década de 60. Fox tornou-se o chapeleiro predileto de vários estilistas, inclusive de Hardy AMIES e John BATES. Possui clientela internacional e criou chapéus para a rainha Elizabeth e outros membros da família real britânica.

FRAGA, RONALDO 1967-. Estilista mineiro. Nascido em Belo Horizonte, formou-se em moda pela Universidade Federal de Minas Gerais, o primeiro curso de moda do país. Em 1993, venceu um concurso da faculdade que o

Pingente de ouro criado em 1889 por Georges FOUQUET, que trabalhava principalmente com o estilo art nouveau. Suas joias costumavam ter pedras preciosas, como estes rubis e safiras em cabochão.

O estilista mineiro Ronaldo FRAGA comanda uma das marcas mais originais da moda brasileira. Suas criações são fruto de pesquisa nas artes popular e erudita. Na foto, roupa da coleção "Quem matou Zuzu Angel?".

levou a Londres para cursar montagem de coleção na Chelsea School of Design e chapelaria na Central Saint Martins School of Arts & Design. Um ano depois, de volta ao Brasil, criou sua própria marca de moda feminina e masculina. É conhecido pelas coleções conceituais, de forte conotação social, que são desenvolvidas com enredo e elementos regionais.

FRANKIE AMAURY Marca carioca de moda em couro feminina, fundada em 1973 pelo argentino Frankie Mackey e o carioca Amaury Veras (1951-2004). Foi responsável por introduzir o couro no verão carioca — até então restrito ao guarda-roupa de inverno —, graças ao estilo chique, modelagem sexy, qualidade e toque macio das peças e ampla cartela de cores, incluindo as vibrantes. Encerrou as atividades em 2004.

FRANZIDO Tecido enrugado por meio de linhas, para criar volume.

FRANZIDO MÚLTIPLO Duas ou mais carreiras de franzidos usadas para adornar partes de roupa, em geral as mangas, o corpete ou a pala.

FRATINI, GINA 1934-. Estilista. Nascida Georgina Butler, em Kobe, Japão, de pais ingleses. Entrou para o Royal College of Art Fashion School, em Londres, em 1950. Após se formar, passou dois anos viajando com a companhia de dança de Katherine Dunham, da Califórnia, criando cenários e figurinos. De volta à Inglaterra, Gina Fratini abriu seu próprio negócio e em 1966 produziu sua primeira coleção. Desde o início da carreira foi uma estilista muito influente, estabelecendo seu próprio estilo e mantendo-se fiel a ele. Algumas de suas primeiras roupas foram BATAS e JUMPERS longos de veludo. A estes se seguiram vestidos de gaze e chiffon, todos em completa harmonia com a década de 70. Sua marca inconfundível é o vestido flutuante, cheio de babadinhos de tule, seda e renda. Cria vestidos toalete românticos e roupas alegres e simples para o dia.

Vestido de noiva, vaporoso e com rufos, criado por Gina FRATINI para a primavera-verão de 1978.

FRENCH, JOHN 1907-66. Fotógrafo. Nascido em Londres, Inglaterra. Frequentou a Hornsey School of Art de 1926 a 1927; depois, durante curto período, trabalhou numa firma que fazia quadros para gravação de estampas têxteis e num estúdio comercial de arte, deixando Londres em 1930 para estudar pintura na Itália. Voltou seis anos mais tarde e foi ilustrador freelance do jornal *Daily Express*. No mesmo ano, começou a trabalhar como diretor de arte do estúdio fotográfico Carlton Artists. Depois da Segunda Guerra Mundial, French voltou para o Carlton Artists, mas após dois anos abriu seu próprio estúdio, em Londres. Durante a década de

50, trabalhou para os principais jornais, revistas, estilistas e agências de publicidade. French ficou famoso por suas fotos em branco e preto, com estilo e sem excessos, tiradas contra fundos infinitos. Exerceu grande influência sobre muitos fotógrafos jovens que trabalharam com ele.

FRENTE-ÚNICA Tira alta que, na frente de um vestido ou blusa, é amarrada em volta da nuca, deixando à mostra as costas e os ombros. Na década de 30, a frente-única foi muito usada em roupas de noite e de praia. Ver HALSTON.

FRISSELL, TONI 1907-88. Fotógrafa. Nascida Antoinette Frissell em Nova York, Estados Unidos. Em 1930, quando era redatora de legendas para fotos na VOGUE americana, Toni foi incentivada pelo editor Carmel SNOW a fazer experiências com fotografia. Um ano depois, as fotos de moda de Frissell começaram a aparecer em revistas, inclusive na *Vogue* e na *Town and Country*, sendo logo contratada pela *Vogue* para fazer tanto a cobertura das páginas de moda quanto reportagens especiais. Em 1947, foi para a HARPER'S BAZAAR. As fotos informais e alegres de Toni Frissell refletiam sua própria vida ativa e esportiva. Fotografava moda ao ar livre em cenários naturais, tratamento de vanguarda numa época em que as modelos costumavam fazer poses cuidadas em estúdios. Também viajava muito e foi correspondente de guerra. Como retratista, especializou-se em crianças. Ver PUCCI.

FRIZON, MAUD 1941-. Estilista de sapatos. Nascida em Paris, França. Maud trabalhou muitos anos como modelo em Paris, e era uma das preferidas de COURRÈGES. Em 1970, lançou sua primeira coleção de sapatos, na qual cada par era cortado e acabado à mão. Fez sucesso do dia para a noite. Ela cria sapatos elegantes, sofisticados e frequentemente originais, em combinações incomuns: *lézard* e cobra, camurça e cetim, lona e crocodilo. Seu nome é associado à divulgação do salto cone. Cria calçados para ALAÏA, MISSONI, MONTANA, MUGLER e RYKIEL.

FUSEAU Semelhante às CALÇAS DE ESQUI, ajusta-se em direção ao tornozelo e possui uma tira, em geral elástica, que passa sob o arco do pé. O *fuseau* entrou na moda pela primeira vez nos anos 50, quando era usado com suéteres compridos e largos. Voltou à moda desde meados da década de 80, feito de tecidos leves de malha.

ABCDEFGHIJKLM NOPQRSTUVWXYZ

GABARDINA 1. Tecido de superfície homogênea com um efeito de estrias finas diagonais em relevo. A gabardina pode ser feita em diversos pesos, de fibras naturais e sintéticas. Desde o século XIX, é usada para confeccionar ternos, casacos, vestidos, saias e calças. 2. Marca registrada de fantasia. *Ver* BURBERRY.

GABBANA, STEFANO *Ver* DOLCE & GABBANA.

GAGATA *Ver* AZEVICHE.

GALANOS, JAMES 1924-. Estilista. Nascido em Filadélfia, Pensilvânia, Estados Unidos. Após se formar na Traphagen School of Fashion em Nova York, vendia desenhos de moda para diversos estilistas dessa cidade. Em 1944, mudou-se para a Califórnia, como assistente de Jean LOUIS nos estúdios da Columbia. Em 1947 fez um estágio de um ano em Paris com PIGUET, regressando a Nova York como estilista de prêt-à-porter. Em 1951, voltou para a Califórnia e, três anos depois, apresentou em Los Angeles sua primeira coleção. Ficou rapidamente famoso entre as mulheres americanas por suas roupas inteligentes e executadas com precisão. Foi aclamado pelo corte de seus vestidos, costumes e casacos feitos de tecidos europeus, mas era mais procurado para desenhar trajes toalete e VESTIDOS DE COQUETEL. Na década de 50, foi um dos primeiros estilistas a lançar o DECOTE EM U em tailleurs e o pioneiro em estampas ousadas nos trajes para depois das seis da tarde. Durante os anos 60 e 70, criou esguios vestidos toalete, com drapejados clássicos e mangas onduladas. Galanos frequentemente trabalha com chiffon, sedas estampadas, veludos, brocados e sedas e rendas pintadas à mão. Também utilizou lã em trajes toalete, tornando-se famoso pelo uso de vestidos pretos de crepe de lã decotados nas costas.

GALITZINE, PRINCESA IRENE *c.* 1916-. Estilista. Nascida em Tíflis, Rússia. Sua família fugiu para Roma durante a Revolução Russa. Depois de estudar línguas e arte, a princesa trabalhou com as irmãs FONTANA durante

A versão de 1964 do famoso *palazzo* pijama da princesa IRENE GALITZINE.

três anos. No final da década de 40, abriu seu próprio ateliê. A primeira coleção foi apresentada em 1959, mas só no ano seguinte atingiu seu maior sucesso, com o lançamento dos *palazzo* PIJAMAS — pijamas de noite dotados de pernas largas e feitos de seda macia. Nos anos 60, pijamas para a noite como esses tornaram-se peças obrigatórias no cenário da moda. A princesa também era famosa por suas roupas toalete, principalmente costumes para jantar e vestidos longos com aberturas laterais. A casa foi fechada em 1968.

GALLIANO, JOHN 1960-. Estilista. Nascido em Gibraltar. Formou-se na St. Martin's School of Art, em Londres. Ainda estudante, concebeu uma maneira de realizar uma manga fazendo um corte espiralado. Sua apresentação de final de ano, em 1984, chamada *Les incroyables* ["Os inacreditáveis"], foi influenciada pelo exagerado vestuário francês do século XVIII. A coleção foi comprada por uma loja londrina e logo se esgotou, garantindo a Galliano o seu primeiro investidor. Um dos mais inventivos e originais estilistas do final do século XX, Galliano prefere dar uma base histórica a seus modelos. Suas coleções temáticas, com títulos como "O Afeganistão rejeita os ideais ocidentais", "Anjos caídos", "Inocentes esquecidos", "Olívia, a pirata" e "Princesa Lucrécia", têm enorme senso romântico e raro charme, aliados à precisão de seu corte. Suas roupas costumam ser chocantes. Ninguém poderia esperar que, no final do século XX, ressurgissem na passarela as CRINOLINAS do século XIX. Mas as de Galliano são construídas com tecidos, cores e texturas atualizadas e num contexto fantasioso. Ele não conhece limites e esquadrinha a história em busca de ideias,

GALLIANO, outono-inverno de 1985-6.

Galliano, verão de 1994.

GAMINE

Galliano para Dior, verão de 1997.

Galliano para Dior, outono-inverno de 1997-8.

indo das *highlands* escocesas às estepes russas: magníficos vestidos toalete estilo década de 30, KILTS, vestidos de baile de tule, anquinhas, SOBRECASACAS, linha AMPULHETA, vestimentas de gângster dos anos 40. Sua interpretação é única, com um senso dramático altamente definido. Galliano se inspira mas não copia e sua técnica é perfeitamente moderna. Em 1986, inventou um corte "tesoura" para que o vestido se cruzasse na frente do corpo formando uma BASQUE nos quadris. Em 1988, ele criou uma lapela oculta num paletó, seguida de uma saia em forma de "L" e de uma costura que "pisca", abrindo-se a intervalos para mostrar a pele. Muitos de seus modelos podem ser vistos, de forma diluída, nas coleções de outros estilistas. Em 1995, John Galliano foi nomeado estilista-chefe das coleções de alta-costura e prêt-à-porter da GIVENCHY, mas ele deixou a casa em 1996 para assumir a direção da *maison* DIOR.

GAMINE Palavra francesa que significa "menina levada" ou "moleque de rua". No jargão da moda, a palavra *gamine* tem dois significados. O *gamine look* é exemplificado por cabelos curtos que emolduram rostos travessos, como os de Audrey HEPBURN e Zizi JEANMAIRE quando jovens. O estilo *gamine* compreende um conjunto de PULÔVER sem mangas, cardigã, KNICKERBOCKERS, BONÉ de tweed e um cachecol ou lenço comprido. O filme de François Truffaut *Uma mulher para dois* (*Jules et Jim*, 1962) criou uma voga desse estilo.

GANEM, MÁRCIA 1964-. Estilista baiana. Desde 1998, a ex-bancária cria em seu ateliê no Pelourinho, em Salvador, roupas de malha trançada no manequim à maneira da *moulage*, com fio de poliamida, que, apesar do aspecto metálico, possui toque sedoso. Denominada trama de nó, a técnica muitas vezes inclui pedras brasileiras presas aos nós, e é inspirada no instrumento percussivo africano xequeré (espécie de cabaça revestida de trama de nó e contas).

GAP, THE Fabricante e atacadista de roupas sediado na Califórnia, Estados Unidos, desde 1969. Fundada por um corretor de imóveis e batizada por causa da expressão *generation gap* [conflito de gerações], a empresa teve sua primeira loja aberta em São Francisco, para a venda de calças, jaquetas e camisas jeans. Em meados da década de 90, The Gap se desenvolveu e se transformou em uma das mais bem-sucedidas firmas de varejo da história da moda, com lojas espalhadas pelo mundo. Seus pontos fortes são as roupas informais a preços razoáveis e com uma cartela de cores coordenada, o que agrada a homens e mulheres entre os vinte e os cinquenta anos. Peças básicas do guarda-roupa — calças, jeans, malhas, CAMISETAS e jaquetas — continuam sendo oferecidas em cores populares.

GARBO, GRETA 1905-90. Atriz. Nascida Greta Gustafsson em Estocolmo, Suécia. Frequentou a escola do Teatro Dramático Real em Estocolmo. Fez diversos filmes em 1923 e 1924 antes de se mudar, no ano seguinte, para os Estados Unidos, onde foi contratada por Louis B. Mayer para os estúdios Metro-Goldwyn-Mayer. Desde essa época até 1941, quando abandonou o cinema, Garbo estrelou muitos filmes, entre eles *Rainha Cristina* (*Queen Christina*, 1933); *Ana Karenina* (1935); *A dama das camélias* (*Camille*, 1937); e *Ninotchka* (1939). Seu penteado com os cabelos até os ombros foi muito copiado. Criou também a moda do CHAPÉU DE ABA CAÍDA e dos TRENCHCOATS. *Ver* ADRIAN.

GARÇONNE *La Garçonne* é o título de um romance de Victor Margueritte, publicado em 1922. Foi considerado extremamente obsceno, pois descrevia os despreocupados excessos sexuais de uma aluna da Sorbonne que teve um filho ilegítimo. A heroína, que corta os cabelos curtos e usa camisa, GRAVATA, paletó e outras roupas de estilo masculino, transformou-se em símbolo da mulher liberada, ativa e moderna. O estilo *garçonne* foi identificado a uma silhueta de menino, a cabelos curtos e a pouca maquiagem. *Ver* CORTE GARÇONNE.

GARGANTILHA Colar de PÉROLAS ou tira de tecido, em geral de veludo, colocado bem justo em volta do pescoço e adornado com pedras. Usada em trajes noturnos no século XIX, a gargantilha voltou à moda no final da década de 60 e início da década de 70. Conhecida também como "coleira".

GARIBALDI Camisa ou blusa usada pelas mulheres no início da década de 1860, assim chamada em homenagem ao soldado e patriota italiano Giuseppe Garibaldi. Era uma blusa vermelha feita de lã merino ou de musselina e usada com saia preta de seda. Passamanaria preta adornava a gola estreita. Algumas versões possuíam mangas amplas que eram franzidas no punho; outras "camisas vermelhas", como eram chamadas, eram usadas sob o CORPETE do vestido, revelando apenas as mangas. Era elegante completar o look com uma tira de tecido vermelho na barra da saia. *Ver também* ZUAVO.

GAULTIER, JEAN-PAUL 1952-. Estilista. Nascido em Paris, França. Aos catorze anos, esboçou suas primeiras ideias para coleções. Aos dezessete, enviou seus desenhos a diversos estilistas importantes e foi convidado por Pierre CARDIN para juntar-se à sua companhia

Criação feminina da coleção outono-inverno de 1984-5.

Desenhos de Jean-Paul GAULTIER. Acima, vestido desestruturado da coleção feminina de primavera-verão de 1993.

Criação masculina da coleção outono-inverno 1996-7.

por um ano. Depois, Gaultier trabalhou para a Jacques Esterel, para a Jean PATOU e, em 1974, para a fábrica de CARDIN nas Filipinas. Abriu sua própria firma em 1977. Desde então, tornou-se um dos jovens estilistas franceses de prêt-à-porter mais influentes. Suas roupas são engraçadas, chamam a atenção e são extremamente inteligentes — uma mistura de malandragem e glamour de estrela de cinema. Gaultier combina com sucesso tecidos e

Criação feminina e masculina, primavera-verão de 1991.

Criação feminina, primavera-verão de 1994.

cortes antigos e novos. Criou SWEATSHIRTS adornadas com renda e cetim, torres Eiffel invertidas como saltos de sapatos e pulseiras semelhantes a latas. Divertidos e espirituosos, os modelos de Gaultier desafiam muitas ideias de vestir sem ofender. No início da década de 80, teve diversas estações marcantes, apresentando xadrezes diferentes usados em conjunto e CAMISETAS recortadas folgadas usadas em sobreposição, deixando à mostra partes dos braços e ombros. Tanto estes quanto outros looks de Gaultier foram inspirados nas roupas usadas nas ruas de Londres no final dos anos 70, nos estilos PUNK e trajes de MERCADO DAS PULGAS. Uma de suas mais significativas contribuições à moda é a ênfase que deu, na década de 80, ao CORPETE. Gaultier fez com que o obsoleto ESPARTILHO deixasse de ser roupa íntima, transformando-o em roupa externa. Seus modelos, que lembram as malhas das garotas da década de 50, foram considerados trajes de noite poderosos, principalmente quando usados por uma estrela popular como MADONNA, em suas turnês no final da década de 80 e na de 90. As criações de Gaultier, embora aparentemente kitsch, são sempre acentuadas por sua destreza e conhecimento técnico.

GAZE 1. Tecido plano e fino de algodão, de trama frouxa, originário da Índia. A gaze sempre foi usada como tecido para artigos domésticos e para entretelar roupas. Durante as décadas de 60 e 70, foi desenvolvida como tecido de moda, tingida em cores fortes e bordada. Grande parte dos vestidos e saias, e as saias em estilo CAMPONÊS, usados na época era importada da Índia. 2. Tecido fino e transparente, de trama aberta, que vem sendo usado para adornos desde o século XIX.

GAZETTE DU BON TON, LA Espirituosa e sofisticada revista de artes e moda fundada em 1912 por Lucien VOGEL. Continha ilustrações de moda impressas pelo método *pochoir*, processo demorado e caro em que as imagens eram criadas mediante guaches pintados à mão com estênceis de metal. Esse método produzia revestimentos em cores brilhantes. A revista era publicada mensalmente até 1915 e, depois, de modo irregular, até 1925, quando foi comprada por Condé NAST e absorvida pela VOGUE. A *Gazette du Bon Ton* atraiu alguns dos melhores artistas da época: BARBIER, BAKST, BENITO, BOUTET DE MONVEL, *DRIAN, IRIBE, *LEPAPE, MARTY e MARTIN, tendo todos eles ilustrado artigos e produzido ilustrações simples e cheias de estilo, de roupas em cenários narrativos.

A revista de arte e moda GAZETTE DU BON TON foi um verdadeiro mostruário de ilustradores talentosos do início do século XX. Esta ilustração de Charles Martin, de 1913, mostra um modelo de Redfern intitulado "Da maçã à boca".

GENNY Companhia italiana de prêt-à-porter fundada em 1961 por Arnoldo e Donatella Girombelli. Desde a década de 70, a empresa vem produzindo roupas de qualidade e com status de alta-costura dentro das linhas Genny, Genny Due, BYBLOS e Complice, esta última estilizada por DOLCE & GABBANA. No passado, estilistas como Guy PAULIN, Gianni VERSACE e Claude MONTANA trabalharam para uma ou outra das etiquetas da empresa.

GERNREICH, RUDI 1922-85. Estilista. Nascido Rudolph Gernreich em Viena, Áustria. Seu pai era fabricante de meias e sua tia possuía uma loja de vestidos, na qual Rudi trabalhou quando adolescente. Em 1938, junto com inúmeros refugiados, Gernreich fugiu para a Califórnia. Frequentou o Los Angeles City College de 1938 a 1941, passando depois um ano na Los Angeles Art Center School. Durante os seis anos seguintes, ele trabalhou numa trupe de dança, como bailarino e figurinista. Em 1948, tornou-se estilista freelance, até que, em 1951, formou uma sociedade com o confeccionista Walter Bass para fornecer roupas à Jax, uma BUTIQUE de Los Angeles. Alguns anos depois, abriu sua própria companhia, a G. R. Designs Inc., que em 1964 se transformou na Rudi Gernreich Inc. Na década de 60, provou ser um estilista competente e inovador de peças avulsas e SPORTSWEAR para um mercado predominantemente jovem. Fez vestidos GRAND-PÈRE de tecidos luxuosos, mantôs-capas dupla-face e maiôs sem enchimentos. Suas mais famosas contribuições para a moda são o MONOQUÍNI, com tiras partindo de uma cintura alta, da frente para as costas, que foi apresentado em 1964 a um mundo escandalizado; o "sutiã não sutiã", feito de taças de náilon moldado presas a alças e a uma tira estreita de elástico que circundava o tronco; o "sutiã sem lados", cortado bem baixo na frente e com cavas profundas, para ser usado com vestidos de noite decotados; o "sutiã sem frente", cuja parte frontal era modelada para vestidos com aberturas até a cintura; e o "sutiã sem costas", que ficava preso em volta da cintura, e não do tronco. Em 1964, a fábrica de ESPARTILHOS WARNER BROS. CO. encomendou-lhe a criação de um COLLANT feito de náilon elástico na cor da pele.

acrescentadas a cada estação. Feitas com tecido de viscose, as roupas são modeladas antes do tingimento e cortadas em tamanho maior para permitir o processo de encolhimento. O resultado é um tecido de crepe do tipo clássico. Muitas roupas têm a cintura elástica. Coletes longos, calças com pernas amplas ou estreitas, TÚNICAS e saias na LINHA A são as peças mais conhecidas da marca.

Traje de banho criado em 1965 por Rudi GERNREICH, usado com viseira e botas de ciré que iam até as coxas.

Vestido para a noite da casa de moda britânica GHOST, outono-inverno de 1994.

GHILLIE Originariamente, um sapato de dança escocês com salto, popularizado por EDUARDO VIII quando era príncipe de Gales. Possuía cadarços que se cruzavam passando por alças de couro sobre a gáspea. Nos anos 50, o mesmo nome foi dado a SANDÁLIAS sem salto com tiras cruzadas.

GHOST Companhia britânica fundada em 1985 por Tanya Sarne. A marca Ghost produz peças avulsas amplas e leves que podem ser

GIBÃO Originariamente um casaco de operário, o gibão vai até os quadris e é cortado com ombros largos e mangas compridas. Feito de mélton, sarja ou lã, foi pela primeira vez adaptado ao uso informal durante a década de 20, voltando a ser popular na década de 50. Algumas versões têm reforços de couro costurados sobre os cotovelos e a extensão dos ombros.

GIBB, BILL 1943-88. Estilista. Nascido em Fraserburgh, Escócia. Estudou na St. Martin's School of Art e no Royal College of Art, em Londres. Vendeu uma coleção inicial à loja de departamentos Henri Bendel's, de Nova York, e abandonou o Royal College em 1968, antes de completar o curso. Após ter trabalhado para a Baccarat por três anos, começou a atuar por conta própria em 1972 e abriu uma loja três anos mais tarde. Gibb foi um estilista muito aclamado na década de 70, particularmente famoso pelas roupas toalete: vestidos fantásticos e flutuantes de chiffon e vestidos maleáveis de jérsei adornados com APLICAÇÕES e bordados. Em 1974, produziu uma coleção de malhas de grande sucesso. Apesar de seu considerável talento como estilista e de sua habilidade em trabalhar com tecidos ricos e exóticos, foi obrigado a fechar sua firma no final dos anos 70, por motivos financeiros. Ver *KILT.

Bill GIBB prefere tecidos exóticos e vaporosos, como mostra este vestido ultrafeminino de 1977.

GIBSON, CHARLES DANA 1867-1944. Ilustrador. Nascido em Roxbury, Massachusetts, Estados Unidos. Estudou na Art Students League, em Nova York, de 1884 a 1885. A princípio trabalhou com silhuetas, passando então para desenhos a bico de pena, os quais vendeu em 1886 ao semanário humorístico *Life*. Cinco anos depois, os desenhos de Gibson eram a maior atração do jornal. De 1886 a 1889, Gibson trabalhou para o semanário *Tid-Bits* (que se transformou no *Time*), *Collier's Weekly*, *Harper's Monthly*, HARPER'S BAZAAR, *Scribner's* e muitas outras publicações. A partir de 1890, Gibson fez a crônica da vida dos americanos, através de seus desenhos patrióticos, românticos e, frequentemente, satíricos. Ficou famoso com sua *GIBSON GIRL.

GIBSON GIRL Personagem criada por Charles Dana GIBSON e que apareceu em seus desenhos em bico de pena de 1890 a 1910. A *Gibson Girl* era alta, esguia e elegante, com os cabelos presos num CHIGNON ou escondidos sob um chapéu com plumas. Usava uma blusa engomada e saias longas e leves sobre uma pequena ANQUINHA. Ela representava a mulher moderna e ativa; aparecia em algumas ilustrações usando saias mais curtas, principalmente quando estava praticando ciclismo ou outra atividade esportiva. A imagem da *Gibson Girl* foi incorporada por fabricantes de ESPARTILHOS, saias, sapatos e objetos domésticos. Inspirou a canção *Why do they call me a Gibson*

Girl?, do musical *The belle of Mayfair* (1906), e o show *The Gibson Bathing Girl*, apresentado pelo Ziegfeld Follies (1907). Na Inglaterra, foi personificada pela atriz americana Camille Clifford, em Londres no ano de 1904; e, nos Estados Unidos, por Irene Langhorne, que se casou com Gibson em 1895.

A famosa GIBSON GIRL, representando a mulher moderna, criada por Charles Dana Gibson em 1890.

GIGLI, ROMEO 1951-. Estilista. Nascido em Bolonha, Itália. Estudou arquitetura por algum tempo. Sua primeira coleção, em 1984, mostrou um novo visual para a moda italiana, substituindo tradicionais cortes e coloridos por uma gama de tons mais sutis e roupas leves. Feitas frequentemente com tecidos elásticos, as roupas de Gigli envolvem o corpo de forma suave, quase clássica, mas com um tratamento eminentemente moderno: na forma e nos ângulos, que se unem ou se estreitam; ou por seus contornos exagerados. As vestimentas femininas de Gigli são essencialmente românticas. As capas e boleros de veludo bordado, as saias e os corpetes envelope fizeram grande sucesso em meados da década de 80. Suas cores são restritas, mas profundamente vibrantes e altamente sofisticadas.

GILÊ 1. Peça sem mangas com a frente de uma blusa, camisa ou corpete usada sobre blusas e vestidos desde o século XIX. *Ver* COLETE. 2. Peça que vai até os quadris, com ou sem mangas, com fechamento nos lados ou nos ombros. Costuma ter aberturas laterais. Muito usado em meados do século XX. *Ver também* TABARDO.

GIOBBI, FRANCESCA 1973-. Estilista de sapatos femininos. Nascida em São Paulo, formou-se em 1996, em arquitetura de interiores, pelo Istituto Europeo di Design, em Milão. Seu primeiro trabalho com moda foi para a linha de casa da VERSACE, e depois para a linha de calçados da marca, em 1991. Trabalhou no setor de vendas internacionais e de distribuição de marcas como Miu Miu, GUCCI, Jil SANDER, ARMANI, Donna KARAN e Sergio Rossi. Em 2002, criou uma linha de sapatos femininos de design ousado, com acabamentos e misturas originais.

GIRBAUD, FRANÇOIS e MARITHÉ Dupla de estilistas. François Girbaud (nascido em 1945, em Mazamet, França) e Marithé Bachellerie (nascida em 1942, em Lyon, França). O casal conheceu-se em Paris em meados da década de 60. Em 1969, abriram uma BUTIQUE para vender jeans de sua própria criação, em estilo americano. Em 1970, vendiam calças BOCA DE SINO de brim; e na década de 70 introduziram o estilo de jeans *stonewashed* e *baggy*. Muitas de suas ideias foram parar nas mãos de outros estilistas.

GIROTTO, KARLA 1976-. Estilista paulista. Formada em moda pela Faculdade Santa Marcelina, de São Paulo, criou sua marca feminina de vanguarda em 2001. Foi figurinista do diretor teatral Antunes Filho e desenvolveu coleções para a ELLUS entre 2001 e 2002. Suas criações se baseiam na desconstrução da modelagem e do acabamento tradicionais e recebem influências do mundo das artes.

GIVENCHY, HUBERT DE 1927-. Estilista. Nascido em Beauvais, França. Frequentou a École des Beaux-Arts, em Paris, e estudou advocacia por pouco tempo. Trabalhou com FATH de 1945 a 1949. Foi, então, contratado por SCHIAPARELLI, e abriu seu próprio negócio em 1952. A coleção de Givenchy tinha muitas roupas feitas com camisaria masculina e incluía a BLUSA BETTINA. Muitos o consideram seguidor de BALENCIAGA, ao fazer roupas elegantes, frequentemente formais, e luxuosos vestidos toalete e de baile. Os dois se encontraram em 1953 e Balenciaga partilhou com Givenchy os esboços e desenhos de seu ateliê; ambos tinham o desejo de expressar a pureza das linhas muito mais do que os ornamentos, além de uma constante perfeição. Muitas das ideias de Givenchy estavam à frente de seu tempo. Ele criou um vestido toalete com um CORPETE que podia ser retirado para ser usado com saia justa ou calças compridas. Durante a década de 50, exagerou a forma do CHEMISIER (SACO), dan-

Como seu mestre, Cristobal Balenciaga, o francês Hubert de GIVENCHY criou roupas de suprema elegância e simplicidade. Ele evitava adornos, preferindo se concentrar na pureza das linhas. Estes vestidos de coquetel são de suas coleções de 1957 (acima e ao lado, à esquerda) e 1958 (ao lado, à direita).

do-lhe o contorno de um "papagaio de papel": larga na parte superior e afunilando-se em direção à bainha. As roupas que criou para Audrey HEPBURN foram muito influentes e ainda são usadas como fonte de inspiração por muitos estilistas, principalmente os modelos que ela vestiu no filme *Sabrina* (1954). Os tops curtos e justos que mostravam os ombros, o DECOTE CANOA e as mangas curtas continuam sendo copiados. Audrey usou roupas de Givenchy durante muitos anos, nas telas e fora delas. Givenchy foi o favorito de outras mulheres de projeção internacional. Em 1988, ele vendeu sua firma mas continuou dirigindo a companhia até 1996, quando se aposentou da *couture*. *Ver* GALLIANO.

GLAMOUR Originariamente *Glamour of Hollywood*, revista mensal que oferecia moldes às leitoras quando começou a ser publicada por Condé NAST, em 1939. Passou a chamar-se *Glamour* durante a década de 40, e os moldes deixaram de aparecer. *Glamour* é dirigida à faixa etária de 25 a 45 anos e fala de moda, beleza, assuntos domésticos, viagens e artigos gerais de interesse feminino.

GODÊ Pedaço triangular de tecido, mais largo na parte inferior, costurado a uma saia, vestido ou casaco para aumentar a roda. Os godês vêm sendo usados na costura desde o século XIX. *Ver* SAIA GODÊ.

GOLA-CAPUZ Pedaço de tecido preso ao decote de uma roupa, que pode ser usado como capuz ou ficar drapejado atrás ou na frente. No século XX, suéteres e vestidos com gola-capuz entraram na moda, cortados de maneira que o drapejado caía em dobras macias em volta do pescoço e sobre o peito.

GOLA DE MANDARIM Gola alta em paletós, vestidos e blusas. Foi adaptada de uma gola asiática que fica bem próxima do pescoço. *Ver* TÚNICA DE MANDARIM.

GOLA DE MARINHEIRO Gola feita de tecido pesado, em duas camadas costuradas juntas e cortada de um quadrado que cobre as costas e que na frente vai se estreitando até formar uma ponta, na qual se amarra um laço.

Versão de 1984 de Emanuel para a GOLA DE MARINHEIRO, voltada para as costas, comprida e terminada por laço.

Foi muito usada pelas mulheres na década de 20. *Ver* *CONJUNTO DE MARINHEIRO.

GOLA EM U Gola profunda que, a partir do início da década de 50, apareceu nas blusas e nos casaquinhos de costumes. *Ver* DIOR e GALANOS.

GOLA MEDICI Gola usada nos vestidos das mulheres da família Medici, soberanos de Florença no século XV. Feita de renda engomada, a gola era grande e levantada; nascia nos ombros, contornava a nuca e ficava afastada do pescoço. No final do século XIX, foi muito usada em vestidos de baile.

GOLA PETER PAN Gola chata, redonda, com cinco a 7,5 centímetros de largura, às vezes bem engomada, denominada em homenagem ao herói da peça de J. M. Barrie (1904). A gola Peter Pan foi muito usada pelas mulheres na década de 20, contribuindo para as silhuetas de menino da época. Retornou em décadas posteriores. *Ver* * CORTE POODLE.

GOLA PIERRÔ Versão menor da gola grande, engomada e franzida do Pierrô (personagem francês de pantomima), usada em blusas durante o século XX.

GOLA POLO Na virada do século XX, era uma gola de camisa masculina, branca, redonda e engomada. Com o tempo, o nome passou a descrever uma gola mole, alta e circular virada para baixo em torno do pescoço. É frequentemente usada em malhas e roupas informais esportivas.

GOLA PRUSSIANA Gola alta e dobrada para baixo, vista em sobretudos militares de oficiais prussianos no século XIX. A gola prussiana é adaptada com frequência a trajes da moda.

GOLA REDONDA Gola larga, redonda e engomada que, no princípio, era usada pelos menininhos no começo do século XX. Diversos estilistas adaptaram a roupas femininas esse tipo de gola.

GOLA RULÊ Gola alta e justa em malha ou pulôver de tricô. Muito usada na década de 60.

GOLA XALE Gola de casaco ou vestido que é dobrada para baixo, formando uma linha contínua que circunda o pescoço até a frente. Muito usada na década de 30 e, novamente, na de 50, quando a forma foi muito exagerada.

GOMA, MICHEL 1932-. Estilista. Nascido em Montpellier, França. Estudou costura e arte. Aos dezenove anos, mudou-se para Paris, onde vendia seus desenhos de moda. De 1950 a 1958 trabalhou com a Lafaurie, comprando então a companhia e redenominando-a Michel Goma. Fechou em 1963 e foi para a *maison* PATOU, onde trabalhou por dez anos, tornando-se então estilista freelance.

GORDON, LADY DUFF *Ver* LUCILE.

GORGORÃO Tecido de trama fechada, com estrias em relevo. Geralmente feito de seda, teve origem na Idade Média. Desde a década de 20, é muito usado em chapelaria.

GOÛT DU JOUR, LE Revista de moda e artes publicada em Paris de 1920 a 1922. Mostrava o trabalho de ilustradores notáveis da época, inclusive BENITO e MARTY.

GRAND-PÈRE Originariamente designava a versão feminina da camisa masculina. Por volta da década de 40, o *grand-père* era um vestido *chemisier* que chegava aos joelhos, de corte perfeito, com mangas compridas (abotoadas no punho), gola e botões até a cintura, onde costumava haver um cinto.

GRANNY STYLE *Ver* ESTILO VOVÓ.

GRAVATA Tira larga usada em volta do pescoço e drapejada ou entrelaçada com esmero sobre o peito, usada pelos homens nos séculos XVIII e XIX. A versão estreita, geralmente usada sob o colarinho de uma camisa, desenvolveu-se no final do século XIX, e constituía peça essencial do traje formal masculino desde então. Nesta época, as mulheres começaram a usar gravatas com blusas e saias, embora se tratasse de uma tendência e não de uma moda duradoura. As gravatas para mulheres ressurgiram como parte da moda UNISSEX na década de 60.

GRAND-PÈRE com peitilho engomado, da *Harper's Bazaar* de 1894.

GRAVATA-BORBOLETA Gravata masculina com o formato de um laço firme, geralmente feita de fita de gorgorão ou de veludo e normalmente usada com roupas formais. Durante a década de 60, na época da moda de roupas UNISSEX, foi um acessório popular entre as mulheres.

GRÉCO, JULIETTE 1927-. Cantora. Nascida em Montpellier, França. Desde 1942, faz parte do teatro francês, como cantora e teatróloga. Tornou-se conhecida no mundo da moda na década de 40, quando criou a voga de cabelos compridos e lisos, roupas pretas e capa de chuva com o cinto afrouxado e a gola virada para cima.

GREENAWAY, KATE 1846-1901. Ilustradora de livros e pintora. Nascida em Londres, Inglaterra. Kate ilustrou livros infantis da década de 1870 à de 1890, principalmente *Under the window* (1878). Em suas ilustrações, as roupas lembravam os trajes do século XVIII. A maneira viva com que ela detalhava as roupas, como CHAPÉUS DE PALA, BATAS e vestidos LINHA IMPÉRIO com decotes e mangas de babadinhos, inspirou muitos estilistas no final do século XIX.

GREER, HOWARD 1886-1974. Figurinista. Nascido em Nebraska, Estados Unidos. Em 1916, saiu da Universidade de Nebraska e foi trabalhar no ateliê de LUCILE em Nova York. Depois da Primeira Guerra Mundial, trabalhou para Lucile, MOLYNEUX e POIRET em Paris. Voltou para Nova York em 1921 e criou figurinos para o Greenwich Village Follies. Em 1923, foi para a Paramount Pictures, em Hollywood. Durante os cinco anos seguintes, Greer desenhou figurinos para muitos filmes. Em 1927, abriu uma loja de alta-costura, mas continuou a trabalhar freelance para várias companhias de cinema. Era famoso por seus vestidos longos e seus vestidos toalete glamorosos e sofisticados. Aposentou-se em 1962.

GRÈS, MADAME 1903-93. Estilista. Nascida Germaine Emilie Krebs em Paris, França. Frustrada em sua ambição de tornar-se escultora, iniciou a carreira de estilista fazendo TELAS, moldes de alta-costura de musselina, os quais vendia às principais casas de moda de Paris. Trabalhou também para a casa de PREMET. Em 1934, abriu seu próprio salão, com o nome de Alix Barton. Reabriu a casa em 1942, durante a ocupação da França pelos nazistas, mas com o nome Grès. Seus modelos

GRIFFE, JACQUES

As ilustrações de Kate GREE-NAWAY, do final do século XIX, influenciaram a moda de seu tempo e de épocas posteriores.

sempre foram individuais e discretos, dando-lhe a fama internacional de classicista. Ela drapejava e moldava jérsei, seda e lã (seus tecidos preferidos) até que os vestidos se parecessem com esculturas gregas. Seus mantôs largos e seus vestidos simples tinham acabamentos sofisticados. Os famosos vestidos de gala costumavam ser o resultado de horas de trabalho, pregueando o tecido em configurações precisas para atingir uma simplicidade elegante. Embora tenha influenciado muitos estilistas, ninguém se igualou a ela no domínio do drapejamento de tecido. Grès usou com frequência formas assimétricas, CORTES ENVIESADOS e MANGAS MORCEGO. Suas roupas distinguiam-se pela originalidade e qualidade. Ela vendeu a empresa em 1986 e aposentou-se um ano depois. A casa continuou, dirigida pelo estilista Frédéric Molenac.

GRIFFE, JACQUES 1917-96. Estilista. Nascido em Carcassonne, França. Durante vários anos, foi aprendiz de um alfaiate em sua terra natal; ainda adolescente, foi para Toulouse ampliar seu treinamento com um costureiro. Em 1936, após ter completado o serviço militar, foi trabalhar com VIONNET em Paris. Aprendeu a drapejar e cortar o tecido sobre pequenos manequins de madeira, na tradição de Vionnet. Após a Segunda Guerra Mundial, Griffe trabalhou por pouco tempo com a MOLYNEUX, abrindo seu próprio negócio de alta-costura e prêt-à-porter em 1946. Um artesão do corte e do drapejado, suas roupas eram leves e delicadas. Griffe aposentou-se na década de 60.

GRIMA, ANDREW 1921-. Estilista de joias. Nascido em Roma, Itália. Em 1946, abriu uma empresa em Londres para produzir joias tradicionais. Na década de 60, desenhou joias contemporâneas e, em 1966, inaugurou uma loja na elegante Jermyn Street, Londres, na qual se especializou em criar peças de ouro adornadas com quartzo, turmalina e citrino. Em 1970, Grima recebeu um selo régio de qualidade.

GRIMM, GERD 1911-. Ilustrador. Nascido em Baden, Alemanha. Foi educado na escola de arte em Karlsruhe e na escola de arte industrial em Nurembergue. Na década de 20, teve seu primeiro trabalho publicitário e, pouco depois, foi convidado para integrar a equipe da revista *Die Dame*. Durante o regime nazista, Grimm morou na França e na Itália. Em 1950, emigrou para os Estados Unidos, retornando a Baden dez anos depois. O trabalho de Grimm como ilustrador de publicidade e editorial de destaque estendeu-se por muitos anos. Suas perspectivas incomuns, feitas em cores e arranjos atraentes, refletem uma alegre sensibilidade para a moda.

GRUAU, RENÉ 1909-. Ilustrador. Nascido Renato de Zavagli, em Rimini, Itália. Quando ainda era adolescente, Gruau fazia croquis de moda que eram aceitos por revistas alemãs, francesas e italianas. Já profissional aos dezoito anos, mudou-se para Paris em 1924, onde trabalhou por mais de vinte anos. A partir de 1947, passou a ilustrar os anúncios dos perfumes DIOR. Seus desenhos ousados, rítmicos e coloridos, incluindo mulheres da moda, ainda hoje são importantes. Seu estilo varia, indo das mulheres simpáticas e francas, que dão a impressão de gostar de usar roupas da moda, até mulheres elegantes e sedutoras, que usam seus trajes com um ar de mistério. Gruau é um dos poucos artistas cuja carreira de ilustrador atravessou cinco décadas com sucesso. Ver *BALMAIN.

Um citrino grande, de lapidação quadrada, rodeado com ouro e diamantes, criação de Andrew GRIMA.

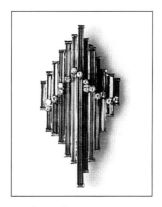

Clipe de turmalina e diamantes em ouro amarelo, de Andrew GRIMA.

GRUNGE Estilo de vestir que se desenvolveu a partir da "cultura das ruas", das roupas de brechó e do estilo de vida errante do início dos anos 90. O *grunge* se espalhou rapidamente dos adolescentes e das bandas de rock para as passarelas da moda. Suas vestimentas não combinadas e amplas (ou, às vezes, peças em tamanho menor) inspiraram muitos estilistas, que adaptaram a desproporção e a desarmonia às suas coleções. Embora de vida curta, o *grunge* foi impactante e tem sido associado aos DESCONSTRUCIONISTAS. Mas, enquanto estes desmontaram as roupas para estudá-las e rearranjá-las de forma diferente, o movimento *grunge* estava mais preocupado em fazer contestações políticas, anticonsumistas e antimodistas.

GUARDA-CHUVA A princípio, utilizava-se o guarda-chuva como proteção contra chuva e sol, indistintamente. No século XVI, era feito de couro e, depois, de tecidos cada vez mais leves, até surgirem as sombrinhas de renda macia e de tule, no século XIX. Nessa época, fez-se a distinção entre o GUARDA-SOL, acessório leve usado pelas mulheres, e o guarda--chuva, peça mais resistente usada por homens e mulheres. No final do século XIX, sombrinhas leves, especialmente criadas para as mulheres, começaram a aparecer. Em geral, o guarda-chuva é peça funcional; mas, em certas épocas, virou objeto de moda, com cabos entalhados ou adornados. Nos anos 60 e 70, tornou-se um acessório mais importante e foram produzidos modelos em cores alegres.

GUARDA-PÓ Casaco comprido e leve, feito de gabardina ou lã, lançado no final do século XIX para andar de carro. O guarda-pó tinha mangas compridas e gola alta, envolvendo o corpo desde o pescoço até os tornozelos.

GUARDA-SOL Em meados do século XVI, os guarda-sóis começaram a ser usados como acessórios funcionais e elegantes. No século XVIII, eram muito enfeitados e, às vezes, adornados com renda dourada. Nos séculos XVIII e XIX, vários guarda-sóis possuíam cabos de marfim trabalhados e forros de seda, com franjas e babadinhos. Raramente foram usados após a Primeira Guerra Mundial. *Ver* GUARDA-CHUVA.

GUCCI Em 1906, quando a chapelaria da família faliu, Guccio Gucci abriu uma selaria em Florença, Itália. Foi sucedido pelos filhos e netos. Baseando-se em tradicionais acessórios de couro, a companhia redesenhava-os com motivos equestres. Em 1925, lançou com muito sucesso uma DUFFLE BAG. Em 1932, tornou-se famoso o sapato MOCASSIM com um detalhe de metal dourado preso à gáspea. Na década de 50, a marca com o duplo G entrelaçado se consolidou como a preferida em termos de status. A partir da década de 60, a Gucci foi se dedicando cada vez mais à venda de bolsas, cintos e sapatos,

No início do século XX, com o advento do automóvel, o GUARDA-PÓ tornou-se uma necessidade.

muitos dos quais estampados com desenhos de estribos ou bocados. Na década de 70, a casa Gucci perdeu sua posição de destaque nos acessórios de moda, e a firma foi reestruturada e depois vendida. Foi comprada por uma companhia de investimentos em 1993. Um ano depois, o estilista americano Tom Ford foi contratado como diretor de estilo.

GUÊPIÈRE *Ver* CINTURITA.

GUERNSEY Acredita-se que a palavra derive de *gansey*, fio penteado com que se fazia uma espécie de camisa usada pelos pescadores nas ilhas do canal da Mancha. No final do século XIX, o termo *guernsey* foi identificado a um suéter trajado por pescadores das ilhas Guernsey e Jersey. Geralmente feito de lã azul-marinho, o *guernsey* foi associado a trajes informais na segunda metade do século XX.

GUIMARÃES, GUILHERME 1941-. Estilista carioca de alta-costura. Primeiro brasileiro a desfilar suas criações em Nova York, em 1962, onde anos depois abriria sua primeira loja, a Gui Gui Nouvelle Boutique, em 1982, fechada alguns anos depois. Na década de 60, participou do grupo de criadores da RHODIA, desfilando suas criações na FENIT e em eventos internacionais. Em 1974, lançou a grife GG. Foi o primeiro costureiro brasileiro a

O símbolo máximo de status: sapatos de crocodilo nos modelos oxford e loafer, criados pela GUCCI em 1988.

imprimir o logotipo de sua grife em vários produtos. Em 1979, em parceria com a VILA ROMANA, introduziu o jeans de grife na moda brasileira. Em 1985, foi convidado para ser assistente do costureiro Marc BOHAN, da *maison* Christian DIOR, em Paris, onde ficou até 1991. O nome mais respeitado da alta-costura brasileira continua ativo, com ateliê em São Paulo.

GUIRLANDE, LA Revista de moda, arte e literatura publicada mensalmente em Paris de 1919 a 1920. Trazia ilustrações de artistas como Georges BARBIER e Umberto BRUNELLESCHI.

O costureiro Guilherme GUIMARÃES, maior nome da alta-costura brasileira, veste uma de suas criações em Danuza Leão, uma de suas modelos preferidas no final da década de 60.

ABCDEFG**H**IJKLM NOPQRSTUVWXYZ

HALSTON 1932-90. Estilista. Nascido Roy Halston Frowick, em Des Moines, Iowa, Estados Unidos. Frequentou a Universidade de Indiana e o Chicago Institute. Em 1953, abriu uma chapelaria num hotel de Chicago, tendo entre suas clientes Gloria Swanson e Deborah Kerr. Em 1958, ele trabalhou com Lilly DACHÉ em Nova York. Pouco depois, passou para o salão de chapelaria da loja de departamentos nova-iorquina Bergdorf Goodman. Halston desenhou muitos chapéus para Jacqueline Kennedy (ONASSIS), inclusive um PILLBOX de feltro bege muito copiado. Em 1966, começou a criar prêt-à-porter, saindo da Bergdorf Goodman para abrir seu próprio negócio. No final da década de 60 e durante a de 70, ficou famoso como estilista de malhas, suéteres e calças largas de jérsei; GOLAS RULÊ; vestidos longos e colantes de FRENTE-ÚNICA; vestidos de caxemira para o dia e para a noite; conjuntos de suéter; e paletós e casacos largos, de formato quadrado. Também tingiu chiffon pelo método TIE-DYE e utilizou jérsei opaco em muitas de suas coleções. Em 1972, fez um GRAND-PÈRE de ULTRASUEDE, que inspirou muitas imitações. Seus modelos toalete eram muito procurados por socialites americanas. *Ver* ONASSIS.

Macacão frente-única de jérsei de seda e jaqueta de camurça de HALSTON, de 1972.

HAMNETT, KATHARINE 1948-. Estilista. Nascida em Gravesend, Kent, Inglaterra. Formou-se em 1970 na St. Martin's School of Art, em Londres, e recebeu inúmeras encomendas de criações freelance trabalhando para firmas do Reino Unido, da França, da Itália e de Hong Kong. Em 1979, abriu sua própria empresa. Muitas de suas criações baseavam-se em uniformes de diversos países, os quais ela adaptava para trajes de moda. Apoiou o movimento pacifista e produziu, em 1984, CAMISETAS bem largas estampadas com slogans antiguerra, as quais serão sempre lembradas como sua maior contribuição à moda. Katharine também usa suas criações para provocar no público uma consciência sobre questões políticas e ambientais.

HANDLEY-SEYMOUR, MRS. Costureira que fundou uma empresa em Londres pouco antes da Primeira Guerra Mundial. Recebeu um selo régio de qualidade e foi muito popular nas décadas de 20 e 30. A rainha Mary da Inglaterra foi sua cliente mais famosa.

HAORI Casaco largo, de origem japonesa. Tem mangas compridas e vai até os joelhos. Sua forma foi adaptada a várias tendências da moda durante o século XX.

HARDWICK, CATHY 1933-. Estilista. Nascida Cathaline Kaesuk Sur, em Seul, Coreia. Estudou música na Coreia e no Japão e, no início da década de 50, emigrou para os Estados Unidos. Abriu uma BUTIQUE em São Francisco e trabalhou como estilista freelance. Em 1972 mudou-se para Nova York e abriu sua empresa. Cathy Hardwick cria roupas prêt-à-porter audaciosas e espontâneas, que fundem elementos do Oriente e do Ocidente. As vestimentas tradicionais coreanas inspiraram muito os seus modelos simples. Ela é conhecida principalmente pela maneira criativa de manusear a seda.

HARING, KEITH 1962-90. Artista. Nascido em Kutztown, Pensilvânia, Estados Unidos. Passou dois anos na Manhattan's School of Visual Arts. Em dezembro de 1980, começou a desenhar grupos de pequenas figuras brancas em cartazes publicitários das estações de metrô de Manhattan. As figuras lembravam os contornos de formas de biscoitos e atraíram tanta atenção que, no início da década de 80, Haring começou a utilizá-las em CAMISETAS, *buttons* e roupas. Trajes pintados com as figuras de Haring transformaram-se em peças de coleção.

HARP, HOLLY 1939-95. Estilista. Nascida em Buffalo, Nova York, Estados Unidos. Estudou arte e estilismo na Universidade North Texas State e, depois de se formar, abriu uma BUTIQUE em Los Angeles em 1968. Suas coleções foram vendidas na loja de departamentos nova-iorquina Henri Bendel em 1972. No ano seguinte, Holly Harp começou a fabricar suas próprias roupas. Tornou-se famosa por suas teatrais e nostálgicas criações de seda pintada à mão e de jérsei fosco e por seus tecidos ultramacios. Muitos de seus modelos soltos possuem um ar romântico.

HARPER'S BAZAAR Em 1867, Fletcher Harper, da editora americana Harper Brothers, lançou *Harper's Bazar*, revista feminina que abordava moda e assuntos domésticos. Foi publicada semanalmente até 1901, quando se tornou mensal. Em 1913, a *Harper's Bazar* foi comprada pelo império de publicações Hearst; em 1929, o segundo "a" foi acrescentado à palavra "bazar". Tornou-se uma revista de grande influência, e, principalmente sob a direção de Carmel SNOW, a *Harper's Bazaar* promoveu estilismo, fotografia e ilustração. Durante a maior parte do século XX, foi concorrente direta da *VOGUE* americana.

HARTNELL, NORMAN 1901-79. Estilista. Nascido em Londres, Inglaterra. Depois de sair da Universidade de Cambridge sem se formar, Hartnell começou a desenhar roupas. Em 1923, trabalhou por pouco tempo com LUCILE, antes de abrir seu próprio ateliê em Londres.

Apresentou sua primeira coleção em Paris em 1927, seguida por outra em 1930, muito aplaudida. Em 1938, foi indicado costureiro da família real britânica, criando vestidos para as viagens ao exterior. Hartnell fez vestidos para a rainha-mãe, bem como o vestido de noiva e o vestido de lua de mel da rainha Elizabeth II e, em 1953, o vestido de gala da coroação. Também criou vestidos para muitas atrizes. Ficou famoso por sua utilização criativa do cetim, do tule, de bordados e adornos em vestidos toalete; e por seus vestidos de baile e de noiva. Também era conhecido pelos costumes, casacos e trajes de tweed de lã. A partir de 1942, Hartnell produziu linhas prêt-à-porter, e, no final da década de 40, passou a desenhar para a Berketex. Entre 1990 e 1992, Marc BOHAN dirigiu a casa.

Histórico modelo de Norman HARTNELL para a coroação da rainha Elizabeth II, bordado com os emblemas da Grã--Bretanha e da Commonwealth.

HATEN, FAUSE 1968-. Estilista de São Paulo. Em 1987, inaugurou sua marca de moda feminina e masculina. Em 1999, foi contratado como estilista da marca americana Giorgio of Beverly Hills. Ao voltar para São Paulo, atuou como estilista em várias confecções. Sua roupa é influenciada pela alta-costura, possui cartela de cores vibrantes e mistura tendências do *streetwear*. Suas criações também incluem jeans, óculos, acessórios, calçados e uma linha de cama, banho e toalhas de praia. Desde 2001, desenvolve a coleção de *streetwear* Haten. F.

HAUTE COUTURE A palavra francesa *couture* significa costura ou trabalho de agulha. *Haute couture* é estilismo e execução de alta qualidade. O estilista ou *couturier* cria modelos com base numa TELA feita de linho fino ou musselina, que é assinada. As peças decalcadas da tela são então executadas sob medida para as clientes. Um sindicato de estilistas, a Chambre Syndicale de la Confection et de la Couture pour Dames et Fillettes, foi fundado em Paris, em 1868, para evitar que os modelos fossem plagiados. Em 1910, a Chambre Syndicale de la Couture Parisienne (*couturiers* não ligados à corporação original e que formavam a organização anteriormente mencionada) mostrou suas coleções conjuntamente, de maneira a promover a moda francesa no exterior. Terminada a Segunda Guerra Mundial, o sindicato criou, em 1945, uma exibição itinerante de roupas, o *Théâtre de la Mode*, para restabelecer Paris como capital mundial da moda. Participaram da exibição 53 casas. O sindicato, que faz parte da Fédération Française de la Couture du Prêt-à-Porter des Couturiers et des Créateurs de Mode, é também conhecido como Chambre Syndicale de la Couture ou Chambre Syndicale de la Haute Couture. A organização determina que as *maisons de couture* devem empregar, no mínimo, vinte pessoas nos ateliês; devendo ainda mostrar para a imprensa reunida em Paris, no mínimo, cinquenta modelos originais para as coleções de primavera/verão (apresentadas em janeiro) e para o outono/inverno (em julho). As criações exibidas podem tanto ser feitas para clientes da respectiva casa como vendidas para compradores autorizados, em moldes de papel ou de tela. A *haute couture* conta, em grande parte, com um grupo numeroso de especialistas, que fazem botões, luvas, bijuterias, chapéus e adornos com altíssimo nível de qualidade. A *haute couture* é trabalhosa e cara. Em 1946 eram 106 casas de alta-costura. Por volta de 1997, esse número havia caído para dezoito, com cinco casas associadas. As *maisons* permitem que fabricantes tenham o direito de usar os seus nomes em peças de roupas e de acessórios. *Ver* PRÊT-À-PORTER.

HAVAIANAS Sandália de dedo feita de borracha, inspirada na zori japonesa, criada e fabricada pela empresa brasileira São Paulo Alpargatas desde 1962. Por muitos anos restringiram-se a uma opção de calçado de baixo custo. Com a introdução do modelo monocromático, em 1994, tornaram-se cultuadas também pela moda internacional. Largamente copiada, a marca é usada como nome genérico desse tipo de sandália.

HAWES, ELIZABETH 1903-71. Estilista. Nascida em Nova Jersey, Estados Unidos. Estudou no Vassar College e na Parsons School of Design, em Nova York. Em 1925, foi para Paris, onde trabalhou por vários anos como desenhista em desfiles de moda. As lojas de departamentos Macy's e Lord & Taylor, de Nova York, designaram-na sua estilista em Paris. Em 1928, retornou a Nova York e abriu seu próprio negócio. As roupas de Elizabeth Hawes eram simples e macias e seguiam proporções naturais. Tornou-se famosa com a publicação de seu primeiro livro, *Fashion is spinach* (1938).

Fenômeno de popularidade em todas as classes sociais, as HAVAIANAS entraram na moda até no exterior.

HEAD, EDITH 1899-1981. Figurinista. Nascida em Los Angeles, Estados Unidos. Formou-se na Universidade Stanford e na Universidade da Califórnia, continuando os estudos no Otis Institute e na Chouinard Art School, em Los Angeles. Em 1923, trabalhou com Howard GREER na Paramount Pictures, em Hollywood. Após breve período como assistente de Travis BANTON em 1927, foi promovida a estilista-chefe do estúdio em 1938, cargo que manteve até 1967. No final da década de 60, trabalhou na Universal Films. Durante o período em que ficou na Paramount, Edith Head também fez figurinos para a Metro-Goldwyn-Mayer, a Columbia, a 20th Century Fox e a Warner Bros. Seu nome encontra-se em mais de mil créditos de filmes. Mae West, Marlene Dietrich, Elizabeth Taylor e Grace Kelly são algumas das atrizes para as quais desenhou. Em 1936, o SARONGUE de Edith para Dorothy LAMOUR em *A princesa da selva* (*The jungle princess*) foi muito copiado. Em 1951, criou um vestido toalete sem alças, com o CORPETE justo coberto de violetas brancas e uma saia de tule branco sobre cetim verde. Esse vestido, que Elizabeth Taylor usou em *Um lugar ao sol* (*A place in the sun*), foi copiado por toda parte nos Estados Unidos. Edith ajudou a popularizar roupas sul-americanas, notadamente as camisas, o *rebozo* (lenço) e o PONCHO.

HECHTER, DANIEL 1938-. Estilista. Nascido em Paris, França. Seu pai era dono de uma fábrica de roupas prêt-à-porter. A partir de 1958, Hechter trabalhou com Pierre d'Alby, até abrir sua própria casa, em 1962. Suas primeiras criações foram peças avulsas prêt-à-porter para adolescentes. Produziu capas de chuva, malhas e casacos máxi em estilo militar. Em 1964, lançou TERNINHOS e SMOKINGS; em 1966, capas de chuva de gabardina cáqui; em 1967, saias-calças que iam até a altura do cano das botas e casacos de pele que tinham tiras de couro; em 1968, DUFFLE COATS canelados; e, na década de 70, mantôs de lã de jérsei. A habilidade de Hechter concentra-se em suas roupas externas: paletós, BLAZERS e casacos esportivos, mas sofisticados, tanto masculinos quanto femininos.

HEIM, JACQUES 1899-1967. Estilista. Nascido em Paris, França. Em 1923, assumiu a peleteria que seus pais fundaram em 1898. Criou roupas femininas para a firma até a década de 30, quando abriu sua *maison*. Em 1932 lançou a coleção *Heim jeunnes filles*, destinada ao público jovem. Heim é um dos estilistas que recebe créditos pelo lançamento e promoção do BIQUÍNI. Produziu diversas coleções para praia, com uma delas apresentando um maiô drapeado. Heim popularizou o algodão para moda de praia, quando usou esse tecido numa coleção de alta-costura. Entre 1946 e 1966, abriu uma rede de BUTIQUES que vendia SPORTSWEAR. Era um estilista original e inventivo, cujo trabalho é ignorado atualmente.

HEPBURN, AUDREY 1929-93. Atriz. Nascida Edda Hepburn van Heemstra, em Bruxelas, Bélgica. Em 1951, foi bailarina em Londres, mas adquiriu fama na década de 50 como atriz. Seu aspecto GAMINE (figura pequena, magra, rosto e corte de cabelo de sílfide) era acentuado por suas roupas: PULÔVER preto de GOLA RULÊ; CALÇAS DE CICLISTA ou CALÇAS CAPRI; e SAPATILHAS da CAPEZIO. Também popularizou a moda de usar uma camisa (em geral sobre uma malha) com as extremidades desabotoadas e amarradas na frente na altura da cintura. Seus filmes mais famosos são *Sabrina* (1954), *Cinderela em Paris* (*Funny face*, 1957), *Bonequinha de luxo* (*Breakfast at Tiffany's*, 1961) e *Minha bela dama* (*My fair lady*, 1964).

HEPBURN, KATHARINE 1907-93. Atriz. Nascida em Hartford, Connecticut, Estados Unidos. Após se formar no Bryn Mawr, em 1928, Hepburn começou sua carreira de atriz representando na Broadway. Na década de 30, mudou-se para Hollywood. Era uma atriz respeitadíssima tanto no palco quanto na tela. Para muitos americanos, ela representava o ideal da mulher de espírito livre, quase sempre usando calças e pouca ou nenhuma maquiagem. Sua elegância informal e esportiva exerceu grande influência.

Alexandre HERCHCOVITCH é um dos maiores nomes da moda brasileira contemporânea. Na foto, Ana Beatriz Barros desfila o famoso vestido de látex apresentado no inverno de 2004, e depois exposto no Metropolitan Museum of Art e no Fashion Institute of Technology, em Nova York.

HERCHCOVITCH, ALEXANDRE 1971-. Estilista de moda feminina e masculina nascido em São Paulo. Educado num colégio judaico ortodoxo, desde a adolescência frequentou o circuito alternativo da noite paulistana. Um dos maiores nomes da moda brasileira contemporânea, Herchcovitch ingressou no curso de moda da Faculdade Santa Marcelina em 1990. Começou produzindo camisetas e roupas para shows do underground paulistano, apostando na releitura dos padrões estéticos tradicionais. Ainda em 1990, lançou a primeira versão do logotipo com dois crânios, presente em suas etiquetas até hoje. Sua produção foi mostrada em pequenos desfiles até a formatura, em 1993, mas foi no ano seguinte que lançou a marca oficialmente. Além de desfilar em São Paulo, apresenta suas coleções nas semanas de moda de Londres, Paris e Nova York, ao lado dos maiores estilistas do mundo. Desde 2002, é diretor de criação da CORI. Duas de suas peças, confeccionadas em látex, fazem parte do acervo do Costume Institute do Metropolitan Museum, de Nova York. Além das coleções, Herchcovitch desenvolve produtos com sua assinatura para várias empresas. O universo do estilista reúne referências que vão da alta-costura à contracultura, do passado ao futuro, influenciando marcas nacionais e estrangeiras e colocando-o entre os nomes de maior destaque do cenário da moda internacional de ponta.

HERING Indústria pioneira do setor de MALHARIA, fundada em 1880, em Blumenau (SC), pelos irmãos, imigrantes e tecelões, Bruno (1842-1918) e Hermann Hering (1835-1915), dois anos após chegarem de Hartha, interior da Alemanha. Tornou-se uma das maiores empresas de vestuário do Brasil, tendo como carro-chefe a camiseta branca. A palavra *hering* ("arenque" em alemão e logomarca da empresa) tornou-se sinônimo de camiseta de meia malha, setor em que o Brasil é um dos grandes exportadores mundiais. Hoje desenvolve várias linhas de vestuário feminino, masculino e infantil.

HERMÈS A companhia Hermès data de 1837, quando um seleiro, Thierry Hermès, abriu

HERRERA, CAROLINA

uma loja em Paris na qual vendia cintos com porta-moedas, botas e luvas. Na década de 20, seu neto, Émile, começou a desenhar roupas feitas de couro de veado. O principal negócio da empresa é a produção artesanal de peças de couro, apesar de ter-se tornado famosa por dois produtos: lenços de cabeça com motivos equestres e a bolsa "Kelly". Esta, inspirada num alforje, foi lançada em 1937. Em 1955, ela recebeu o nome em homenagem à atriz Grace Kelly, que a usava com frequência. *Ver* *LENÇO DE CABEÇA.

Lenço de cabeça da HERMÈS, de 1969, intitulado "Le Debuché".

HERRERA, CAROLINA 1939-. Estilista. Nascida Maria Carolina Josefina Pacanins y Nino, em Caracas, Venezuela. Após ter feito parte da lista das mulheres mais bem vestidas dos Estados Unidos durante anos, Carolina Herrera criou em abril de 1981 sua primeira coleção de prêt-à-porter. Estabelecida em Nova York, produziu uma coleção de roupas sobrepostas utilizando tecidos variados em comprimentos diferentes. Trabalhando com uma silhueta cada vez mais esguia, tornou-se famosa por suas elegantes roupas para o dia e para a noite.

Listras diagonais prateadas e douradas envolvem a silhueta esguia da top model brasileira Dalma Callado no modelo de crepe de seda, de 1982, de Carolina HERRERA.

HIPPIE Sucessor do beatnik na década de 60. Os hippies costumavam usar cabelos compridos, andavam descalços e usavam roupas gastas e acessórios coloridos. Nos anos 70, muitos estilistas copiaram a moda hippie, com saias e casacos de PATCHWORK, saias longas e rodadas com babados e padrões e estampas PSICODÉLICOS. O estilo hippie, que se acreditava passageiro, continuou influenciando a moda com suas roupas soltas e informais, com toques ÉTNICOS, e o uso de tecidos exóticos.

Uma HIPPIE da moda, carregando até um colchonete, na saída de um show, em 1970.

HOLAH, DAVID Ver BODY MAP.

HOMBURG Chapéu masculino de feltro com copa alta e um sulco profundo no meio, inicialmente usado na Prússia. Também conhecido como TRILBY.

HORST P. HORST 1906-99. Fotógrafo. Nascido em Weissenfels, Alemanha. De 1926 a 1928, estudou arquitetura na Kunstgewerbeschule em Hamburgo e, em 1930, por curto período, com Le Corbusier em Paris. Posou para o fotógrafo George HOYNINGEN-HUENE, tornando-se depois seu aluno. A *VOGUE* francesa contratou Horst como fotógrafo em 1943. Três anos mais tarde, ele emigrou para os Estados Unidos. Serviu no exército americano du-rante a Segunda Guerra Mundial e retornou à carreira fotográfica em 1946. Fotografias de moda e retratos de pessoas da sociedade eram a especialidade de Horst. Ele utilizava cenários e suportes esmerados, frequentemente se valendo de fundos ampliados para criar fotografias ricas e dramáticas. Era famoso pela excelência técnica de sua iluminação.

HOT-PANTS SHORTS muito curtos, geralmente de veludo, às vezes adornados com bordado ou miçangas. O nome *hot-pants* foi criado pela *WOMEN'S WEAR DAILY* em 1970.

HOWELL, MARGARET 1946-. Estilista. Nascida em Tadworth, Surrey, Inglaterra. De 1966 a 1970, frequentou o Goldsmith College, em Londres. Em 1971, criou uma linha de acessórios que foi seguida em 1972 por uma coleção de roupas. Dois anos depois, Margaret estabeleceu sua própria firma e, ao mesmo tempo, ingressou na butique londrina Joseph. Pouco mais tarde, abriu uma loja de varejo. Especializou-se em trajes clássicos prêt-à-porter, criados com base em adaptações de estilos e tecidos tradicionais a formas da moda. Prefere tecidos de ternos em risca de giz (lã, tweed e mélton), os quais transforma em paletós de montaria, SMOKINGS e blusas bem cortadas. Suas silhuetas são geralmente alongadas e suaves.

HOYNINGEN-HUENE, GEORGE 1900-68. Fotógrafo. Nascido em São Petersburgo, Rússia. Foi educado em São Petersburgo e Yalta, frequentando depois um curso de arte na Académie de la Grande Chaumière, em Paris, de 1919 a 1920. Estudou com o pintor cubista André Lhote de 1922 a 1924. No início da década de 20, Hoyningen-Huene trabalhou em

Paris como desenhista para diversas revistas, inclusive a HARPER'S BAZAAR, a JARDIN DES MODES e a VOGUE. Em 1926, tornou-se fotógrafo-chefe da *Vogue* francesa, mas atuou em outras publicações de Condé NAST na Europa e em Nova York, antes de emigrar para os Estados Unidos em 1935. Durante os dez anos seguintes, pertenceu à equipe de fotógrafos de moda da *Harper's Bazaar,* sob a direção da editora Carmel SNOW e do diretor de arte Alexey BRODOVITCH. Em 1946, mudou-se para Hollywood, indo trabalhar na indústria cinematográfica como colorista. Hoyningen-Huene era influenciado pela arte grega clássica e usava modelos estatuescas em cenários sofisticados, para lembrar um quadro vivo ou um friso helênico. Criava ricos efeitos com tons, sendo famoso por sua luz estourada e seu clima etéreo. Foi um dos primeiros a fotografar de cima as modelos, arrumando as saias à volta delas como um leque aberto. Hoyningen-Huene encontra-se entre os mais prolíficos cronistas da moda e da sociedade do século XX.

H. STERN Rede brasileira de joalheria. Fundada em 1945 pelo imigrante alemão Hans Stern (1922-), no Rio de Janeiro, foi a primeira joalheria a utilizar pedras de cor, antes chamadas de pedras semipreciosas, tais como água-marinha, topázio, ametista e turmalina. É a maior rede brasileira de joalheria fora do país, premiada pelo design contemporâneo de suas peças.

HUIS CLOS Marca paulista de moda feminina. Criada pela estilista Clô Orozco (1952-) em 1976, caracteriza-se pela sofisticação e alta qualidade das roupas, pela influência da moda japonesa dos anos 80 e pela pesquisa de modelagem, tecidos e materiais. A estilista

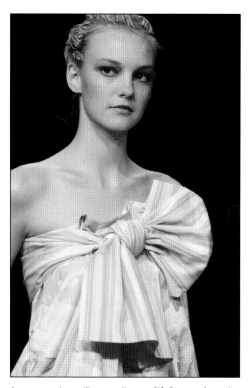

A HUIS CLOS, da estilista paulistana Clô Orozco, é um dos símbolos da sofisticação contemporânea brasileira. Na foto, Carol Trentini desfila a coleção de verão de 2005.

possui uma segunda marca, a Maria Garcia, para o público feminino jovem.

HULANICKI, BARBARA 1936-. Estilista. Nascida na Palestina, de pais poloneses. Mudou-se para a Inglaterra em 1948 e estudou no Brighton Art College, em Sussex. Em 1955, venceu um concurso de estilismo de roupas de praia patrocinado pelo jornal londrino *Evening Standard*. Barbara abandonou a faculdade durante o segundo ano e ingressou numa companhia de artistas comerciais em Londres. Ilustrava moda para os principais jornais e para revistas femininas, inclusive a VOGUE e a *Tatler,* trabalhando também para a sucursal londrina do *WOMEN'S WEAR DAILY*. Em 1961, casou-se com Stephen Fitz-Simon. Dois anos depois, o casal iniciou uma BUTIQUE de vendas postais com a oferta de uma saia no *Daily Express*. Em 1964, uma oferta de maior sucesso (um vestido de xadrez vichi cor-de-rosa), anunciada no *Daily Mirror*, proporcionou a abertura da Biba, uma BUTIQUE em Kensington, Londres. Nela, Barbara vendia suas próprias criações — BATAS marrons com lenços, minissaias e minivestidos —, a última moda a preços acessíveis, tornando-se atraentes para um grande mercado, predominantemente jovem. O empreendimento teve tanto sucesso que mais duas lojas foram abertas. O nome Biba transformou-se em sinônimo de chapéus moles de feltro recortado, vestidos sedutores, TERNINHOS, camisetas com DECOTE CORAÇÃO, vestidos rodados de crepe, TOUCAS e batas que iam até os tornozelos, costumes com GILÊ de raiom canelado e conjuntos de BIQUÍNIS de algodão com jaqueta. A loja Biba mais famosa, na High Street em Kensington, tinha seu interior em estilo nostálgico da década de 30, com pouca iluminação, paredes pretas, sofás de veludo e vasos de plumas. Como parte da tendência jovem de Londres nos anos 60, atraía visitantes de todo o mundo, que comprovavam e copiavam as roupas e acessórios. Em 1973, a Biba ocupou toda uma loja de departamentos em Kensington, mas o estilo Biba não conseguiu fazer com sucesso a transição para a década de 70. *Ver também* BUTIQUE.

Barbara HULANICKI abriu sua famosa butique Biba em 1964. O conjunto de saia e casaco e a calça anos 30, combinada com longo cachecol, faziam parte do catálogo da Biba do início da década de 70.

ABCDEFGHIJKLM
NOPQRSTUVWXYZ

IÊ-IÊ-IÊ Do refrão dos Beatles, *Yeah, Yeah, Yeah*. O termo era usado para descrever as roupas do início da década de 60.

IKAT Tecidos de seda que provêm de Java e Sumatra, na Indonésia, muito usados no estilo ÉTNICO.

IKEZILI, ERIKA 1976-. Estilista paranaense. Formada em moda pela Faculdade Santa Marcelina, em São Paulo, fez seu primeiro desfile em 2001. No ano seguinte, abriu sua loja em São Paulo. Cria uma moda autoral, com detalhes inspirados no origami e baseada em técnicas de modelagem e estilos do passado revisados de maneira original.

IÓDICE Marca paulista de moda feminina e masculina fundada em 1987 por Valdemar Iódice (1949-), filho de um alfaiate. Nos primeiros dez anos, a Iódice se destacou com a MALHARIA meia malha e o jérsei; sua consagração se deu com a introdução dos jeans de corte impecável e lavagens modernas e da linha de roupas de festa.

IPANEMA Bairro e praia do Rio de Janeiro. Foi nesse bairro que surgiram as principais influências culturais brasileiras dos anos 60, 70 e meados dos 80, como a música "Garota de Ipanema" (Tom Jobim e Vinicius de Moraes, 1962), que inspirou o filme de mesmo nome, de 1967, do diretor carioca Leon Hirszman, protagonizado pela atriz Márcia Rodrigues. Na década de 60, também surgiu ali a versão brasileira da moda de BUTIQUE, com estilo de vanguarda, autoral e jovem, diferente do prêt-à-porter das lojas de departamentos e dos vestidos de encomenda feitos por costureiras. As primeiras lojas desse estilo foram MARIAZINHA, Bibba, Aniki Bobó, Frágil, BLU-BLU e COMPANY. Ipanema continua sendo o centro da moda carioca.

IRENE 1907-62. Figurinista. Nascida Irene Lentz, em Brookings, Dakota do Sul, Estados Unidos. Estudou na Wolfe School of Design, em Los Angeles, abrindo depois uma loja, que era frequentada pelas estrelas de Hollywood. Em 1933, tornou-se chefe do Bullocks Wiltshire Costume Design Salon em Hollywood, onde criava roupas que as atrizes usavam dentro e fora da tela. Como freelance, Irene desenhou modelos de 1938 a 1942, quando foi indicada figurinista-chefe da Metro-Goldwyn-Mayer. Durante sua carreira, produziu figurinos para mais de 260 filmes da Metro-Goldwyn-Mayer, Paramount, RKO, United Artists e Columbia Pictures. Entre suas clientes, encontravam-se Judy Garland, Greer Garson, Hedy Lamarr e Lana Turner. Irene era especialmente renomada por seus costumes de corte discreto.

IRIBE, PAUL 1883-1935. Ilustrador. Nascido Paul Iribarnegaray, em Angoulême, França. Foi educado em Paris, onde, com pouco mais de vinte anos, tornou-se aprendiz de impressor no jornal *Le Temps*. A partir de 1900, Iribe enviava ilustrações a jornais satíricos franceses, como *Rire, Sourire* e *L'Assiette au Beurre*. Em 1908, tornou-se conhecido como ilustrador de moda, quando Paul POIRET, que estava procurando um artista para apresentar suas roupas de forma original, pediu-lhe que elaborasse um catálogo promocional. O resultado — *Les Robes de Paul Poiret* — exerceu enorme influência, tanto em termos de moda quanto em estilo ilustrativo. Os desenhos de Iribe eram limpos, nítidos e equilibrados. Mantinha um mínimo de objetos no fundo e concentrava-se no contorno elegante e nos detalhes graciosos das roupas. Colaborador da VOGUE e da FÉMINA, Iribe também criou anúncios para PAQUIN e para a CALLOT SOEURS. Desenhou vidros de perfume, tecidos para a BIANCHINI-FÉRIER, mobília e interiores. Passou seis anos em Hollywood, trabalhando em figurinos e cenários para a Paramount. Voltando para Paris em 1928, dividia seu tempo entre ilustrações satíricas para o jornal político semanal *Le Témoin* e a criação de bijuterias para CHANEL.

IVY LEAGUE Estilo de vestir de alunos e ex-alunos de faculdades da Costa Leste dos Estados Unidos. Para os homens, o traje costuma ser composto de um terno de flanela cinza, com o paletó de ombros estreitos e não cinturado; camisa branca com colarinho abotoado nas pontas; GRAVATA de listras estreitas; casaco de pelo de camelo ou CHESTERFIELD; e sapatos OXFORD de sola grossa. As mulheres usam um TWINSET de caxemira com um KILT ou saia de tweed, BLAZER, suéter *shetland,* colar de pérolas e sapatos BROGUE. No verão, os tecidos de lã são substituídos por blusas de estampa LIBERTY ou de madras (em geral com GOLA PETER PAN), BERMUDAS ou saias de flanela e SAPATILHAS. *Ver também* BROOKS BROTHERS, LAUREN e PREPPIE.

ABCDEFGHI**J**KLM NOPQRSTUVWXYZ

A patrona de Doucet, a atriz Réjane, vestindo um casaquinho de astracã com lantejoulas e um JABÔ de renda.

JABÔ Babadinho decorativo de renda ou outro tecido delicado preso ao peito ou junto ao pescoço. Originariamente uma peça do vestuário masculino do século XVI, o jabô foi popular entre as mulheres desde meados do século XIX até as décadas de 20 e 30.

JACKSON, BETTY 1940-. Estilista. Nascida em Backup, Lancashire, Inglaterra. Frequentou o Birmingham College of Art de 1968 a 1971. Foi ilustradora freelance até 1973, quando foi trabalhar com Wendy DAGWORTHY. De 1975 a 1981 trabalhou para a Quorum e, em seguida, para a confecção Cooper's. Desde 1981 produz coleções com seu próprio nome, tendo adquirido fama internacional como estilista de moda jovem contemporânea. Betty Jackson redimensiona peças avulsas em proporções diferentes, geralmente maiores, executando-as em tecidos de cores e padrões ousados. Suas roupas são esportivas e a textura desempenha um papel de destaque em seu trabalho. Ela pesquisa e tira proveito das possibilidades oferecidas por diferentes materiais, formas e cores.

Criação de Betty JACKSON para o outono-inverno de 1983-4.

JACOBS, MARC 1960-. Estilista. Nasceu em Nova York, Estados Unidos. Em 1984, quando estava no último ano da Parsons School of Design, em Nova York, Jacobs criou uma coleção de suéteres tricotados à mão que lhe rendeu o prêmio Dedal de Ouro Perry Ellis. Depois de formado, trabalhou em sua própria marca por dois anos, criando roupas irreverentes, calcadas no estilo HIPPIE dos anos 60, e excêntricas versões de PATCHWORK e xadrez vichi. Em 1988 foi para a Perry ELLIS, onde se tornou conhecido por suas coleções jovens e espirituosas que demonstravam a segurança no uso da cor e de silhuetas exageradas. Ele criou um conjunto em xadrez "toalha de mesa" vermelho e branco bordado com motivo de formigas e uma cueca "freudiana", estampada com o rosto de Freud. Desde 1994 cria com sua própria marca. Jacobs privilegia tecidos sensuais, como angorá, caxemira e *mohair*, por vezes surpreendendo com peças avulsas de emborrachado fluorescente e jeans com lantejoulas laminadas.

JACQUARD Tecelagem decorativa criada por um tear de *jacquard* e utilizada em brocados, damascos e malharia desde meados do século XIX. Ver JACQUARD, JOSEPH-MARIE.

JACQUARD, JOSEPH-MARIE 1752-1834. Engenheiro mecânico francês que inventou um acessório para teares mecânicos que tecia estampas complexas, mediante o entrelaçamento de fios. Ver JACQUARD.

JAEGER Na década de 1880, o dr. Gustav Jaeger, professor de zoologia e fisiologia na Universidade de Stuttgart, fez uma campanha pelos benefícios à saúde que ele acreditava resultarem do uso de lã junto à pele. Inspirado nos estudos e experiências de Jaeger, Lewis Tomalin, gerente londrino de uma firma atacadista de secos e molhados, adquiriu os direitos, as patentes e o nome de Jaeger.

Em 1884, Tomalin começou a fabricar roupas íntimas higiênicas 100% de lã crua: CAMISAS ÍNTIMAS, combinações, CALÇOLAS e anáguas de lã de carneiro ou de pelo de camelo. Na década de 1900, a Jaeger expandiu suas operações para incluir a fabricação de cardigãs, robes, suéteres de ginástica, conjuntos de jumper de tricô e xales rendados. Durante os anos 20, a moda exigia roupas íntimas mais leves e mais práticas, e as peças de Jaeger deixaram de vender. A companhia, então, passou a produzir sua própria coleção de roupas, composta de casacos, saias, *JUMPERS, CALÇAS e TWINSETS. Muitas peças eram feitas de lã. Na segunda metade do século XX, a Jaeger é reconhecida como empresa que confecciona vestidos, casacos, costumes e malhas de boa qualidade para um mercado internacional.

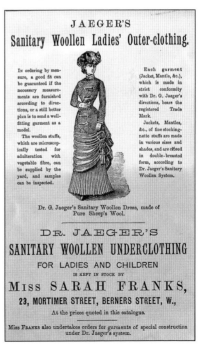

Em 1884, a JAEGER era mais conhecida por suas roupas de lã "higiênicas".

JAMES, CHARLES

JAMES, CHARLES 1906-78. Estilista. Nascido em Sandhurst, Inglaterra. Frequentou por pouco tempo a Universidade de Bordeaux, antes de sua família o mandar para Chicago, para trabalhar com um magnata dos serviços públicos. James pediu demissão quase imediatamente e, em 1926, abriu uma chapelaria, a Charles Boucheron. Dois anos depois, mudou-se para Nova York e começou a desenhar vestidos, apresentando sua primeira coleção em 1928. No ano seguinte, James começou a viajar por Londres e Nova York. Suas criações são tão atemporais que as SAIAS-CALÇAS desenhadas em 1932 para a loja de departamentos Lord & Taylor, de Nova York, ainda eram vendidas na década de 50. Em 1934 e 1935, James trabalhou em Paris sob a proteção de Paul POIRET, criando tecidos para a indústria têxtil Colcombet. Nova York foi a base de James de 1940 até 1947 e, durante parte desse tempo, ele desenhou uma coleção para o salão Elizabeth Arden. Em 1947, apresentou em Paris uma de suas coleções de maior sucesso. Passou em Nova York a maior parte da década de 50. Considerava seus vestidos obras de arte, e muitas de suas clientes pensavam o mesmo. Ano após ano, ele reciclava criações originais, ignorando o calendário convencional das estações. Os componentes dos modelos executados com precisão eram intercambiáveis, de maneira que James possuía um infindável banco de ideias. É mais afamado por seus vestidos de baile esculturais, feitos com tecidos caros, seguindo padrões severos de corte. Também é lembrado por suas capas e mantôs, geralmente adornados com pele e bordado; por seus vestidos espirais fechados com zíper; e por seus casaquinhos de cetim branco em matelassê. James aposentou-se em 1958. *Ver* ANTONIO.

JAPONA No século XIX, era um paletó ou jaquetão pesado, que ia até os quadris, usado por marinheiros, pescadores e operários. Na década de 20, CHANEL tornou popular o formato da japona. Também conhecida como *pea jacket*, expressão inglesa derivada da palavra holandesa *pij*, usada para descrever um tecido de lã rústico e quente. *Ver* SAINT-LAURENT.

A sempre popular JAPONA. Este modelo de 1962, com botões dourados, é de Yves Saint-Laurent.

JAPONESES Desde que abriu suas portas ao mundo ocidental no século XIX, o Japão vem sendo fonte de inspiração para muitos estilistas. O primeiro traje japonês importante a ser exportado e amplamente copiado foi o QUIMONO, embora no Ocidente ele tenha perdido muito do simbolismo e da estrutura originais. Ligada ao ritual e à tradição, a indumentária japonesa concentra-se na relação do corpo com a roupa, sem, no entanto, revelá-lo. No início da década de 70, vários estilistas japoneses haviam se estabelecido em Paris. Hanae MORI usou o quimono tradicional como base para elegantes roupas de noite. Issey MIYAKE e KENZO concentraram-se em tecidos e fizeram experiências com a relação entre a roupa oriental e a ocidental, misturando tradições japonesas a ideias europeias. No final dos anos 70, um tipo diferente de estilista foi do Japão para a Europa. Kansai YAMAMOTO, Yohji YAMAMOTO e Rei KAWAKUBO, da Comme des Garçons, estabeleceram-se em Paris e revolucionaram os conceitos da moda. Por meio de suas roupas, refletiam uma atitude para com o ato de vestir-se — quase um estilo antimoda — menos preocupada em trajar-se para uma ocasião ou estação e mais envolvida na adaptação constante da roupa japonesa tradicional. Ignorando a ênfase ocidental dada às formas longilíneas e às proporções anatômicas, os estilistas japoneses introduziram dimensões e texturas alternativas. As roupas eram recortadas e possuíam rasgos em locais estratégicos para enfatizar as proporções e as cores; a estrutura era dominada ou por cores pardas e escuras ou por padrões de texturas ousados. Graças a esses e a outros estilistas, a influência japonesa sobre a moda contribuiu para ampliar os conceitos estéticos. Estilistas ocidentais começaram a criar roupas menos severas, concentrando-se na fluidez e no drapejamento do tecido, conforme os ensinamentos do estilo japonês.

JAQUETA DE PILOTO Casaco de lã que ia até a cintura, adaptado das jaquetas usadas na Segunda Guerra Mundial pelos pilotos de bombardeiro da Real Força Aérea britânica. Possui corte generoso, mangas amplas mas bem-proporcionadas e cintura franzida ou com elástico. É fechada na frente por um zíper que vai da cintura ao pescoço, onde a gola pode ser dobrada. Depois da guerra, a jaqueta de piloto passou a ser usada por homens e mulheres como traje informal, podendo ser realizada em quase todo tipo de tecido. *Ver também* BLUSÃO DE AVIADOR *e* JAQUETA EISENHOWER.

JAQUETA EISENHOWER Traje criado durante a Segunda Guerra Mundial e assim denominado em homenagem ao americano Dwight Eisenhower, que em 1943 tornou-se Comandante Supremo das Forças Aliadas na Europa Ocidental e organizou o desembarque aliado na Normandia. A jaqueta Eisenhower ia até a cintura e tinha cinto, gola virada para baixo e mangas abotoadas nos punhos. A partir da década de 40, o modelo tornou-se popular para ocasiões informais, sendo usado por homens e mulheres. *Ver também* BLUSÃO DE AVIADOR.

JARDIN DES MODES, LE Revista mensal, com muitos suplementos, publicada pela primeira vez em 1922 por Lucien VOGEL. Uma das publicações de moda mais importantes da França.

JARDINEIRA Vestimenta usada por operários no início do século XX e adotada pelas mulheres durante as duas Grandes Guerras. No final da década de 40 e no início da de 50, jardineiras de brim entraram na moda. A jardineira é uma calça com peitilho e suspensórios que passam sobre os ombros. Vários bolsos e abas adornaram a jardineira em uma ou outra época, principalmente nos anos 60. Também conhecida como "salopette".

JEANMAIRE, ZIZI 1924-. Bailarina. Nascida em Paris, França. Ficou famosa com a companhia Ballets de Paris em 1949, em sua produção de *Carmem*. Estrelou o filme *Hans Christian Andersen* (1952) e o musical da Broadway *The girl in pink tights* (1953). Durante a década de 50, foi o símbolo do estilo GAMINE, com seu corte de cabelo curto, como o de um garoto, e seu corpo delgado.

JEANS Corruptela de *Gênes*, nome francês para Gênova, cidade portuária da Itália, que acabou batizando as resistentes calças de trabalho usadas pelos marinheiros, confeccionadas com tecido grosso de algodão originalmente fabricado em Nîmes, França. Durante a década de 1850, Levi STRAUSS lançou os jeans de brim em São Francisco, Califórnia, como roupa de trabalho para mineradores de ouro. Entraram na moda nos Estados Unidos na década de 50. Desde então, vêm sendo feitos em modelos variados: justos ou *baggy*; SAINT-TROPEZ e BOCA DE SINO; bordados com flores ou remendados; bem cortados ou *stretch*. Qualquer que seja o modelo ou corte, o tecido *indigo blue* é associado a trajes informais. Nos anos 50 e 60, também era conhecido como calças rancheiras. Ver BRIM.

JENNY Casa aberta em Paris em 1909 por Jeanne Adèle Bernard (1872-1962). Especializada em roupas para a noite, elegantes e aristocráticas, na década de 20 a Jenny atraía uma clientela de americanas e europeias. A casa se fundiu com a Lucile Paray em 1938 e fechou suas portas dois anos depois.

Modelo de JENNY para a primavera de 1922, com a cintura baixa típica da época.

JÉRSEI 1. Tecido macio, elástico, de malha. Foi usado pela primeira vez na ilha de Jersey, no canal da Mancha, no final do século XIX, para *sportswear* e roupas externas. Nos anos 20 foi pela primeira vez usado por CHANEL, sendo depois utilizado em vestidos e conjuntos de duas peças, tornando-se o tecido mais elegante da época. Pode ser feito de algodão, náilon, raiom, lã ou fibras sintéticas. 2. Espécie de SUÉTER grosso, tricotado, originalmente usado por pescadores.

JOHN, AUGUSTUS 1878-1961. Pintor. Nascido em Tenby, País de Gales. Retratista que inspirou um estilo boêmio de vestir, usado no bairro de CHELSEA, de Londres, nos anos 20. As capas longas, os chapéus pretos de abas largas e as roupas de tecidos artesanais de John eram imitados por muitos jovens, enquanto as mulheres copiavam as SANDÁLIAS, OS LENÇOS DE CABEÇA em estilo CIGANO e as saias evasê da mulher de John, Dorelia, as quais iam até os tornozelos. Esse visual se tornou popular por causa de um retrato de Dorelia intitulado "A Mulher Sorridente".

JOHNSON, BETSEY 1942-. Estilista. Nascida em Hartford, Connecticut, Estados Unidos. Passou um ano no Pratt Institute, no Brooklyn, Nova York, formando-se depois na Universidade Syracuse, em 1964. No mesmo ano, a revista *Mademoiselle* convidou-a para editar o número de verão dedicado aos universitários, sendo contratada por um ano após a formatura. Durante esse período, fez e vendeu modelos de roupas nas horas vagas, tornando-se, mais tarde, estilista freelance e vendendo no varejo pela BUTIQUE nova-iorquina Paraphernalia. Na década de 60, Betsey Johnson ficou famosa como estilista jovem radical, produzindo TERNINHOS "de gângster" em risca de giz; vestidos de vinil transparente, vendidos com adesivos de artistas à escolha da cliente; vestidos "com barulho" feitos de jérsei com ilhoses dependurados na bainha; macacões prateados de motociclista; vestidos-camisetas colantes; e um vestido envelope de couro de boi com MÍNI, usado com botas de couro que iam até as coxas. Em 1969, abriu em Nova York uma butique chamada Betsey, Bunky and Nini. Nos anos 70, Betsey voltou-se para a moda DISCOTECA, lançando roupas extravagantes e reveladoras do corpo, para a pista de dança, muitas delas feitas de jérsei elástico. Em 1978, estabeleceu seu próprio negócio de SPORTSWEAR.

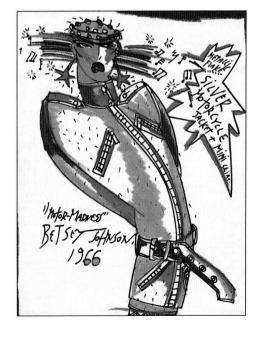

A efervescência da década de 60 não foi uma exclusividade britânica. A estilista americana Betsey JOHNSON tornou-se famosa nessa época por suas criações jovens e radicais, acima: as mínis coloridas, de 1965; abaixo, a jaqueta de motociclista prateada, de 1966.

Chapéu de 1980 de Stephen JONES.

JONES, STEPHEN 1957-. Chapeleiro. Nascido em West Kirby, Liverpool, Inglaterra. Formou-se em 1979 na St. Martin's School of Art, em Londres, e no mesmo ano desenhou uma coleção de chapéus para a FIORUCCI. Foi então para a LACHASSE e, em 1980, abriu seu próprio negócio. Os chapéus de Jones, ousados e assimétricos, logo se tornaram conhecidos entre os estilistas, como Jean-Paul GAULTIER, Claude MONTANA, Thierry MUGLER e Zandra RHODES. Desenhou também para vários cantores e grupos de música pop, como MADONNA, Boy George e George Michael. Em 1984, Stephen Jones tornou-se o primeiro chapeleiro britânico a trabalhar em Paris. Desde então, tem desenhado coleções para Antonio BERARDI, John GALLIANO, Katharine HAMNETT, Emanuel UNGARO e Vivienne WESTWOOD, entre outros. Deve-se a ele o impulso dado para reviver a arte da chapelaria no final do século XX.

JOURDAN, CHARLES 1883-1976. Fabricante de sapatos. Em 1981, começou com uma pequena fábrica de calçados em Romans, na região do Drôme, na França. O negócio prosperou, principalmente nas vendas de sapatos femininos. Depois da Segunda Guerra Mundial, os três filhos de Jourdan uniram-se a ele e, em 1957, abriram uma BUTIQUE em Paris. Em 1959, a DIOR concedeu à empresa a licença para desenhar e fabricar os sapatos Dior. As criações da Jourdan são atualíssimas. No final da década de 60 e início da de 70, a companhia ganhou uma imagem de vanguarda, contratando para sua campanha publicitária o fotógrafo surrealista Guy BOURDIN. Durante essa época, a Jourdan vendeu grandes quantidades de dois modelos notáveis: o *Maxime*, um ESCARPIM de salto baixo, bico quadrado e

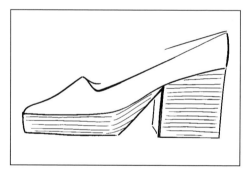

O modelo "Madly" de Charles JOURDAN, de 1972.

"Maxime", criado em 1958, tornou-se um dos sapatos mais famosos de JOURDAN.

laço de cetim; e o *Madly*, um sapato de PLA-
TAFORMA com salto grosso e gáspea alta de verniz vermelho ou preto. A empresa também
fabrica os calçados Pierre CARDIN e Xavier
Danaud, entre outros. Nos anos 80 e 90,
Charles Jourdan foi associado a um visual
mais conservador.

**JOURNAL DES DAMES ET DES MODES,
LE** Revista trimestral publicada em Paris de
1912 a 1914, contendo calcogravuras de moda e artigos sobre literatura, teatro, moda e
artes. Foi inspirada numa revista de mesmo
nome publicada entre 1798 e 1839. Entre os
artistas colaboradores estavam BAKST, BAR-
BIER, Pierre Brissaud, BRUNELLESCHI, DRIAN,
IRIBE e MARTIN.

JUMPER 1. Casaco curto, do tipo saco, com
uma gola estreita virada para baixo, e abotoado
até o pescoço. Era usado pelos homens no século XIX. 2. Vestido sem mangas do século XX,
com decote grande em U ou quadrado, geralmente usado sobre uma blusa. *Ver* JAEGER.

JUMPER do catálogo da Jaeger de 1926.

JUTA Fibra lustrosa obtida da juta, planta
do leste da Índia. Desde o século XIX, é misturada à seda e à lã para criar tecidos.

KAFTAN Ver CAFTÃ.

KAMALI, NORMA 1945-. Estilista. Nascida Norma Arraez, em Nova York, Estados Unidos. Estudou ilustração de moda no Fashion Institute of Technology, em Nova York. Formou-se em 1964 e trabalhou em escritórios até abrir uma BUTIQUE com o marido, em 1967. As roupas muito originais de Kamali eram populares entre pessoas do mundo do show business, do teatro e da música. MAIÔS de lamê dourado e roupas de *chamois* com estampa de leopardo eram apenas alguns de seus lançamentos ousados. Depois de se divorciar, abriu outra empresa, OMO (*On My Own*), em 1978. Seus casacos leves, de tecido de náilon com enchimento de fibra, e seus macacões de náilon de paraquedas atraíram atenção internacional. No final da década de 70, Kamali começou a trabalhar com MOLETOM, um tecido usado anteriormente em roupas de atletas e SPORTSWEAR. Fazia jaquetas, saias e calças justas e largas. Seus saiotes RAH-RAH foram as primeiras saias curtas a vender em quantidade desde a MÍNI do início dos anos 60. Usou muito o jérsei para fazer vestidos e tops. As roupas de Kamali são espirituosas e extravagantes o bastante para tornar desnecessários os acessórios. Como uma das estilistas mais inovadoras das décadas de 70 e 80, Kamali demonstrou ousadia na escolha de tecidos, fazendo saias de toalhas de mesa mexicanas ou de retalhos do chão da sala de corte. Nos anos 80, lançou diversas e bem-sucedidas coleções de *sportswear* e de maiôs de uma peça, marcantes por sua modelagem e seu tratamento da cor. Na década de 90 reviveu muitas ideias dos anos 70, como as calças BOCA DE SINO. É uma estilista inovadora, que mistura o estilo RETRÔ com tecidos contemporâneos ou futuristas, para obter um visual altamente personalizado.

Coleção "Sweats" de Norma KAMALI, de 1981, mostrando ombros largos com ombreiras, combinando com cintura em estilo basque e knickerbockers.

KANGOL Empresa fundada em 1938 por Jacques Spreiregen (nascido em Varsóvia, Polônia, em 1893) em Cleator, Inglaterra, para fabricar BOINAS bascas. Durante a Segunda Guerra Mundial, a Kangol forneceu boinas militares às Forças Armadas britânicas e de outros países. Na década de 50, suas boinas e chapéus macios de angorá estiveram muito em moda. *Ver também* *SMITH, Graham.

Sempre na moda, a boina é usada por todos, de namoradas de gângsteres da década de 30 a estudantes inglesas dos anos 70. Esta é a tradicional "Modelaine" da marca britânica KANGOL, que produz boinas desde a Segunda Guerra Mundial.

KAPLAN, JACQUES 1924-. Estilista de peles. Nascido em Paris, França. Em 1941, ingressou na filial nova-iorquina da peleteria que seu pai fundara em Paris em 1889. Ficou famoso por suas PELES coloridas e estampadas com estêncil, pelas PELES SINTÉTICAS e pelos vestidos, botas e chapéus de pele. Aposentou-se em 1971.

KARAN, DONNA 1948-. Estilista. Nascida Donna Faske, em Forest Hills, Nova York, Estados Unidos. Seu pai era dono de um armarinho, e sua mãe, modelo e vendedora. Donna frequentou a Parsons School of Design, em Nova York; durante o segundo ano, Anne

Donna KARAN é conhecida pelo estilo envelope informal e pelas glamorosas roupas para a noite. Acima, coleção primavera de 1997; no verso, coleção outono de 1987.

KLEIN contratou-a para desenhar no período de férias. A colaboração se transformou num emprego de tempo integral e ela continuou na Anne Klein, sendo nomeada sua sucessora em 1969. Em 1974, com a morte de Anne, Donna Karan e Louis DELL'OLIO tornaram-se coestilistas da empresa. Donna continuou produzindo SPORTSWEAR muito confortável e com preços moderados, para a etiqueta Anne Klein até 1984, quando deixou a empresa e passou a desenvolver sua grife. Sua primeira coleção foi lançada em 1985 e, desde então, ela tem ocupado uma posição de destaque na moda

feminina internacional. Em consideração às mulheres cuja forma física é difícil de vestir, usou tecidos de bom caimento que as favoreciam. Criou saias ENVELOPE e BLAZERS bem cortados, assim como *bodystockings* de Lycra, que podiam facilmente ser usados tanto com jeans como sob um tailleur. Seu estilo envelope, feito com caxemira e tecidos com elasticidade, disfarçava corpos imperfeitos. Sua maneira de tratar as roupas informais fazia com que se adaptassem bem tanto a quem trabalhasse fora como a donas de casa, atendendo assim a milhões de mulheres. Usando uma cartela de cores sofisticada, frequentemente incluindo o preto e o azul-escuro, Karan ofereceu às mulheres roupas chiques, em que modismos e exageros eram raros; seus modelos, simples na aparência e no corte, refletiam um comportamento moderno e fizeram muito sucesso.

KASHA Tecido macio, sedoso, feito de lã misturada com pelo de cabra. Tornou-se popular durante a década de 20.

KASPER, HERBERT 1926-. Estilista. Nascido em Nova York, Estados Unidos. Estudou inglês e publicidade na Universidade de Nova York, mas saiu da faculdade prematuramente, para servir o exército americano na Europa. Depois de ter recebido baixa, voltou para Nova York, onde estudou na Parsons School of Design. Nos anos seguintes, foi para Paris, fez cursos na École de la Chambre Syndicale de la Haute Couture (*ver* HAUTE COUTURE) e trabalhou para Jacques FATH, Marcel ROCHAS e a revista *Elle*. Ao voltar para os Estados Unidos, no início da década de 60, Kasper foi trabalhar com MR. JOHN, como estilista de chapéus. Em 1965, passou para a Joan Leslie, onde ainda é vice-presidente. As roupas de Kasper sempre foram associadas a peças de alta-costura a preços de SPORTSWEAR. É um mestre em adaptar um corte bem-feito a uma etiqueta de mercado de massa, sobressaindo no uso de malhas, camurça e seda.

KAWAKUBO, REI 1942-. Estilista. Nascida em Tóquio, Japão. Estudou literatura na Universidade Keio, em Tóquio. Após se formar, em 1964, trabalhou na indústria têxtil japonesa Asahi Kasei. Dois anos mais tarde, tornou-se estilista freelance de moda e, em 1969, formou a companhia Comme des Garçons. Sua linha masculina, a *Homme*, foi fundada em 1978. Rei atraiu maior atenção em Paris no final da década de 70 e início da

A jovem e animada coleção de KENZO para a primavera-verão de 1981 incluía mínis e mídis.

seguinte, com suas roupas não tradicionais, que tentavam redefinir as ideias do vestuário feminino tanto no Oriente quanto no Ocidente. Seus trajes rasgados e amassados, enrolados em volta do corpo, aparentemente sem levar em conta as formas deste, foram inicialmente considerados feios e até ridículos. Entretanto, suas cores sombrias e sua imagem assexuada, sem curvas, causaram considerável impacto sobre os estilos de vestir da década de 80. Muitas de suas roupas têm mangas e abotoamento irregulares, e sua malharia não raro é esfarrapada e retalhada.

KELLY, PATRICK 1954-90. Estilista. Nascido em Vicksburg, Mississippi, Estados Unidos. Frequentou a Universidade Jackson State, onde estudou história da arte. Trabalhou com um alfaiate em Atlanta, na Geórgia, antes de se mudar para Nova York para estudar na Parsons School of Design. Em 1979 foi para Paris e começou sua carreira na moda, fazendo e vendendo nas calçadas seus vestidos tubo de algodão. Logo suas originais criações tiveram muita procura. Mas sua carreira promissora foi interrompida pela morte prematura.

KENNEDY, JACQUELINE Ver ONASSIS.

KENZO 1940-. Estilista. Nascido Kenzo Takada, em Quioto, Japão. Estudou arte no Japão e, depois de formado, desenhava moldes para uma revista de Tóquio. Em 1964, mudou-se para Paris e, durante o resto da década de 60, criou coleções como freelance e vendeu modelos a Louis FÉRAUD. Em 1970, abriu sua própria loja, a Jungle Jap. O sucesso foi quase imediato. Suas primeiras roupas, de algodão, foram muito populares. Em 1972, já estava estabelecido, conhecido inicialmente por seus modelos audaciosos, em extravagantes cores de cabúqui ou em tons austeros. Mestre na mistura de estampas e em sobreposições, Kenzo produziu blusas, TÚNICAS, BATAS, calças largas e roupas de

As cores vivas e o domínio do drapejamento de KENZO no atraente vestido de noite da coleção de 1979.

veludo estampado em estilo japonês e deu especial atenção à malharia. Seu criativo tratamento de tendências em malha firmou sua posição como estilista de prêt-à-porter, injetando colorido e novas proporções aos modelos clássicos.

KERSEY Tecido grosso, pesado e sarjado, de lã e algodão, com a superfície lixada, semelhante ao mélton. Foi muito usado no século XIX para confeccionar casacos.

KHANH, EMANUELLE 1937-. Estilista. Nascida em Paris, França. Em meados da década de 50, trabalhou como modelo para BALENCIAGA e, depois, para GIVENCHY. Começou a desenhar, desenvolveu várias peças, e em 1961 algumas delas apareceram na *Elle*. Trabalhou na DOROTHÉE BIS por pouco tempo, ficando com CACHAREL de 1962 a 1967. Em 1970, Emanuelle abriu sua própria firma. Continuou a trabalhar freelance enquanto desenvolvia suas próprias coleções. Nos anos 60, ficou famosa por golas compridas e caídas em jaquetas, vestidos e blusas; cavas pronunciadas; saias compridas; golas redondas minúsculas em blusas; saias curtas com babadinhos; conjuntos de linho com detalhes de renda; e blusas bordadas. Seu nome é associado à moda iê-iê-iê da década de 60.

KIAM, OMAR 1894-1954. Figurinista. Nascido Alexander Kiam, em Monterrey, México. Frequentou a Poughkeepsie Military Academy, em Nova York. Por volta de 1912, estava trabalhando numa loja de departamentos em Houston, Texas, onde se tornou estilista-chefe da seção de chapéus. Mudou-se para Nova York, a fim de desenhar, como freelance, roupas, peles e figurinos para teatro. Kiam também passou alguns anos trabalhando em Paris. Na década de 30, retornou a Nova York para criar figurinos destinados à Broadway. Em 1935, foi contratado como estilista-chefe pela companhia de produções de Samuel Goldwyn, em Hollywood, fazendo criações especificamente para as atrizes Merle Oberon e Loretta Young. Em 1941, Kiam começou a produzir uma linha de prêt-à-porter para um confeccionista de Nova York.

KILT Em tempos primitivos, o *kilt* era uma peça comprida, semelhante à toga, tecida com fios tintos com corantes vegetais e drapejada nos ombros. Servia como roupa e cobertor. A partir da Idade Média, passou a ser feito de um xale — um pedaço de pano, em geral com aproximadamente cinco por 1,5 metro, que

KLEIN, BERNAT

O KILT apareceu nas coleções de muitos estilistas. Esta é a versão de Bill Gibb para os anos da minissaia, na década de 60.

era enrolado abaixo da cintura, formando uma saia até o meio da canela, com a outra extremidade drapejada sobre o peito e jogada sobre o ombro. No século XVII, o *kilt* já havia sido identificado com a Escócia. Consistia numa saia de cerca de sete metros de tecido TARTÃ, sendo a maior parte pregueada, exceto o último meio metro em cada extremidade. As extremidades não pregueadas eram cruzadas uma sobre a outra na frente e presas por fivelas ou por um alfinete grande. Nessa época, o xale era uma peça separada usada sobre o ombro. Na Europa, o interesse pelos *kilts* foi promovido pela rainha VITÓRIA e por seu consorte, o príncipe Alberto, os quais, em meados do século XIX, passavam bastante tempo em Balmoral, sua propriedade escocesa. Como peça de moda para mulheres, o *kilt* (habitualmente a saia, sem o xale) é usado desde a década de 40. As versões modernas são feitas com uns dois metros de tecido de lã e não seguem as tradições escocesas. *Kilts* de moda foram especialmente populares durante os anos 70, fazendo parte dos trajes femininos de IVY LEAGUE e PREPPIE.

KING'S ROAD Rua principal do bairro de CHELSEA, de Londres, foi cenário de muitas tendências novas da moda desde a proliferação das BUTIQUES na década de 60. A King's Road tornou-se o centro da moda no final dos anos 70, quando era o ponto preferido dos PUNKS.

KLEIN, ANNE 1921-74. Estilista. Nascida Hannah Golofski, em Nova York, Estados Unidos. Em 1938, trabalhava como desenhista na SEVENTH AVENUE, em Nova York. No ano seguinte, casou-se com Ben Klein e foi trabalhar na Varden Petites, onde ficou responsável pelas linhas juvenis. Pouco depois, Anne formou a Junior Sophisticates e abriu mais caminhos para as mulheres jovens no cenário da moda. Em 1968, a Anne Klein & Co. foi fundada. Anne sofisticava a moda jovem. Foi uma das estilistas de SPORTSWEAR mais famosas dos Estados Unidos, conhecida por combinar vestidos e casaquinhos, vestidos de cintura justa, BLAZERS e BLUSÕES DE AVIADOR, tops BLUSÃO com capuz e vestidos colantes de jérsei. Suas roupas eram elegantes e práticas, sempre dentro dos ditames da moda. Depois de sua morte, Donna KARAN e Louis DELL'OLIO assumiram o departamento de criação da Anne Klein & Co.

KLEIN, BERNAT 1922-. Desenhista de tecidos e artista plástico. Nascido em Senta, Iugoslávia. Frequentou a Academia de Artes e Desenho Industrial Bezalel em Jerusalém. Após a Segunda Guerra Mundial, foi para a Inglaterra, onde estudou tecnologia têxtil na Universidade Leeds. Depois trabalhou por pouco tempo num grande cotonifício em Lancashire e num lanifício em Edimburgo, estabelecendo-se por conta própria em Galashiels, Escócia, em 1951. O trabalho de Klein baseia-se no desenvolvimento e inovação contínuos no desenho de tecidos. Sua contribuição pessoal é associada ao tratamento da cor.

Um exemplo das linhas delgadas de Calvin KLEIN para o outono de 1983 são as peças do guarda-roupa masculino adaptadas para as mulheres: casaco estilo jaquetão xadrez, blazer estilo jaquetão xadrez e calça cinza de flanela. O efeito é um conjunto sofisticado e discreto.

O estilista Bernat KLEIN produziu o tecido de lã marrom, areia e branca, depois transformado em mantô por John Cavanagh, em 1963.

KLEIN, CALVIN 1942-. Estilista. Nascido em Nova York, Estados Unidos. Formou-se no Fashion Institute of Technology em 1962 e passou dois anos trabalhando como estilista-assistente de Dan Millstein. De 1964 a 1968 trabalhou para diversos confeccionistas de casacos e ternos até iniciar seu próprio negócio. Durante muitos anos, especializou-se na criação de casacos e ternos, mas, em meados da década de 70, recebeu reconhecimento pelas linhas suaves e limpas de suas coleções de SPORTSWEAR. JAPONAS, sobretudos de mélton com gola de pele, suéteres de GOLA RULÊ e CALÇAS estreitas em tons sóbrios eram a marca registrada de Klein, tanto quanto casacos (em estilo camisa) em crepe-da-china de seda, blusas listradas de seda e peças avulsas de veludo para o dia. No final dos anos 70, os modelos de Klein tornaram-se cada vez mais sofisticados. Suas coleções apresentavam linhas longas e esguias em casacos, em paletós que caíam retos a partir de ombros estruturados, e em BLAZERS e blusas cuidadosamente proporcionados. Klein dá preferência a linho, sedas e tecidos de lã. Em meados da década de 70, os jeans de sua grife foram muito copiados, mas mesmo assim permaneceram como uma das marcas mais respeitadas. Suas roupas são imediatamente identificáveis, graças à aparência elegante e atemporal. Suas criações conservam a atitude do MINIMALISMO do final do século XX. Embora Klein use com frequência tecidos luxuosos, suas criações exibem uma notável ausência de detalhes superficiais e de exageros. Ao contrário, são roupas que seguem uma cartela de cores reduzida, sóbria e simples, o que atrai homens e mulheres. Essa androginia e essa visão UNISSEX que Klein promoveu com excepcional sucesso, especialmente na área das roupas íntimas — suas calcinhas e cuecas obtiveram sucesso internacional no início da década de 90.

Vestido toalete de Roland KLEIN, da coleção primavera--verão de 1997.

KLEIN, ROLAND 1938-. Estilista. Nascido em Rouen, França. De 1955 a 1957, estudou na École de la Chambre Syndicale de la Haute Couture (*ver* HAUTE COUTURE). Em 1962, após dois anos na DIOR, ingressou na PATOU, onde foi assistente de Karl LAGERFELD. Klein viajou para Londres em 1965, indo trabalhar na firma de Marcel Fenez. Em 1973, tornou-se diretor administrativo e, em 1979, abriu sua própria loja, a Roland Klein. Ele cria roupas sóbrias e bem-proporcionadas.

KLIMT, GUSTAV 1862-1918. Artista plástico. Nascido em Viena, Áustria. Seu nome ficou muito associado ao ART NOUVEAU. As figuras femininas de Klimt do início da década de 1880 usavam vestidos suaves e vaporosos. Criava vestidos para uma casa vienense de alta-costura, fazendo também cenários teatrais e cartazes.

KNAPP, SONIA *Ver* UNGARO.

KNICKERBOCKERS Ou simplesmente *knickers*, palavra inglesa que designa um calção folgado, franzido abaixo do joelho e preso com um botão ou fivela. Usado pelos homens desde o século XVIII, passou a ser parte integrante dos trajes femininos para esportes na década de 1890, juntamente com o CASACO NORFOLK. No final da década de 60 e início da de 70, os *knickerbockers* voltaram à moda, promovidos por Yves *SAINT-LAURENT.

KNICKERS *Ver* KNICKERBOCKERS.

KORS, MICHAEL 1959-. Estilista. Nascido em Long Island, Nova York, Estados Unidos. Depois de estudar no Fashion Institute of Technology, Michael lançou sua própria marca de SPORTSWEAR em 1981. Seus modelos de MACACÃO, justos e de proporções reduzidas, chamavam a atenção para o corpo, que era coberto por um paletó. Trabalhando frequentemente com tecidos naturais e cores neutras, ele criou vestimentas notáveis pelo seu tratamento minimalista e pelo corte curvilíneo, criado para agradar. Suas peças avulsas quase sempre são práticas: o vestido que se enrola no corpo é usado com um paletó de alfaiataria; um outro paletó pode ser usado como camisa. Muitas de suas criações são inspiradas na grande estilista do SPORTSWEAR americano, Claire MCCARDELL.

KOSHINO, HIROKO 1938-. Estilista. Nascida em Tóquio, Japão. Uma dentre os muitos estilistas JAPONESES que foram para Paris no início da década de 80, Hiroko abriu sua própria companhia e apresenta peças avulsas, pesquisadas com base no QUIMONO.

KOSHINO, MICHIKO 1950-. Estilista. Nascida em Osaka, Japão. Formou-se em 1974 na Bunka Fukuso Gakuin, faculdade japonesa de desenho industrial. No ano seguinte foi para Londres e logo se estabeleceu como estilista segura e bem-sucedida, capaz de misturar ideias orientais e ocidentais de forma moderna. O cuidado de Michiko com os detalhes pode ser observado principalmente na costura e no posicionamento dos bolsos.

KRIZIA Companhia denominada Kriziamaglia, fundada em 1954, em Milão, Itália, por Mariuccia Mandelli (nascida em 1933). Ex-professora, Mariuccia começou vendendo saias e vestidos. Em 1967, incorporou estilismo em malha e, mais tarde, linhas completas de roupas prêt-à-porter. Os modelos da Krizia são sempre característicos. Inteligentes, alegres, muitas vezes espirituosos, conseguem manter graça e glamour consideráveis. Na década de 70, a marca de Mariuccia era um motivo animal, que começou a aparecer em muitas roupas a cada nova estação. A Krizia transformou-se num gigante do cenário da moda milanês.

KUMAGAI, TOKIO 1947-87. Estilista de calçados. Nascido em Sendai, Japão. Depois de se formar, em 1970, na faculdade japonesa de desenho industrial Bunka Fukuso Gakuin, ele foi para Paris. Durante a década de 70, trabalhou em diversas companhias, principalmente CASTELBAJAC, Rodier e Pierre d'Alby na França, e FIORUCCI na Itália. Em 1979, começou a pintar sapatos à mão. Abriu sua primeira BUTIQUE em 1980. Kumagai transpõe a estética do SURREALISMO, da arte abstrata e do expressionismo para seus modelos, inspirando-se em artistas plásticos como Kandinsky, Pollock e MONDRIAN. Frequentemente modificava a estrutura do sapato para acomodar sua pintura.

LÃ Massa de fibras fortes e flexíveis que forma o pelo de certos animais, como o carneiro. As células externas, de fibra helicoidal, repelem a água, enquanto as células internas absorvem a umidade, tornando o tecido térmico. Utilizada desde a Idade da Pedra, a lã já foi transformada em quase todos os tipos de roupa. No final do século XIX, era usada em roupas de baixo e de natação, bem como em roupas de casa e de passeio. As principais regiões produtoras são a Austrália, a Nova Zelândia, a África do Sul e a Argentina. Fios retorcidos de lã são flexíveis e menos dispendiosos que os fios de lã penteada. *Ver* BOTANY, LÃ DE CORDEIRO, LÃ PENTEADA e MÉLTON.

LACHASSE Casa de moda fundada em Londres, em 1928, especializada em roupas para o esporte e o campo. Digby MORTON foi seu primeiro estilista contratado e permaneceu na empresa até 1933. Foi sucedido por Hardy AMIES, e depois por MICHAEL Donnellan, que saiu em 1953. Nessa fase, Clive foi contratado como estilista de blusas. Em 1974, Peter Lewis-Crown tornou-se estilista-chefe. A casa é mais conhecida por seus tailleurs e vestidos impecavelmente cortados, muitos deles de tweed, e por seu puríssimo "estilo inglês". A casa ainda faz criações para a realeza britânica e para os palcos.

LACOSTE Em 1934, o astro francês do tênis René Lacoste (1904-96), apelidado *Le Crocodile* por sua agressividade na quadra, lançou uma camisa de tênis de malha branca e mangas curtas, com o emblema de um pequeno crocodilo no peito. A camisa era mais comprida atrás do que na frente, pois assim permaneceria no lugar durante o jogo. Lacoste fundou La Societé Chemise Lacoste de Paris, que continua fazendo camisas polo em cores variadas. *Ver* GOLA POLO.

O logotipo da LACOSTE foi uma homenagem a René Lacoste, apelidado de "crocodilo", famoso tenista da década de 20 que inventou a camisa polo de manga curta.

LACROIX, CHRISTIAN 1951-. Estilista. Nascido em Arles, França. Estudou história da arte na Universidade de Montpellier e museologia na Sorbonne, em Paris. Trabalhou então na HERMÈS como assistente de Guy PAULIN, de 1978 a 1981, quando foi para a PATOU chefiar a *haute couture*. Em 1987 abriu sua própria *maison* em Paris e provocou reflexos em todo o mundo da moda. Embora suas roupas tenham causado estranheza, ele provou ser um estilista confiante, seguro das misturas ex-

LACROIX, CHRISTIAN

cessivas e inesperadas de cores e estampas combinadas com cinturas altas, drapeados assimétricos, formas de *baby-doll* e, particularmente, a SAIA BALONÊ — uma saia ampla, curta e frequentemente repuxada atrás. Lacroix estimulou o prêt-à-porter a se interessar pela alta-costura, e suas criações foram amplamente copiadas. Suas cores quase sempre são luminosas e as texturas são elaboradas e enfeitadas. Muitos elementos referentes ao passado são evidentes nas coleções de Lacroix, assim como influências do teatro, dos MERCADOS DE PULGAS e dos trajes tradicionais da Provença.

Três modelos de alta-costura de Christian LACROIX. Acima: vestido de noiva (de nº 65 chamado "Quem tem direito") do outono-inverno de 1992-3. À direita, em cima: casaco de linho cru e saia de tafetá iridescente (modelo nº 16, chamado "Voluta"), da primavera-verão de 1988. À direita: desenho de Lacroix (modelo nº 46), do outono-inverno de 1997-8.

LÃ DE CAMELO *Ver* PELO DE CAMELO.

LÃ DE CORDEIRO Lã de carneiro jovem, utilizada desde o século XX para fazer cardigãs, suéteres e malhas.

LAGERFELD, KARL 1938-. Estilista. Nascido em Hamburgo, Alemanha. Aos catorze anos, mandaram-no para Paris, a fim de prosseguir seus estudos. Três anos depois, após ganhar o primeiro prêmio num concurso de modelos de mantô patrocinado pelo International Wool Secretariat, foi contratado por BALMAIN, que colocou o modelo em produção. Lagerfeld ficou três anos com Balmain, indo trabalhar na *maison* PATOU como diretor de arte aos vinte anos. Em 1964, desiludido com a alta-costura, deixou Paris para estudar história da arte na Itália. Mas a atração pela moda era tão intensa que, no ano seguinte, já voltara a trabalhar como estilista freelance para a CHLOÉ, a KRIZIA, VALENTINO e para o fabricante de sapatos Charles JOURDAN. Em 1967, ingressou na FENDI como estilista-consultor, desenvolvendo um trabalho inovador em casacos e mantôs de pele. Usou toupeira, coelho e esquilo (peles antes consideradas inadequadas à moda), tingindo-as de cores vibrantes. Lançou um casaco dupla-face forrado de pele e outro em estilo QUIMONO, misturando também pele com couro e com vários tecidos. O nome Lagerfeld é igualmente associado à firma Chloé, onde ficou famoso por seus trajes prêt-à-porter da mais alta qualidade. Suas coleções exprimiam personalidade, não importando o que Lagerfeld apresentava: vestidos de camponesa com lenços amarrados como CORPETES, como xales ou em torno da cintura (1975); minissaias (1980) ou saias sobrepostas com calças (1981). Estilista minucioso e ousado, suas roupas possuem acessórios imaginativos. Suas ideias são sofisticadas, frequentemente atrevidas, mas sempre executadas com estilo. Em 1983, tornou-se diretor de criação da CHANEL, tanto para a linha de alta-costura quanto para a de prêt-à-porter. Paralelamente, no ano seguinte, lançou a primeira coleção com sua própria grife. Desde meados da década de 70, Lagerfeld tem sido uma presença importante no cenário da moda. É um perito comprovado na transposição da STREET STYLE para a alta-costura, mesclando o estilo clássico com tendências extravagantes que mais tarde serão filtradas e amplamente aceitas pelo mundo da moda. Sua influência nesse campo, como estilista e criador, é notável.

O desenho de Karl LAGERFELD revela seu perfeito domínio da técnica e mostra seu flerte com a forma ampulheta numa criação de 1986-7. O leque é sua marca registrada.

LALIQUE, RENÉ

Ao lado, duas criações bastante elegantes e femininas de LAGERFELD da coleção prêt-à-porter primavera-verão de 1991.

LALIQUE, RENÉ 1860-1945. Joalheiro e criador de vidros. Nascido em Ay, Marne, França. De 1876 a 1881, estudou desenho em Paris. Trabalhou como ourives e passou vários anos em Londres, antes de regressar a Paris. Após um período como desenhista freelance especializado em joias, tecidos e leques, Lalique abriu em 1885 sua própria companhia, criando e fabricando joias que vendia à Boucheron, à CARTIER e outras joalherias francesas. Em 1891, Lalique desenhou joias para serem usadas no palco pela atriz Sarah Bernhardt. Na Exposição de Paris de 1900, obteve sucesso considerável com suas joias ART NOUVEAU. Por volta de 1895, o estilo diferente e sinuoso de Lalique em geral misturava formas humanas a motivos orgânicos e simbólicos. Famoso tanto por seu trabalho em vidro quanto por suas joias, Lalique foi um artesão fecundo, executando desenhos extraordinários em materiais nobres.

Broche-pingente preto, com pátina de prata, emoldurando um rosto de vidro coberto com uma camada de esmalte opalescente e rodeado de papoulas. É uma peça de art nouveau do joalheiro René LALIQUE, c. 1898-1900.

LAMÊ Da palavra francesa *lamé*, "adornos dourados e prateados". É o nome dado a tecidos feitos com fios metálicos chatos. Desde a década de 30, é muito usado em vestidos toalete.

LAMOUR, DOROTHY 1914-96. Atriz. Nascida Mary Leta Dorothy Kaumeyer, em Nova Orleans, Louisiana, Estados Unidos. Sua maior contribuição à moda foi a popularização do SARONGUE, que ela usou em seu primeiro filme, *A princesa da selva* (*The jungle princess*, 1936), e em vários que se seguiram. Ver HEAD.

LANCETTI, PINO 1932-. Estilista. Nascido em Perugia, Itália. Estudou no Istituto di Arte de Perugia. Na década de 50, mudou-se para Roma, onde vendia desenhos a estilistas como SIMONETTA e FONTANA e trabalhava freelance para diversas companhias, inclusive a CAROSA, antes de se estabelecer por conta própria, em 1961. Lancetti é um estilista famoso em Roma; concentra-se no corte e na cor e faz muitas criações sofisticadas em seda e chiffon.

LANE, KENNETH JAY 1932-. Desenhista de bijuterias. Nascido em Detroit, Michigan, Estados Unidos. Estudou na Universidade de Michigan e na Rhode Island School of Design. Em 1954, tendo se formado em desenho publicitário, foi trabalhar no departamento de arte da VOGUE em Nova York. Dois anos depois, deixou a *Vogue* para ser assistente de VIVIER, criando sapatos para a DELMAN. De 1956 a 1963, Lane também trabalhou com Vivier em Paris, produzindo sapatos para a DIOR. Em 1963, experimentou fazer bijuterias com os VIDRILHOS utilizados para adornar sapatos toalete. Um ano mais tarde, seu trabalho de meio período em bijuterias se transformara em bem-sucedida atividade de tempo integral. O talento de Lane estava em seu despudor ao copiar peças valiosas e em sua maneira inventiva de misturar plásticos ou pedras semipreciosas. Suas criações estranhas e originais influenciaram muitos jovens criadores de bijuterias.

A modelo Paulene Stone coberta com as opulentas bijuterias de Kenneth J. LANE, 1967.

LANG, HELMUT 1956-. Nascido em Viena, Áustria. Em 1977, abriu seu estúdio de moda em Viena, especializando-se na criação de roupas de vanguarda que fugiam às convenções. Um "desconstrucionista", Lang trabalha num estilo essencialmente urbano. Mistura tecidos baratos com luxuosos e ameniza a tradicional separação entre vestimentas masculinas e femininas. Lang tem uma cartela de cores densas e sóbrias, com pitadas de cores vibrantes, que revelam uma perspectiva moderna ou futurista. Suas bem resolvidas e talentosas roupas são precisa e impecavelmente cortadas, mas de maneira imprevista e experimental. Suas combinações de tecidos revelam um olhar para o futuro.

Da coleção prêt-à-porter outono-inverno de 1988, um modelo do estilista austríaco Helmut LANG, que utiliza cores sóbrias em roupas inventivas.

LANGTRY, LILLIE 1852-1929. Nascida Emilie Charlotte le Breton na ilha de Jersey, no canal da Mancha. Depois de se casar com o diplomata Edward Langtry em 1874, Lillie Langtry ganhou notoriedade como amante do príncipe de Gales (mais tarde Eduardo VII) e, em 1881, tornou-se atriz. Conhecida como *Jersey Lily* ["Lírio de Jersey"], era famosa por sua beleza. Popularizou o JÉRSEI e deu seu nome a uma ANQUINHA e a um modelo de sapato.

LANTEJOULAS Pequenos discos brilhantes que costumavam ser de metal. Desde o início do século XX, têm sido feitas de plástico e usadas como adorno. Também chamada de paetê.

LANVIN, JEANNE 1867-1946. Estilista. Nascida na Bretanha, França. Foi aprendiz de costureira e, depois, de chapeleira. Em 1890, abriu uma chapelaria em Paris. Nos primeiros anos do século XX, as roupas que fazia para sua irmã mais nova e, depois, para sua filhinha atraíam tanta atenção das clientes que Jeanne criou cópias e lançou linhas novas, vendendo-as em sua loja. Durante os anos seguintes, os pedidos de jovens persuadiram-na a abrir uma casa de alta-costura que oferecesse trajes de mãe e filha combinando. Pouco antes da Primeira Guerra Mundial, criou seus famosos *robes de style*, baseados em modelos setecentistas. Esses vestidos de cintura marcada e saia rodada permaneceram na moda até o início da década de 20, sofrendo apenas pequenos ajustes. Desenhou também vestidos românticos, inspirados em formas vitorianas suavizadas e generosamente adornados com bordados. Por volta de 1910, sob a influência do orientalismo, Jeanne passou a criar roupas de noite exóticas, de veludo e cetim, em estilo oriental. No início da Primeira Guerra Mundial, fez um vestido CHEMISIER simples que, mais tarde, tornou-se a silhueta básica dos anos 20. Suas roupas do pós-guerra obedeciam ao espírito da época. Em 1921, sua coleção "Riviera" lançou bordados astecas. No ano seguinte Lanvin apresentou o costume bretão, que constava de uma saia levemente franzida, um BOLERO com passamanaria e inúmeros botõezinhos, e uma gola grande de organdi que caía sobre um laço de cetim vermelho. Um gorro de marinheiro ou um chapéu de palha redondo completavam o traje. Confeccionava também vestidos com

LÃ PENTEADA

A carreira de Jeanne LANVIN começou na década de 1890 e se estendeu, ativamente, por 50 anos. À esquerda: as linhas esguias de um conjunto toalete de 1931. No centro, modelo de Lanvin inspirado na crinolina, 1947. À direita, versão de Jeanne Lanvin para o new look, 1947.

miçangas para dançar, vestidos esportivos de jérsei de lã com padrão xadrez de fios dourados e prateados, PIJAMAS de festa e capinhas. Seu trabalho era facilmente identificável pelo hábil uso do bordado e pelo fino acabamento. Ela utilizava com tanta frequência determinado tom de azul que este passou a ser denominado "azul Lanvin". Em 1977, Claude MONTANA começou criando para a *maison* Lanvin. *Ver também* CASTILLO *e* CRAHAY.

LAPELA Parte frontal de uma blusa, casaco, vestido ou paletó, próxima ao pescoço, que é virada para trás ou dobrada sobre si mesma.

LÃ PENTEADA Resistente tecido de lã feito de um fio liso originário de Worstead, em Nor-

Jeanne LANVIN começou sua carreira como chapeleira. Estes modelos são de 1924 (à esquerda) e 1927-8 (à direita).

 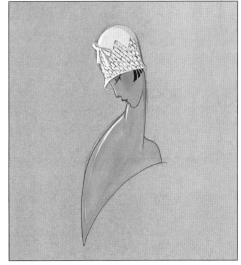

folk, Inglaterra. Desde o final do século XIX, sarja e gabardina de lã penteada são muito usadas em ternos e roupas externas. Chama-se também estambre ou lã cardada.

LAPIDUS, TED 1929-. Estilista. Nascido Edmond Lapidus em Paris, França. Filho de alfaiate, estudou engenharia técnica em Tóquio, Japão. No início da década de 50, Lapidus abriu uma BUTIQUE em Paris. Desenhava suas roupas como técnico, igualmente preocupado com o corte e com o desenho, e seus trajes precisos logo lhe trouxeram reconhecimento. Durante os anos 60, produziu um conjunto SAFÁRI que fez muito sucesso. As ideias de Lapidus estavam em perfeita sintonia com os estilos UNISSEX da década, e ele fez seu nome com roupas masculinas e femininas. Desde meados da década de 70, suas roupas tornaram-se muito mais clássicas em estilo.

Desenho da coleção de alta-costura de Guy LAROCHE, outono-inverno de 1985-6.

LAROCHE, GUY 1923-89. Estilista. Nascido em La Rochelle, próximo a Bordeaux, França. Ainda jovem, foi para Paris trabalhar numa chapelaria. Depois da Segunda Guerra Mundial, passou dois anos em Nova York como chapeleiro na SEVENTH AVENUE. Ao voltar a Paris, foi contratado por Jean DESSÈS. Trabalhou com ele durante oito anos, antes de abrir seu próprio negócio, em 1957. A princípio, Laroche produziu linhas de alta-costura, mas em 1960 lançou sua coleção prêt-à-porter. Seu corte e costura esmerados renderam-lhe notoriedade. Em 1966, as coleções passaram a ser criadas por Michel Klein.

LARS, BYRON 1965-. Estilista. Nascido em Oakland, Califórnia, Estados Unidos. Depois de estudar em Nova York e Paris, começou a ficar conhecido em 1992, quando lançou uma coleção de jaquetas de aviador inspiradas em Amelia Earhart. A sensibilidade aguçada de Lars se concentra nas vestimentas masculinas, que ele adapta ao guarda-roupa feminino: paletós ajustados, casacos de toureiro e capinhas. Sempre tendo em mente as formas femininas, a maioria de suas criações realça a cintura. Lars também usa muitos tecidos luxuosos e vistosos. Seus trajes menos extravagantes são marcados por costuras habilidosas e pela atenção aos detalhes.

LASTEX Marca de fantasia da US Rubber Company para um fio elástico feito de borracha misturada com seda, algodão ou raiom. Era usado em peças íntimas, principalmente em ESPARTILHOS e CINTAS, no início do século XX.

LAVAGEM A SECO Processo inventado em 1849 por um alfaiate francês, Ms. Jolly-Bollin, o qual descobriu que a terebintina servia para retirar manchas. No final do século XIX, já era possível limpar a peça inteira, em vez de retirar e depois costurar novamente as partes manchadas, método usado pelos primeiros tintureiros.

LAUREN, RALPH 1939-. Estilista. Nascido Ralph Lipschitz, em Nova York, Estados Unidos. Em Nova York, trabalhou na BROOKS BROTHERS, nas lojas Allied e como vendedor de luvas, enquanto cursava administração de empresas à noite, no City College. Em 1967, foi trabalhar na Beau Brummell Neckwear, onde criou a divisão Polo para produzir dispendiosas gravatas largas feitas à mão. No ano seguinte, Lauren criou a linha Polo de roupa masculina, com os ombros naturais no estilo IVY LEAGUE. Em 1971, voltou sua atenção para a roupa feminina e ainda desenhou uma coleção de camisas de alfaiataria. A etiqueta Ralph Lauren foi lançada no ano seguinte, com uma linha completa de trajes femininos de caxemira, algodão e tweed: PALETÓS DE MONTARIA, suéteres *fair isle*, saias pregueadas, camisas sem gola, vestidos de veludo com gola de renda, calças e saias de flanela. Essas peças continuam a integrar suas coleções. Em 1978, lançou o "estilo campestre": saias de brim usadas sobre camadas de anáguas de algodão branco, casacos franjados de camurça, cintos de couro, blusas leves de mangas bufantes. Em 1980, apresentou capinhas com capuz, blusas de linho com babados, camisas de madras e saias rodadas, como parte de sua moda inspirada nos pioneiros americanos. Com a escolha de tecidos de qualidade para as roupas masculinas e femininas, Lauren mantém-se fiel à indumentária tradicional. Tem obtido êxito em expressar um estilo puramente americano de aburguesamento informal.

Criador do "estilo campestre" nos Estados Unidos, Ralph LAUREN adaptou modelos masculinos às mulheres, como o casaco Norfolk, com blusa com jabô de renda e saia em *pied-de-coq*.

LÉGER, HERVÉ 1957-. Estilista. Nascido em Bapaume, França. Depois de trabalhar como cabeleireiro, de fazer chapéus e criar roupas de tricô, em 1980 foi trabalhar como assistente de Karl LAGERFELD, primeiramente em Roma, na FENDI, e depois em Paris, na CHANEL. Em 1985, Léger abriu sua própria companhia, continuando seu trabalho de estilista freelance para LANVIN, CHLOÉ e Charles JOURDAN, dentre outros. Seus conhecidos "vestidos-bandagem", apresentados em 1989, são feitos de lã elástica, seda, ou Lycra; o tecido é enrolado horizontalmente em torno do corpo, enfatizando suas curvas e formas naturais, de uma forma semelhante aos espartilhos. O trabalho de Léger é glamoroso mas num sentido moderno. Ele usa cores neutras como preto, marinho e branco, que realçam as curvas e detalham as silhuetas de seus vestidos.

O estilista francês Hervé LEGER criou estes modelos justos e glamorosos para sua coleção prêt-à-porter primavera-verão de 1997.

LEGGINGS Calças justas de malha. Desde a Idade Média, os *leggings* são empregados como proteção contra o frio. Foram usados por crianças e jovens desde meados do século XIX até o início do século seguinte. Na década de 80, surgiram como peça de moda, principalmente em preto, mas também em cores vivas e estampas, sendo rapidamente adotadas como vestimenta para o lazer.

LEGROUX SOEURS Casa fundada pelas irmãs Germaine e Héloise, que abriram uma chapelaria em 1913 em Roubaix, próximo à fronteira da França com a Bélgica. Em 1917 elas foram para Paris, ficando famosas na década de 20. Na década seguinte, começaram a exportar chapéus para os Estados Unidos. Na década de 50, uma de suas sobrinhas, Madame Serge Robert, levou adiante o empreendimento.

LEIBER, JUDITH 1921-. Designer de bolsas. Nascida Judith Peto em Budapeste, Hungria. Fez seu aprendizado na guilda dos artesãos de bolsa de Budapeste, que a selecionaram como a primeira "Mestra" do sexo feminino. Em 1947, emigrou para Nova York, associando-se a Nettie ROSENSTEIN como estilista de acessórios. Judith ganhou fama por sua arte e técnica apuradas e, em 1963, abriu sua própria companhia. Ainda em pequena escala, suas bolsas para o dia eram feitas de peles exóticas, como tubarão, cobra, avestruz e crocodilo, muitas vezes trabalhadas em suaves pregas e adornadas com passamanarias, adornos incomuns e fechos. Suas bolsas para a noite incorporaram materiais macios como OBIS japonesas, finas sedas e suntuosos bordados. Mas sua fama foi conquistada com as bolsas para noite em forma de *minaudières* e salpicadas de vidrilhos. De cores vivas, feitas em tiragens limitadas e delicadamente projetadas, são cobertas com cristal austríaco feito à mão e com pedras semipreciosas, reproduzindo a flora e a fauna.

LELONG, LUCIEN 1889-1958. Estilista. Nascido em Paris, França. Três anos antes de Lucien nascer, seu pai fundou uma casa de tecidos. De 1911 a 1913, Lucien preparou-se para uma carreira comercial na Hautes Études des Commerciales, em Paris. Sua primeira coleção foi preparada para 1914, mas acabou adiada por causa de sua convocação para o exército. Após a guerra, Lelong abriu seu próprio negócio. Mais famoso pela qualidade e acabamento de belos tecidos do que por modelos inovadores, foi um dos primeiros estilistas a diversificar para lingerie e meias finas. Em 1934, lançou uma linha de prêt-à-porter que chamou "Éditions". Em 1939, pouco antes do início da Segunda Guerra Mundial, Lelong apresentou saias rodadas de cintura justa, estilo que em 1947, nas mãos de DIOR, se transformaria no NEW LOOK. Presidente da Chambre Syndicale de la Haute Couture (*Ver* HAUTE COUTURE) de 1937 a 1947, Lelong persuadiu os ocupantes alemães a permitir que as casas francesas de alta-costura continuassem em Paris, em vez de serem transferidas para Berlim. Em grande parte por seus esforços, 92 ateliês permaneceram abertos durante a guerra. Após a guerra, em 1947, Lelong lançou vestidos esguios; barras com pregas, em camadas e de odalisca; e costumes com cinturas de vespa e casaquinhos do tipo fraque com ombros quadrados. Sua segunda mulher, a princesa Natalie Paley, filha do grão-duque Paulo da Rússia, era famosa por sua beleza e vestia-se com os modelos do marido.

LENÇO Acessório muito elegante durante o século XIX, o lenço era um quadrado bordado de cambraia, linho, musselina ou seda com renda nas bordas. Posteriormente passou a ser uma peça funcional, embora em quase todas as décadas tenha havido a voga de usar um lenço decorativo no bolso do peito de um paletó ou casaco.

LENÇO DE CABEÇA Pedaço quadrado de tecido, dobrado em triângulo, usado sobre a cabeça e amarrado sob o queixo. Peça tradicional da vestimenta rural, foi moda por pouco tempo na década de 70, como parte dos estilos FOLCLÓRICO e CAMPONÊS. Da década de 20 até a de 70, lenços de cabeça de seda eram usados pelas mulheres para as atividades esportivas. Depois, saíram de moda. Nos anos 50 e 60 houve uma voga de se cruzar o lenço sob o queixo e prender as pontas na nuca. *Ver* HERMÈS.

LENGLEN, SUZANNE 1899-1938. Tenista. Nascida em Compiègne, França. Venceu as finais femininas de Wimbledon de 1919 a 1926. Seu impacto como tenista foi quase igualado ao efeito que causou na moda. Ela dispensou o traje tradicional de tênis — blusa, gravata e saia comprida — e, em lugar dessas peças, usava um vestido fino, largo e inteiriço; ou, então, suéter e saia. Ela substituiu a CINTA-LIGA por ligas nos joelhos e

Glamoroso vestido de coquetel criado pelo costureiro francês Lucien LELONG, c. 1936.

abandonou o ESPARTILHO e a anágua. Jean PATOU criou muitas das roupas de Suzanne: uma saia pregueada de seda que ia apenas até os joelhos e um colete reto, branco, acompanhado de uma BANDA laranja-forte. Esse traje foi muito copiado fora das quadras de tênis.

LENNY Marca carioca de moda praia feminina fundada em 1980 pela paulista Lenny Niemeyer (1950-). Produz moda praia glamorosa, de modelagem discreta, cartela requintada e detalhes originais. Metade da produção é dirigida ao mercado externo. A primeira loja foi aberta no Rio de Janeiro em 1993.

A marca LENNY introduziu sofisticação na moda praia. Acima, Naomi Campbell em desfile de 2003.

LÉOTARD Traje de uma só peça, com mangas compridas, usado pela primeira vez no século XIX pelo trapezista francês Jules Léotard. O *léotard* tem o decote afastado do pescoço e é ajustado entre as pernas. Foi adotado por bailarinos e ginastas e, até os anos 50, era invariavelmente preto. Em 1965, André COURRÈGES e Jacques HEIM foram apenas dois dos estilistas franceses que fizeram experiências com a forma do *léotard*. Feitos com fibras sintéticas resistentes e flexíveis, entraram na moda na década de 70 associados à DISCOTECA e ao interesse geral por ginástica e dança. Têm sido produzidos com vários materiais, muitos dos quais contêm Spandex, e com diversos modelos de mangas, decotes e cortes. É vulgarmente conhecido como malha de balé. *Ver também* CAPEZIO, DANSKIN, JOHNSON *e* KAMALI.

LEPAPE, GEORGES 1887-1971. Ilustrador. Nascido em Paris, França. Estudou na École des Beaux-Arts, em Paris. Em 1909, começou a trabalhar com Paul POIRET e, dois anos mais tarde, ilustrou o famoso folheto *Les choses de*

"Estarei adiantada?" é o título da criação de Paul Poiret para um casaco de teatro. A ilustração é de autoria de Georges LEPAPE, na *Gazette du Bon Ton*, em 1912. Lepape foi fortemente infuenciado pelos Ballets Russes.

Paul Poiret… vue par Georges Lepape. Em 1912, ilustrou as coleções de Jean PATOU. Também fez trabalhos como freelance para muitas revistas, dentre elas LA GAZETTE DU BON TON, FÉMINA, VOGUE, HARPER'S BAZAAR e LES FEUILLETS D'ART. Lepape sofreu forte influência do orientalismo e dos BALLETS RUSSES. Seu trabalho apresentava um estilo característico e sinuoso. Tornou-se um dos ilustradores mais requisitados da época, principalmente por seus cartazes, suas ilustrações de livros e por seu trabalho como gravador.

LEQUE O leque dobrável chegou à Europa graças ao comércio com o Oriente no final do século XV ou início do século XVI. Atingiu o ápice da popularidade e elegância no século XVIII, quando muitos leques eram pintados à

No século XIX foram lançados muitos LEQUES comemorativos. Este é uma lembrança da Exposição Universal de 1855, em Paris.

mão e mostravam figuras mitológicas e bíblicas, bem como pássaros, animais e flores em cenas pastoris. No século XIX, a estamparia sucedeu à pintura, e lançaram-se muitos leques comemorativos. Perderam a popularidade depois da virada do século XX. Eram feitos de sândalo, marfim, madrepérola e CASCO DE TARTARUGA; as varetas recobriam-se de PLUMAS, peles de animais, seda, papel e renda. No século XVIII, os leques eram usados tanto de dia quanto à noite. Na segunda metade do século XIX, seu uso ficou restrito à noite.

LES FILÓS Marca paulista de roupa feminina fundada em 1980. Inicialmente uma multimarca, hoje desenvolve apenas coleções próprias. O grande pulo ocorreu em 1984, quando a estilista e sócia Claudia Zemel começou a fabricar calças jeans de cintura baixa, modelagem que ia contra a tendência vigente. É conhecida pelo estilo bem feminino, que manteve mesmo nos anos 90, dominados pelo despojamento minimalista. Foi a fidelidade da clientela ao estilo, e não a divulgação ostensiva, que fez da marca referência no mercado brasileiro. Em 2005, Claudia Zemel se desligou da Les Filós e criou a Rock Lilly.

LESAGE Casa de bordados fundada em Paris em 1868, originariamente chamada Michonet. Os primeiros a prestigiar a casa foram a realeza e a aristocracia europeias, além de estilistas, como WORTH e DOUCET. Em 1924, Albert Lesage comprou a empresa. Ele se casou com uma chapeleira contratada da VIONNET e como presente de casamento obteve um contrato de exclusividade com a *maison*. Lesage trabalhou também para SCHIAPARELLI, usando lamê dourado ou prateado para bordar símbolos astrais em capinhas. Depois da morte de Lesage, em 1949, o negócio foi tocado por seu filho François, que continuou a fornecer para estilistas sediados em Paris, tais como DIOR, BALMAIN, FATH e BALENCIAGA. Colaborou com Yves SAINT-LAURENT a partir de 1969, e com Christian LACROIX desde 1987, dentre outros. Pelos altos custos de produção, Lesage é das poucas casas de bordado de Paris ainda em funcionamento.

Detalhe de uma renda atual criada por LESAGE, a mais famosa casa de bordado do mundo, fornecedora de vários costureiros em Paris.

LESER, TINA 1910-86. Estilista. Nascida Christine Wetherill Shillard-Smith, na Filadélfia, Pensilvânia, Estados Unidos. Estudou na Philadelphia Academy of Fine Arts e, em Paris, na Sorbonne. Em 1953, abriu uma pequena loja de roupas em Honolulu, Havaí, na qual vendia peças de brocado chinês, bem como roupas de algodão, de LONA NAVAL e de seda, as quais ela estampava artesanalmente. Especializada em SPORTSWEAR e PLAYSUITS, Tina ficou famosa como estilista inovadora. Em 1940, visitou Nova York, onde seus *playsuits* foram mostrados a editores de moda. Foi, então, apresentada à loja de departamentos Saks Fifth Avenue, que encomendou quinhentos *playsuits*. Dois anos depois, Leser mudou-se para Nova York, onde trabalhou como estilista de confecção até 1953, quando abriu seu próprio negócio. Durante a década de 50, produziu TRAJES DE BALNEÁRIO, maiôs de Lastex, saias em estilo SARONGUE, CALÇAS DE TOUREIRO e PIJAMAS de Lurex. Muitas roupas traziam estampas e padrões ÉTNICOS ousados. Tina Leser também é renomada pelos vestidos de caxemira, vestidos em xadrez tais quais cobertores, malhas com corte de jaqueta e roupas informais.

LEVI'S *Ver* *STRAUSS.

LEYENDECKER, JOSEPH 1874-1951. Pintor, ilustrador. Nascido em Montabour, Alemanha. Mudou-se para Chicago, Estados Unidos, aos sete anos. Estudou no Art Institute of Chicago e, mais tarde, na Académie Julian, em Paris. Nessa cidade, no Salon Champ de Mars de 1897, realizou-se sua primeira exposição importante de pintura. Depois Leyendecker trabalhou como artista comercial em Chicago e Filadélfia, até mudar-se definitivamente para Nova York, em 1900. No início da década de 1900, ele ilustrou capas para o *Saturday Evening Post,* a *Collier's Weekly* e outras revistas. Depois de conquistar fama com os anúncios do cigarro Chesterfield, foi contratado pela fábrica de colarinhos e camisas *ARROW para ilustrar seu material publicitário. O trabalho de Leyendecker era tão realista que o público feminino se convenceu de que suas personagens (americanos jovens e elegantes) eram retratos de pessoas.

LIBERMAN, ALEXANDER 1912-99. Editor. Nascido em Kiev, Ucrânia. Estudou matemática, arquitetura e filosofia em Moscou e na Inglaterra. Emigrou para a França e foi contratado, aos vinte anos, por Lucien VOGEL para trabalhar na *Vu,* revista de fotojornalismo publicada em Paris. No prazo de um ano, Liberman tornou-se diretor de arte e, finalmente, editor-executivo. Passou, então, alguns anos pintando no Sul da França, antes de se transferir em 1941 para Nova York, onde se tornou diretor de arte da VOGUE em 1943. Em 1962, foi indicado diretor editorial das publicações Condé NAST. A influência de Liberman no mundo da moda é considerável. Artista internacionalmente reconhecido, estimulou e promoveu todas as formas de arte nas páginas das publicações Condé Nast.

LIBERTY, ARTHUR LASENBY 1843-1917. Comerciante. Nascido em Chesham, Buckinghamshire, Inglaterra. Seu pai era decorador. Aos quinze anos, Liberty trabalhou no depósito de rendas da companhia de seu tio, sediada em Nottingham. Em 1861, mudou-se para Londres, indo logo trabalhar na loja de xales e capas Farmer e Roger, onde foi encarregado do depósito oriental. Estabeleceu-se por conta própria em 1875, vendendo sedas do Oriente, artigos domésticos e roupas de inspiração oriental. Especializou-se na importação de sedas tecidas à mão de Mysore e Nagpur, na Índia; caxemira da Pérsia; sedas de Xangai e xantungue, da China; e crepes e cetins do Japão. A seda era promovida através de uma série de exposições na loja da Regent Street. Na virada do século, Liberty vendia tecidos PAISLEY estampados à mão, além de cambraias, linhos e lãs feitos à máquina. A estilista encomendou vestidos em estilo grego e medieval, peças de metal e tecidos de decoração. A loja Liberty foi prestigiada por pessoas que apoiavam o movimento do *TRAJE ESTÉTICO e também por admiradores do ART NOUVEAU. Ver *XALE.

LIGA Tira adornada de elástico que é usada ao redor da coxa para prender as MEIAS FINAS. Na década de 1880, o lançamento da CINTA-LIGA marcou o declínio da liga, embora esta continuasse a ser usada até os anos 30.

As LIGAS eram usadas para prender as meias. Costumavam ter desenho trabalhado e algumas vezes eram ornamentadas com rendas ou fitas. Este exemplar da década de 30 era feito de metal.

LIMA, ANDRÉ 1970-. Estilista paraense, nascido em Belém. Autodidata, inicialmente fez roupas para travestis e socialites de sua cidade natal. Em 1992, mudou-se para São Paulo, onde trabalhou como assistente de produção de figurino para a televisão. Fez o curso do STUDIO BERÇOT de Marie Rucki, patrocinado pela RHODIA. Iniciou a carreira solo no Mercado Mundo Mix (feira de moda à maneira europeia), com roupas masculinas e, depois, femininas, o que lhe rendeu convite para ser estilista da CAVALERA. Suas roupas são sensuais, com inspiração urbana, latina, e influência do Brasil amazonense e do Caribe.

LINHA A Forma de vestido lançada por volta de 1955. O vestido ou saia nessa linha abre-

LINHA COROLA

-se a partir do busto ou da cintura para formar os dois lados de um A triangular. A bainha compõe o terceiro lado. *Ver* DIOR.

A LINHA A no tailleur de Christian Dior para a primavera de 1955.

LINHA COROLA *Ver* NEW LOOK.

LINHA H Lançado por Christian DIOR em 1954, este estilo de vestido erguia o busto ao máximo e abaixava a cintura até os quadris, criando a barra que atravessa a letra H. A linha H foi mais expressiva nas criações de Dior para a noite.

LINHA IMPÉRIO Vestido decotado, franzido sob o busto, popularizado pela imperatriz Josefina durante o Império napoleônico na França (1804-14). O estilo também é conhecido como DIRETÓRIO ou *RÉCAMIER.

LINHA PRINCESA Vestido ajustado por pregas verticais, sem corte na cintura. Modelo muito usado a partir de meados do século XIX, a linha princesa era ajustada sobre CRINOLINAS e ANQUINHAS, com uma saia nesgada para criar o volume necessário. Foi popular nos anos 30, 50 e 60, em comprimentos variados. A linha princesa costuma ser abotoada na frente. Também é conhecida como "fourreau".

Vestidos na LINHA PRINCESA para o verão de 1870, mostrando as costuras verticais que marcam a cintura. Ilustração de Jules David.

LINHA Y Forma básica da coleção de 1955 de Christian DIOR. Mostrava um corpo esguio com a parte superior mais pesada, obtida mediante golas grandes que se abriam em forma de V. O Y também podia ser invertido, na forma de TÚNICAS longas com fendas profundas dos dois lados.

LINHO Nome dado a qualquer tecido feito de fibra extraída da planta de mesmo nome.

Forte, de superfície lisa, o linho varia em peso e textura. Dependendo da tecelagem, é possível fabricar linho tão fino quanto cambraia ou tão grosso quanto lona. Durante todo o século XIX, foi utilizado em roupas íntimas. No século XX, tornou-se popular em blusas, paletós, saias e outras peças externas.

LINTON TWEED Tecido utilizado em casacos de verão e inverno e produzido pela Linton Tweed Ltd., de Carlisle, Inglaterra. A companhia foi fundada em 1919 por William Linton. Até o início da Segunda Guerra Mundial, fornecia a estilistas internacionais como CHANEL, HARTNELL, MOLYNEUX, SCHIAPARELLI e STIEBEL. Depois da guerra, passou a suprir também BALENCIAGA, BALMAIN, AMIES, COURRÈGES, DIOR e SAINT-LAURENT.

LISEUSE Palavra francesa que designa um casaquinho surgido no século XIX e usado sobre a CAMISOLA, para dormir. Geralmente feita de tecidos sintéticos leves, pode ter qualquer comprimento entre o busto e a cintura.

LOAFER Palavra inglesa que designa um sapato de salto baixo, semelhante a um MOCASSIM de couro, originário da Noruega. Foi lançado nos Estados Unidos na década de 40. Da mesma forma que o mocassim, o *loafer* é um sapato fácil de calçar, com uma parte amarrada na frente. Tradicionalmente usado pelos homens, é também um calçado informal para mulheres. *Ver também* BASS WEEJUNS.

LODEN 1. Tecido resistente semelhante ao feltro. Originário da região do Tirol, Áustria, o *loden* costumava ser feito de lã de carneiro; no século XX, porém, a alpaca, o pelo de camelo e o *mohair* passaram a ser usados. Na virada do século, as cores tradicionais — vermelho, preto ou branco — foram substituídas por um tom de verde que passou a ser associado ao tecido. 2. Paletó verde-escuro de lã rústica, que era adornado com passamanaria e tinha GOLA PRUSSIANA. Em meados do século XX, esteve na moda para ocasiões informais.

LOJAS DE DEPARTAMENTOS Até o início do século XIX, vendiam-se roupas e acessórios lado a lado com outras utilidades. Em 1838, o inglês Emerson Muschamp Bainbridge abriu uma loja em Newcastle upon Tyne juntamente com um comerciante de tecidos, William Dunn; por volta de 1849, haviam dividido a loja em 32 departamentos. Em 1852, monsieur e madame Boucicaut abriram a loja de departamentos parisiense Au Bon Marché. Na segunda metade do século XIX, essas lojas aumentaram sua popularidade e, durante o século XX, passaram a desempenhar um papel importante na promoção de moda. A Bloomingdale's, de Nova York, foi uma das primeiras a organizar pequenos departamentos para possibilitar aos estilistas mostrar uma seleção de roupas, num ambiente de BUTIQUE, a um grande número de pessoas.

LONA Tecido plano, forte, usado tanto na versão leve quanto na pesada, para sapatos e SPORTSWEAR. Após a Segunda Guerra Mundial, a lona foi muito usada em moda de verão. *Ver* CASHIN.

LONA NAVAL Algodão, juta ou linho pesado plano, originariamente era um tecido empregado para fazer velas de barco. Desde a década de 40, a lona naval é utilizada em roupas informais e esportivas.

LONGO Vestido colante, em geral de mangas compridas e saia justa, que desce reto até os tornozelos. Foi divulgado por atrizes de cinema na década de 30. A versão dos anos 50 costumava ser feita com uma PREGA EMBUTIDA atrás. *Ver também* NORELL.

LOSSO, THAÍS 1974-. Estilista paulista. Estudou moda na Faculdade Santa Marcelina, em São Paulo. De 1997 a 2003, foi responsável pelo departamento de estilo da CAVALERA e, em 2004, da ZAPPING. Suas roupas misturam a cultura pop com a cultura brasileira urbana, resultando em coleções jovens.

LOUIS, JEAN 1907-97. Figurinista. Nascido Jean Louis Berthault em Paris, França. Depois de estudar artes na Arts Décoratifs em Paris, Louis trabalhou para Agnès DRÉCOLL. Em 1935 foi para Nova York, onde mostrou esboços a Hattie CARNEGIE que, mais tarde, empregou-o por sete anos. Em 1944 foi indicado estilista-chefe da Columbia Pictures em Hollywood. Para Rita Hayworth, no filme *Gilda* (1946), Louis criou um vestido de noite de cetim preto sem alças, com a finalidade de dar à atriz mobilidade suficiente para uma vigorosa cena de dança. O vestido foi muito copiado. Em 1958 Louis passou para os estúdios da Universal. De 1961 a 1988, comandou uma confecção prêt-à-porter especializada em trajes a rigor, enquanto continuava a criar para o cinema como freelance.

LOUISEBOULANGER 1878-c. 1950. Estilista. Nascida Louise Melenot em Paris, França. Aos treze anos, tornou-se aprendiz numa firma de costura. Mais tarde, trabalhou com Madeleine CHERUIT até 1927, quando abriu seu próprio estabelecimento com o marido, Louis Boulanger. Durante os vinte anos seguintes, com o nome Louiseboulanger, foi uma estilista de sucesso, desenhando roupas graciosas e elegantes, frequentemente de CORTE ENVIESADO. Criou saias de noite que iam até os joelhos na frente, mas que chegavam aos tornozelos atrás. Cores ousadas e tecidos pesados como o tafetá eram sua marca registrada.

LOUREIRO, RENATO 1946-. Estilista de moda feminina. Filho de modista, é formado em administração, mas abandonou a carreira aos 25 anos para se dedicar à moda. Nos anos 80, foi um dos fundadores do extinto consórcio de marcas Grupo Mineiro de Moda, que reunia para fins comerciais e fortalecimento da moda local grandes nomes da moda brasileira. Suas coleções utilizam vários tipos de tecido, com destaque para a malharia retilínea, e são influenciadas pelas tendências internacionais, mescladas ao artesanato brasileiro e à moda japonesa.

LOURENÇO, REINALDO 1962-. Estilista paulista de moda feminina. Autodidata, entrou no mundo da moda aos quinze anos. Nos anos 80, foi assistente da industrial têxtil e consultora de moda Costanza Pascolato e da estilista GLORIA COELHO, com quem é casado e tem um filho, PEDRO LOURENÇO, também estilista. Em 1984, lançou sua grife e se especializou em estilismo com Marie Rucki, do STUDIO BERÇOT. Estilista premiado, suas coleções são conhecidas pelo requinte e pela pesquisa autoral de ponta. Sua moda é contemporânea, com influências da música, da década de 80 e da cultura urbana.

Reinaldo LOURENÇO é referência para a moda brasileira urbana. Na foto, Ana Claudia Michels desfila roupa de couro com influências do rock e do estilo militar.

LUCAS, OTTO 1903-71. Chapeleiro. Nascido na Alemanha. Em 1932, depois de ter estudado em Paris e Berlim, abriu um salão em Londres. Tornou-se chapeleiro de muito sucesso, popular nos dois lados do Atlântico. Lucas fornecia chapéus a lojas e estilistas, além de fazer modelos para sua clientela particular e para o cinema.

LUCILE 1863-1935. Estilista. Nascida Lucy Sutherland, em Londres, Inglaterra. Em 1890, depois de se divorciar, Lucile começou a costurar para as amigas e, em 1891, abriu sua própria casa. Casou-se com sir Cosmo Duff Gordon em 1900. Durante os primeiros vinte anos do século XX, Lucile foi uma estilista famosa, tendo filiais em Londres, Nova York (1909), Chicago (1911) e Paris (1911). Era mais afamada pelos VESTIDOS DE CHÁ, feitos de gazes delicadas, tafetás, popelinas e sedas. Entre suas clientes, encontravam-se Irene CASTLE, Sarah Bernhardt, estrelas do cinema e a realeza. Lucile afirmava ter revolucionado a roupa íntima feminina aperfeiçoando o ESPARTILHO para torná-lo menos limitante. Em 1907, criou o figurino de Lily Elsie, estrela de *A viúva alegre* numa produção do teatro londrino. Na Inglaterra, cópias dessas roupas ficaram na moda por breve período. Lucile também é associada à promoção de roupas ín-

LUCILE ficou mais conhecida por seus vestidos da virada do século XX, nos quais predominavam os tons pastel.

timas coloridas; à utilização de manequins (as quais levava consigo para os Estados Unidos); a cores sutis e suaves, predominantemente em tons pastel; e a vestidos românticos de inspiração oriental, que eram particularmente adequados para a noite. Era também renomada estilista de vestidos de baile, cobertos de renda e miçangas. Durante a Primeira Guerra Mundial, Lucile desenhou figurinos para o Ziegfeld Follies. Vendeu sua empresa em 1918. Ver *CHAPÉU VIÚVA ALEGRE.

LUREX Marca registrada da companhia Dow Badische para sua fibra metálica, que foi lançada nos anos 40. Tecido ou tricotado com algodão, náilon, raiom, seda ou fibras de lã, o Lurex é transformado em vestidos, cardigãs e malhas. É particularmente adequado a roupas toalete e foi muito usado até a década de 70.

LUVAS Desde épocas remotas, as luvas são feitas de tecidos flexíveis, para acompanhar os contornos da mão. Durante o século XIX, eram usadas de dia e de noite, sendo parte essencial do traje. Diversos modelos estiveram na moda, inclusive MITENES sem os dedos, luvas curtas e compridas de couro ou pelica e luvas com mãos de couro e braços de renda. Eram também feitas de seda bordada, algodão, rede e malha de seda, sendo fechadas com botões minúsculos no pulso. No século XX, com exceção de luvas longas para a noite, tornaram-se peças utilitárias. No final dos anos 50, eram raramente vistas (exceto como agasalho ou como acessórios de alta moda) e deixaram de ser símbolo de status e riqueza. Mitenes sem dedos voltaram à moda no final da década de 70 e início da de 80.

LYCRA Marca registrada de fibra sintética lançada em 1958 pela DU PONT de Delaware, Estados Unidos. A Lycra é elástica, resistente à abrasão, e, ao ser esticada, volta à forma original. Desde seu lançamento, passou a ser um componente essencial da roupa íntima, principalmente de CINTAS e CINTAS-CALÇAS. Durante a década de 70 foi incorporada à meia-calça e aos trajes de banho e ginástica.

ABCDEFGHIJKL **M**
NOPQRSTUVWXYZ

Mulheres maquiam-se numa fábrica de munições do Reino Unido, durante a Segunda Guerra Mundial, antes de voltarem ao trabalho. Como proteção extra, usam MACACÕES de sarja e turbantes à prova de fogo.

MAC *Ver* MACKINTOSH.

MACACÃO Antes usado por trabalhadores braçais, o macacão tornou-se uniforme obrigatório em fábricas de munição durante a Segunda Guerra Mundial. É uma peça inteiriça, com mangas e calças compridas, fechada por zíper ou botões desde o umbigo até a gola. O modelo *siren suit*, com bolsos amplos e um capuz grande, foi divulgado por sir Winston Churchill. O macacão é usado pelas mulheres desde o início do século XX. Foi muito popular na década de 60, feito de algodão e adornado com bolsos, abas e fivelas.

MACAQUINHO Peça íntima que combina camisola e calções e costumava ser abotoada entre as pernas. Na virada do século, existiam muitas variedades de macaquinhos. Alguns eram fechados com botões no lado ou na frente; algumas versões volumosas não possuíam abotoamento, mas eram presas em volta da cintura com fitas ou elástico. A parte superior, tipo camisola, em geral possuía alças finas, muitas vezes de fita, e era adornada com renda ou bordado. O comprimento do calção variava desde o joelho até o alto da coxa. Com o passar dos anos, os macaquinhos foram sendo adaptados ao estilo de roupa predominante. Durante as décadas de 20 e 30, trajes em linhas delgadas exigiam roupa íntima leve e discreta. Originariamente, eram feitos de algodão, cambraia, cetim ou seda; mas, desde a década de 70, são na maioria fabricados de tecidos sintéticos fáceis de cuidar. Na década de 20, era também conhecido como *pagliacceto*. Tornaram-se sumários, bem curtos e menos populares, desde que surgiram as roupas íntimas de malha de algodão, que acompanham as linhas do corpo e estão mais de acordo com um estilo de vida dinâmico.

O ousado MACACÃO de 1979.

MACINTOSH, CHARLES 1766-1843. Químico escocês que, em 1823, registrou uma patente para impermeabilizar tecidos. O método consistia em colar duas camadas de tecido de lã a borracha não vulcanizada dissolvida em nafta. Em 1830, Thomas Hancock, que concorria com a Macintosh vulcanizando borracha para desenvolver roupas à prova de água, passou a trabalhar na Charles Macintosh and Co. Ver MACKINTOSH.

MACKIE, BOB 1940-. Estilista. Nascido em Los Angeles, Califórnia, Estados Unidos. Estudou no Chouinard Art Institute, em Los Angeles, antes de iniciar sua carreira de estilista como desenhista de Jean LOUIS. Também trabalhou com Edith HEAD na Paramount. Paralelamente ao cinema, Mackie adquiria maior experiência em estilismo criando figurinos para o show de televisão de Judy Garland (1963) e, mais tarde, para o de Carol Burnett. É conhecido por suas glamorosas roupas para a noite, coleções de peles e trajes de banho.

MACKINTOSH Casaco à prova de água que foi sendo desenvolvido no decorrer do século XIX. Em 1823, o químico escocês Charles MACINTOSH patenteou um tecido de lã impermeável. Dezesseis anos depois, Charles Goodyear, dos Estados Unidos, lançou a borracha vulcanizada. Joseph Mandleburg, de Lancashire, Inglaterra, resolveu o problema do cheiro de borracha nos tecidos de lã à prova de água e, em 1851, lançou o primeiro casaco impermeável sem odor. Os primeiros modelos do final do século XIX eram peças volumosas, que iam do pescoço ao tornozelo e destinavam-se a manter a pessoa completamente seca. No século XX, a moda adaptou o *mackintosh* para diversos modelos, inclusive o TRENCHCOAT civil e a capa de chuva. Misturas de algodão e fibras sintéticas foram usadas para fazer casacos impermeáveis. *Ver também* AQUASCUTUM *e* BURBERRY.

MACRAMÊ Trabalho decorativo em nós, originário da Arábia. Durante o século XIX, era usado para fazer franjas em peças domésticas. Só se associou às vestimentas na década de 60, quando foi aplicado em vestidos e tops. Voltou à moda na década de 90, em suéteres e bolsas.

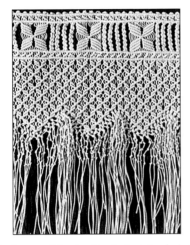

Franja de MACRAMÊ de algodão, do final do século XIX. O macramê reapareceu na década de 60, como parte da moda étnica em voga naquela época.

MAD CARPENTIER Nome que se compõe de Mad Maltezos e Suzie Carpentier, protegidos de Madeleine VIONNET, que continuaram a dirigir-lhe os negócios depois que ela se aposentou, em 1939.

MADONNA 1960-. Cantora de rock. Nascida Madonna Louise Ciccone, em Bay City, Michigan, Estados Unidos. Estudou um ano na Universidade de Michigan, indo depois para Nova York, onde ganhava dinheiro trabalhando como modelo. Tornou-se, em seguida, cantora de uma banda. Em 1983, começou a lançar seus próprios discos e a aparecer na MTV. Madonna causou enorme impacto na moda, principalmente entre os adolescentes. Popularizou o uso de lingerie (especialmente sutiãs) como peças externas; saias tubo enroladas sobre os quadris, expondo o umbigo; luvas pretas que iam até o cotovelo; saias justas e saltos agulha; TOMARA QUE CAIA de renda; e colares compridos de contas e pérolas. Seu primeiro filme, *Procura-se Susan desesperadamente* (*Desperately seeking Susan*, 1984), aumentou ainda mais sua influência. Em suas turnês internacionais nas décadas de 80 e 90, vestiu BUSTIÊS criados por Jean-Paul GAULTIER, transformados em tendência para usar como roupa externa ou íntima. *Ver* BUSTIÊ *e* GAULTIER.

MADRAS Pano de fios de algodão tintos com corantes vegetais, tecido à mão em xadrezes grandes. Teve origem na Índia, no final do século XIX. O madras produzido em maquinário têxtil vem sendo usado em vestimentas para o dia e em roupas de verão.

MAGOT Palavra francesa que designa o pelo negro, longo e sedoso de algumas espécies de macacos de cauda longa. No início do século XX, esteve muito em moda como adorno.

MAINBOCHER 1891-1976. Estilista. Nascido Main Rousseau Bocher, em Chicago, Estados Unidos. Estudou na Universidade de Chicago, na Chicago Academy of Fine Arts e, em Nova York, na Art Students League. De 1911 a 1917, estudou e trabalhou em Munique, Paris e Londres. Em 1917, Mainbocher serviu na unidade hospitalar americana a caminho da França e, no final da guerra, continuou em

MAIÔ

Paris com a intenção de estudar canto. A perda da voz forçou-o a procurar uma carreira alternativa e, em 1922, começou a trabalhar na HARPER'S BAZAAR como produtor de moda. No ano seguinte, foi convidado por Condé NAST para ser editor de moda e, mais tarde, editor-chefe da VOGUE francesa, posto que manteve até 1929. Em 1930, Mainbocher tornou-se o primeiro americano a abrir com sucesso um salão de costura em Paris. Esse êxito continuou durante toda a década de 30. Mainbocher era famoso por suas roupas de noite: malhas decoradas, vestidos bordados em estilo avental, vestidos de CORTE ENVIESADO e costumes usados com blusas. O vestido de noiva que criou para o casamento de mrs. Wallis Simpson com o duque de Windsor anunciou a voga do "azul Wallis". Os vestidos de Mainbocher costumavam ser descritos como "de boa linhagem", elegantes e refinados. Por diversas vezes, renovou o PRETINHO. Uma coleção memorável, em 1939, previu o NEW LOOK de 1947, com cinturas justas e peças apertadas semelhantes a ESPARTILHOS. Em 1940 Mainbocher voltou para Nova York e abriu um salão, fechado em 1971.

MAIÔ Originalmente uma MEIA de dançarinos ou ginastas, cujo nome se origina de um m. Maillot, confeccionista francês de figurinos e meias para o Opéra de Paris, que, na década de 1800, criava meias de tricô e o LÉOTARD combinados, conhecidos como "segunda pele". Atualmente, a palavra designa uma ROUPA DE BANHO justa, de uma só peça.

MALHA Produto tecido por cabos de lã, algodão ou fibras sintéticas. *Ver também* CANELADO, POORBOY, PULÔVER, SLOPPY JOE, SUÉTER *e* TRICÔ.

MALHA DE BALÉ *Ver* LÉOTARD.

MALHARIA 1. Vestuário tecido à mão ou à máquina mediante o entrelaçamento de cabos de lã, algodão ou fibras sintéticas. 2. Arte ou indústria de MALHAS. *Ver* TRICÔ.

MAN RAY *Ver* RAY, MAN.

MANDELLI, MARIUCCIA *Ver* KRIZIA.

MANGA BALÃO Manga do século XIX, com volume generoso na parte superior do braço e justa desde o cotovelo até o pulso.

MANGA BUFANTE Manga curta, franzida e presa aos ombros para criar um efeito cheio. Usada desde o século XIX em vestidos toalete, também foi empregada em vestidos e blusas de criança. No século XX, apareceu com frequência em roupas femininas de verão.

MANGA DE ABA Manga pequena, triangular, que forma uma abinha dura ou cai sobre os braços, dando uma proteção mínima. A manga de aba tem sido usada em vestidos e blusas, principalmente em roupas de verão.

MANGA DE BISPO Manga comprida, de vestido ou blusa, franzida abaixo do cotovelo e presa ou deixada solta na altura do pulso. Popular a partir de meados do século XIX, desapareceu do cenário da moda no início da década de 70.

MANGA DÓLMÃ Cortada como a extensão do CORPETE de um vestido, blusa ou casaco. Não possui um recorte no ombro, criando assim uma cava profunda e larga, que se afunila da cintura ao punho. Esse tipo de manga foi muito usado na década de 30. É também chamada manga morcego.

MANGA MAGIAR Ver TRAJE MAGIAR.

MANGA MORCEGO Ver MANGA DÓLMÃ.

MANGA PAGODE Manga três-quartos ou meia manga, com babadinhos que iam até o cotovelo, onde se abria ou em várias camadas de babados ou num babado grande, costurado de maneira a curvar-se numa forma semelhante à de um pagode. Foi muito usada em meados do século XIX. Os babados costumavam ser adornados com fitas e laços.

MANGA PRESUNTO Justa desde o pulso até o cotovelo, a manga presunto avoluma-se do cotovelo ao ombro, onde é franzida ou pregueada e presa ao CORPETE de um vestido ou blusa. Foi muito usada no final do século XIX e durante o retorno do estilo EDUARDIANO, no final da década de 60 e início da de 70.

MANGA QUIMONO Manga exageradamente larga e presa a uma cava profunda, que vai

Elegantes MANGAS PRESUNTO foram incorporadas aos trajes de montaria em 1896.

do ombro à cintura. Desde o final do século XIX vem sendo usada por estilistas em casacos, vestidos, jaquetas e malhas.

MANOPLAS Luvas de ferro que, originalmente, serviam para proteger os gladiadores. Posteriormente fizeram parte dos armamen-

Em sua reportagem sobre as modas de Paris, o *Illustrated London News* de março de 1856 apresentava um vestido (à esquerda) com mangas feitas de "quatro babados de padrão semelhante, apenas menores", que ficaram conhecidas como MANGAS PAGODE.

tos de guerra ou da armadura dos cavaleiros e espadachins.

MANTO Capa com capuz adornada com pingentes de seda. Em meados e no final do século XIX, era usada pelas mulheres como peça externa. Costumava chegar até a cintura ou até os quadris e era confeccionada de tecidos leves de lã. *Ver* ALBORNOZ *e* CAPA.

MARABU Plumas de uma espécie de cegonha, as quais, no século XIX e no início do século XX, eram usadas para adornar chapéus e vestidos toalete.

MARGIELA, MARTIN 1957-. Estilista. Nascido em Louvain, Bélgica. Depois de completar seus estudos na Academia Real de Belas-Artes, em Antuérpia, Martin tornou-se estilista freelance. Em 1982 mudou-se para Paris para trabalhar com Jean-Paul GAULTIER. Em 1989 apresentou sua primeira coleção e atraiu muita atenção. Suas roupas eram retalhadas e desbotadas, com forros expostos e bordas esfiapadas. Muitas pareciam destruídas, fazendo com que Martin rapidamente fosse rotulado como DESCONSTRUCIONISTA. No entanto, ele é um habilidoso alfaiate, atento aos detalhes. Suas costuras aparentes eram bem-acabadas. Os paletós, cujas mangas eram arrancadas, eram feitos com apuro. Martin gosta de justaposições (fragilidade com dureza, formas estruturadas com suavidade) e isso se reflete na ampla gama de tecidos que utiliza, como tule encontrado em MERCADOS DE PULGAS misturado com um PATCHWORK floral. Fez ainda vestidos usando sacos plásticos e fita adesiva. O retalhamento de roupas reais permite a Martin a criação de novas. Usa muito o vermelho, o branco e o preto.

MARA MAC *Ver* MARIAZINHA.

MARIA BONITA Marca de moda feminina fundada pela estilista alagoana Maria Cândida Sarmento (1938-2002) e Malba Paiva (1936-), em meados da década de 70, no Rio de Janeiro. No Brasil, é pioneira do estilo urbano requintado, com raízes no minimalismo japonês e na informalidade carioca. O blazer, a saia longa e o vestido amplo em tecidos tecnológicos e nos tradicionais linho, seda e algodão, sempre presentes nas coleções em tons sóbrios, são refeitos ano a ano em novas versões contemporâneas. Em 1990, foi criada a segunda marca, Maria Bonita Extra.

MARIAZINHA Primeira BUTIQUE de IPANEMA. Fundada no Rio de Janeiro em 1961, por Jane

As criações da MARIA BONITA acrescentam informalidade carioca ao requinte urbano e ao minimalismo japonês.

Melin, Georgiana Vasconcellos e Mara Macdowell (1937-), que entrou dois anos depois. Um dos nomes de tradição da moda brasileira, em 2000 passou a se chamar Mara Mac Mariazinha e, posteriormente, Mara Mac, mantendo o conceito original de produzir moda elegante, influenciada pelas tendências internacionais e adaptada à informalidade da consumidora carioca.

MARIE RUCKI Ver STUDIO BERÇOT, RHODIA.

MARIMEKKO Companhia fundada em 1951 por Armi Ratia (1912-79), especializada em estampas coloridas e alegres para vestidos e tecidos de decoração. A *Jokapoika*, uma simples camisa de fazendeiro finlandês, foi introduzida no final da década de 50, sendo produzida em 450 esquemas de cores. Marimekko foi mais bem-sucedida nos Estados Unidos. O colorido vivo e o estilo simples de seus vestidos CHEMISIERS apareceram em enormes xadrezes e estampas não figurativas. Na década de 60, a empresa ampliou suas coleções de algodão e introduziu os vestidos de jérsei. Hoje produz principalmente artigos para casa.

MARKITO 1952-83. Costureiro. Nascido em Uberaba (MG), Marcos Vinícius Resende Gonçalves tornou-se famoso na década de 70, em São Paulo, por seus vestidos de festa glamorosos, elaborados e sexy, com bordados em strass e lantejoulas, feitos no Sul de Minas para clientes jovens da alta sociedade e da televisão.

MARTIN, CHARLES 1848-1934. Nascido em Montpellier, França. Artista que fez ilustrações de moda para muitas revistas, inclusive *LE JOURNAL DES DAMES ET DES MODES*, *MODES ET MANIÈRES D'AUJOURD'HUI* e **LA GAZETTE DU BON TON*.

MARTINS, GILSON 1964-. Designer de bolsas carioca. Formado em cenografia pela Universidade Federal do Rio de Janeiro, trilhou caminho diverso dos estilistas de marcas tradicionais que trabalham com couro, ao introduzir bolsas-esculturas feitas de materiais sintéticos e cores fortes, com temas inspirados na cultura brasileira, como a bolsa Brasil, a Apoteose e a Pão de Açúcar.

As formas e cores das bolsas de Gilson MARTINS, como a bolsa Brasil (foto), foram inspiradas em temas brasileiros.

MARTY, ANDRÉ 1882-1974. Nascido em Paris, França. Artista que fez ilustrações de moda para muitas revistas, dentre as quais *LA GAZETTE DU BON TON*, *LE GOÛT DU JOUR*, *FÉMINA*, *VOGUE*, *LES FEUIILLETS D'ART*, *HARPER'S BAZAAR* e *MODES ET MANIÈRES D'AUJOURD'HUI*.

MATELASSÊ Enchimento de algodão colocado entre duas camadas de tecido e preso por costuras, formando um padrão decorativo regular ou irregular. O matelassê foi muito utilizado em casacos e jaquetas no início da década de 20 e, novamente, na década de 70. Também conhecido como acolchoado. *Ver também* KAMALI.

MATSUDA, MITSUHIRO 1934-. Estilista. Nascido em Tóquio, Japão. Estudou na faculdade japonesa de moda Bunka Fukuso Gakuin, formando-se em 1962. Em 1965, passou seis meses em Paris. Em 1967, abriu sua própria firma, a Nicole, em Tóquio. Durante a década de 70, Matsuda abriu BUTIQUES masculinas e femininas no Japão e, em 1982, expandiu seus negócios para os Estados Unidos e Hong Kong. Suas coleções são planejadas tendo em vista uma clientela internacional. Dedica especial atenção ao tecido, sendo às vezes excêntrico em seu desenho.

MATTLI, GIUSEPPE 1907-82. Estilista. Nascido em Locarno, Suíça. Depois de uma temporada em Londres para aprender inglês, Mattli mudou-se para Paris e trabalhou na *maison* de alta-costura PREMET. Voltando a Londres em 1934, abriu seu próprio salão, produzindo linhas de alta-costura e prêt-à-porter. Mattli era conhecido tanto na França quanto na Inglaterra. Em 1955, abandonou a alta-costura, embora continuasse com outras linhas até o início da década de 70. Nos anos 60, ficou famoso pelos VESTIDOS DE COQUETEL e casacos toalete, feitos para ser usados sobre vestidos decotados.

MAXFIELD PARRISH Companhia fundada em Londres em 1974 por Nigel Preston (nascido em 1946), que criava roupas para estrelas da música pop. A Maxfield Parrish é conhecida pelas roupas de camurça e couro em estilo clássico e linhas vaporosas.

MÁXI Saia que vai até o tornozelo ou pé, geralmente rodada, e que entrou na moda no final da década de 60. Costumava ser usada com botas. *Ver* EDUARDIANO *e* MÍNI.

O prático guarda-roupa de fim de semana de Vera MAXWELL em 1935.

MAXWELL, VERA 1901-95. Estilista. Nascida Vera Huppé, em Nova York, Estados Unidos, de pais vienenses. Estudou balé e entrou para o Metropolitan Opera Ballet em 1919. Casou-se em 1924 e trabalhou como modelo numa companhia atacadista. Em 1929, começou a esboçar, criar e desfilar suas próprias roupas. Influenciada por inúmeras viagens à Europa na infância e por uma breve temporada em Londres, onde estudou modelagem, Vera Maxwell produzia modelos clássicos feitos dos tecidos mais finos: sedas, tweeds e lãs. Em meados da década de 30, suas coleções freelance chamaram atenção em Nova York. Criou um "guarda-roupa de fim de semana" em 1935 e um casaquinho "Einstein" de tweed sem gola em 1936, dois de seus modelos mais criativos. Em 1947, abriu seu próprio negócio. Ficou famosa por peças e costumes clássicos, vestidos com casaquinhos, vestidos estampados com casacos de forro estampado combinando, costumes com paletó de montaria, VESTIDOS-MANTÔ em LINHA PRINCESA, casacos CHESTERFIELD e vestidos ENVELOPE de jérsei. Ela fechou sua empresa em 1985.

MCCARDELL, CLAIRE 1905-58. Estilista. Nascida em Frederick, Maryland, Estados Unidos. Estudou durante dois anos no Hood College, em Frederick, transferindo-se em 1927 para a Parsons School of Design, em Nova York e, depois, para a Parsons parisiense. De volta a Nova York no final da década de 20, trabalhou como desenhista numa loja de roupas. Em 1929, associou-se ao estilista Richard Turk, indo com ele, em 1931, para a confecção Townley Frocks. Turk morreu pouco depois, e Claire assumiu seu cargo de estilista. Em 1938, ela lançou o "vestido monástico", peça de muito sucesso, solta, sem cintura, de CORTE ENVIESADO. Pouco depois, foi trabalhar com Hattie CARNEGIE, ficando com ela durante dois anos. Em 1940, voltou para a Townley Frocks e criou com sua própria etiqueta. No decorrer dos anos seguintes, Claire McCardell lançou as bases do SPORTSWEAR americano. Criou roupas práticas para mulheres de vida prática. Utilizando tecidos simples — algodão, brim, lonita de colchão, xadrez vichi e jérsei —, lançou formas limpas e funcionais, geralmente usando os detalhes como enfoque de moda. Em suas roupas, Claire tinha como marca registrada BOLSOS CHAPADOS grandes, rebites de metal, pespontos, ganchos visíveis, cavas profundas, mangas de camisa GRAND-PÈRE e alças de cadarço de sapato. Lançou muitas modas nas décadas de 40 e 50, principalmente em 1942 o "popover" (vestido que se veste pela cabeça), um vestido ENVELOPE desestruturado que se transformou num clássico americano; e um maiô estilo fralda em 1943. Em 1944, convenceu a CAPEZIO a fabricar SAPATILHAS inspiradas em sapatos de ponta. Outras inovações foram vestidos suaves em LINHA IMPÉRIO, PLAYSUITS em estilo *bloomer*, SAIAS FRANZIDAS, tops sem alça com elástico e vestidos de verão de costas nuas. Muitas das ideias de McCardell se mostram duradouras e ela é considerada uma das mais influentes estilistas dos Estados Unidos.

MCFADDEN, MARY 1938-. Estilista. Nascida em Nova York, Estados Unidos. Foi para Paris estudar na École Lubec e na Sorbonne. Em 1957, frequentou a Traphagen School of Design, em Nova York, diplomando-se depois em sociologia na Universidade Columbia. Seu primeiro emprego foi como relações-públicas da DIOR, seguido pelo cargo de editora de merchandising da *VOGUE* sul-africana. Em 1970, voltou para os Estados Unidos e trabalhou como editora de projetos especiais da *Vogue*. Suas primeiras criações, em 1973, nas quais utilizou tecidos africanos e orientais, atraíram muita atenção. Abriu sua própria empresa em 1976, ficando famosa como criadora de boleros, casacos e vestidos originais inspirados em modelos CAMPONESES do Oriente Médio e da Ásia. Usa tecidos suntuosos, principalmente sedas estampadas à mão, tendo feito experiências com plissagem de tecidos que lembram os vestidos de FORTUNY. Mary McFadden é muito aplaudida pelos vestidos toalete e jaquetas de matelassê com adornos esmerados.

MCQUEEN, ALEXANDER 1969-2010. Estilista. Nascido em Londres, Inglaterra. Aos dezesseis anos, começou a trabalhar como cortador de moldes para um alfaiate da prestigiada Savile Row. Trabalhou depois para Koji Tatsuno e Romeo GIGLI em Milão, antes de voltar a Londres para se matricular na St. Martin's School of Art. Em 1993, abriu sua firma e rapidamente se tornou o *enfant terrible* da moda londrina. McQueen introduziu um estilo rebelde e radical, que incluía roupas esfarrapadas e trajes criados para enfatizar e, ao mesmo tempo, ridicularizar as zonas erógenas do corpo. Apesar do significado chocante das roupas de McQueen, ele é um estilista altamente criativo e dono de uma técnica apurada. Criou vestidos de renda laminada; um vestido na LINHA PRINCESA de vinil com rebites, usado com SOBRECASACA cortada em PVC com padrão tartã vermelho; e muitas outras peças mais práticas. Em 1996 foi nomeado estilista-chefe da GIVENCHY. Morreu em Londres em 2010.

MEIA DE BALÉ *Ver* MEIA-CALÇA.

MEIA-CALÇA Peça elástica que cobre os pés, as pernas e o corpo até a cintura. Associada ao teatro por vários séculos, a meia-calça (uma combinação de calcinha e meia fina) foi lançada no mercado de moda na década de 60 como alternativa para a MEIA FINA. Apesar de a aceitação ser lenta no início, na década

O estilista britânico Alexander MCQUEEN produziu alguns dos mais criativos e originais modelos do final da década de 90. À esquerda: outono-inverno de 1996-7; à direita: primavera-verão de 1996.

de 70 foi adotada pela maioria das mulheres. Desde então, já foram feitas em quase todas as cores e padrões, tornando-se peça indispensável do guarda-roupa de verão e de inverno. Na década de 80, surgiram meias muito estampadas no mercado. Padrões rendados são comuns desde a década de 60. Outras versões incluem meias multicoloridas, listradas, de poás e até pintadas à mão. A popular meia-calça cor da pele muitas vezes é substituída por preta, cinza e outras cores neutras.

Peça essencial para usar com as mínis dos anos 60: meias opacas e MEIA-CALÇA, anunciadas no catálogo da Sears, Roebuck.

MEIA FINA Cobertura justa para as pernas e os pés que, até o início do século XVII, era tricotada à mão em seda, algodão ou lã. No final do século XVII, as meias finas, pouco a pouco, começaram a ser tricotadas à máquina. O século XVIII testemunhou a popularização da tecelagem mecanizada, tendência que persistiu até o século XX. As meias finas eram tecidas de seda, algodão ou lã, bem como de misturas dessas fibras. O século XIX assistiu à voga das meias coloridas e, no seu final, o aparecimento da meia de seda artificial, que foi usada até 1940, quando foram lançadas meias finas de náilon. Estas eram classificadas por *denier*, sendo um *denier* a unidade de peso pela qual fios de seda, raiom ou náilon são medidos. A de quinze *deniers* é uma meia leve, bem transparente, enquanto a de quarenta *deniers* é mais grossa e mais durável. No início do século XX, quando os comprimentos de saia começaram a subir, meias estampadas foram uma voga rápida. As meias pretas eram consideradas elegantes na década de 20, da mesma forma que versões caneladas e estampadas. Por causa da falta de material durante a Segunda Guerra Mundial, as mulheres foram obrigadas a passar sem meias finas e a usar MEIAS SOQUETE. O tom da pele e os tons bronzeados, que haviam se tornado moda antes do conflito, mantiveram sua popularidade nos anos do pós-guerra. Na década de 50, meias sem costura chegaram ao mercado, e foram lançadas as MEIAS FINAS TRÊS-QUARTOS e a MEIA-CALÇA. Dez anos depois, houve uma tendência de meias finas e de meias-calças com padrões de listras, renda, desenhos geométricos e motivos no tornozelo. Após a moda das tonalidades vivas da década de 60, os anos 70 introduziram meias escuras, principalmente em versões grossas e caneladas. Nos anos 80, as meias finas readquiriram parte de sua popularidade, devido ao apelo da moda voltado às pernas. Era elegante usar meias finas coloridas, com padrões PAISLEY e xadrez, estampas pintadas à mão ou imitação de pele de animais. *Ver* MEIA-CALÇA.

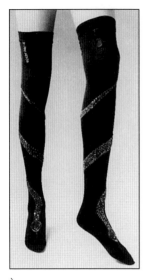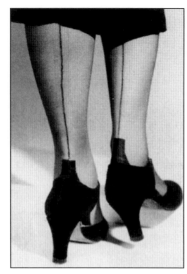

À esquerda: MEIAS FINAS inglesas, c. 1900, com motivo de cobra. As meias finas da época ficavam cobertas pelos vestidos. No centro: meias finas com costura como estas eram a única opção na década de 40. À direita: delicadas meias finas da Dior, com motivo de rosas, dos anos 80.

MEIA FINA TRÊS-QUARTOS Meias finas de náilon que vão até os joelhos ou até a canela e que são usadas com calças compridas desde o final da década de 60.

MEIA-LUVA Ver MITENE.

MEIA SOQUETE 1. Durante a Segunda Guerra Mundial, quando as roupas foram racionadas e as MEIAS FINAS de náilon estavam em falta no Reino Unido, as mulheres britânicas ou usavam meias de fio escócia ou não usavam nenhuma. A VOGUE britânica promoveu o uso de meias soquete, que geralmente eram brancas, feitas de algodão ou lã. Alguns modelos eram de tweed, para combinar com os costumes. As meias soquete brancas foram usadas como parte dos trajes informais até a década de 60. 2. Meias curtas, geralmente brancas, usadas desde meados da década de 40 por adolescentes americanas. Foram especialmente populares nos anos 50, com sapatos de salto baixo ou alto, saias godês sobre camadas de anáguas e malhas justas, ou com BROGUES de salto baixo e KILTS compridos.

MEISEL, STEVEN 1954-. Fotógrafo. Nascido em Nova York, Estados Unidos. Enquanto frequentava a Parsons School of Design, em Nova York, conheceu Anna SUI, com quem passou a colaborar eventualmente, e Stephen SPROUSE, cuja carreira ajudou a lançar. Deixou a Parsons antes de se formar e logo conseguiu trabalho com revistas de moda, estilistas e fabricantes, como Calvin KLEIN, PRADA e GAP. Steven Meisel produz fotos marcantes, com apurada direção de arte e características fortes e andróginas.

MELINDROSA Nos anos 20, significava qualquer mulher jovem de cabelos curtos que usava chapéu CLOCHE e, mais tarde, BOINA, saia curta e blusa, MEIAS FINAS enroladas nos joelhos e sapatos de salto, geralmente com pulseira em T. *Ver* GARÇONNE *e* CORTE GARÇONNE.

MÉLTON Pano grosso de lã, tecido com sarja ou cetim, e superfície lisa. No século XIX, foi muito popular em casacos masculinos e, posteriormente, femininos.

MERCADO DE PULGAS *Ver* BRECHÓ.

MERCERIZAÇÃO Processo desenvolvido em 1884 por um tingidor de morim, John Mercer, de Lancashire, Inglaterra, através do qual o algodão é tratado com soda cáustica para se obter um acabamento sedoso e brilhante, que ajuda a aumentar a resistência do tecido.

MERINO Tecido fino e sarjado, desenvolvido durante o século XIX com a lã do carneiro merino e empregado em trajes de passeio.

MERLINO, LORENZO 1972-. Estilista paulista. Formado em moda pela Faculdade Santa Marcelina, de São Paulo, em 1995, fez especialização no STUDIO BERÇOT, de Marie Rucki. No mesmo ano, apresentou seu primeiro desfile de roupa feminina, e em 1996 inaugurou seu ateliê. Produz moda de vanguarda, com referências da arte, do KITSCH e da cultura underground.

MICHAEL 1915-85. Estilista. Nascido Michael Donnellan, em Ballinlough, condado de Roscommon, na Irlanda. Estudou medicina antes de servir na Segunda Guerra Mundial. Depois da guerra, foi estudar no British Fashion Institute e depois foi para a LACHASSE trabalhar como estilista de costumes. Em 1953, abriu sua própria companhia, a Michael, na Carlos Place, em Londres. Ele era conhecido por seus vestidos e tailleurs feitos com perfeição, e obteve sucesso até da alta-costura na década de 60. Michael se aposentou em 1971.

MICRO Saia muito curta, que cobre apenas as nádegas e esteve fugazmente na moda na década de 60.

MÍDI No final da década de 60, lançou-se uma saia que ia até as canelas. Entre os comprimentos MÍNI e MÁXI, costumava ser usada com botas que chegavam aos joelhos. Embora o modelo não fosse muito popular na época, dez anos depois ele evoluiu, sem nome, como um comprimento aceitável para saias e vestidos.

MIELE, CARLOS 1968-. Estilista e artista multimídia paulistano. Em meados dos anos 80, fundou a rede de lojas M.OFFICER, especializada em jeans feminino e masculino. Aos poucos ganhou espaço com suas criações de identidade brasileira. É reconhecido pelas ações sociais pioneiras, como no caso da COOPA-ROCA, pela atuação no cenário internacional de artes plásticas e constante pesquisa têxtil. Em seus desfiles performáticos associa aos tecidos materiais tecnológicos e de manufatura artesanal de grande efeito visual, sem deixar de lado a sensualidade das formas femininas. Desde que inaugurou a loja Carlos Miele no bairro nova-iorquino do SoHo, suas criações vestem celebridades internacionais.

MILITAR Estilo inspirado nas fardas dos exércitos. Jaquetas e casacos em estilo militar têm corte severo, geralmente com DRAGONAS, golas duras, botões de metal e cintos. Esse ti-

MÍNI

Modelo de Carlos MIELE para a coleção de inverno de 2002 da M. Officer. As criações de Miele, que é também designer e artista multimídia, fazem enorme sucesso no exterior.

po de roupa esteve na moda no final da década de 30 e também na de 60, quando foram usados EXCEDENTES DO EXÉRCITO.

MÍNI Saia que termina bem acima do joelho, popular entre 1965 e 1970. Considerada ousada em seu lançamento, mais tarde foi adotada de maneira geral pelas mulheres mais jovens. Ver BATES, COURRÈGES e QUANT.

MINIMALISMO Termo inicialmente usado na moda em meados da década de 80, quando descrevia a tendência de roupas sem excessos, reduzidas a tons neutros e inspiradas nas formas puras e esculturais dos estilistas JAPO-NESES que trabalhavam na Europa. O minimalismo tornou-se popular na década de 90. As vestimentas minimalistas são requintadas, cortadas com simplicidade mas em tecidos de qualidade; as cores são neutras, em variações escuras e claras; e pode-se notar uma ausência de detalhes ou acessórios. Ver KLEIN, CALVIN; SANDER e ZORAN.

MINK Ver VISOM.

No final da década de 60, era possível ver MÍNIS, mídis e máxis nas ruas, uma vez que as mulheres continuavam a fazer experiências com comprimentos de saias, antes de escolherem os comprimentos mais uniformes da década de 70.

MIRANDA, CARMEN 1909-55. Cantora e atriz de cinema nascida em Portugal, e nacionalizada brasileira. Com apenas um ano de idade desembarcou com a família no Rio de Janeiro, onde teve uma carreira meteórica. Antes de conquistar Hollywood, na década de 40, e se tornar o maior fenômeno brasileiro do cinema internacional, criou com o desenhista carioca Alceu PENNA sua marca registrada, a fantasia de baiana com chapéu de frutas, sapatos de plataforma, frufrus e balangandãs, usada em seus filmes pelos figurinistas de Hollywood. Tornou-se ícone da moda tropical associada ao Brasil. Seu estilo vibrante, alegre, colorido e exótico era tido por muitos como símbolo do KITSCH.

Era filha de uma costureira. Ainda jovem, trabalhou com a chapeleira Rose Valois e para SCHIAPARELLI. Depois de ter de fugir para Londres para casar-se em 1937, conseguiu trabalho no salão de Schiaparelli naquela cidade. Em 1947, abriu sua própria chapelaria. Cinco anos depois, a princesa Margaret encomendou vários modelos e apresentou-a aos outros membros da família real britânica. Houve grande demanda pelos chapéus de Mirman durante as décadas de 50 e 60. Ela criava coleções para a casa londrina de DIOR e de SAINT-LAURENT e para Norman HARTNELL.

Um dos modelos jovens da chapeleira Simone MIRMAN na movimentada década de 60.

A imagem de Carmen MIRANDA como uma baiana estilizada, com seus gestos característicos e sorriso largo, é até hoje associada à moda tropical e ao Brasil no exterior.

MIRMAN, SIMONE c. 1920-. Chapeleira. Nascida Simone Parmentier, em Paris, França.

MIROIR DES MODES, LE Revista publicada mensalmente pela BUTTERICK Publishing Company de 1897 a 1934.

MISCHKA, JAMES Ver BADGLEY MISCHKA.

MISSONI Dupla de estilistas formada por marido e mulher. Ottavio Missoni (nascido em 1921 na Dalmácia, atualmente Croácia) e Rosita Jelmini (nascida em 1932, em Varese, Itália)

Ilustração de Antonio Lopez para modelos da coleção outono-inverno de 1983 da malharia italiana MISSONI. Abaixo: coleção primavera-verão de 1989.

fundaram a companhia Missoni em 1953. Ottavio, conhecido como Tai, havia sido dono de uma firma que fazia TRAININGS. Rosita havia trabalhado na confecção de roupas de cama de sua família. Com algumas máquinas de tricô, o casal começou a produzir malhas de lã, que vendiam para outros estilistas. Na década de 70, começaram a produzir com sua própria etiqueta, criando uma malharia muito característica, em padrões e modelos ousados, e em cores misturadas de forma inusitada. Faziam suéteres, costumes, jaquetas, casacos e vestidos. A Missoni contribuiu muito para mudar a atitude do mundo da moda para com as roupas de malha. Ficou mais famosa por seus cardigãs longos e pelos suéteres, mas todas as suas peças transformaram-se em símbolo de status.

MITENE Em 1850, a mitene era uma LUVA de rede ou renda com os dedos cortados na altura da primeira falange. A palavra passou a significar uma luva que cobre parte dos dedos e do polegar. É usada em ocasiões informais, principalmente com roupas esportivas, e geralmente é feita de lã ou pele de carneiro. Ver SCHIAPARELLI.

MIYAKE, ISSEY 1938-. Estilista. Nascido em Hiroshima, Japão. Em 1964, formou-se em desenho gráfico na Universidade Tama, em Tóquio. No ano seguinte, foi para Paris estudar moda. Começou a desenhar para LAROCHE em 1966, indo em 1968 trabalhar com GIVENCHY. Em 1969, viajou para Nova York e passou dois anos com Geoffrey BEENE. Em 1970, estabeleceu o Miyake Design Studio (MDS) em Tóquio. Apresentou seu primeiro desfile em Nova York, em 1971, e o segundo em Paris, dois anos depois. Nessa época, desenvolveu o look de sobreposições e de pe-

MODA EGÍPCIA

Issey MIYAKE é considerado o mais visionário dos estilistas japoneses. Na foto, o corpete esculpido de sua exposição Bodyworks, em 1984, no Museu Victoria & Albert, em Londres.

ças que envolvem o corpo, que se tornaram sua marca registrada. Seu fascínio pela textura expressa-se na atitude para com o desenho: ele cria formas lineares e geométricas baseando-se no drapejado e no caimento do tecido. Trabalha numa escala ousada, geralmente com seus próprios tecidos, para produzir roupas inspiradas, equilibrando influências do Oriente e do Ocidente. Em 1988, desenvolveu sua revolucionária criação, os plissados que ficaram famosos, chamados *Pleats please*. Miyake é um criador intransigente e inovador.

MIZRAHI, ISAAC 1961-. Estilista. Nascido em Nova York, Estados Unidos. Depois de se formar na Parsons School of Design, em 1982, trabalhou para Perry ELLIS e em seguida fez trabalhos para Jeff BANKS e Calvin KLEIN. Em 1987 abriu sua própria empresa. Suas primeiras criações foram inspiradas no guarda-roupa totalmente americano de sua mãe, que incluía modelos de HALSTON, Geoffrey BEENE, Claire MCCARDELL e Norman NORELL. Mizrahi mesclou todas essas influências com sua facilidade de usar cores e materiais luxuosos. Ele criou quase tudo, do vestido BABY-DOLL ao MACACÃO para noite, do PLAYSUIT ao vestido TUBO com babados. Muitas de suas roupas trazem cores brilhantes e modelagens inventivas.

MOCASSIM Tradicionalmente, um pedaço de couro que envolvia o pé por baixo. As sobras nas extremidades eram franzidas e costuradas na parte superior. Acredita-se que o mocassim tenha surgido entre os índios americanos. Durante o século XX, foram adaptados a calçados informais, tanto masculinos quanto femininos.

MOCHILA Bolsa utilitária usada nas costas, presa aos ombros por meio de tiras. No início da década de 80, Miuccia PRADA introduziu a mochila de náilon, mas o acessório só se tornou popular no final da década. Nos anos 90, a mochila se transformou em um acessório básico, feita em vários modelos e tamanhos, de couro, camurça, náilon ou tecidos luxuosos.

MOD Termo usado no Reino Unido no final da década de 50 e início da de 60 para designar o estilo seguido por alguns adolescentes. Os *mods* adotavam uma aparência bem cuidada e cabelos curtos. Usavam ternos de corte italiano, PARCAS compridas com zíperes e capuzes, e se locomoviam em lambretas.

MODA EGÍPCIA Durante a década de 1890, escavações no Egito estimularam a moda com base nos antigos egípcios, especialmente em penteados e joias. A descoberta da tumba de Tutancâmon, em 1922, provocou uma escalada de vestidos drapejados e vaporosos, franjas, BANDAS e motivos de pirâmides e escaravelhos.

MODELADOR Ver COLLANT.

MODES ET MANIÈRES D'AUJOURD'HUI
Revista de moda publicada irregularmente na França entre 1912 e 1920 por Pierre Corrard e impressa pelo método *pochoir* — processo demorado e trabalhoso, em que a imagem era obtida com numerosos estênceis de metal coloridos à mão. A revista apresentava o trabalho de muitos artistas notáveis, inclusive BARBIER, LEPAPE, MARTIN e MARTY.

M.OFFICER Ver MIELE, Carlos.

MOHAIR Tecido feito do pelo longo e brilhante da cabra angorá, misturado, em trama frouxa, a algodão, seda ou lã, para obter uma textura de penugem. Muito usado em paletós, casacos, saias e malhas desde a década de 50. *Ver também* CASHIN.

MOIRÉ Efeito ondeado sobre o tecido, em geral seda, obtido mediante a APLICAÇÃO de rolos de cobre gravados e quentes. A seda *moiré* foi muito usada no final do século XIX. No século XX, era frequentemente empregada em roupas de noite.

MOLETOM Tecido de algodão grosso com uma face lanosa, a qual fica junto à pele. Com moletom, fazem-se malhas e camisetas informais, chamadas *sweatshirts*, ou abrigos, que vêm sendo usadas para aquecimento pelos atletas desde a Segunda Guerra Mundial. Na década de 60, *sweatshirts* tornaram-se um popular traje informal, em geral estampando o nome de universidades americanas, produtos ou slogans. *Ver* *KAMALI.

MOLYNEUX, EDWARD 1891-1974. Estilista. Nascido em Londres, Inglaterra, de pais irlandeses. Estudou arte e começou a trabalhar fazendo esboços para anúncios e revistas. Em 1911, seu desenho de um vestido de noite ganhou o primeiro prêmio num concurso organizado por LUCILE, que logo depois o contratou como desenhista em seu salão de Londres. Nos anos seguintes, Molyneux viajou com Lucile para os salões que ela possuía em Paris, Nova York e Chicago. Depois de ter servido como capitão do exército inglês durante a Primeira Guerra Mundial, Molyneux abriu em 1919 um salão de costura em Paris. Entre 1925 e 1932, estabeleceu filiais em Monte Carlo, Cannes, Biarritz e Londres, onde ficou desde meados da década de 30 até o final da Segunda Guerra Mundial, quando voltou para Paris. Em 1950, Molyneux fechou suas *maisons*, exceto uma, aposentou-se e foi para a Jamaica, entregando o negócio a Jacques GRIFFE. Quinze anos depois, entretanto, reabriu o ateliê e levou uma coleção prêt-à-porter aos Estados Unidos. Mas o estilo de suas roupas não agradou ao público da década de 60, e ele voltou a aposentar-se, desta vez passando o negócio para um estilista sul-africano, John Tullis. A fama de Molyneux baseava-se na pureza das linhas e no corte de seus costumes, saias pregueadas e discretos conjuntos combinados. A elegância aristocrática de suas roupas tornou-o um estilista de estrelas de cinema e mulheres da sociedade. Criou figurinos para Gertrude Lawrence usar nos palcos. Nos anos 30, divulgou o PRETINHO, roupas de inspiração oriental com motivos de bambu, SAIAS FRANZIDAS e vestidos de CORTE ENVIESADO. Foi um estilista respeitado durante toda a sua carreira.

MONDRIAN, PIET 1872-1944. Artista plástico. Nascido na Holanda. Em 1911 foi para Paris, onde abandonou as paisagens realistas para adotar o CUBISMO. Seu trabalho a partir de 1917 — áreas de cor divididas por linhas pretas — levaria SAINT-LAURENT a produzir, em 1965, uma coleção de vestidos inspirados na obra de Mondrian.

A gola plissada é complementada pelas linhas delgadas da saia, no conjunto de noite de 1933 de MOLYNEUX.

MONOQUÍNI A peça *topless* (desprovida de parte superior) mais celebrada foi o monoquíni, criado em 1964 na Califórnia, Estados Unidos, por Rudi GERNREICH. Numa década de experiências consideráveis com o vestir-se e o despir-se, o monoquíni foi importante como símbolo de liberdade, embora nunca tenha atingido popularidade. Cobria o corpo a partir das coxas até um pouco acima da cintura, na qual duas tiras finas se cruzavam entre os seios e sobre as costas.

MONTANA, CLAUDE 1949-. Estilista. Nascido em Paris, França. Após haver terminado o curso secundário, foi para Londres. No final da década de 60, começou a criar bijuterias mexicanas de papel machê, as quais adornava com VIDRILHOS e vendia nas feiras em Londres. Voltou a Paris em 1972 e, dois anos depois, começou a trabalhar para a MacDouglas, grande fabricante de produtos de couro. Em 1977, lançou a primeira coleção de roupas com seu próprio nome. Montana é um estilista vigoroso e influente, de fama internacional. Trabalha melhor em couro, criando silhuetas fortes com linhas angulosas. Suas jaquetas e casacos de ombros largos, do final da década de 70, possuíam linhas duras e agressivas. Montana expressa-se por meio de uma mistura de detalhes e cores ousadas — por exemplo, tons brilhantes de couro adornados com correntes e fivelas. Suas coleções de SPORTSWEAR são desenhadas e executadas com grande maestria.

MOON, SARAH 1940-. Fotógrafa. Nascida Marielle Hadengue, na Inglaterra, de pais franceses. Estudou desenho e aprendeu fotografia sozinha. Na década de 60, foi manequim em Paris, antes de tornar-se fotógrafa freelance contratada pela CACHAREL para as campanhas publicitárias da empresa. Também fotografou para revistas como *Elle*, *Marie-Claire*, *Nova*, VOGUE e HARPER'S BAZAAR; e a butique Biba contratou-a para fotografar anúncios de sua linha de cosméticos. As modelos de Moon são suaves, sonhadoras e misteriosas, criando uma imagem feminina e difusa em planos fechados. Em suas fotos, a cor é rebaixada e etérea, beirando o fantástico.

MORENI, POPY 1949-. Estilista. Nascida em Turim, Itália. Filha de um pintor e uma escultora, estudou estilismo em Turim. Aos dezessete anos, foi para Paris. Ingressou no bureau de estilismo Promostyl em 1967 e trabalhou ali e na empresa italiana Timmi até 1973, quando abriu seu próprio negócio. Popy Moreni é uma inventiva estilista de roupas para o dia, que combina um estilo predominantemente francês com um senso de cor enraizado nas fortes tradições italianas. Em 1976, inaugurou sua própria BUTIQUE. Suas roupas costumam ser alegres e espirituosas. Foi uma das primeiras estilistas a tingir sapatos e sandálias de plástico com cores fortes.

MORI, HANAE 1926-. Estilista. Nascida em Tóquio, Japão. Estudou na Universidade Cristã de Tóquio. Alguns anos depois, voltou à universidade para estudar estilismo e começou a costurar para a indústria cinematográfica japonesa. Abriu no bairro de Shinjuku sua primeira loja e, em 1955, mudou-se para Ginza, a área comercial elegante de Tóquio. No início da década de 70, começou a agradar a um público internacional quando abriu um salão em Nova York; esse sucesso aumentou após seu primeiro desfile de alta-costura em Paris, em 1977. Muitos dos modelos de Mori são baseados no QUIMONO. Ela adapta o estilo a roupas de noite, feitas de tecidos macios e sedosos, utilizando como cinto o tradicional OBI. Suas linhas de prêt-à-porter e alta-costura, principalmente os VESTIDOS DE COQUETEL e toalete, são conhecidas mundialmente.

MORIM Antigo tecido feito primeiramente em Calicute, a sudoeste de Madras, na Índia. É um pano de algodão durável e rústico, geralmente tingido. Muito usado como tecido doméstico, desde 1940 tem sido empregado em roupas informais de verão.

MORRIS, ROBERT LEE 1947-. Designer de joias. Nascido em Nurembergue, Alemanha. Em 1972, muitos anos depois de se formar em antropologia nos Estados Unidos, Robert apresentou sua primeira coleção de joias. Inicialmente exibida por uma galeria em Nova York, era um trabalho fortemente influenciado pelas antigas armaduras feitas de cotas de malha flexíveis. Desde o início seu estilo mostrava um classicismo contemporâneo, com ênfase nas estruturas e formas puras e ousadas. Pesquisou acabamentos metálicos e criou dois looks que se tornaram sua marca registrada: um acabamento dourado fosco de ouro 24 quilates sobre bronze e uma pátina áspera e esverdeada que simulava uma pedra. Entre seus trabalhos, incluiu cruzes celtas, broches em formato de coração e cintos. Colabora com muitos estilistas.

MORTARI, LITA Marca paulistana de moda feminina criada em 1983 pelas primas Eliana Penna Moreira e Tania Mortari Magalhães. Começou como confecção, e abriu a primeira loja em São Paulo em 1988.

MORTON, DIGBY 1906-83. Estilista. Nascido em Dublin, Irlanda. Estudou arte e arquitetura na Irlanda antes de se mudar para Londres, onde, em 1928, começou a trabalhar na casa LACHASSE. Cinco anos depois, iniciou seu próprio negócio. Morton teve grande responsabilidade na transformação do tailleur de corte severo num traje de moda. Usando tweeds em tons delicados, que combinava com blusas de seda, Morton acrescentou-lhes feminilidade. Também apreciava as malhas *aran* e os tweeds Donegal. Em 1939, criou as fardas do Serviço Feminino Voluntário. Após a guerra, desenhou diversas coleções para confeccionistas americanos. Fechou sua casa em 1957.

MOSCA, BIANCA ?-1949. Estilista italiana que se mudou para Londres depois de ter trabalhado quinze anos com SCHIAPARELLI em Paris. Em 1946, abriu sua própria casa, especializando-se em vestidos suaves e românticos.

MOSCHINO, FRANCO 1950-94. Estilista. Nascido em Abbiategrasso, Itália. Enquanto estudava desenho com modelo-vivo na Accademia di Belle Arti, em Milão, aceitou encomendas de ilustrações e criações para casas de moda e lojas. Depois de se formar, em 1971, trabalhou para VERSACE e depois foi para a Cadette, onde foi estilista por cinco anos. Em 1983, abriu sua empresa e rapidamente ficou conhecido por seu estilo irreverente e provocativo. Exímio alfaiate, gostava de fazer jogos visuais. Criou um tailleur para jantar com um garfo e uma faca aplicados no corpete; fez blazers com cata-ventos para fechar os botões; e muitas de suas roupas parodiavam as mulheres que as compravam. As roupas de Moschino, embora cheias de truques, eram geralmente admiráveis. Os coletes vivamente estampados, assim como os vestidos toalete de cetim preto ou os vestidos com POÁS *Minnie Mouse*, tornaram-se bem conhecidos.

MOUSSELINE Ver MUSSELINA.

MR. JOHN 1902-93. Chapeleiro. Nascido Hansi Harberger, em Munique, Alemanha. Sua mãe abriu uma chapelaria na Madison Avenue, em Nova York, quando a família emigrou para os Estados Unidos depois da Primeira Guerra Mundial. Matriculado na Universidade de Lucerna para estudar medicina, Mr. John transferiu-se para a Sorbonne, em Paris, a fim de estudar arte. Acabou voltando para Nova York e abrindo uma chapelaria que, mais tarde e com um sócio, Frederic Hirst, transformou-se na companhia John Frederics. Em 1948, a sociedade foi desfeita, mas Mr. John continuou sua empreitada. Durante mais de trinta anos, foram notórias suas glamorosas confecções de chiffon, *crepe georgette* e tule. Também criou chapéus de crochê e chapéus de palha permanentemente plissada e dobrável. Adornava com pérolas e AZEVICHE chapéus de feltro e envolvia em tule chapéus severos.

Uma criação espirituosa típica de Franco MOSCHINO, supremo parodista da moda. Repare na brincadeira feita na saia deste conjunto da coleção primavera-verão de 1988.

MR. WONDERFUL Marca carioca de moda masculina. Criada pelo estilista Luiz de Freitas no início da década de 70, foi pioneira na moda masculina de vanguarda no Brasil. Hoje, Luiz de Freitas produz figurino para nomes do showbiz nacional.

MTV Forma abreviada de Music Television, companhia fundada nos Estados Unidos em 1981 pela Warner Amex Satellite Entertainment Company, usando a rede nacional de televisão a cabo. A MTV é uma emissora extremamente popular que, 24 horas por dia, apresenta vídeos de rock e música contemporânea. Seu impacto sobre a moda deu-se tanto pelos trajes altamente estilizados dos cantores de rock quanto pela divulgação de cantores como MADONNA. A emissora se tornou uma referência do STREET STYLE usado pelos grupos urbanos de rap.

MUCHA, ALPHONSE 1860-1939. Artista plástico. Nascido na Morávia, na atual República Checa. Foi um desenhista importante e produtivo de móveis, painéis de parede e cartazes. Desenhou também joias para Georges FOUQUET. Seus desenhos orgânicos e sinuosos simbolizam o espírito do ART NOUVEAU.

MUGLER, THIERRY 1948-. Estilista. Nascido em Estrasburgo, França. Passou um ano como bailarino da Ópera do Reno, depois mais um ano estudando na Escola de Belas-Artes, ambas em Estrasburgo. Quando adolescente, fez roupas, e tempos depois foi vitrinista numa loja de Paris. Em 1968, visitou Londres e Amsterdã, voltando para Paris em 1971, a fim de desenhar uma coleção intitulada "Café de Paris". A partir de 1973, começou a desenvolver coleções assinadas. Mugler é um estilista ousado, consciente de que suas roupas, embora chocantes e divertidas, são bem elaboradas e planejadas. Mugler é fortemente influenciado pelas décadas de 40 e 50, produzindo vestimentas que modelam e definem o corpo. Ele exagera os ombros, a cintura, os quadris e a cabeça, de maneira a explorar e expressar as formas femininas. Suas criações são teatrais e sexy, podendo evocar tanto a ficção científica como o desenho industrial ou o glamour hollywoodiano.

Thierry MUGLER cria, com habilidade, roupas muito justas, com ombros exagerados e cintura apertada. Na foto, um modelo de 1988.

MUIR, JEAN 1933-95. Estilista. Nascida em Londres, Inglaterra. Ingressou na LIBERTY em 1950, a princípio trabalhando no estoque, depois foi vendedora no departamento de roupas sob medida e, finalmente, estilista para a clientela da loja. Foi contratada pela JAEGER de 1956 a 1961, quando começou a produzir suas próprias roupas, sob o nome Jane & Jane. Em 1966, fundou a companhia Jean Muir. Trabalhando com tecidos que conhecia intimamente, como jérsei e camurça, ela os manipulava criando roupas que levavam sua marca inconfundível: leveza obtida com disciplina. Muito consciente do peso e do equilíbrio dos tecidos, modelava jérsei fosco e jérsei de raiom em vestidos, saias e tops severos e comportados com sutileza e originalidade. As camurças, em formas igualmente fluidas, recebiam perfurações, estamparias e pespontos. Na década de 60, criou BATAS, vestidos no estilo CAMPONÊS, xales, vestidos de cintura franzida com rolotê e costumes de duas peças. Muir era uma artesã de alto calibre e adquiriu fama internacional. Embora raramente estivesse na linha de frente da moda, suas roupas tinham uma elegância fácil e sugeriam um classicismo atemporal.

MULE Palavra francesa que designa um chinelo de quarto com ou sem salto, usado desde a década de 40. *Ver* *VIVIER.

MUNKACSI, MARTIN 1896-1963. Fotógrafo. Nascido Martin Marmorstein, em Kolozsvar, distrito de Munkacsi, Hungria. Em 1902, o sobrenome foi mudado para Munkacsi. Foi educado na Hungria e, depois de ter servido o exército, tornou-se rapidamente um dos melhores fotojornalistas do país. Temporadas em Berlim e Nova York (quando trabalhou para diversas revistas) culminaram, em 1934, com sua emigração para os Estados Unidos, onde foi contratado pela Hearst Newspapers, Inc., como fotógrafo de moda para as revistas HARPER'S BAZAAR e *Town and Country*, entre outras. As primeiras fotos de

A atriz Joanna Lumley veste túnica de jérsei e saia-calça de Jean MUIR, da coleção de outono de 1975. Chapéu de Graham Smith.

Munkacsi para Carmel SNOW, da *Harper's Bazaar*, mostram a influência de seu trabalho inicial como fotógrafo de esportes. Essa colaboração abriu novo caminho em fotografia para revistas de moda. Seu trabalho concentrava-se no movimento e na espontaneidade — uma novidade na época. Suas fotos de ação ao ar livre, de ângulos antes inconcebíveis, servem de inspiração a muitos fotógrafos que o seguiram. O trabalho de Munkacsi foi referência durante trinta anos.

MUSSELINA 1. Tecido feito originariamente na cidade de Mossul (atualmente no Iraque) e importado pela Europa no século XVII. No século XVIII já se fabricava musselina na Inglaterra e na França. De tecelagem lisa, que permite a fabricação de uma ampla variedade de pesos, era muito usada no século XIX em roupas íntimas, blusas e vestidos de verão. No século XX sua popularidade chegou ao auge na década de 60, quando surgiu a voga de musselinas estampadas importadas da Índia. 2. Tecido fino, leve e liso, geralmente de algodão, seda ou lã, ligeiramente firme. *Mousseline de soie* é a versão mais conhecida, usada principalmente durante o século XIX em vestidos, blusas e saias.

ABCDEFGHIJKLM
NOPQRSTUVWXYZ

NÁILON Termo genérico para uma fibra sintética na qual a substância formadora é qualquer poliamida sintética de cadeia longa, com grupos recorrentes de amidas. O náilon foi o resultado de um programa de pesquisas iniciado em 1927 pelo dr. Wallace H. Carothers na DU PONT Company, no estado de Delaware, Estados Unidos. A empresa lançou o produto em 1938; no ano seguinte, foi testado em meias tricotadas à máquina. MEIAS FINAS de náilon foram lançadas em 1940. Desde então, o náilon vem sendo muito usado na confecção de roupas íntimas e de roupas em geral.

NAKAO, JUM 1968-. Estilista paulista. Neto de japoneses, abriu seu primeiro escritório de estilo em 1983. Em 1988, fez estágio no Japão a convite do Comitê de Estilistas de Moda de Tóquio. Formado em artes plásticas pela Fundação Armando Alvares Penteado, fez extensão universitária em história da vestimenta no Instituto de Museologia, ambos em São Paulo. Em 1996, criou sua marca. De 1996 a 2002, foi também gerente do departamento de estilo da ZOOMP. Cria roupas com tecidos tecnológicos, que misturam referências da cultura pop e erudita, e faz pesquisas conceituais.

NANQUIM Tecido de algodão amarelo originariamente feito à mão em Nanquim, China. Em meados do século XIX, foi usado em roupas de verão.

O estilista Jum NAKAO é um profundo conhecedor da tecnologia têxtil. Para o verão de 2005, criou uma coleção provocadora, com roupas feitas de papel, inspiradas no século XIX, que eram rasgadas ao final do desfile.

NANZUQUE Algodão fino, macio e liso, feito em vários pesos, lembrando uma cambraia mais pesada. Foi muito usado durante o século XIX em lingerie e roupas íntimas.

NASSER, GISELE 1977-. Estilista paulistana. Começou a trabalhar com moda durante a adolescência, no ateliê da avó. Formou-se em moda na Faculdade Santa Marcelina, em São

Paulo. Fez seu primeiro desfile em 2000 e abriu sua loja em 2004. Sua roupas são delicadas, românticas, com toques RETRÔ.

NAST, CONDÉ 1873-1942. Editor. Nascido William Condé Nast em Nova York, Estados Unidos. Foi criado em Saint Louis, Missouri, e frequentou a Universidade Georgetown, em Washington, DC. Em 1897, foi trabalhar na *Collier's Weekly*; três anos depois, foi indicado para gerente de publicidade. Em 1904, num empreendimento pessoal, Nast tornou-se vice-presidente da Home Pattern Company, firma que fabricava e distribuía moldes de vestidos. Quando, um ano depois, foi promovido a gerente comercial da *Collier's Weekly*, dividiu os Estados Unidos em diferentes áreas de marketing para aumentar as vendas e também promoveu a utilização de publicidade em páginas duplas. Foi Nast quem incentivou o trabalho de Charles Dana GIBSON na revista. Nast deixou a *Collier's Weekly* em 1907 e, dois anos mais tarde, comprou a VOGUE, naquela época um periódico de sociedade. Anos depois, adquiriu *Vanity Fair* e *House and Garden*. Nast elevou a publicação de revistas a novas alturas. Procurava os melhores talentos em fotografia, arte, moda, ilustração, tipografia e redação. Misturou sociedade a negócios, arte, teatro e show business. Cada uma de suas revistas adotava uma forte expressão editorial. Em 1914, Nast criou a revista de moldes *Vogue Patterns*, e mais tarde lançou edições internacionais.

NÉGLIGÉ Peça leve e larga, adornada com renda e babados, que no século XIX era usada informalmente em casa. O *négligé* permitia que as mulheres afrouxassem ou tirassem o ESPARTILHO entre trocas de roupa. Seu parente mais próximo é o PENHOAR. No início do século XX, foi substituído pelo VESTIDO DE CHÁ. Passou então a ser um luxuoso ROBE, quase sempre feito de tecido fino.

NESGA Tira evasê costurada às saias para aumentar a roda. Saias nesgadas estiveram muito na moda no século XIX. Na década de 30 surgiram as nesgas exageradas, com extremidades em ponta próximas à cintura e as partes largas em direção à barra.

NEW LOOK Estilo em geral atribuído a Christian *DIOR. Em 1947, Dior lançou a linha corola, assim chamada por causa das SAIAS GODÊS que se abriam como flores a partir de CORPETES justos e cinturas bem finas. A linha foi chamada de *New Look* pelo editor de moda americano Carmel SNOW. As saias podiam ter de treze a 22 metros de tecido, sendo então forradas com tule para ficarem armadas. Os corpetes dos vestidos eram bem justos, para realçar o busto e acentuar a cintura. Embora outros estilistas — BALENCIAGA, BALMAIN e FATH — já estivessem caminhando para essa linha em 1939, seus trabalhos foram interrompidos pela Segunda Guerra Mundial. Dois anos após a guerra, o desfile de Dior causou sensação internacional. O *New Look* era o extremo oposto das roupas restritas e econômicas impostas pelo racionamento, e o estilo provocou controvérsias em todo o Ocidente. Embora muitas mulheres tenham adotado o estilo, outras se manifestaram contra, lamentando o que consideravam extravagância e artificialidade. Mulheres indignadas com os excessos estilísticos da nova moda organizaram piquetes na *maison* Dior, e a publicidade resultante tornou o nome Dior famoso da noite para o dia. O *New Look* prevaleceu sob várias formas até meados da década de 50.

NEWTON, HELMUT 1920-2004. Fotógrafo. Nascido em Berlim, Alemanha. Trabalhou como aprendiz de Eva, fotógrafa berlinense de moda, antes de emigrar para a Austrália, onde serviu o exército durante a Segunda Guerra Mundial. Após o conflito, Newton foi fotógrafo freelance em Sydney, passando também uma temporada em Paris, onde tirou fotos de moda para *Elle*, *Marie-Claire*, JARDIN DES MODES e VOGUE. Na década de 60, mudou-se para Paris e passou a ser colaborador regular da revista alemã *Stern* e da *Vogue* francesa e americana. Suas fotos de moda costumavam ser chocantes, sugerindo uma decadência da sociedade. As modelos, em poses cuidadosas, eram tensas, até agressivas; parecendo representar um drama secreto, escondido pouco além do alcance da lente da máquina fotográfica. O trabalho de Newton tinha elementos de voyeurismo e fantasia.

NITSCHKE, MAREU 1964-. Estilista. Nasceu em Porto Alegre, onde começou a trabalhar com moda nos anos 80. Estabelecido em São Paulo, foi estilista da ZAPPING durante três anos, antes de criar sua grife de moda masculina e feminina, que produz peças contemporâneas de inspiração urbana, com técnicas e detalhes da alfaiataria tradicional.

NKSTORE Loja de moda feminina de marcas de luxo. Fundada em 1997, em São Paulo, pela paulistana Natalie Klein (1966-), o empreendimento de produtos exclusivos nos moldes de uma *maison* moderna logo fez sucesso com o público de alto poder aquisitivo. As coleções da NK seguem as tendências internacionais de marcas influentes, com propostas sofisticadas, adaptadas ao gosto da mulher brasileira.

NORELL, NORMAN 1900-72. Estilista. Nascido Norman Levinson, em Noblesville, Indiana, Estados Unidos. Durante a Primeira Guerra Mundial, passou uma rápida temporada numa escola militar. Em 1918, frequentou a Parsons School of Design, em Nova York, mas voltou para casa depois de um ano e abriu uma pequena loja de tecidos. Regressando a Nova York em 1920, estudou desenho no Pratt Institute, no Brooklyn. Em 1922, foi trabalhar no estúdio da Paramount Pictures em Nova York, onde criou roupas para Gloria Swanson e outras estrelas do cinema mudo. Depois, foi figurinista na Broadway, trabalhando para a Brooks Costume Company e para a confecção Charles Armour. Em 1928, foi contratado por Hattie CARNEGIE, ficando com ela até 1941, quando Anthony Traina o convidou para formar a Traina-Norell: Traina seria o administrador e Norell, o estilista. Em 1944, Norell já lançara VESTIDOS CHEMISIER, vestidos tipo camisa para noite, TRENCHCOATS de pele, vestidos justos para noite com lantejoulas, calças compridas de pele e vestidos LINHA IMPÉRIO. Em 1960, fundou sua própria companhia. A coleção de lançamento apresentou SAIAS-CALÇAS para o dia e para a noite, CALÇAS DE ODALISCA e vestidos toalete decotados. Durante a década de 60, Norell foi aclamado por causa de seus tailleurs bem-proporcionados e pelas silhuetas limpas, de corte preciso. Utilizava os tecidos de maneira extravagante, adornando as roupas com pele e plumas. Considerado um dos estilistas americanos de maior importância, igualado aos costureiros franceses, Norell é mais lembrado pelos vestidos longos cobertos de lantejoulas.

NYLON Ver NÁILON.

ABCDEFGHIJKLM NOPQRSTUVWXYZ

OBI É a FAIXA japonesa, larga e entretelada, feita de brocado de seda e forrada em cor contrastante. Geralmente mede 35 centímetros de largura por 1,2 a 1,8 metro de comprimento. Essa faixa é enrolada em volta da cintura e amarrada num grande laço atrás. Na década de 80, foi adaptada à moda pelos estilistas japoneses que trabalham em Paris. *Ver* JAPONESES.

ÓCULOS ESCUROS Inicialmente produzidos em vidro levemente tinto em 1885, os óculos escuros somente se transformaram em acessório de moda nos anos 30, quando foram popularizados pelas estrelas de cinema de Hollywood. Nessa época, as lentes escuras entraram na moda. A década de 50 assistiu ao surgimento de óculos escuros de modelos bizarros: versões da bandeira americana, formas semelhantes a flores e modelos de enrolar. A voga continuou nos anos 60. Na década de 70 (mais sóbria e, talvez, mais preocupada com status), óculos "de marca" foram muito usados. Na década de 80, armações e lentes pretas entraram na moda, à medida que ressurgia a tendência de óculos escuros menos conservadores. Essa tendência continuou na década de 90.

OLDFIELD, BRUCE 1950-. Estilista. Nascido em Londres, Inglaterra. Foi professor de arte antes de estudar moda no Ravensbourne College of Art, em Kent, de 1968 a 1971. Aprofundou seus estudos na St. Martin's School of Art, em Londres, de 1972 a 1973, tornando-se estilista freelance. Criou uma linha para a loja de departamentos Henri Bendel, de Nova York, e vendia desenhos para Yves SAINT-LAURENT. Em 1975, apresentou sua primeira coleção. Mais tarde, lançou linhas prêt-à-porter. Ficou mais famoso por suas roupas toalete, que são glamorosas e muitas vezes teatrais. É um estilista procurado por estrelas de cinema e socialites, tendo criado muitos trajes para DIANA, PRINCESA DE GALES.

O pretinho de crepe de seda e chiffon, de 1986, criado por Bruce OLDFIELD.

OLDHAM, TODD 1961-. Estilista. Nasceu em Corpus Christi, Texas, Estados Unidos. Atraído pela moda, embora sem ter nenhum aprendizado formal, apresentou sua primeira coleção em 1981, comprada pela loja de departamentos Neiman Marcus. Em 1988, mudou-se para Nova York e apresentou a linha *Times 7*, que destacava botões e acessórios inusitados. No ano seguinte produziu uma linha de roupas femininas. Todd é um estilista independente com grande senso de alegria. Suas combinações de roupas e cores, que mostram uma sensibilidade selvagem e quase infantil, são planejadas para divertir. Apreciador dos ornamentos, apresenta saias e paletós com lantejoulas e contas, combinadas com suéteres vivamente enfeitados ou coletes feitos com PATCHWORK.

OMBREIRAS Almofadinhas trilaterais que, para dar a aparência de ombros largos, são costuradas à parte interna dos ombros de vestidos, paletós, blusas e casacos. A utilização de ombreiras por ADRIAN em seus modelos para a atriz Joan Crawford, no início da década de 30, lançou a voga, que continuou durante os anos 40. ROCHAS e SCHIAPARELLI também empregaram ombreiras no final da década de 30. Retornaram fugazmente na década de 70 e foram usadas no início da de 80. *Ver* DRAGONAS.

ONASSIS, JACQUELINE (Kennedy) 1929-94. Primeira-dama americana de 1961 a 1963. Nascida Jacqueline Lee Bouvier, em East Hampton, Nova York, Estados Unidos. Em 1953, casou-se com John Fitzgerald Kennedy que, em 1961, foi eleito presidente. Enquanto Jacqueline foi primeira-dama, seu estilo foi largamente copiado. A partir de 1960, costumava usar modelos exclusivos, criados por Oleg CASSINI. Seus famosos chapéus PILLBOX eram criados por HALSTON. Com frequência, usava conjuntos de duas peças: um vestido e um ca-

saquinho semiajustado que ia até a cintura. Preferia decotes redondos, ovais ou DECOTES CANOA. As mangas chegavam ao cotovelo, enquanto as saias justas, em forma de A, tocavam os joelhos. Constantemente, usava SAPATILHAS e roupas adornadas com pele. Usava uma bolsa com corrente dourada que se tornou muito popular. Seu penteado armado também foi imitado. *Ver* BATTELLE *e* *CASSINI.

ONDA MARCEL Penteado ondulado criado em 1872 por um cabeleireiro francês, Marcel Grateau, que inverteu o ferro de frisar e obteve cachos, em vez de encrespar os cabelos. O penteado foi muito usado até a década de 30, quando se introduziu a PERMANENTE.

Marcel Grateau, criador da ONDA MARCEL, 1922.

ONG, BENNY 1949-. Estilista. Nascido em Cingapura, de ascendência chinesa. Em 1968,

mudou-se para Londres e estudou na St. Martin's School of Art. Depois de formado, trabalhou como freelance para diversas empresas, até estabelecer seu próprio negócio em 1974. Ong cria roupas que são bonitas, graciosas e, com frequência, cortadas soltas.

OP ART Forma de arte que surgiu na década de 20, mas que entrou na moda, como padronagem de tecidos, na década de 60. A *op art* iniciou sua influência na moda quando o confeccionista americano Larry Aldrich encomendou ao desenhista de estampas têxteis Julian Tomchin uma coleção de estamparia inspirada em pinturas de Bridget RILEY. Os círculos, espirais e quadrados resultantes são dispostos de forma a criar ilusão óptica.

ORGANDI Tecido de algodão muito leve, fino e transparente, engomado por processo químico. No final do século XIX e no início do século seguinte, foi muito utilizado para adornar vestidos, em particular os de noite. Desde a Segunda Guerra Mundial, o organdi passou a ser feito de raiom, seda e outras fibras.

ORLON Fibra acrílica produzida pela indústria americana DU PONT durante a Segunda Guerra Mundial. A fabricação em escala de massa para o consumidor teve início na década de 50. O Orlon é um componente regular de tecidos de tricô, nos quais funciona como substituto da lã.

ORRY-KELLY 1897-1964. Figurinista. Nascido John Kelly, em Sydney, Austrália. Em 1932, foi para a Warner Brothers, em Hollywood, como figurinista. Trabalhou também para a Fox nos filmes de Bette Davis, e como freelance para a Universal, a RKO e a Metro--Goldwyn-Mayer. De 1932 a 1964, Orry-Kelly criou figurinos para centenas de filmes, principalmente *Um americano em Paris* (*An American in Paris*, 1951) e para Marilyn Monroe em *Quanto mais quente melhor* (*Some like it hot*, 1959).

OSKLEN Marca carioca de estilo casual-chic para público feminino e masculino, fundada em 1988 por Oskar Metsavaht (1961-). Em 1986, ao criar um casaco de neve, roupa inexistente no mercado nacional, para uma expedição aos Andes, Oskar, formado em medicina e médico da equipe, viu-se na posição de estilista pela primeira vez. Dois anos depois surgia a Osklen, cujo conceito se inspira no dinamismo da metrópole e na exuberância da natureza brasileira para criar um estilo que une sofisticação e despojamento.

OXFORD Originariamente, meia bota usada na Inglaterra durante o século XVII. No século XX, o *oxford* já se transformara num sapato de amarrar, masculino, feminino ou infantil. *Ver* BROGUE *e* *GUCCI.

OXFORD BAGS Calças usadas pelos estudantes da Universidade de Oxford, Inglaterra, na década de 20. A boca media aproximadamente cinquenta centímetros, e a bainha era virada. Nas décadas de 30 e 70, foi um modelo popular de calças femininas.

OZBEK, RIFAT 1953-. Estilista. Nasceu em Istambul, Turquia. Mudou-se para a Inglaterra, aos dezoito anos, para estudar arquitetura na Universidade de Liverpool, mas transferiu-se em 1974 para a St. Martin's School of Art, em Londres, para estudar desenho de moda. Depois de cumprir o serviço militar

As calças OXFORD BAGS tiveram sua origem entre os estudantes ingleses, em 1925. O estilo foi objeto da zombaria dos cartunistas.

na Turquia, trabalhou com Walter ALBINI em Milão, voltando a Londres em 1980. Entre 1980 e 1984, fez trabalhos para Monsoon, até mostrar a sua primeira coleção própria. Rapidamente Ozbek ficou famoso por suas roupas exóticas e sofisticadas, feitas com tecidos bonitos e luxuosos, como as jaquetas de brocado, e em cores brilhantes, influenciado pelo Oriente e pelo Império otomano. Fez também sucesso com seus tailleurs para coquetel, pretos e bordados. Na década de 90, mudou suas preferências e criou uma linha de peças avulsas — em sua maioria brancas —, que ele batizou de *New Age* com títulos como "Nirvana", mas algumas coleções depois voltou às sofisticadas interpretações de roupas étnicas, quase sempre em cores intensas.

PAGLIACCETTO Palavra italiana que designa peça íntima inteiriça, composta de CORPETE não estruturado e calções. Teve origem na CAMISOLA e nos calções. Começou a ser usado na década de 20, quando a moda de formas esguias, de menino, exigia que se usasse apenas o mínimo de roupas de baixo. Ver MACAQUINHO.

PAISLEY Cidade escocesa que, durante o século XIX, ficou famosa pela produção de um tecido de lã penteada. Como os XALES de caxemira da Índia entraram na moda, as indústrias de Paisley adaptaram o motivo cônico da Caxemira, tecendo-o em grandes xales quadrados em tons de vermelho e marrom. Esse padrão específico ficou conhecido como Paisley e foi usado principalmente em xales e ROBES no século XIX e no início do século XX. Na década de 80, o Paisley voltou à moda, inclusive em meias-calças, saias, vestidos, xales e bolsas.

PAJEM Penteado em que os cabelos vão até os ombros ou mais e são enrolados para dentro nas extremidades, desde as orelhas até a parte posterior do pescoço. Foi muito popular durante a Segunda Guerra Mundial e nas décadas de 60 e 70.

PALA Tradicionalmente parte integrante de uma bata, a pala é a parte superior de uma peça de roupa, em geral ajustada acima do busto e, nas costas, entre os ombros. Pregueada, franzida ou lisa, prende o restante da roupa. Localizada nos quadris, uma pala pode ser o cós mais largo de uma saia, a partir do qual esta se abre. Saias de pala foram particularmente populares na década de 30 e, novamente, no início da década de 70, quando surgiu a moda baseada em trajes rurais e estilo CAMPONÊS.

Uma rústica bata com PALA transforma-se, na década de 70, em conjunto de blusa e saia com pala.

PALATINA Pedaço de tecido, geralmente renda ou cambraia, enrolado em volta do pescoço como um pequeno XALE, cujas pontas ficam dependuradas. Foi um acessório elegante para o dia e para a noite durante o século XIX.

PALETÓ A palavra tem sido usada para designar diversas vestimentas. No início do século XIX, era uma SOBRECASACA masculina, de abotoamento simples, com recorte na altura da cintura na qual se costurava a parte inferior; em versões anteriores, era semelhante a um casaco de montaria. Em meados do século XIX, transformou-se num sobretudo pesado, de comprimento três-quartos, ligeiramente acinturado. Na segunda metade do século XIX, era um casaquinho feminino, parcial ou completamente ajustado, de comprimento três-quartos ou até a cintura, geralmente feito de tecido de caxemira ou lã, adornado com bordados. No início do século XX, a palavra passou a designar um casaco masculino, com bolsos externos e comprimento até a altura dos quadris, próprio para ocasiões mais formais.

PALETÓ DE MONTARIA Paletó ajustado de abotoamento simples, que se torna mais amplo abaixo da cintura e possui uma FENDA atrás. Desde o século XIX, é usado para montar a cavalo. Na segunda metade do século XX, foi adaptado como peça de moda.

PALHETA Chapéu de palha com a copa chata e a aba reta. A copa é adornada com uma fita. Em inglês, é chamado *boater* porque, juntamente com blazers listrados e calças de flanela, compunha desde o final do século XIX até cerca de 1940 o uniforme dos remadores. Foi usado pelas mulheres durante a década de 20. Também conhecido como "chapéu de palhinha".

PANAMÁ *Ver* CHAPÉU-PANAMÁ.

PANTALETTES *Ver* CALÇOLAS.

PAQUIN, MME. A *maison* Paquin foi fundada em Paris, em 1891, por Jeanne Beckers (1869-1936, nascida em Saint-Denis, França) e por seu marido Isidore Jacobs, casal que ficou conhecido como Monsieur e Madame Paquin. Ela foi aprendiz na *maison* ROUFF. Em 1900, foi nomeada presidente do Departamento de Moda da Exposição de Paris e, dois anos depois, abriu filiais em Londres, Buenos Aires e Madri. Era famosa por suas roupas ricas, glamorosas, românticas e de fino acabamento. Seus vestidos longos, descritos como "de conto de fadas", eram procurados por atrizes e socialites. Mulher de considerável elegância, Mme. Paquin era também uma propagandista engenhosa, desfilando seus modelos nas corridas de cavalos. Aceitava executar as criações de Paul IRIBE e Léon BAKST, adaptando-as. Em 1913, criou vestidos diurnos que também podiam ser usados à noite. Muitos de seus vestidos eram uma mistura de drapejamento e corte severo, adequados à mulher mais ativa do início do século XX, e seus tailleurs eram cortados de modo a facilitar o caminhar. Era famosa pelos VESTIDOS TANGO, lingerie e amplo departamento de peles. Mme. Paquin aposentou-se em 1920, mas sua casa permaneceu aberta. Em 1953, fundiu-se com a *maison* WORTH. A Paquin-Worth fechou em 1956.

PARCA Agasalho com capuz semelhante ao ANORAQUE, em geral de maior comprimento e corte mais solto. Muito popular nas décadas de 50 e 60, voltou à moda nos anos 90. *Ver também* MOD *e* WINDCHEATER.

PARDESSUS Palavra francesa que indica qualquer sobretudo. No século XIX, o termo

PAREÔ

Norman PARKINSON fotografou este modelo de Zandra Rhodes na Flórida, Estados Unidos, em 1971. O vestido, confeccionado em chiffon de seda com estampa "Indian Feather Suspray", é modelado de acordo com a padronagem e tem bordas com acabamento em lenço.

designava diversos tipos de sobretudos ajustados para homens e mulheres.

PAREÔ Saia ou saiote polinésio estampado com padrões florais grandes. Desde a década de 60, o pareô é usado como traje de praia.

PARIS ÉLÉGANT Revista bimestral de moda editada na França de 1836 a 1881. Uma revista mensal com o mesmo nome foi publicada por outro editor entre 1909 e 1936.

PARKINSON, NORMAN 1913-90. Fotógrafo. Nascido Roland William Parkinson Smith, em Roehampton, Surrey, Inglaterra. Em 1931, tornou-se aprendiz na Speaight Ltd., companhia fotográfica de Londres especializada em retratos de debutantes. Ali ficou até 1933. No ano seguinte, abriu seu próprio estúdio e iniciou sua carreira de fotógrafo, trabalhando para revistas como *Life*, *Look* e *VOGUE*, ao mesmo tempo que cuidava de seus negócios agrários. Durante a Segunda Guerra Mundial, foi fotógrafo militar e fazendeiro. Terminado o conflito, Parkinson alcançou grande sucesso como fotógrafo de moda para *Vogue* e outras revistas de moda e agências de publicidade em Londres, Nova York e Paris. Nos anos 50, tornou-se fotógrafo da realeza. O trabalho de Parkinson costumava ter estilo vigoroso e vivaz, frequentemente bem-humorado. Conseguiu unir com êxito o rústico ao sofisticado. Suas imagens bem definidas revelavam elegante ironia.

PARNIS, MOLLIE 1905-92. Estilista. Nascida Sara Rosen Parnis, em Nova York, Estados Unidos. Começou sua carreira em moda como vendedora-assistente no showroom de uma confecção de blusas, mas logo passou ao estilismo. Trabalhou por pouco tempo em outra confecção, a David Westheim, antes de se casar com um especialista em produtos têxteis em 1930. Três anos depois, abriu seu próprio negócio junto com o marido, fazendo conjuntos e vestidos prêt-à-porter elegantes e comportados. Muito conhecida desde a década de 30 até a de 60, Mollie Parnis produzia roupas que estavam estritamente de acordo com a moda; eram amiúde sóbrias e sempre bem cortadas, atingindo um público amplo e fiel. Ficou famosa como estilista de várias primeiras-damas americanas.

PARTOS, EMERIC 1905-75. Estilista de peles. Nascido em Budapeste, Hungria. Estudou em Budapeste e Paris. Na década de 30, naturalizou-se francês e depois da Segunda Guerra Mundial, em 1947, Partos foi trabalhar com DIOR. Mais tarde transferiu-se para Nova York, e em 1955 tornou-se o estilista-chefe de peles da loja nova-iorquina Bergdorf Goodman. Partos dava forma às peles, trabalhando-as no sentido vertical e horizontal para criar casacos, paletós, cardigãs e até vestidos. Era famoso por suas estampas: listras largas e flores constituíam duas de suas marcas registradas. *Ver também* PELE.

PARURE Palavra francesa que designa um conjunto oitocentista de joias combinadas, formado por colar, brincos, pulseira, broche, anéis e, às vezes, um diadema. Era usado à noite, em ocasiões formais.

PASQUALI, GUIDO 1946-. Desenhista de sapatos. Nascido em Verona, Itália. A companhia Pasquali foi fundada em 1918 pelo avô de Guido. Após haver estudado mecânica e engenharia na Universidade Bocconi, em Milão, assumiu a direção da empresa em 1967. Durante a década de 70, fornecia sapatos a estilistas italianos como ALBINI, ARMANI e MISSONI.

PASSAMANARIA Tira estreita de tecido que é criada tecendo-se ou trançando-se fios de forma decorativa. Comumente usada em fardas, a passamanaria entrou na moda na década de 30, quando CHANEL a empregou para adornar as bordas de costumes.

Vestido e casaquinho de lã azul-marinho de Mollie PARNIS para a primavera de 1961, fazendo conjunto com um chapéu de Lilly Daché.

PATA-DE-ELEFANTE Ver BOCA DE SINO.

PATACHOU Marca mineira de moda feminina especializada em tricô e fundada em 1978 pela estilista Tereza Santos (1957-), em Belo Horizonte. A marca é reconhecida pela pesquisa de matérias-primas, para desenvolver roupas em escala industrial. Em 2001, passou a exportar através da etiqueta Tereza Santos. A Patachou desenvolve coleções extensas, com vários tipos de tecido, mas sua peça-chave é o tricô, criado com tecnologia de produção e detalhes à mão, sempre em propostas contemporâneas. Tereza Santos desligou-se da Patachou em 2006 para se dedicar à sua marca homônima.

PATCHWORK Desde tempos remotos, unir pequenos retalhos de tecidos diferentes sempre foi uma maneira econômica de costurar para uso doméstico. Na década de 60, casacos, calças, vestidos e jaquetas feitos de retalhos quadrados, redondos ou hexagonais entraram na moda.

PATOU, JEAN 1880-1936. Estilista. Nascido na Normandia, França. Seu pai era dono de um curtume importante, e seu tio possuía uma peleteria, onde Patou começou a trabalhar em 1907. Cinco anos depois, Patou abriu a *maison* Parry, um pequeno estabelecimento de costura em Paris, e vendeu toda a coleção de 1914 a um comprador americano. Sua carreira foi interrompida pela guerra, que passou como capitão zuavo. Em 1919, Patou reabriu o salão, dessa vez com seu próprio nome. Desde o início, suas coleções fizeram sucesso. Lançou vestidos de saia sino e cintura alta em estilo pastora, muitos deles bordados ao estilo RUSSO. Criava roupas para atrizes como Constance Bennett e Louise Brooks, mas seus maiores feitos foram nos modelos esportivos, que sempre ocuparam espaço importante em sua coleção. No início da década de 20, seu inspirado trabalho nesse campo deu outra dimensão à moda. Criou coleções inteiras para a estrela do tênis Suzanne LENGLEN, que as usava dentro e fora das quadras. Essas roupas — saias pregueadas que iam até o meio das canelas e CARDIGÃS sem mangas — perduram até hoje. Como CHANEL, Patou criou roupas para as mulheres modernas, tanto para as que eram ativas quanto para as que queriam parecer ativas. Suas filiais em Monte Carlo, Biarritz, Deauville e Veneza vendiam para a alta sociedade internacional. Seu segredo era a simplicidade. Promoveu a cintura natural e uma silhueta sem excessos. Sua coleção de malharia era inovadora, e, no início da década de 20, apresentou modelos de suéteres cubistas que fizeram muito sucesso. Suas roupas de banho revolucionaram a moda praia. Em 1924, Patou assinou a coleção com seu monograma. No mesmo ano, levou para Paris seis modelos americanas altas, a fim de exibir suas novas criações. Desenvolveu junto às indústrias têxteis BIANCHINI-FÉRIER e Rodier pesquisas de tecidos que se adaptassem a seus trajes de esporte e de banho. Em 1929, lançou a LINHA PRINCESA, um vestido moldado a partir de uma cintura alta, dando a impressão de que os quadris estavam na altura da cintura. Desde 1919 até sua morte, Patou proporcionou considerável contribuição à moda, dominando a alta-costura e o prêt-à-porter. A *maison* Patou continuou após sua morte, administrada por membros da família e tendo como estilistas BOHAN, GOMA, LAGERFELD, PIPART e LACROIX.

PATOU, JEAN

Jean PATOU em 1924, com as seis modelos americanas que levou a Paris para mostrar suas novas coleções.

Louise Brooks (à esquerda) estava entre as muitas atrizes que vestiam criações de PATOU nos anos 20. PATOU criou roupas para a moderna mulher ativa e especializou-se no *sportswear*. Foi um dos primeiros estilistas a assinar roupas com seu monograma.

PAULETTE, MME.

À esquerda, vestido de chá de seda branca com acabamento desfiado. À direita, conjunto toalete de veludo e cetim, ambos de PATOU, c. 1922.

PAULETTE, MME. Datas desconhecidas. Chapeleira. Nascida Pauline Adam, na Normandia, França. O nome Paulette foi adotado quando Pauline abriu sua segunda chapelaria em 1929. Ficou conhecida em 1942 por seus TURBANTES drapejados de lã. Criou modelos para muitas atrizes, inclusive Rita Hayworth e Gloria Swanson, e tinha filiais em Londres e Paris. Lenços e tecidos drapejados eram características predominantes de seus chapéus, que também eram conhecidos pela leveza. Durante a década de 60, criou vários chapéus de pele. Nas décadas de 70 e 80 forneceu modelos para Emanuel *UNGARO, dentre outros estilistas. Mme. Paulette é um dos nomes famosos da chapelaria francesa.

PAULIN, GUY 1945-90. Estilista. Nascido na Lorena, França. Quando era ascensorista na loja de departamentos parisiense Printemps, Paulin vendeu alguns esboços à companhia. Pouco tempo depois foi para a loja rival Prisunic. Em seguida trabalhou para o confeccionista Jimper, para a DOROTHÉE BIS e para a firma americana Paraphernalia. A ampla experiência de Paulin como estilista freelance levou-o à Itália e à França, trabalhando para Georges Edelman, Mic Mac, BYBLOS e outros. Abriu seu próprio negócio no final da década de 70, fechando-o em 1984, quando foi trabalhar na CHLOÉ, ocupando o lugar de Karl LAGERFELD. Paulin era essencialmente um estilista de malharia.

PEA JACKET Ver JAPONA.

PEDLAR, SYLVIA 1901-72. Estilista. Nascida Sylvia Schlang, em Nova York, Estados

Camisola estampada de malha de náilon, de Sylvia PEDLAR para a Iris, 1964.

Unidos. Estudou no Cooper Union e na Art Students League, em Nova York. Abriu sua própria firma em 1929 e, durante muitos anos, criou lingerie produzida em massa com o nome Iris. Ela era famosa por camisolas e PENHOARES graciosos, tendo popularizado uma camisola curta no estilo CAMISA ÍNTIMA. Utilizava renda em muitas de suas roupas. Seus modelos de lingerie eram considerados inovadores e artísticos. Entre outras, fornecia às *maisons* DIOR e GIVENCHY. Fechou as portas em 1970.

PEG-TOP Termo britânico que designa saias, ou calças, cortadas para serem largas nos quadris e estreitas em direção aos tornozelos, inspiradas na forma de um prendedor de roupa. As saias foram muito usadas nos anos 20 e depois retomadas nos anos 60 e começo dos 70, como roupa de noite. As calças foram moda masculina durante a maior parte do século XIX, tendo sido adotadas pelas mulheres na década de 70. Há várias pregas de ajuste na cintura, o que acentua o contraste entre os quadris largos e a boca estreita.

PEIGNOIR Ver PENHOAR.

PELE Entrou na moda no século XIX, atingindo o máximo da popularidade nas décadas de 1890 e no início da de 1900. A foca foi a primeira pele popular, usada para capinhas e paletós justos e, mais tarde, para casacos. Ao longo dos anos, muitas outras peles vêm sendo usadas, dependendo da disponibilidade e das tendências da moda, em casacos, paletós, chapéus, regalos, estolas e FICHUS, e para adornar vestidos e roupas de noite. Os movimentos em defesa dos animais surgidos no final do século XX fizeram cair a popularidade das peles, principalmente na Europa. *Ver também* ASTRACÃ, CARACUL, CHINCHILA, ESQUILO, *FENDI, FOCA, MAGOT, RACCOON, RENARD, VISOM, ZIBELINA.

PELE DE CARNEIRO Pele e lã de carneiro encontrado na Europa, na América do Norte e do Sul, na África do Sul e na Austrália, que é tosquiada, penteada, curtida, passada e tingida para transformar-se em jaquetas e casacos. Duráveis e quentes, peças externas de pele de carneiro são tradicionalmente usadas em climas mais frios. Na década de 60, esteve na moda por pouco tempo.

PELERINE

Modelos desembarcam antes de um desfile de moda para a empresa britânica de PELES Calman Links, em 1966.

PELERINE Elegante CAPA usada pelas mulheres em meados do século XIX. Baseada numa velha capa de peregrino, a pelerine tinha extremidades compridas na frente e era curta atrás, indo geralmente até a cintura. Usada ao ar livre, era feita de lã e outros tecidos quentes.

PELERINE de renda espanhola preta com a gola adornada de azeviche, o qual ainda enfeita a peça em borrifos que terminam em franja.

PELE SINTÉTICA Desde a década de 60, mantôs de pele sintética tornaram-se a alternativa da moda para a pele verdadeira. É feita de diversas fibras, que frequentemente incluem misturas de acrílico e poliéster. A pele sintética tem duas vantagens sobre a verdadeira: além de ser relativamente barata, pode ser facilmente tingida de cores ousadas, brilhantes e alegres.

PELIÇA Casaco, CAPA ou MANTO do século XIX, com forro ou enchimento de pele. Em geral, era usada aberta, revelando um vestido por baixo.

PELO DE CAMELO Utilizado no século XIX para indumentária externa de ambos os sexos, o pelo de camelo tem sido usado em casacos e sobretudos em sua tonalidade natural — caramelo. Durante o século XIX, um tecido conhecido como *camel hair* (uma mistura de caxemira e lã) tornou-se popular com tingimento caramelo. Imitação ou autêntico, o pelo de camelo mantém sua popularidade. *Ver também* JAEGER *e* CASACO POLO.

A PELIÇA de mangas compridas, em comprimento três-quartos, era geralmente usada sobre um vestido ou saia e adornada de várias formas. *Fashion plate* do *Courrier des Dames* de 5 de novembro de 1845.

PELÚCIA Algodão sarjado ou plano com pelo curto na trama para imitar veludo. É usado desde o início do século XX.

PENCE Prega pontiaguda feita no avesso de uma peça de roupa para amoldá-la às linhas do corpo. *Ver* CORPETE.

PENHOAR Do francês *peigner*, "pentear", o penhoar data do século XVI. É usado no quarto, pelas mulheres, antes de se vestirem. Sempre foi uma peça solta, às vezes usada com uma BATA por baixo, tendo mangas compridas ou curtas e, geralmente, chegando aos tornozelos. No século XIX, o penhoar costumava ser feito de algodão ou outros tecidos leves e adornado com renda e fitas.

PENN, IRVING 1917-. Fotógrafo. Nasceu em Plainfield, Nova Jersey, Estados Unidos. De 1934 a 1938, estudou sob a orientação de Alexey BRODOVITCH na Philadelphia Museum School of Industrial Art. Durante os verões de 1937 e 1938, trabalhou como artista gráfico para Brodovitch que, na época, era diretor de arte da HARPER'S BAZAAR. Durante a Segunda Guerra Mundial, Penn serviu nos exércitos americano e britânico, e em 1943 foi contratado por Alex LIBERMAN para trabalhar no departamento de arte da VOGUE, em Nova York. O trabalho de Penn incluía criar capas para a revista, mas logo começou a produzir suas próprias fotografias. Em 1944 passou a trabalhar como freelance, apesar de continuar com a *Vogue*. As fotografias de Penn são fortes; aparentam simplicidade mas costumam ser representações formais de algo mais complexo. Penn deu à fotografia de moda uma qualidade sóbria e escultural. Um artista da máquina fotográfica, Penn é famoso por suas naturezas-mortas, retratos e nus femininos.

PENNA, ALCEU 1915-80. Ilustrador, jornalista e figurinista. Conquistou fama com sua coluna "As Garotas do Alceu", publicada durante 26 anos nas revistas *O Cruzeiro* e *A Cigarra*, influenciando e moldando o comportamento da mulher brasileira do final dos anos 50 até meados dos anos 60, através de seu traço inconfundível. Foi responsável por criar o estilo de CARMEN MIRANDA, que deu a ela fama em Hollywood; o vestido que Marta Rocha usou no concurso Miss Universo 1954, além de figurinos para shows em cassinos e teatros e para os espetáculos de moda da RHODIA, nos anos 60.

PEQUENO LORDE FAUNTLEROY Herói do livro infantil de mesmo nome, de Frances Hodgson Burnett, publicado em 1886. As ilustrações de Reginald Birch mostravam o

PERETTI, ELSA

De 1938 a 1966, Alceu PENNA publicou a coluna "As Garotas do Alceu" na revista *O Cruzeiro*. Com um traço moderno, suas ilustrações se tornaram referência de moda e atitude para mais de uma geração. Desenho dos anos 60.

Pequeno Lorde Fauntleroy vestido num conjunto de veludo preto ou azul-escuro (casaco e KNICKERBOCKERS), blusa branca com gola VANDYKE, FAIXA colorida, meias finas de seda, SAPATILHAS com fivelas e uma BOINA grande. Essa roupa lembrava o TRAJE ESTÉTICO da época. Roupas de Lorde Fauntleroy para mulheres entraram em moda na década de 70.

Pingente em forma de coração, de ouro com diamantes, de Elsa PERETTI para a Tiffany & Co.

PERETTI, ELSA 1940-. Designer de joias. Nascida em Florença, Itália. Estudou decoração em Roma e foi modelo em Londres e Nova York antes de começar a criar joias, em 1969. Seu primeiro sucesso ocorreu quando HALSTON e Giorgio SANT'ANGELO apresentaram suas joias em desfiles. Utilizando chifre, ébano, marfim e prata, Elsa Peretti cria formas simples e marcantes. Desde 1974 tem feito trabalhos para a TIFFANY, para quem criou pingentes de ouro com pequenos diamantes. Ela lançou também os "diamantes por metro", feitos de pedras acessíveis unidas em delicadas correntes.

PERMANENTE Em 1904, um cabeleireiro alemão, Karl Nessler (mais tarde conhecido como Charles Nestlé), trabalhando em Londres, foi o pioneiro da utilização de uma máquina elétrica que fazia ondas permanentes nos cabelos das mulheres. A permanente somente se tornou popular na década de 20, quando se inventou um processo a vapor. "Permanentes caseiras" surgiram logo após a Segunda Guerra Mundial. As primeiras soluções domésticas criavam cachos densos e crespos, que saíram de moda nos anos que se seguiram à guerra, quando se optou por um penteado mais natural.

PERNEIRAS *Ver* CANELEIRAS.

PÉROLA Na Antiguidade, pregadas a mantos, as pérolas foram muito usadas como peças decorativas. Desenvolvem-se nos mo-

A PERMANENTE de 1921: o processo e o resultado.

luscos de água salgada ou doce — *abalone,* mexilhão ou ostra — quando um agente irritante entra (ou é introduzido) no interior da concha e faz com que o molusco excrete nácar, substância cristalina de carbonato de cálcio. No século XVIII, a descoberta de diamantes no Brasil provocou uma queda na demanda pelas pérolas. O interesse foi reavivado no final do século XIX, com a produção comercial de pérolas cultivadas, desenvolvidas principalmente por Kokichi Mikimoto, do Japão. As pérolas cultivadas são criadas quando uma minúscula conta feita da concha de um mexilhão e um pedaço de madrepérola, ou outra substância, são postos dentro da ostra. Esta é devolvida à água salgada ou doce por vários anos, até o nácar ser excretado. O nácar representa 10% de uma pérola cultivada. As pérolas costumam ser tingidas. No início da década de 20, SAUTOIRS de pérolas tornaram-se populares. Desde os anos 50, o colar curto de pérolas simboliza elegância clássica. *Ver também* ALEXANDRA, RAINHA.

PERTEGAZ, MANUEL 1918-. Estilista. Nascido em Aragão, Espanha. Aos doze anos, tornou-se aprendiz de alfaiate. Quando a família se mudou para Barcelona, Pertegaz começou a fazer roupas para sua irmã e finalmente, em 1942, abriu um salão. No decorrer dos vinte anos seguintes, tornou-se um dos maiores costureiros espanhóis, estabelecendo casas em inúmeras cidades da Espanha, incluindo uma em Madri. É um estilista clássico, de roupas elegantes que se enquadram na tradição espanhola de trajes grandiosos e imponentes. Apesar da austeridade de alguns de seus modelos, é conhecido em toda a Espanha por suas linhas de alta-costura e prêt-à-porter.

PERUGIA, ANDRÉ 1893-1977. Estilista de calçados. Nascido em Nice, França. Foi aprendiz na oficina de seu pai e, aos dezoito anos, abriu uma loja em Paris, onde vendia sapatos feitos à mão. Durante a década de 20, confeccionou calçados para POIRET e, mais tarde, para FATH e GIVENCHY. Suas criações sempre foram associadas a um alto nível de artesanato. Perugia aposentou-se em 1970.

PFISTER, ANDREA 1942-. Estilista de calçados. Nascido em Pesaro, Itália. Ainda criança, mudou-se para a Suíça, onde foi educado. Depois, voltou para a Itália, a fim de estudar arte e línguas. Em 1961, fez um curso de desenho de calçados em Milão e, dois anos depois, mudou-se para Paris, onde se estabeleceu como desenhista para a LANVIN e a PATOU. Em 1965, Pfister apresentou sua primeira coleção e, em 1967, inaugurou sua primeira sapataria. Seus calçados são coloridos, cheios de estilo e divertidos, tendo-lhe dado fama internacional.

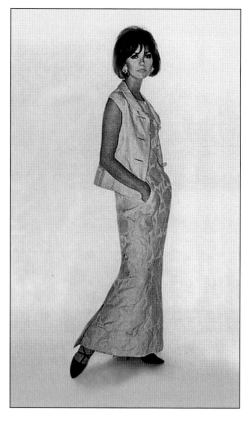

Conjunto longo para a noite, de brocado de algodão, com casaquinho sem mangas, do costureiro espanhol Manuel PERTEGAZ, 1964.

PICASSO, PABLO 1881-1973. Artista plástico. Nascido em Málaga, Espanha. Foi o artista mais famoso do século XX e, como tal, influenciou a moda principalmente graças ao trabalho que realizou depois de ter conhecido Georges BRAQUE em Paris, em 1907. Anos depois, suas pinturas cubistas inspiraram suéteres e outras peças.

PICASSO, PALOMA 1949-. Designer de joias. Nascida em Paris, França, filha de Pablo PICASSO e Françoise Gilot. Foi educada em Paris e frequentou a Universidade de Nanterre.

Depois de completar um curso em design de joias em 1969, envolveu-se com a criação de figurinos para teatro. Utilizando tiras dos biquínis com pedras do Folies-Bergère, criou bijuterias exóticas que atraíram muita atenção. No mesmo ano, Yves SAINT-LAURENT apresentou suas coleções com joias de Paloma. Lançou sua primeira coleção de pedras semipreciosas e preciosas, desenhadas com exclusividade para a TIFFANY, em 1980. As criações de Paloma são vibrantes e imaginativas, produzindo combinações incomuns de cores e de superfícies brilhantes.

Colar de pérolas multicolorido, com pingente raro de hidenita, criado para a Tiffany & Co. por Paloma PICASSO.

PICKEN, MARY BROOKS 1886-1981. Professora, escritora. Nascida em Arcadia, Kansas, Estados Unidos. Ainda menina, aprendeu a costurar, fiar e tecer. Após ter concluído um curso de costura em Kansas City, estudou estilismo, modelagem e corte em Boston. Depois, tornou-se instrutora no American College of Dressmaking, na outra Kansas City, no Missouri. A partir de 1914, Mary escreveu inúmeros livros e artigos (muitos sob pseudônimos) sobre o lado prático da moda: costura, estilo, modelagem e tecidos.

PIED-DE-COQ Tecido em xadrez regular, com os quadrados interrompidos. Desde o final do século XIX, é muito usado em peças externas, paletós, saias e calças.

PIGUET, ROBERT 1901-53. Estilista. Nascido em Yverdon, Suíça. Foi educado para tornar-se banqueiro, mas em 1918 foi para Paris, onde trabalhou com REDFERN e POIRET. Fundou sua própria casa em 1933. Até 1951, quando se aposentou, Piguet contratou ou usou criações de BALMAIN, BOHAN, DIOR, GALANOS e GIVENCHY. Preferia vestidos longos extravagantes, em estilo romântico, e criou figurinos para o teatro, assim como tailleurs justos e vestidos elegantes.

PIJAMA Do persa *pa-jama*, que significa "cobertura das pernas". No século XIX, o pijama consistia em calças largas e em tops do tipo paletó com faixa. Na virada do século, havia várias formas de pijama, inclusive de passeio, usadas por homens como traje elegante para o início da noite. Nas décadas de 20 e 30, as mulheres usaram pijamas como peças toalete e versões de praia. O filme *Aconteceu naquela noite* (*It happened one night*, 1934), estrelado por Claudette Colbert e Clark Gable, ajudou a popularizar o pijama feminino. Pijamas modernos para a noite estiveram em voga nos anos 20. *Ver também* GALITZINE.

PILLBOX Pequeno chapéu oval com lados retos e copa chata, geralmente usado no alto da cabeça, tombado para um lado. ADRIAN ajudou a popularizar o *pillbox* com um modelo feito para Greta GARBO em *Como me queres* (*As you desire me*, 1932), e o estilo permaneceu na moda até a década de 40. Nos anos 60, os modelos de HALSTON para Jacqueline Ken-

PINTURIER, JACQUES

Da década de 20, roupa de descanso em estilo PIJAMA, de cetim adornado com renda.

cem complicados e futuristas, mas tecnicamente são muito bem pensados e, consequentemente, muito influentes.

Desenho do chapeleiro francês Jacques PINTURIER, de 1968.

PIPART, GÉRARD 1933-. Estilista. Nascido em Paris, França. Aos dezesseis anos, começou a trabalhar com BALMAIN. Trabalhou também com FATH, PATOU e BOHAN. Depois de ter concluído o serviço militar, foi estilista freelance por pouco tempo, até ser indicado, em 1963, estilista-chefe da Nina RICCI, onde vem dando continuidade ao estilo da *maison*: modelos sofisticados para todas as ocasiões.

nedy ONASSIS trouxeram o *pillbox* de volta à moda. Foi visto novamente, por pouco tempo, na década de 70. Ver CASSINI.

PINTURIER, JACQUES 1932-. Chapeleiro. Nascido em Auxerre, na França. Em 1949, começou a trabalhar como estilista de chapéus para seu tio, Gilbert Orcel. Em 1964, trabalhou com CASTILLO e, quatro anos depois, abriu seu próprio negócio em Paris. Ao longo de sua carreira, Pinturier criou para inúmeros costureiros. Ele considera seus chapéus uma forma de arte, por isso às vezes eles pare-

PLÁSTICO Substância que se assemelha à resina e é moldada por pressão e calor para criar bijuterias, como colares, pedras e engastes diferentes. O plástico é utilizado desde os anos 30. Também foi empregado para fazer roupas e calçados. O PVC, por exemplo, foi usado em capas de chuva e em trajes para uso ao ar livre na década de 60.

PLASTROM Gravata masculina de meados do século XIX, com extremidades largas, usada em volta do pescoço e laçada sob o queixo. Peça do traje formal, costumava ser feita de tecido liso, geralmente seda, sem franja. Às vezes, a laçada ou o nó duplo era preso por um alfinete com pedraria. Como parte da tendência geral do uso de roupas masculinas, as mulheres usaram versões de plastrom no final do século XIX.

PLATAFORMA Sola grossa para sapatos lançada nos anos 30. As solas de plataforma estiveram na moda, durante certos períodos, em quase todas as décadas, principalmente nas de 40 e 60. Foram revividas nos anos 90. *Ver* CARMEN MIRANDA *e* *FERRAGAMO.

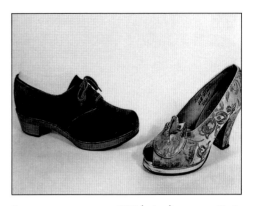

Os SAPATOS DE PLATAFORMA em 1934 (acima) e uma versão da década de 70, de Fiorucci (abaixo).

PLAYSUIT Traje de duas peças que consiste em BLOOMERS e um top. Durante a década de 50, foi muito usado para a moda praia.

PLISSÊ ACORDEÃO Preguedo fino, estreito e regular criado mediante PENCES costuradas ou prensadas no tecido de vestidos e saias, geralmente a partir do cós e em direção à bainha. No final do século XIX, o plissê foi usado na confecção de vestidos de baile. Na virada para o século XX, era parte integrante de muitos estilos e tornou-se particularmente popular nas décadas de 20 e 50. *Ver também* PREGA MACHO *e* PLISSÊ SOLEIL.

PLISSÊ SOLEIL Pregas finas que se irradiam de um ponto central no cós de uma saia ou vestido. *Ver* DIOR.

PLUMA DE AVESTRUZ Pena das asas ou da cauda do avestruz africano, ave que não voa. No final do século XIX e no início do século XX, as plumas brancas foram muito usadas em chapéus, BOÁS e adornos exóticos. Era também conhecida genericamente como "penas de ave-do-paraíso". *Ver* PLUMAS.

PLUMAS O uso generalizado de plumas na moda do final do século XIX criou uma demanda mundial. Em Londres, por exemplo, em 1906 foram vendidos 1150 kg de plumas em leilão. Outros centros de venda eram Paris e Nova York. Muitas espécies foram extintas, uma vez que caçadores de plumagem espoliavam as fontes nos Estados Unidos, em Myanmar (antiga Birmânia), na Malásia, Indonésia, China, Austrália e Europa. A Associação Americana de Ornitólogos, que foi fundada em 1883, calculou que 5 milhões de aves eram mortas por ano para fornecer plumas para objetos de moda como leques, chapéus e regalos. As plumas mais populares vinham da garça. Eram muito usadas em EGRETES e em chapéus.

A moda de plumas fez a loja londrina Debenham & Freebody publicar em 1906 este anúncio de estolas de PLUMAS DE AVESTRUZ em cores sortidas.

PLUNKETT, WALTER 1902-82. Figurinista. Nascido em Oakland, Califórnia, Estados Unidos. Estudou advocacia na Universidade da Califórnia, embora pretendesse ser ator. Mais tarde, trabalhando em Hollywood, aplicou seu talento à criação de figurinos. Em 1926, tornou-se chefe do departamento de figurino da FBO (depois RKO) Studios. Excetuando-se dois anos de trabalho freelance, permaneceu na companhia até 1935. Seguiram-se então doze anos como freelance, até que, em 1947, Plunkett foi para a Metro-Goldwyn-Mayer, de onde saiu em 1965. Figurinista respeitado, Plunkett contribuiu para centenas de filmes. Dentre os mais famosos estão: ... *E o vento levou* (Gone with the wind, 1939) e *Cantando na chuva* (Singin' in the rain, 1952).

PLUS-FOURS São os KNICKERBOCKERS de tweed ou lã penteada usados pelos ingleses durante a década de 20 para a prática de atividades esportivas. O corte amplo permitia que o tecido caísse quatro polegadas (dez centímetros) abaixo do joelho, no qual era franzido. Os estilistas relançaram essa peça para mulheres na década de 70. Ver *EDUARDO VIII.

PLUSH Tecido de algodão com um pelo semelhante ao do veludo. No século XIX, foi muito popular para fazer vestidos.

POÁ Padrão de bolas espaçadas de maneira uniforme, estampado sobre algodão, linho, seda, *voile* e tecidos de fibra mista.

POCHETTE Palavra francesa que designa uma bolsa usada desde 1880, desenvolvida a partir de um bolso. É um pedaço retangular de tecido ou couro preso a uma corrente ou cordão, que ao se fechar forma um franzido. Atualmente, as pochettes possuem fechos ou zíperes.

POIRET, PAUL 1879-1944. Estilista. Nascido em Paris, França. Seu pai era comerciante de tecidos. Durante a adolescência, Poiret foi aprendiz de um fabricante de guarda-chuvas, mas interessava-se por moda e, finalmente, vendeu alguns de seus esboços a Ma-

Modelos de Paul POIRET em seu jardim, exibindo os talentos do estilista. Com esta visão de costas podem-se observar as linhas exóticas de suas criações e seu interesse no tecido e na silhueta. Os chapéus vão desde uma banda em estilo grego até um modelo grande de matinê.

deleine CHERUIT na *maison* Raudnitz Soeurs. Em 1896, Poiret foi trabalhar no ateliê de DOUCET, onde sua primeira criação — uma capinha vermelha — fez muito sucesso. Em 1901, ingressou na WORTH. Dois anos depois, resolveu abrir sua própria *maison*, recebendo ajuda de Doucet, que lhe enviou como cliente Réjane, atriz famosa da época. Sob a proteção dela, Poiret foi lançado. Em 1906, foi responsável por afrouxar a silhueta formal da moda e obter uma vestimenta mais confortável, estendendo o ESPARTILHO até os quadris e reduzindo o número de roupas íntimas. Em 1908, publicou um folheto ilustrado por Paul IRIBE intitulado *Les robes de Paul Poiret*. As ilustrações mostravam vestidos longos simples, elegantes e levemente ajustados, bem diferentes dos trajes com espartilhos e com excesso de festões da época. Na verdade, Poiret flertou com a forma básica criada pelo espartilho durante vários anos, embora afirmasse que libertara as mulheres dos grilhões dele. Entretanto, essa pretensão não era desprovida de fundamento. Poiret promoveu a forma do QUIMONO no início da década de 1900, tendo Isadora DUNCAN como cliente de suas roupas exóticas e vaporosas. Em 1909, ele lançou TURBANTES, EGRETES e CALÇAS DE ODALISCA, todos inspirados nos BALLETS RUSSES, que despertaram grande interesse por roupas da Europa Oriental e do Oriente. Poiret criava roupas de seda, brocado, veludo e lamê, com cores ousadas e modelagem simples, mas ricas em textura. Em 1911, encomendou outro folheto, *Les choses de Paul Poiret*, ilustrado por Georges *LEPAPE. No mesmo ano, lançou a SAIA ENTRAVADA, a qual, ao mesmo tempo que libertava os quadris, confinava os tornozelos. Essa moda foi pouco adotada, apesar de ter atraído muita atenção e provocado muitas críticas. Fundou a École Martine, assim chamada em homenagem à sua filha, com o objetivo de contratar moças que criavam estampas têxteis e artigos de decoração, os quais depois eram executados por artesãos habilitados. Raoul DUFY colaborou com Poiret em muitas estampas de tecidos para a BIANCHINI-FÉRIER. Nessa época, Poiret concebeu uma de suas formas mais famosas, "o abajur", colocando arame numa TÚNICA para que a bainha formasse um círculo em torno do corpo. Em 1912, excursionou pela Europa com um grupo de modelos, seguindo-se uma turnê pelos Estados Unidos em 1913. Diversas vezes, Poiret procurou promover o uso de calças do tipo odalisca sob túnicas. Seus adornos de pele, lenços e toucados eram famosos. Em 1914, ele ajudou na criação do Syndicat de Défense de la Grande Couture Française, tentativa de proteger da pirataria os estilistas afiliados. Ao estourar a Primeira Guerra Mundial, Poiret fechou seu negócio e alistou-se no exército francês. Embora continuasse ativo após o conflito, não recuperou o status anterior; no mundo do pós-guerra, as excentricidades de Poiret denunciavam o passado.

POKE BONNET Ver CHAPÉU DE PALA.

POLIÉSTER Em 1941, J. F. Winfield e J. T. Dickson, da Calico Printer's Association, lançaram uma fibra de poliéster composta principalmente de etilenoglicol e ácido tereftálico. Por volta de 1946, as fibras de poliéster já eram usadas em tecidos de decoração. Em 1963, a DU PONT lançou nos Estados Unidos o Dracon. A fibra de poliéster foi empregada na fabricação de todos os tipos de roupa de moda durante a década de 50, e ainda é uma das fibras sintéticas usadas com mais frequência em confecção de roupas. O poliéster não amarrota, seca rapidamente e não deforma.

PONCHO No Chile, os índios araucanos usavam a palavra *pontho* para designar um pano de lã. Daí nasceu o poncho, um pedaço quadrado ou retangular de tecido de lã, semelhante a um cobertor, com uma abertura no centro para a cabeça. É usado reta ou diagonalmente. Costuma ser tecido em padrões e desenhos coloridos. Tornou-se popular nos Estados Unidos no final da década de 40 e logo depois a voga espalhou-se para a Europa. A moda ÉTNICA do final dos anos 60 reviveu a voga do poncho. Ver *CASHIN.

PONJÊ Da palavra chinesa *pen-chi*, "tear caseiro", o ponjê é um tecido plano caracterizado por estrias transversais irregulares e cor crua escura. Originariamente era feito de seda, mas a versão do século XX é sintética, em geral uma mistura de algodão. As duas versões são usadas para vestidos e lingerie.

Denise, mulher de POIRET, fotografada em 1913 usando conjunto cinza e botas cor-de-rosa.

PONTO AJOUR Ver BAINHA ABERTA.

PONTO DE TRANÇA Ponto decorativo em relevo, que lembra fios torcidos, empregado em malhas tricotadas.

POORBOY É o SUÉTER canelado, com um leve DECOTE CANOA e mangas que vão até o cotovelo. Entrou na moda na década de 60, quando era usado sobre saias e calças no verão e sobre blusas no inverno.

POPELINA Tecido forte e plano, caracterizado por estrias transversais que lhe dão um efeito canelado. Originariamente feito com urdume de seda e trama de lã, o nome vem do tecido que era produzido na cidade papal de Avignon, na França (sede do papado no século XIV), e do tecido francês *popeline*, que era usado para vestes clericais. Por volta do século XVIII, o nome *popeline* era comum na Inglaterra. Atualmente, a popelina é feita de misturas de seda, algodão, lã e fibras sintéticas. É resistente e mais utilizada para roupas informais, como jaquetas e casacos.

PORTER, THEA 1927-2000. Estilista. Nascida em Damasco, Síria, de pais ingleses. De 1949 a 1950, estudou inglês e francês na Universidade de Londres. Morando em Beirute em 1953, começou a pintar. No início da década de 60, Thea mudou-se para Londres, onde abriu uma loja de tecidos de seda e tapetes antigos turcos e árabes. Por volta de 1964, estava criando roupas, baseadas principalmente em tecidos do Oriente e Oriente Médio. Seus elegantes CAFTÃS atraíram enorme atenção. Em 1968, abriu uma loja em Nova York, seguida por outra em Paris, cerca de seis anos depois. Especializou-se em roupas

Esboço de Thea PORTER de modelo cigano da década de 70, feito de dois *voiles* e adornado com passamanaria plana dourada.

de toalete de chiffon, crepe-da-china, brocado, seda e veludo, ricamente bordadas e adornadas. Thea Porter promoveu o estilo *CIGANA da década de 70, apresentando vestidos de chiffon com babados. Suas roupas eram vendidas em todo o mundo, especialmente no Oriente Médio. Ver *SAINT-TROPEZ.

POWER SUIT Termo inventado na década de 80 para designar um tailleur usado pelas mulheres de negócios. O paletó tem corte semelhante ao do terno masculino, mas os ombros são exagerados e fortemente marcados por ombreiras. Ver EXECUTIVO.

POYNTER, CHARLES Em 1881, Charles Poynter assumiu os negócios da casa parisiense fundada por John REDFERN, onde continuou a promover o TROTTEUR como o traje da moda.

PRADA Casa de moda fundada em 1913, em Milão, Itália. Originalmente estabelecida como Fratelli Prada, uma manufatura de artigos de couro de alta qualidade, a companhia fez sucesso até a década de 70. A sorte voltou em 1978, quando Miuccia Prada (1949-.), neta do fundador Mario Prada, assumiu a empresa e começou a produzir acessórios, incluindo uma MOCHILA de náilon preta presa por tiras de couro. Tanto as mochilas como outros acessórios de náilon foram estampados com o nome Prada e logo se tornaram disputados e mundialmente copiados. Em 1988, Miuccia Prada apresentou sua primeira coleção de prêt-à--porter. Ela se tornou conhecida por suas elegantes roupas de formas soltas e por dar um tratamento moderno às vestimentas tradicionais: PARCAS de náilon adornadas com vison, TRENCHCOATS e TWINSETS de faille de seda. Suas roupas, embora tenham uma falsa aparência simples, tornaram-se largamente influentes.

PREGA EMBUTIDA Prega curta e invertida que se insere no meio da parte traseira ou lateral de uma saia, próximo à bainha, a fim de proporcionar maior mobilidade. Foi bastante usada por estilistas nas décadas de 40 e 50, quando estava em moda uma silhueta muito bem delineada. Também conhecida como prega fêmea.

PREGA-FACA Pregas estreitas que são passadas a ferro para formar vincos bem marcados numa saia ou num vestido. Muito popular no final do século XIX e no século XX, em particular da década de 20 à de 50.

PREGA FÊMEA Ver PREGA EMBUTIDA.

PREGA MACHO Prega formada por duas dobraduras viradas para dentro e voltadas uma para a outra.

PREMET Casa de moda francesa que abriu em 1911 e fez sucesso até a década de 20, com seus modelos GAMINE e *garçon*. GRÈS estagiou na Premet. A casa fechou em 1931.

PREPPIE Estilo muito usado nos Estados Unidos no final da década de 70, que imitava os trajes dos estudantes da IVY LEAGUE. Os ingredientes essenciais do *preppie look* eram a saia KILT ou xadrez, BLAZER, peças de tweed e suéteres *shetland* ou *fair isle*. Essas peças eram usadas com blusas brancas de golas pequenas com babadinhos. Os tons pastel predominavam, e a combinação de vermelho, branco e azul era particularmente elegante. Para os homens, os trajes eram calças de veludo cotelê, calças ou camisas de madras e paletós de anarruga. *Ver também* BROOKS BROTHERS.

PRESILHA E PINO Método de abotoamento de casaco ou jaqueta mediante o qual se passa uma laçada, de cordonê ou de passamanaria, em volta de um pino, de madeira ou plástico. É o tradicional abotoamento do *duffle coat*.

PRÊT-À-PORTER Expressão francesa para READY-TO-WEAR, criada no início dos anos 50. Indica roupa comprada pronta.

PRETINHO Surgido na década de 20, o pretinho inspirou-se nas linhas simples da CAMISA ÍNTIMA. Transformou-se na indumentária-base dos coquetéis, essencial no guarda-roupa feminino dos anos 50. Muito promovido por CHANEL e MOLYNEUX nas décadas de 20 e 30, tornou-se um clássico de muitas décadas. *Ver* VESTIDO DE COQUETEL *e* *OLDFIELD.

PRICE, ANTONY 1945-. Estilista. Nascido em Bradford, Inglaterra. Frequentou a Bradford School of Art e depois estudou moda no Royal College of Art, em Londres, de 1965 a 1968. Seu primeiro emprego foi na confecção Stirling Cooper, onde permaneceu até 1974, quando passou a trabalhar na Plaza. Price começou a criar com seu próprio nome em 1979, época em que já alcançara fama como estilista no cenário do rock. Muitas vezes, suas roupas eram teatrais e sexy, e várias de suas criações inspiravam-se na Hollywood da década de 40. Roupas glamorosas que revelam o corpo, constantemente agressivas, são a marca registrada da Price. Na década de 80, ficou famoso por VESTIDOS DE COQUETEL de alfaiataria e por vestidos de festa.

A bailarina Margot Fonteyn posa com um cardigã PRINGLE do início da década de 60.

PRINGLE OF SCOTLAND Indústria de meias, meias finas e roupas íntimas fundada em 1815 por Robert Pringle. Como uma das maiores companhias especializadas na produção de caxemira, lã de cordeiro, merino e *shetland*, a Pringle é subsidiária da Dawson International, a maior processadora mundial de caxemira crua. Durante as décadas de 20 e 30, o nome Pringle tornou-se sinônimo de TWINSETS, CARDIGÃS e malhas de caxemira. A companhia também é famosa por sua MALHARIA com tradicionais motivos florais e padrões feitos à mão.

PSICODÉLICO Roupas de padrões irregulares e cores brilhantes, geralmente feitas de tecidos luminosos, populares na década de 60, e que originaram o movimento HIPPIE. As cores e padrões pretendiam representar os efeitos dos alucinógenos.

PUCCI, EMILIO 1914-92. Estilista. Nascido marquês Emilio Pucci di Barsento em Nápoles, Itália. Passou dois anos na Universidade de Milão, indo depois para a Universidade da Geórgia, em Athens, Geórgia, Estados Unidos, para mais dois anos de estudo. Em 1937, Pucci matriculou-se no Reed College, em Portland, Oregon, onde se formou em ciências sociais e concluiu o mestrado dois anos depois. Voltando para a Itália, passou os anos da guerra como piloto de bombardeiro na Força Aérea italiana. Em 1941 obteve um doutorado em ciências políticas na Universidade de Florença. Era um bom esportista e, durante o curso secundário, fez parte da equipe olímpica italiana de esqui. Depois da Segunda Guerra Mundial, foi fotografado por Toni FRISSELL, da *HARPER'S BAZAAR*, nas pistas italianas de esqui, usando CALÇAS DE ESQUI de sua criação. A revista pediu que ele criasse algumas roupas femininas de inverno, publicando-as em seguida; elas foram postas à venda em diversas lojas de Nova York. Na década de 50, Pucci ficou famoso como estilista de vestimentas esportivas e roupas informais para o dia, contribuindo para o sucesso do estilismo italiano do pós-guerra. Produziu calças de pernas afuniladas e CALÇAS CAPRI, shorts e vestidos de balneário, blusas e camisas de seda com estampas esplêndidas, calças compridas e conjuntos informais. A marca registrada de Pucci eram suas estampas e cores ousadas. Criava para confeccionistas americanos linhas de roupas íntimas, malhas e roupas de banho.

PULITZER, LILLY Datas desconhecidas. Estilista. Nascida Roslyn em Nova York, Estados Unidos. Em 1958, fundou uma companhia em Palm Beach, Flórida, Estados Unidos. Não sabia costurar, mas transmitia suas ideias a costureiras, que faziam seus modelos. Tornou popular um vestido caseiro de algodão conhecido como "Lilly". A companhia vendia saias e vestidos LINHA A em combinações de cores incomuns, como rosa e verde. Cores como essas e estampas florais grandes eram a marca registrada de Lilly Pulitzer. Suas roupas eram apreciadas por mulheres da sociedade, e ela abriu BUTIQUES por todo o país. Fechou a empresa em 1984, reabrindo-a em 1993.

PULÔVER Modelo de MALHA tricotada sem abotoamento, de mangas longas, com comprimento até a cintura ou até os quadris, usado na virada do século para a prática de atividades esportivas. Entrou na moda na década de 20, em pontos lisos ou trabalhados, tendo diversos decotes e sendo adornado com materiais contrastantes, geralmente pele. *Ver também* CHANEL *e* JUMPER.

PUNK Estilo que surgiu em Londres, Inglaterra, em meados da década de 70, entre os adolescentes, desempregados e estudantes. Os penteados para homens e mulheres incluíam cabelos curtos, em geral com faixas raspadas; ou cabelos mais compridos, com gel, penteados para trás com as pontas espetadas e tingidos de vermelho, verde, roxo ou amarelo. Os rostos eram pintados de branco leitoso, e os olhos contornados de preto. A roupa punk visava a atrair atenção e a assustar. Calças rasgadas expunham a pele; as saias eram curtas e possuíam rasgos. Jaquetas pretas de couro, em geral tacheadas, dominavam a cena. Usavam-se correntes para prender uma perna folgadamente à outra ou em volta do pescoço. As CAMISETAS tinham slogans pintados grosseiramente. Outros acessórios incluíam CAMISETAS REGATA e largos braceletes de aço. Alfinetes de segurança eram utilizados ou para prender a roupa ou dependurados no nariz e nas orelhas. Preto, cor-de-rosa e laranja eram as cores preferidas, sendo com frequência usadas juntas. Muitas ideias punk abriram caminho, de maneira mais refinada, até a moda prêt-à-porter da década de 80. *Ver* WESTWOOD.

PVC (cloreto de polivinila) Material originariamente desenvolvido em 1844, ao fazerem-se experiências com oleado. Parente químico do linóleo, o PVC entrou na moda na década de 60, quando foi tingido de cores vivas e utilizado em roupas para uso externo, particularmente blusões de motociclista que iam até os quadris.

ABCDEFGHIJKLM NOPQRSTUVWXYZ

QUADRO Trata-se de um pequeno pedaço de tecido em formato de triângulo ou de losango, colocado nas costuras de uma roupa para reforçá-la ou para facilitar os movimentos.

QUANT, MARY 1934-. Estilista. Nascida em Londres, Inglaterra. De 1950 a 1953, frequentou o Goldsmith's College of Art, em Londres. Em 1955, trabalhou durante vários meses com Erik, um chapeleiro de Londres, saindo para abrir a Bazaar, sua primeira butique, na KING'S ROAD, junto com Alexander Plunket Greene (seu futuro marido) e Archie McNair. Mary começou vendendo moda jovem de vários estilistas, mas logo passou a inventar roupas. Ela tinha pouca experiência em moda, mas os trajes de vanguarda e de baixo preço destinados ao mercado adolescente e jovem se tornaram um sucesso instantâneo e ela virou um nome familiar. A *Harper's & Queen* lançou os PIJAMAS de bolas. Os trajes de Mary Quant estavam em perfeita sintonia com a década de 60. Coloridos, simples e bem coordenados, simbolizavam a moda jovem britânica da *Swinging London*. Ela tornou populares a MÍNI, as meias-calças coloridas, as malhas caneladas e os cintos usados nos quadris. Criou uma coleção batizada *Wet* de roupas de PVC e vendeu enormes quantidades de tops de crochê sem mangas, de comprimento até a cintura. Suas roupas não conheciam distinções sociais ou etárias. Ela criou todo tipo de indumentária, desde roupas íntimas e meias finas até coleções sazonais. Em 1963 abriu uma empresa de manufatura e estilo por atacado, o Ginger Group. Quant também fez sucesso nos Estados Unidos, onde vendeu coleções para a cadeia de lojas J. C. Penney e para o grupo de moda Puritan. Em 1966 ela lançou sua famosa e bem-sucedida linha de cosméticos, com o notável logotipo de margarida. Embora tenha continuado a criar, principalmente coleções de malharia para o mercado japonês, o nome de Mary Quant será sempre sinônimo dos anos 60.

Mary QUANT, quintessência dos estilistas dos anos 60, usando um de seus modelos e fotografada por David Bailey.

Conjunto de Mary QUANT de 1959, anterior à míni, fotografado por Terence Donovan.

QUEIROZ, MARIO 1962-. Estilista nascido em Niterói, Rio de Janeiro. Autodidata, trabalhou durante quinze anos na área de criação e desenvolvimento de várias marcas nacionais, até lançar sua própria, de moda masculina, em sociedade com José Augusto Fabron, em 1995, em São Paulo. Mario Queiroz firmou seu nome ao propor um estilo alternativo, urbano, com combinações criativas mas sem exageros.

QUIANA Náilon lançado pela DU PONT no final da década de 60. É leve e não amarrota. Foi utilizado em malhas e tecidos que, depois, eram anunciados como panos de alta moda.

QUIMONO Traje japonês solto, de mangas amplas, com uma FAIXA larga presa em volta da cintura. Foi introduzido na Europa no final do século XIX. A forma, o desenho, o corte e o simbolismo geral do quimono inspiraram pintores como Toulouse-Lautrec, MUCHA e KLIMT. Toulouse-Lautrec passou a usá-lo; outros se satisfaziam pintando mulheres vestidas em quimonos. O quimono tornou-se um símbolo de vanguarda, sintetizando as ideias, traços e conceitos espaciais JAPONESES. Em termos de moda, o quimono tornou-se popular no final do século XIX e início do século seguinte, usado como alternativa ao VESTIDO DE CHÁ. Suas linhas minimalistas eram frequentemente imitadas em figurinos hollywoodianos na década de 30. No decorrer do século XX, a forma do quimono foi usada em ROBES.

QUITÃO Traje que teve origem na Grécia antiga. Embora haja muitas versões registradas, o quitão era geralmente feito de um pedaço grande e retangular de tecido enrolado em volta do corpo e preso num dos ombros, com um cinto abaixo ou acima da cintura. Uma alternativa era formá-lo unindo as extremidades superiores de dois pedaços de pano a uma série de presilhas ao longo dos braços, criando mangas, e amarrá-lo sob o busto. Através dos tempos, o quitão foi adaptado a inúmeros cortes e estilos. FORTUNY utilizou-lhe a forma em seu "vestido Delfos".

QUÍTON *Ver* QUITÃO.

RABANNE, PACO 1934-. Estilista. Nascido Francisco Rabaneda y Cuervo, em San Sebastián, Espanha. Sua mãe era a costureira-chefe da filial espanhola de BALENCIAGA. Durante a Guerra Civil Espanhola, a família mudou-se para a França, onde Rabanne foi educado. De 1952 a 1964, estudou arquitetura na École des Beaux-Arts, em Paris. As primeiras contribuições de Rabanne para a moda foram algumas ousadas bijuterias e botões de plástico, que vendia a BALENCIAGA, DIOR e GIVENCHY. Em 1965, produziu seu primeiro vestido de plástico. Um pioneiro na utilização de materiais alternativos para inventivos modelos, Rabanne fazia vestidos usando alicate, em vez de agulha e linha; discos de metal e correntes, em vez de tecido. Suas roupas de malha de metal, montadas com pequenas peças geométricas, atraíram muita atenção. Rabanne também criou vestidos de papel amassado, alumínio e toalhas de jérsei, "costurados" com fita adesiva. Prendia elos de corrente a malhas de lã e peles. Era muito requisitado como figurinista para cinema, teatro e balé. Em 1966, inaugurou sua própria *maison*, adquirindo fama internacional com bijuterias, acessórios e roupas incomuns.

Look inovador de Paco RABANNE para o outono-inverno de 1968-9 em plumas de avestruz sulzafricana e placas de alumínio.

RABO-DE-RATO Ver ROLOTÊ.

RACCOON Pequeno mamífero carnívoro americano. A pele do *raccoon* tem pelo longo, variando de prata e cinza-escuro a tons de marrom próximo ao preto com uma listra escura. É durável e foi muito usada nas décadas de 20 e 30, voltando brevemente à moda na década de 70.

RAGLÃ Casaco e manga denominados em honra de lorde Raglan (1788-1855), comandante britânico durante a Guerra da Crimeia. A manga raglã estende-se da gola ao punho. É presa ao CORPETE de um casaco ou vestido por meio de costuras diagonais, que vão desde o pescoço até embaixo do braço, permitindo maior mobilidade. Inicialmente, essa manga era uma característica do casaco raglã curto, de lã, mas desde o final do século XIX vem sendo adaptada a inúmeras outras peças.

Casaco três-quartos masculino RAGLÃ, 1898.

RAH-RAH Saiote curto com babadinhos, usado no século XX por líderes de torcida de universidades americanas. *Ver também* KAMALI.

RAHVIS, RAEMONDE 1918-. Estilista. Nascida na Cidade do Cabo, África do Sul. Trabalhou como estilista freelance em Londres de 1935 a 1941, quando abriu uma casa de moda com sua irmã Dorothy, especializada em roupas toalete luxuosas e roupas de alfaiataria para o dia. Criou também figurinos para filmes.

RAIA DE GOEYE Marca paulistana de moda feminina, criada em 2001 por Paula Raia (1976-) e Fernanda de Goeye (1976-). Paula Raia formou-se em artes plásticas e arquitetura, e Fernanda de Goeye, que trabalhou na DASLU, formou-se pelo Fashion Institute of Technology, em Nova York. A Raia de Goeye é uma marca de vanguarda, de sensualidade refinada, com estilo inspirado nas décadas de 70 e 80.

RAIOM A denominação *rayon* foi dada em 1924 por Kenneth Lord Senior, após um concurso para encontrar um novo nome para a seda artificial. O raiom é feito de celulose. Tem bom caimento e alta absorção, o que permite boa tintura. Em 1912, foram produzidas as primeiras MEIAS FINAS de "seda" de raiom. Em 1916, chegaram ao mercado as primeiras peças íntimas de malha feitas de raiom, logo seguidas de peças externas. A produção de raiom vem aumentando ano a ano desde a década de 20. *Ver também* RAIOM DE VISCOSE.

RAIOM DE VISCOSE O mais comum dentre os diversos tipos de raiom. Foi inventado por três químicos britânicos — Cross, Bevan e Beadle — no final do século XIX. Patentearam-no em 1892. As fibras de raiom de viscose vêm sendo utilizadas em quase todos os tipos de roupa desde a virada para o século XX, embora somente depois da Segunda Guerra Mundial tenham sido produzidas em grande escala.

RATIONAL DRESS SOCIETY Fundada em Londres em 1881, a sociedade concordava com as ideias de Amelia Jenks BLOOMER a respeito de moda utilitária. Seus membros adotaram CALÇAS TURCAS e resistiram, em defesa da saúde, a qualquer tentativa de restringir ou deformar o corpo. Ativa na reforma das vestimentas, a sociedade vendia peças que considerava práticas, como SUPORTES sem barbatanas. Sua publicação, *The Gazette* (1888-9), condenava os saltos altos e defendia o uso de, no máximo, três quilos e meio de roupas de baixo.

No final do século XIX, a RATIONAL DRESS SOCIETY aconselhava o uso de roupas que não apertassem o corpo. Essas roupas eram bem mais soltas e confortáveis do que silhueta em S adotada na época.

RAY, MAN 1890-1976. Artista, fotógrafo. Nascido Emmanuel Rudnitsky em Filadélfia, Pensilvânia, Estados Unidos. A família de Man Ray mudou-se para o Brooklyn, em Nova York, em 1897. Concluiu o curso secundário e ganhou uma bolsa de estudos para cursar arquitetura, mas optou por pintura. A fim de financiar sua arte, Man Ray abriu um estúdio de pintura e fotografia para fazer retratos. Em 1921, foi para Paris e, no ano seguinte, recebeu de Paul POIRET a incumbência de fotografar as roupas dele. Man Ray é conhecido por seu trabalho como surrealista e por ter inventado, no início dos anos 20, a solarização, uma técnica fotográfica que tem o efeito de envolver com um espesso contorno de sombra a pessoa ou objeto fotografado. Trabalhou como fotógrafo de moda para diversas revistas.

RAYNE, EDWARD 1922-92. Fabricante de calçados. Nascido em Londres, Inglaterra. A firma H. & M. Rayne foi fundada por seus avós em 1889. No final do século, a empresa fazia sapatos principalmente para o teatro, tendo inúmeras atrizes entre seus clientes particulares. Em 1920, para fornecer sapatos interessantes e elegantes a uma clientela não pertencente ao teatro, a companhia abriu uma loja na Bond Street, em Londres, que obteve grande sucesso. Edward Rayne ingressou na empresa em 1940 e, em 1951, após a morte de seu pai, assumiu os cargos de presidente do conselho e diretor administrativo. Durante algum tempo, a H. & M. Rayne manteve laços estreitos com Herman DELMAN, da Delman Shoes, nos Estados Unidos; mas, em 1973, foi adquirida pela Debenhams Ltd., um dos maiores grupos de lojas de departamentos do Reino Unido. Os sapatos Rayne estão presentes em pontos de venda no Reino Unido e nos Estados Unidos. Edward Rayne descobriu e incentivou muitos estilistas de calçados; ele trabalhou para os costureiros AMIES, CAVANAGH, MUIR e para o estilista de calçados VIVIER. A firma produziu coleções para a DIOR. Ver *SAPATO ABERTO.

RAYON Ver RAIOM.

READY-TO-WEAR Expressão americana equivalente à palavra francesa PRÊT-À-PORTER.

REBOUX, CAROLINE 1837-1927. Chapeleira. Nascida em Paris, França. Na década de 1860, seu trabalho atraiu a atenção da princesa Metternich. Em 1870, estava instalada numa loja em Paris e, nos anos 20, era uma das chapeleiras mais importantes da cidade. Reboux é associada à divulgação do chapéu CLOCHE. Forneceu chapéus para as coleções da maioria dos estilistas importantes da época.

RÉCAMIER, JULIETTE 1777-1849. Nascida Jeanne Françoise Julie Adélaïde Bernard,

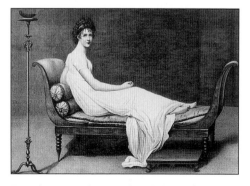

Mme. RÉCAMIER usando o vestido na linha Império que ela popularizou no início do século XIX.

em Paris, França. Filha e mulher de banqueiros, madame Récamier era líder famosa da moda francesa no início do século XIX. Usou a linha DIRETÓRIO de cintura alta — também conhecida na França como Récamier —, feita de tecidos macios e envolventes.

REDE Rede tricotada ou feita em crivo, a qual envolve os cabelos por trás. Pode ser presa a um chapéu. O modelo de ADRIAN para Hedy Lamarr em A mulher que eu quero (I take this woman, 1940) ajudou a divulgar a rede. No final do século XIX e nas décadas de 30 e 40, era usada para prender cabelos compridos.

A REDE podia ser usada com ou sem chapéu.

REDFERN, JOHN 1853-1929. Nascido na Inglaterra. Na década de 1850, foi alfaiate na ilha de Wight. Por volta de 1871, ampliara seus negócios vendendo seda e TRAJES DE LUTO. Quando, no final do século XIX, a cidade de Cowes se tornou o centro do mundo do iatismo, Redfern começou a desenhar roupas esportivas para mulheres. Em 1879, criou um traje usado por Lillie LANGTRY — Jersey Lily — e confeccionou roupas de sarja bem cortadas. Em 1881, abriu casas em Londres e Paris, e, mais tarde, filiais em Edimburgo e Nova York. Seu filho, Ernest, se encarregou das filiais de Londres e Nova York, enquanto Charles POYNTER cuidava do salão de Paris. Por volta de 1885, Redfern estava produzindo costumes de velejar, costumes de viagem e trajes de montaria. Em 1888, foi indicado costureiro da rainha VITÓRIA. Ajudou a divulgar o chamado estilo grego, de cintura alta, de 1908. Em 1916, criou o primeiro uniforme feminino da Cruz Vermelha. Redfern fechou suas casas na década de 20. Ver *GAZETTE DU BON TON*.

REDINGOTE Corruptela do inglês *riding coat*, "casaco de montaria". Usado pelos homens no século XVIII, o redingote de meados do século XIX era um vestido de mangas compridas e gola generosa. No final do século, evoluiu para uma peça de passeio feita em alfaiataria, cortada em LINHA PRINCESA, com uma gola xale e uma saia evasê; esta era usada aberta, para revelar o vestido de baixo.

O REDINGOTE adquiriu diversas formas no século XIX, sendo cortado e adornado de maneiras diferentes de uma década para a outra. Da *Revue de la Mode*, 1885.

REGALO Acessório cilíndrico dentro do qual se pode aquecer as mãos. Foi popular no final do século XIX, quando também era utilizado como algibeira e como adorno. Variava no tamanho e na forma. No início da década de 1900, muitos se assemelhavam a uma pequena almofada. O regalo era feito de seda, cetim, tafetá e plumas, bem como de materiais mais resistentes, como lã, gabardina e pele. Muitos eram forrados com cetim e enfeitados com tule e flores artificiais. A bolsa começou a substituir o regalo no início do século XX.

REGER, JANET c. 1935-. Estilista de lingerie. Nascida em Londres, Inglaterra. Frequentou o Leicester College of Art and Technology. Nos anos 70, Janet fez nome como estilista de roupas íntimas sexy e glamorosas. Em 1970, desenhou camisolas em estilo TABARDO, com aberturas dos lados. Dentre suas peças de sucesso, destacam-se camisolas sedosas, PIJAMAS de cetim e conjuntos de sutiã e calcinha em preto, branco ou rosa com entremeios de renda tingida. Em 1978, criou uma CINTURITA adornada com fitas. Cinco anos depois, a BERLEI comprou sua empresa, mas em 1984 Janet Reger voltou a conceber modelos com seu próprio nome.

RENARD Pele macia, brilhante, luxuriante e longa de raposa, animal encontrado na maior parte das terras com clima frio, principalmente na Escandinávia e no Canadá. Desde o início do século XX, a maioria das peles é obtida de raposas criadas em cativeiro. A raposa distingue-se por sua pele inferior longa. Pode ser bege, azulada, marrom, ruiva, prateada ou branca. Cores diferentes estiveram na moda em épocas diversas, mas a pele em si raramente sai de moda.

RENDA É um tecido com padrão de orifícios

e desenhos feitos à mão ou à máquina. Os dois tipos mais comuns são a renda de bilro e a renda de agulha. A de bilro é criada pela manipulação de inúmeros fios, cada um deles preso a um bilro (peça de madeira semelhante ao fuso), sendo em geral trabalhada sobre uma almofada. A de agulha é confeccionada dando-se laçadas com o fio (estando uma extremidade presa a uma agulha e a outra presa a uma base) em pontos simples ou complexos, o que resulta num padrão ou desenho preestabelecido. Acredita-se que a renda de bilro seja originária de Flandres e a de agulha, da Itália. Nos séculos XVIII e XIX, os centros de produção de renda de bilro eram Chantilly e Valenciennes. Alençon, Argentan e Veneza são centros associados à renda de agulha. De início, o uso da renda restringia-se aos MANTOS do clero e da realeza, geralmente sob a forma de passamanaria dourada e prateada. Nos séculos XVII e XVIII, a renda já era usada em adornos de cabeça, babados, aventais e enfeites de vestidos. No início do século XIX, era muito empregada em vestidos, VÉUS, VESTIDOS DE CHÁ, casaquinhos, luvas e adornos de GUARDA-SÓIS e regalos. Lenços, xales, BERTAS e FICHUS também foram feitos de renda. Antes do século XIX, ela costumava ser produzida com fios de linho, mas o algodão tornou-se mais comum. A renda feita à máquina surgiu no final do século XVIII. A popularidade da renda caiu no final do século XIX e hoje é raramente usada, exceto em lingerie e vestidos de noiva. Ver RENDA ALENÇON, RENDA ARGENTAN, RENDA *CARRICKMACROSS, RENDA CHANTILLY, RENDA DE BRUXELAS, RENDA HONITON, RENDA VENEZIANA.

RENDA ALENÇON Alençon é uma cidade da Normandia, França, famosa pela produção de renda de agulha desde meados do século XVII até o final do século XIX. A renda de agulha originou-se em Veneza, e as primeiras versões de Alençon tinham desenho clássico, com esmerados festões e flores sobre um fundo de rede fina, contornado por uma borda grossa em relevo.

RENDA ARGENTAN Renda feita na cidade de Argentan, na Normandia, França, desde meados do século XVI até o final do século XIX. É semelhante à RENDA ALENÇON, mas possui um fundo em rede hexagonal e uma variedade característica de linhas em cordão que ligam os desenhos da renda.

RENDA CARRICKMACROSS Renda de musselina com motivos aplicados, originária da cidade de Carrickmacross, condado de Monaghan, Irlanda. Essa renda fina, do tipo gaze, foi feita pela primeira vez em 1820, e sua popularidade se manteve por cem anos.

Renda CARRICKMACROSS do século XIX, trabalhada com padrões florais.

RENDA CHANTILLY Renda de bilro feita em muitas cidades europeias, inclusive Grammont, na Bélgica, e Chantilly e Bayeux, na França. É geralmente preta, com festões e bolinhas esparsas sobre um fundo fino. O XALE Chantilly, em preto ou branco, foi muito usado no final do século XIX. Ver *RENDA.

Cobertura de sombrinha feita de RENDA CHANTILLY, da década de 1850.

Uma amostra da RENDA HONITON do século XIX.

RENDA DE AGULHA Ver RENDA.

RENDA DE BILRO Ver RENDA.

RENDA DE BRUXELAS Renda de agulha, famosa desde o século XVII, que atingiu o auge da popularidade no século XIX. Produzida em diversas cidades belgas, a renda de Bruxelas tem como característica rebuscados desenhos de folhas e flores.

RENDA HONITON Renda produzida em Honiton, Devon, Inglaterra. A indústria de renda estabeleceu-se ali no final do século XVI. Em 1839, a renda Honiton foi usada no vestido de noiva da rainha VITÓRIA, ficando na moda durante o resto do século XIX. É adornada com motivos da natureza, principalmente flores, sendo feita sobre um fundo de tela frequentemente salpicado de poás. Ver *RENDA.

RENDA VENEZIANA Renda de agulha com um desenho circular característico. É feita em Veneza desde o século XV.

RENTNER, MAURICE 1889-1958. Industrial. Nascido na Polônia. Emigrou para os Estados Unidos aos treze anos. Tornou-se vendedor de roupas infantis e adquiriu uma fábrica de luvas. Na década de 20, começou a vender roupas prêt-à-porter. Comprava modelos de Paris, principalmente de MOLYNEUX, que copiava e vendia. Rentner foi um dos primeiros confeccionistas a contratar e promover estilistas. Ver BLASS.

RETICULE Também conhecida como *ridicule*, essa graciosa bolsa do século XIX era originariamente confeccionada de rede, fazendo as vezes de bolso com um fecho de cordão. A *reticule* ficava presa ao pulso. Certas versões foram produzidas de seda, veludo e outros tecidos macios.

RETRÔ Do francês *rétro*, palavra usada para descrever roupas de épocas anteriores, no mínimo de vinte anos passados. Muitos estilistas apresentam trajes retrô em suas coleções. Essas roupas, embora tenham uma proposta reformista, são revividas para funcionar com o visual do momento. Nos anos 90, calças boca de sino e crochês, duas ideias características dos anos 60, reapareceram nas coleções, mas de forma mais sofisticada e na corrente em voga.

REVERS É a LAPELA larga num paletó ou casaco.

REVILLE AND ROSSITER Casa de alta-costura fundada em Londres em 1906 por Mr. William Reville, estilista, e Miss Rossiter, encarregada de administrar a empresa. Os dois haviam trabalhado na loja de departamentos londrina Jay's. Em 1910, a empresa foi indicada à casa de costura da rainha Mary e, no ano seguinte, fez o traje de coroação da rainha. A Reville and Rossiter especializou-se em vestidos formais no estilo EDUARDIANO, sendo prestigiada por aristocratas. Em 1936, foi encampada pela WORTH.

RHODES, ZANDRA 1940-. Estilista. Nascida em Chatham, Kent, Inglaterra. Estudou estamparia têxtil e litogravura no Medway College of Art, em Kent, de 1959 a 1961, quando foi para Londres estudar no Royal College of Art. Formou-se em 1966. Zandra começou criando e estampando tecidos muito característicos, os quais transformava em vestidos que vendia numa loja londrina. Em 1968, abriu sua própria casa. Um dos talentos mais originais que surgiram desde os anos 60, tem

Costume para a tarde, de REVILLE, da década de 20, com casaquinho-cardigã e estampa gráfica nas mangas combinando com a do vestido. A modelo usa bolsa envelope e chapéu de aba caída.

Look "primavera" de Zandra RHODES para o verão de 1970, de chiffon de seda pintado à mão e adornado com penas.

um modo único de misturar texturas e padrões, estampando à mão muitas de suas roupas de chiffon e seda. Seus exóticos vestidos de noite costumam ter SAIAS EM LENÇO irregulares. Zandra já produziu casacos de feltro com bordas picotadas, TÚNICAS acolchoadas e roupas de cetim bordadas. Sua marca registrada são motivos art déco. No final da década de 70, acrescentou jérsei a suas coleções e trouxe de volta a CRINOLINA. As criações de Zandra Rhodes, como seus vestidos de chiffon, vaporosos e femininos, são conhecidíssimas nos Estados Unidos e as preferidas das estrelas de cinema. *Ver* * PARKINSON.

RHODIA Multinacional francesa com atuação em vários segmentos, entre os quais o setor têxtil. O Grupo Rhodia se estabeleceu no Brasil em 1919, mas foi somente em 1955, com a implantação da Rhodia Poliamida, divisão de fios têxteis de NÁILON, que a empresa entrou no setor de moda. Foi peça fundamental para a criação da FENIT. Na década de 80, o grupo fundou a Casa Rhodia, o primeiro centro de estudos de estilismo do país, com cursos ministrados por Marie Rucki, do STUDIO BERÇOT. Até hoje é parceira de vários estilistas e eventos da moda no Brasil.

RHODOFANE Mistura de celofane com outras fibras sintéticas desenvolvida na década de 20 pela indústria têxtil francesa Colcombet. Nos anos 30, SCHIAPARELLI criou diversas TÚNICAS de *rhodophane,* semelhantes a vidro.

RIB *Ver* CANELADO.

RICCI, NINA 1883-1970. Estilista. Nascida Maria Nielli, em Turim, Itália. A família Nielli mudou-se para Florença quando Nina tinha cinco anos. Casou-se com o joalheiro Louis Ricci. Após um período de aprendizagem com um costureiro, Nina abriu em 1932 sua própria casa, em Paris. Trabalhando diretamente

Os desfiles da RHODIA organizados nos anos 50 e 60 pelo publicitário Lívio Rangan para a Fenit eram verdadeiros shows. Nomes como Dener e Alceu Penna desenhavam as roupas, e as estampas eram encomendadas a artistas plásticos como Tomie Ohtake, Willys de Castro, Hercules Barsotti e Aldemir Martins.

Modelo miniatura vestida por Nina RICCI em 1937.

com peças de tecido, criava roupas elegantes e sofisticadas em estilo clássico. Era famosa por seu alto padrão de acabamento e tornou-se a estilista preferida de mulheres maduras. Seu filho assumiu a administração da casa em 1945. Jules François CRAHAY trabalhou na Ricci até 1963, quando Gérard PIPART se tornou estilista-chefe.

RICHARDS Marca masculina e feminina de roupa casual. Fundada em 1974, por Ricardo Dias da Cruz Ferreira (1944-), em IPANEMA, difundiu no Brasil o guarda-roupa masculino casual, com calças cáqui, camisa havaiana e calçados top-sider (originalmente usados no iatismo), entre outros ícones do estilo americano. Produz também roupas esportivas, adaptadas ao estilo carioca despojado, e, desde 2003, moda feminina. Tornou-se referência de elegância masculina informal no Brasil.

RILEY, BRIDGET 1932-. Pintora. Nascida em Londres, Inglaterra. Estudou no Goldsmith's College of Art e no Royal College of Art, em Londres. Seus primeiros trabalhos foram influenciados pelo impressionismo, mas na década de 60, após uma longa visita à Itália, transformou-se em importante figura do movimento OP ART. Embora suas pinturas, a maioria em branco e preto, sejam estáticas, o nervo ótico reage produzindo a ilusão de ofuscação e movimento. Nos anos 60, os desenhos op art tornaram-se populares em tecidos, e as pinturas de Bridget Riley foram usadas como inspiração para estampas.

RISCADO Tecido pesado e sarjado, com listras de fio tinto. É utilizado para forrar colchões. Desde a segunda metade do século XX foi empregado no vestuário. Ver BEENE.

RIVE GAUCHE Ver SAINT-LAURENT.

ROBB c. 1907-. Ilustrador. Nascido Andrew Robb, em Leith, Escócia. Formou-se no Edinburgh College of Art em 1926. Após ter passado alguns anos viajando, ingressou num estúdio comercial de arte em Londres e trabalhou para a *VOGUE* e o *Daily Express* durante a década de 30. Voltou para o *Express* depois da guerra, fazendo a cobertura dos desfiles de moda de Paris. Robb era conhecido pela ousadia e economia de suas ilustrações. Trabalhou frequentemente com Norman HARTNELL, produzindo esboços de roupas que este confeccionou para a rainha Elizabeth II.

ROBE Peça de uso caseiro, originalmente do francês *robe de chambre*. Surgiu do PENHOAR no início do século XIX. O robe — um roupão para ser trajado entre trocas de roupa ou pela manhã — era uma peça folgada, de mangas compridas, semelhante a um casaco, em geral feita de tecido leve e luxuoso. No decorrer do século XX, os robes destinaram-se ao uso em casa, em vez de apenas no quarto, sendo feitos de tecidos mais pesados. Em cada década surgiram modelos de robe que seguiam as tendências preponderantes, embora a forma básica — comprimento até os tornozelos e mangas longas — raramente tenha sido alterada. O robe é amarrado ou transpassado em volta da cintura, abotoado até os joelhos ou até os tornozelos. *Ver também* ROUPÃO, QUIMONO *e* VESTIDO DE CHÁ.

ROBE DE STYLE Estilo do século XX associado a Jeanne LANVIN. Um *robe de style* tem CORPETE justo, cintura natural ou baixa, e saia rodada, bufante, chegando ao meio da canela ou ao tornozelo.

ROBERTS, PATRICIA 1945-. Estilista. Nascida em Barnard Castle, Durham, Inglaterra. Estudou no Leicester College of Art de 1963 até 1967, quando foi trabalhar na seção de malharia da IPC Magazines, em Londres. Em 1972, tornou-se estilista freelance de malharia. Era tão grande a demanda por seus suéteres, casacos e cardigãs grossos de cores alegres que, em 1976, ela abriu sua primeira loja de malhas, vendendo roupas tricotadas à mão. Suas ideias novas, vibrantes e sugestivas contribuíram para a revolução na moda de malhas durante a década de 70. *Ver* *MALHARIA.

ROCHA, JOHN 1946-. Estilista. Nasceu em Hong Kong, filho de mãe chinesa e pai português. Foi para Londres em 1970. Depois de completar os estudos na Croydon College of Design and Technology, em 1977, abriu seu negócio de moda em Kilkenny, Irlanda. Depois mudou-se para Dublin e abriu uma butique, para a qual criava ternos de linho de alfaiataria. Entre 1987 e 1989, trabalhou em Milão, retornando então à Irlanda. Seu estilo fluido, de forte influência oriental, despertou a atenção internacional e em 1994 fez um desfile em Paris. É também conhecido pelos vestidos de noite simples, feitos de tecidos finos com desenhos pintados à mão e crochê.

ROCHAS, MARCEL 1902-55. Estilista. Nascido em Paris, França. Abriu sua *maison* em 1924. Foi um estilista forte, influente, de fama internacional, que antecipou muitas das mais importantes modas do século XX. Em 1933, sua coleção apresentou ombros largos — estilo geralmente atribuído a SCHIAPARELLI. Gostava da forma de AMPULHETA e previu o NEW LOOK apresentando saias compridas em 1941 e BUSTIÊS e CINTURITAS em 1943 e 1946. Trabalhava frequentemente com tecidos de padronagens florais. Divulgou o casaco três-quartos e foi um dos primeiros estilistas a aplicar bolsos em saias. Rochas também se especializou em peças avulsas e acessórios, que vendia em uma BUTIQUE em seu salão.

RODRIGUES, WALTER 1959-. Estilista. Nascido em São Paulo, trabalhou para várias marcas importantes, entre elas a HUIS CLOS. Em 1992, criou sua própria marca, com Áurea Yamashita. Desde então produz roupas glamorosas, de influência principalmente japonesa.

ROLOTÊ Pedaço de tecido cortado em viés e transformado num tubo fino que funciona como cinto ou debrum em chapéus e casacos. Também conhecido como rabo-de-rato.

A estilista de malharia Edina RONAY posa, em 1981, com um de seus suéteres *fair isle*.

RONAY, EDINA 1943-. Estilista. Nascida em Budapeste, Hungria. Estudou na St. Martin's School of Art, em Londres. Inspirada na malharia dos anos 30 e 40, começou a produzir uma variedade de suéteres tricotados à mão, os quais vendia no comércio londrino. Pouco depois, Lena Stengard uniu-se a Edina Ronay e no final da década de 70 a empresa Edina and Lena exportava malharia artesanal. Edina fez seu nome com padrões e motivos *fair isle* tradicionais e com adornos de miçangas. Com inúmeras colaboradoras, é uma das maiores estilistas de malharia artesanal do Reino Unido.

ROSA CHÁ Marca paulista de moda praia feminina e masculina. Criada em 1988 pelo estilista e ex-professor de história Amir Slama (1964-), a Rosa Chá, que começou com quatro máquinas de costura, destaca-se por suas pesquisas de matéria-prima, modelagem diferenciada e imagem sofisticada. Tem como segunda marca a Sais, mais jovem. É uma das marcas de moda praia que ditam as tendências no Brasil e no exterior, e uma grande exportadora.

ROSENSTEIN, NETTIE Datas desconhecidas. Estilista. Nascida nos Estados Unidos. Criou sua própria empresa em 1917. Aposentou-se em 1927, mas voltou ao trabalho em 1931. Até o início da Segunda Guerra Mundial, Nettie Rosenstein era conhecida por seus PRETINHOS e seus vestidos toalete.

ROUFF, MAGGY 1896-1971. Estilista. Nascida Maggy Besançon de Wagner, em Paris, França. Seus pais eram diretores da casa DRÉCOLL, e ali Maggie iniciou sua carreira de estilista. Abriu sua própria casa em 1928. Conhecida pela lingerie e pelas roupas para o dia, Maggy criou moda confortável que obedecia à tradição da alta-costura, embora alcançasse sucesso considerável com suas coleções prêt-à-porter. Aposentou-se em 1948. Sua casa permaneceu aberta até o final da década de 60.

Com criatividade e ousadia, a ROSA CHÁ se tornou a marca mais influente de moda praia no cenário internacional. Suas coleções são apresentadas anualmente na semana de moda de Nova York.

Famosa pelo *sportswear*, Maggie ROUFF também criava belos vestidos toalete. Este, do início da década de 30, é de tule preto com um casaco comprido de organdi, semelhante a um *négligé*, usado com gargantilha de prata.

ROUPA DE BANHO A roupa de banho do final do século XIX compunha-se de duas peças: uma TÚNICA comprida e *knickers*; juntos, cobriam o corpo quase por completo. Geralmente feita de sarja ou lã, era, portanto, inadequada para banho. Por volta da virada do século, a incômoda combinação de túnica e *knickers* começou a ser substituída por trajes de uma peça. Estes foram popularizados pela nadadora Annette Kellerman, que competia com homens em provas realizadas no Tâmisa, no Sena e no canal da Mancha. A primeira roupa de banho de uma peça era de malha elástica canelada e foi feita nos Estados Unidos em 1920 pela companhia Jantzen. Em 1924, Jean PATOU lançou roupas de banho com desenhos de inspiração cubista. CHANEL também ajudou a divulgar a roupa de banho. Nos anos 20, a maior parte das roupas de banho destinava-se à praia, e não à natação. Na década seguinte, peças com as costas nuas tornaram-se populares. Após a Segunda Guerra Mundial, a invenção de tecidos leves, de secagem rápida, ajudou ainda mais a popularizar as roupas de banho. Em meados do século XX, "maiô", "traje de banho" e "roupa de banho" eram nomes intercambiáveis da mesma peça. Na década de 50, os maiôs costumavam ser espartilhados e ter barbatanas, a fim de chamar a atenção para o busto e afinar a cintura, assemelhando-se às roupas íntimas da época. Peças menores começaram a surgir nos anos 60, cavadas no alto das coxas e em volta dos braços e ombros. Essa tendência continuou até quase o final da década de 70, quando o MAIÔ de uma peça voltou à moda. Os maiôs das décadas de 80 e 90 muitas vezes esculpiam as formas do corpo, seguindo naturalmente sua anatomia. Os materiais com que são feitos estão cada vez mais elaborados, incluindo tecidos elásticos e metálicos. As formas são cortadas no tecido de maneira a realçar o corpo. *Ver também* *BIQUÍNI, BRIGANCE, *BRUCE, *GERNREICH *e* LASTEX.

ROUPAS DE BANHO mostradas na revista *Harper's Bazaar* em 1876. Por volta da virada do século XX, foram substituídas pelo traje de uma só peça.

ROUPÃO Casaco largo, de mangas compridas, feito de tecidos luxuosos e usado dentro de casa. Geralmente, é abotoado ou fechado com zíper até a gola alta. Foi muito popular entre 1930 e o final da década de 60.

ROUPAS DE PAPEL Nos anos 60, houve uma rápida voga de roupas de papel. Ternos e roupas íntimas desse material, tanto para homens quanto para mulheres, eram baratos e descartáveis.

RUA AUGUSTA Rua da zona sul de São Paulo, famosa a partir dos anos 50 por reunir BUTIQUES e pessoas da moda. As primeiras referências à rua são de 1875, mas foi com a Jovem Guarda, na década de 60, que as butiques mais modernas da cidade passaram a se instalar na região, entre elas, a Kleptomania, Rastro, Drugstore, Mondo Cane, Parafernália e BLOW UP.

RUSSO No mundo da moda, o termo *russo* descreve diversos tipos de roupa, cuja imagem geral é um look de saia rodada e sobreposição, com peles como adorno. Após a Revolução de 1917, o bordado russo tornou-se popular em Paris. A grã-duquesa Maria Pavlovna, filha do grão-duque Paulo, organizou uma firma que empregava mulheres expatriadas para bordar em roupas os motivos tradicionais do CAMPONÊS russo; CHANEL e PATOU prestigiavam-na. Houve um retorno à moda de trajes russos na década de 70, quando o look *COSSACO incluía saias rodadas que iam até o meio da canela, botas largas de cano longo, jaquetas de gola alta adornadas com passamanaria, LENÇOS DE CABEÇA, xales e chapéus rodeados de pele.

RYGY Marca carioca de moda praia feminina. Fundada em 1980 por Regina Aragão (1951-), é uma grande exportadora de moda praia para os Estados Unidos. Suas peças são coloridas e a modelagem, sexy.

RYKIEL, SONIA 1930-. Estilista. Nascida em Paris, França. Suas primeiras criações, datadas de 1962, eram vestidos de gestante que fez para si mesma. Pouco depois, criou roupas para Laura, a empresa de seu marido. Em 1968, Sonia abriu sua primeira BUTIQUE. Especializada em malharia, é estilista de categoria, criando roupas elegantes e suaves, de lãs macias, jérsei, angorá e *mohair*. A sensualidade é importante em suas roupas e muitas moldam o corpo. Fez experiências com costuras (deixando-as visíveis do lado direito) e com cortes assimétricos. Gosta especialmente de suéteres compridos e justos ou PULÔVERES pequenos, punhos grandes dobrados e xales longos. Seus casacos incluem modelos volumosos, semelhantes a capas. As cores são predominantemente bege, cinza, azul-escuro e carvão. Ver TERNINHO.

Sonia RYKIEL é especialista em malharia. O modelo acima é da coleção primavera-verão de 1986.

SACO Forma solta de vestido que afinava até abaixo do joelho, lançada por BALENCIAGA nos anos 50, mas divulgada por DIOR. Embora o vestido fosse folgado, era necessário um corte cuidadoso para obter a linha correta. O saco criou enorme controvérsia na década de 50.

SACQUE 1. Casaco curto, largo e sem mangas que, no início do século XIX, era usado, com anágua ou combinação, como NÉGLIGÉ. 2. Pregas profundas nas costas que, em vestidos do século XVIII, iam desde o decote até os calcanhares e que depois, no século XIX, estiveram novamente na moda, por pouco tempo.

Pregas profundas nas costas formavam o SACQUE dos séculos XVIII e XIX.

SAFÁRI Jaqueta feita de tecido pesado à prova de água, que possuía BOLSOS CHAPADOS grandes, abas abotoadas e cinto. No final do século XIX, era combinada com calças curtas. No século XX, o modelo foi usado como roupa de verão, com saia, calças curtas ou compridas. *Ver* SAHARIENNE.

SAHARIENNE Jaqueta baseada em um modelo masculino de camisa solta, tradicionalmente usada em safáris na África. Feita de veludo cotelê, algodão pesado ou linho, em geral com acabamento de camurça e impermeabilização. Acinturada, tem comprimento acima dos quadris. Sofreu uma remodelagem pelas mãos de Yves Saint-Laurent para sua coleção primavera/verão de 1969. *Ver* SAFÁRI *e* *SAINT-LAURENT.

SAIA BAILARINA Saia rodada que vai até pouco acima dos tornozelos. Foi muito popular na década de 50.

O comprimento da SAIA BAILARINA foi muito usado em vestidos de baile, principalmente para mulheres jovens.

SAIA BALONÊ Lançada depois da Segunda Guerra Mundial, com o nome de saia balão, era uma saia ampla, franzida na cintura e costurada de forma a se curvar em direção aos joelhos, onde era presa por uma tira circular na bainha. Nos anos 80, uma criação semelhante foi popularizada por Christian LACROIX. É uma saia curta e ampla, com um repuxado na parte de trás que acentua o efeito abaulado. Apareceu nas primeiras coleções de Christian Lacroix.

SAIA-CALÇA Originariamente calça de operários franceses, é bem ampla e com aparência de saia. No século XIX, era usada para ciclismo. Na década de 30, era bem rodada, tornando menos óbvia a divisão. Desde aquela época, é muito popular para ocasiões informais, tanto no verão quanto no inverno. O comprimento variava. Nos anos 60 e 70, versões de saias-calças que iam até o meio da canela, chamadas BOMBACHAS, estiveram na moda.

SAIA DE ODALISCA Ver CALÇAS DE ODALISCA.

SAIA DE PALA Ver PALA.

SAIA EM LENÇOS Bainha de saia ou de vestido em zigue-zague formada por pontas em V semelhantes a uma das pontas de um lenço. Foi um modelo periodicamente popular durante o século XX, sobretudo no final da década de 60 e início da de 70.

SAIA ENTRAVADA Modelo de saia lançado por Paul POIRET nos anos que precederam a Primeira Guerra Mundial. O tecido era cortado e drapejado para estreitar-se muito entre os joelhos e os tornozelos. Na parte estreita, costumava ser circundada por uma tira que descia dos joelhos. A saia permitia que se dessem apenas passos curtíssimos e foi denunciada pelo papa, satirizada por cartunistas e transformada em tema de acirrado debate público.

Desenho de Léon Bakst de seu próprio modelo de uma SAIA ENTRAVADA feita por Paquin, publicado numa edição de 1913 de *La Gazette du Bon Ton*.

SAIA ENVELOPE Ver ENVELOPE.

SAIA FRANZIDA Saia rodada com leve franzido no cós, de maneira a criar pregas suaves. Originariamente parte do traje CAMPONÊS, acredita-se que ela tenha surgido no Tirol, na Áustria. Esse estilo é popular desde a década de 40. *Ver também* TRAJE TIROLÊS.

SAIA GODÊ Cortada de um ou dois pedaços

SAIAS GODÊ para adolescentes na última moda de 1953, anunciadas no catálogo de vendas pelo correio da Sears, Roebuck. O volume era obtido por camadas de anáguas engomadas.

de tecido, a saia godê era a predileta da década de 50, quando costumava ser usada com camadas de anáguas. É muito associada à época do rock'n'roll.

SAIA PIÃO Saia cortada de modo a ser bem cheia nos quadris e estreita nos tornozelos. Foi muito usada nos anos 20. No final da década de 60 e no início da seguinte, relançaram-na para a noite.

SAIA RETA Saia cortada em linha reta, dos quadris à barra. É muito usada desde a década de 40, quando as metragens de tecido econômicas estavam em vigor.

SAÍDA DE PRAIA Paletó curto que ia até os quadris e era confeccionado com tecido felpudo. Tornou-se popular como traje de praia na década de 50.

SAINT-LAURENT, YVES 1936-. Estilista. Nascido em Orã, Argélia. Aos dezessete anos, enquanto estudava em Paris, Saint-Laurent entrou num concurso patrocinado pelo International Wool Secretariat e ganhou o primeiro prêmio com um VESTIDO DE COQUETEL. Pouco tempo depois, foi contratado por DIOR. Quando este morreu, quatro anos mais tarde, Saint-Laurent assumiu a direção da *maison* Dior. As coleções desse estilista precoce criaram considerável controvérsia: eram desafiadoras, e de maneira alguma o que as pessoas estavam acostumadas a esperar das coleções Dior. O TRAPÉZIO de 1958 era uma roupa considerada de "menina-moça": um vestido de ombros estreitos com um CORPETE semiajustado e saia curta, evasê. No ano seguinte, recriou uma versão mais curta da SAIA ENTRAVADA. Em 1960, lançou jaquetas de couro preto, suéteres de GOLA RULÊ e bainhas adornadas com pele. O público via a roupa moderna que se usava nas ruas ser reinventada nas mãos de um costureiro. Naquele mesmo ano, Saint-Laurent foi convocado para servir na Guerra da Argélia. Alguns meses depois, tendo recebido baixa por motivo de saúde, voltou para Paris e descobriu que Marc BOHAN assumira o posto de estilista-

SAINT-LAURENT, YVES

Em 1959 SAINT-LAURENT criava para a maison Dior: vestido coquetel de lã e tafetá, usado com gargantilha de pérolas.

Modelo de SAINT-LAURENT para Christian Dior em 1953.

-chefe na *maison* Dior. Com o sócio Pierre Bergé, Saint-Laurent abriu sua própria casa em 1961. Sua primeira coleção, em 1962, apresentou uma bem-sucedida *JAPONA de lã azul-marinho com botões dourados; e BATAS de trabalhador feitas de jérsei, seda e cetim. Ano após ano, deu mais contribuições à moda. Em 1963, suas BOTAS, que iam até as coxas, foram amplamente copiadas. Em 1965, fundiu arte à moda em seus vestidos MONDRIAN. Lançou, em 1966, o *SMOKING feminino, uma de suas inovações de maior sucesso. No mesmo ano inaugurou uma rede de butiques de prêt-à-porter, a Rive Gauche. KNICKERS de veludo foram um lançamento importante de suas coleções de 1967. Em 1968, apresentou blusas TRANSPARENTES e a clássica SAHARIENNE; em 1969, o TERNINHO; em 1971, o BLAZER. Durante a década de 70, Saint-Laurent continuou a reinar em Paris. Em 1976, uma das coleções memoráveis, apelidada *COSSACA OU RUSSA, apresentou roupas CAMPONESAS exóticas. As saias compridas e rodadas, os corpetes e as botas exerceram forte influência, enquanto o desfile transformou lenços e xales em peças de moda permanentes. Saint-Laurent é um dos mais importantes estilistas do pós-guerra. Ele tem sido um líder desde o início de sua carreira na *maison* Dior, quando combateu os ditames da alta-costura. Até 1964, suas roupas destinavam-se basicamente às mulheres jovens ou de mente jovem; em meados da década de 60, porém, suas criações foram ficando cada vez mais sofisticadas. Fez grande número de mulheres usar calças; adaptou muitas peças do guarda-roupa masculino (blazers, capas de chuva e sobretudos) como itens de moda femininos; e tanto divulgou o veludo preto que este passou a ser associado ao nome Saint-Laurent. Severos, de corte perfeito e discreto, os inspirados trajes de Saint-Laurent eram ideais para a mulher EXECUTIVA que surgia na década de 70. Elegantes, com estilo e informais, eles refletem os sentimentos da época. Mas Saint-Laurent também demonstrou suavidade considerável em vestidos de coquetel pretos, malhas e saias ondulantes. Saint-Laurent, entre outros, tem o mérito de ter revolucionado a moda da segunda metade do século XX.

Influências de Yves SAINT-LAURENT: o famoso conjunto com *knickerbockers* de 1967 (página anterior, no alto à direita); a bermuda-smoking de 1968 (acima); e a *saharienne* de 1969 (página anterior, abaixo à direita).

SAINT-TROPEZ Modelo de saia ou de calças lançado na década de 60. O corte era feito de forma que a peça ficasse justa nos qua-

Calças SAINT-TROPEZ da estilista britânica Thea Porter, de 1971, usadas com um top de camurça adornado de tiras vermelhas de raposa.

dris logo abaixo da cintura, sendo em geral presa por um cinto grande e largo.

SALETTO, ANDREA 1952-. Estilista carioca. Estudou arquitetura na Universidade Gama Filho, no Rio de Janeiro, e artes plásticas. Autodidata, começou desenhando camisas masculinas. Passou a se dedicar à moda feminina ao abrir sua confecção, em 1978. Tornou-se conhecida pelas roupas de alta qualidade, em que combina tendências internacionais com um minimalismo informal, de sotaque carioca. Possui uma segunda marca mais jovem chamada Permanente.

SALINAS Marca carioca de moda praia feminina fundada em 1982 pela ex-modelo Jacqueline de Biase. Presente em editoriais e feiras internacionais, com parte da produção voltada ao mercado externo, a marca se caracteriza pelo estilo carioca, modelagem discreta, estampas inspiradas na arte naïf brasileira e cartela de cores femininas, com ênfase nos tons pastel.

SALOPETTES Palavra francesa para JARDINEIRA, a *salopette* compõe-se de calças compridas presas a um peitilho sem mangas e suspensórios sobre os ombros. Na segunda metade do século XX, a peça foi adotada para uso em ocasiões informais e atividades esportivas, principalmente esqui.

SALTO AGULHA Salto alto e fino que surgiu na Itália durante a década de 50. Era feito de náilon e plástico, que recobriam um interior de metal.

SALTO CUBANO Os gaúchos usavam BOTAS com saltos curtos, retos e bem grossos, que apoiavam seus pés no estribo. O salto, conhecido como "salto cubano", tornou-se popular em botas e sapatos masculinos nas décadas de 50 e 60. Nos anos 70, houve a voga de mulheres usarem botas de salto cubano ou com as calças enfiadas dentro do cano, ou com saias de brim compridas e rodadas.

SALTO LUÍS XV Surgiu no reinado do soberano francês Luís XIV (1643-1715), quando o termo (em inglês, *louis heel*) descrevia o método de confeccionar numa só peça a sola e o salto. Na segunda metade do século XIX, a expressão referia-se a um salto grosso, em geral coberto, que se afinava no meio antes de alargar-se novamente. Foi usado pela primeira vez no reinado de Luís XV (1715-74).

SAMELLO Fabricante de calçados masculinos. Fundada por Miguel Sabio de Mello em

1926, em Franca (SP). Em 1947, começou a produzir mocassins. Em 1960, tornou-se a primeira empresa brasileira a exportar calçados para os Estados Unidos. Em 2001, o Grupo Samello inaugurou em Franca o primeiro museu brasileiro do calçado. É uma das maiores indústrias de calçados do país e líder em exportação de calçados masculinos.

SÁNCHEZ, FERNANDO 1934-. Estilista. Nascido na Espanha. Após ter estudado na escola da Chambre Syndicale de la Haute Couture (*ver* HAUTE COUTURE), em Paris, e ter ganho um prêmio no concurso de 1954 do International Wool Secretariat, Sánchez trabalhou para DIOR, criando a maior parte das linhas de BUTIQUES, principalmente coleções de malhas. Ficou por pouco tempo na peleteria Revillion, até abrir sua própria empresa em 1973, especializando-se em lingerie e *négligés*. É lembrado principalmente por sua lingerie sensual e glamorosa.

SANDÁLIAS A forma mais primitiva de calçado, originariamente feitas de couro. Na era moderna, entraram na moda, pela primeira vez, na década de 20, quando se aceitou que a mulher mostrasse mais os pés. Mas foi só depois da Segunda Guerra Mundial que a exposição do peito do pé, dos dedos e dos calcanhares foi totalmente aceita.

SANDÁLIAS DE PLÁSTICO Modelos em cores vivas, para adultos e crianças, lançados na década de 70. *Ver* FIORUCCI e MORENI.

SANDER, JIL 1943-. Estilista. Nascida Heidemarie Jiline Sander em Wesselburen, Alemanha. Jil estudou desenho têxtil na Alemanha antes de passar um ano na Califórnia,

Jil SANDER, uma das mais importantes estilistas alemãs, cria roupas num estilo contemporâneo. Na foto, peças da coleção outono-inverno de 1990-1.

como estudante de intercâmbio na Universidade de Los Angeles. Trabalhou então como jornalista para revistas femininas americanas e alemãs, tornando-se depois estilista freelance. Em 1968, abriu sua própria butique em Hamburgo, mostrando sua primeira coleção seis anos mais tarde. Seu estilo minimalista ganhou popularidade no mercado internacional. Jil Sander combina a simplicidade das roupas masculinas com a feminilidade dos tecidos luxuosos.

SANTA EPHIGÊNIA Ateliê carioca de moda feminina. Fundado em 1994, por Marco Maia e Luciano Canale, produz roupas glamorosas, com referências RETRÔ e brasileiras, inspiradas no universo KISTCH das divas do cinema.

SANT'ANGELO, GIORGIO 1936-89. Estilista. Nascido em Florença, Itália. Foi criado na Argentina e educado na Itália, onde estudou advocacia e arquitetura. Mudou-se para Hollywood em 1962, tornando-se animador para Walt Disney. Em 1966, Sant'Angelo fundou sua própria empresa de prêt-à-porter, ajudando a difundir os modelos CIGANOS do final da década de 60 e início da 70. Nos anos 80, ficou famoso pelas malhas com miçangas para a noite.

SAPATILHAS Sapatos leves, baixos e simples, originariamente usados por criados no século XVIII. No final do século XIX, sapatilhas de VERNIZ tornaram-se o calçado adequado para homens frequentarem bailes à noite. No século XX, as mulheres adotaram sapatilhas feitas de plástico ou couro para o dia, para a noite e para o lazer. *Ver também* CAPEZIO.

SAPATO ABERTO Sapato que deixa o calcanhar à mostra, apoiado por uma tira. Lançado nos anos 20, entra na moda em algum momento em todas as décadas. *Ver* também CHANEL.

SAPATO ANABELA Sapato com sola em formato de cunha. Desde seu lançamento, na década de 30, esse calçado varia em altura e estilo.

SAPATO BAIXO Lançado no final da década de 50 e início da de 60, possuía um recorte no lugar do salto e a sola prolongada. Também conhecido como sapato raso. *Ver* SAPATO ANABELA.

SAPATO BICOLOR Geralmente preto e branco, ou marrom e branco, de início foi usado

SAPATO ABERTO sem bico, de couro branco de antílope, criado por Rayne em 1960.

SAPATO BICOLOR masculino, de couro da Rússia marrom e branco, *c.* 1935.

com trajes informais. Foi muito usado nas décadas de 20 e 30, voltando à moda nos anos 60. *Ver* CHANEL.

SAPATO BONECA Sapato com pulseira abotoada no tornozelo, sem salto ou com salto baixo, foi originariamente criado para crianças. Durante a década de 20, o modelo foi muito usado pelas mulheres.

SAPATO DE BARCO Desenvolvido no início do século XX, tem sola de borracha antiderrapante para evitar deslizamentos no convés do barco. Originalmente era feito de couro marrom, logo substituído por lona. Variações do modelo foram, mais tarde, usadas como traje informal.

SAPATO RASO Ver SAPATO BAIXO.

SAPATO SEM BICO Modelo de sapato com corte na frente, para deixar expostos os dedos. O sapato sem bico é muito usado desde seu lançamento, na década de 30.

SAPATO TANGO Sapato que alcançou popularidade por volta de 1910, como resultado da coqueluche do tango. Costumava ser feito de cetim branco, com fitas nos tornozelos, tendo um pequeno salto curvo.

SÁRI Corte de tecido de seda ou algodão, com um metro de largura e cinco a sete metros de comprimento, em cores vibrantes, que constitui a principal roupa externa das mulheres indianas. O sári é enrolado no corpo e usado sobre uma blusa curta e uma anágua, na qual é preso e dobrado, na altura da cintura, para formar uma saia. A extremidade que sobra fica drapejada sobre o ombro.

SARIGUÊ Espécie marsupial encontrada nos Estados Unidos, Austrália e Nova Zelândia. O sariguê possui pelo denso e comprido, em vários tons de marrom, cinza e preto. Na virada do século XX, sua pele foi muito usada como forração de casacos e como adorno.

SARJA Tecido trançado de lados uniformes, de fio penteado, originariamente feito de seda e/ou lã, cujo nome veio de uma palavra italiana para seda, *serica*. No século XIX, a sarja era utilizada para confeccionar fardas militares e, mais para o final do século, era feita em vários pesos, para vestidos, roupas de banho e roupas externas. No século XX, a sarja é geralmente produzida com misturas de lã, algodão e fibras sintéticas. Em geral é usada para confeccionar ternos.

SARONGUE Pedaço de tecido com cinco a sete metros de comprimento que é enrolado em volta do corpo e amarrado na cintura ou sobre o peito. Roupa tradicional das mulheres de Bali e do Taiti, o sarongue passou a ser usado como traje de praia na década de 40, uma tendência iniciada por Dorothy LAMOUR, que usou sarongues em muitos de seus filmes, inclusive *A princesa da selva* (*The jungle princess*, 1936) e *A sereia das ilhas* (*Road to Singapore*, 1940). Os sarongues ressurgiram no início da década de 80, quando sua forma básica foi adaptada a modas de verão.

SASSOON, DAVID Ver BELLVILLE SASSOON.

SASSOON, VIDAL 1929-. Cabeleireiro. Nascido em Londres, Inglaterra. Foi criado num orfanato. Aprendiz de Raymond (Mr. Teasie-Weasie) no início da década de 50, logo conquistou uma clientela de estrelas da música pop e de modelos. Em 1959, criou *The Shape*, um corte em camadas que era feito de acordo com a estrutura óssea e que servia para dar movimento aos cabelos. Foi uma mudança radical dos cortes COLMEIA dos anos 50. Em 1963, produziu o *Nancy Kwan*, um corte curto graduado, mais curto atrás que na frente. No ano seguinte, criou *Five-Point Cut*, geométrico, em que o cabelo era cortado em pontas na nuca, na frente e atrás das orelhas. Em 1972, passando sem esforço da década de 60 para a de 70, Sassoon e seu sócio, Christopher

SAUTOIR

O geométrico "corte de cinco pontas" de Vidal SASSOON em 1964, radicalmente diferente dos penteados armados dos anos 50.

Brooker, lançaram o "corte escovado", estilo suave em que o cabelo era cortado em esfera e depois escovado na direção contrária. Sassoon parou de cortar em 1974, mas seus salões continuaram a criar penteados elegantes e atuais, em sintonia com as tendências da moda. O *Feather Cut* de 1977, com as mechas finas emoldurando o rosto, foi muito usado.

SAUTOIR Palavra francesa que designa um colar de pérolas comprido. Na década de 20, foi muitíssimo popular e tido como elegante peça para a noite.

SCAASI, ARNOLD 1931-. Estilista. Nascido Arnold Isaacs, em Montreal, Canadá. Filho de um peleteiro, Scaasi (Isaacs escrito de trás para a frente), estudou estilismo em Montreal antes de se mudar para Paris, no início da década de 50, para fazer um estágio com PAQUIN. Trabalhou em Nova York por pouco tempo para Charles JAMES e, como freelance, para Lilly DACHÉ, entre outros. Em 1957, abriu uma empresa atacadista e, cinco anos depois, especializou-se em alta-costura. Nos Estados Unidos, é famoso por seus costumes de corte perfeito e por seus glamorosos trajes toalete e VESTIDOS DE COQUETEL, em geral adornados com plumas, pele, bordados ou lantejoulas.

SCAVULLO, FRANCESCO 1929-2004. Fotógrafo. Nascido em Staten Island, Nova York, Estados Unidos. Scavullo fazia filmes caseiros aos nove anos. Ao sair da escola, trabalhou na *VOGUE* durante três anos, tornando-se então aprendiz de HORST por mais três. Em 1948, viajou e fotografou para a *Seventeen*, revista então lançada e dirigida a adolescentes. Ele criava o penteado e a maquiagem das modelos, preferindo um visual natural que, na época, era considerado fora de moda. Trabalhou para várias revistas femininas e, nos anos 50, ficou famoso pela técnica de iluminação difusa. Desde 1965, as capas de Scavullo para a *Cosmopolitan* refletiam a sexualidade assumida da revista.

SCHERRER, JEAN-LOUIS 1936-. Estilista. Nascido em Paris, França. Aos vinte anos, sofreu uma queda que pôs fim a sua carreira de bailarino. Depois disso, começou a desenhar. Seu talento levou-o à *maison* DIOR, onde trabalhou com Yves SAINT-LAURENT. Quando este assumiu a direção da casa após a morte de Dior, Scherrer abriu sua própria *maison*. Ele produz tanto linha de alta-costura como prêt-à-porter. Suas roupas são clássicas e discretas. Scherrer é conhecido pelos sofisticados trajes toalete.

SCHIAPARELLI, ELSA 1890-1973. Estilista. Nascida em Roma, Itália. Estudou filosofia. Passou o início de sua vida de casada em Boston e Nova York e, em 1920, mudou-se para Paris.

A extravagância do estilismo de Jean-Louis SCHERRER no vestido e capa *habillé* de tafetá e brocado, da coleção de 1985-6.

Elsa SCHIAPARELLI em 1935, usando mitenes, echarpe e chapéu de lã ousados, em contraste com o despojamento do casaco.

Um de seus primeiros modelos — um suéter preto tricotado, com um motivo de laço branco criando um efeito de TROMPE-L'OEIL — foi visto pelo comprador de uma loja, e as encomendas que se seguiram deram início aos negócios de Elsa. Em 1927, ela abriu uma loja chamada Pour le Sport. No ano seguinte apresentou sua primeira coleção. Nada agradava mais a Elsa do que divertir, fosse sendo espirituosa, fosse chocando. Suas roupas eram elegantes, sofisticadas e, muitas vezes, extremamente excêntricas, atraindo grande clientela. Suas ideias, juntamente com as que encomendava a artistas famosos, eram executadas com habilidade considerável. Contratou DALÍ, BÉRARD e COCTEAU para desenhar tecidos e acessórios. Jean SCHLUMBERGER produzia BIJUTERIAS e botões. O CUBISMO e o SURREALISMO influenciaram suas criações. Em 1933 lançou a MANGA PAGODE, que partia de ombros largos e que determinou a silhueta básica até o NEW LOOK. Elsa usava tweed em roupas de noite e juta em vestidos. Seus pesados suéteres tinham os ombros almofadados. Ela tingia peles, punha cadeados nos costumes e criou a voga do TRAJE TIROLÊS. Em 1935, tingiu os novos ZÍPERES de plástico nas mesmas cores que os tecidos, colocando-os à mostra ao invés de escondê-los; desse modo, tornou-os decorativos e funcionais. Lançou broches fosforescentes e botões semelhantes a pesos de papel. A empresa francesa Colcombet desenvolveu para ela um tecido com estampa de notícias de jornal, com o qual fez lenços. Em 1938, sua coleção "Circo" apresentou *BOTÕES em formato de acrobatas, que pareciam mergulhar num casaquinho de

SCHIAPARELLI, ELSA

brocado de seda estampado com cavalinhos de carrossel. Elsa bordava signos do zodíaco em suas roupas e vendia bolsas que, ao serem abertas, acendiam ou tocavam música. Dois de seus chapéus mais famosos tinham o formato de casquinha de sorvete e de costeletas de carneiro. Chique, ultrajante e irreverente, Schiaparelli fazia enorme sucesso. Colorista brilhante, tomou um dos tons de rosa de Bérard, que chamou de "rosa-choque", e o divulgou vigorosamente. Ao fundir arte com moda, Elsa Schiaparelli ofereceu às mulheres outra opção de vestir. Durante a Segunda Guerra Mundial, proferiu palestras nos Estados Unidos e, em 1949, abriu uma filial em Nova York. Realizou seu último desfile em 1954.

O famosíssimo chapéu-sapato de SCHIAPARELLI, que ela criou com Salvador Dalí. Ele também serviu de inspiração para os bolsos em forma de lábios.

Tailleur de SCHIAPARELLI com bordado inspirado em Jean Cocteau.

Colar de plástico transparente de Elsa SCHIAPARELLI com insetos de metal colorido.

286

SCHLUMBERGER, JEAN 1907-87. Designer de joias. Nascido em Mulhouse, Alsácia, França. Estudou em Berlim para fazer carreira no setor bancário. Mas, na década de 20, foi para Paris, onde começou a fazer BIJUTERIA usando flores de porcelana. Elas foram apreciadas por SCHIAPARELLI, que fez uma encomenda de BOTÕES e bijuterias. Schlumberger passou algum tempo no exército francês, antes de emigrar para Nova York em 1940. Pouco depois, abriu seu próprio negócio. No decorrer dos anos 40 e 50, ficou conhecido por seus desenhos de flores, conchas, estrelas-do-mar, pássaros e anjos. Em 1956, foi trabalhar na TIFFANY & CO. como desenhista e vice-presidente. Nos anos seguintes, continuou fiel a suas primeiras criações, inspiradas em imagens naturais. Cavalos-marinhos eram a marca pessoal de Schlumberger.

O mestre joalheiro Jean SCHLUMBERGER se inspirava em formas naturais. Este desenho de concha é da década de 40.

SCHNURER, CAROLYN 1908-98. Estilista. Nascida Carolyn Goldsand, em Nova York, Estados Unidos. Foi professora antes de passar a desenvolver trajes SPORTSWEAR, em 1940, quando trabalhava na fábrica de roupas de banho de seu marido. Em 1944, lançou o casaco *cholo*, um paletó folgado de gola alta que ia até os quadris, inspirado numa antiga vestimenta usada por pastores da América do Sul. Carolyn Schnurer é famosa por inovações com tecidos, empregando vários de sua própria criação. Na década de 50, produziu um tweed de algodão que não amassa. Também utilizou o algodão em roupas de banho e ajudou a promover maiôs.

SCHÖN, MILA 1919-. Estilista. Nascida Maria Carmen Nustrizio Schön, na Dalmácia, Croácia. Seus pais radicaram-se na Itália. Em 1958, sem nenhuma experiência anterior, Mila abriu em Milão um ateliê de costura. Sua primeira coleção de alta-costura, apresentada em 1965, foi muito bem recebida na Itália e nos Estados Unidos. Em 1971 lançou uma coleção prêt-à-porter. É uma estilista clássica que, embora não seja tão conhecida como muitos colegas, é uma das criadoras mais respeitadas da Itália, famosa por seu estilo sofisticado e por seus modelos de alfaiataria precisa.

As linhas de um terninho muitíssimo bem talhado de Mila SCHÖN, da década de 70.

SCOTT, KEN 1918-91. Estilista. Nascido em Fort Wayne, Indiana, Estados Unidos. Após ter estudado na Parsons School of Design, em Nova York, foi pintar na Guatemala. Mudou-se para a Europa e, no final da década de 50, abriu um salão em Milão, Itália. Scott ficou conhecido pela combinação de cores de seus tecidos, de padrões florais ousados, confeccionados nos anos 60, em CAFTÃS e TÚNICAS. Também produziu COLLANTS de jérsei e lenços estampados.

SEDA Fibra natural produzida pelo bicho-da-seda, uma larva da mariposa da seda (*Bombyx mori*) que se alimenta das folhas da amoreira. O bicho-da-seda tece um casulo, exsudando filamentos finos que formam um fio. A seda teve origem na China e, por volta do século XII, foi levada para a Europa. Por ser cara, sempre foi considerada artigo de luxo. No século XX, a grande produção japonesa de seda reduziu os preços consideravelmente. A seda vem sendo usada durante os séculos XIX e XX em roupas íntimas, MEIAS FINAS, lingerie, blusas, vestidos e roupas de noite.

SEDA ARTIFICIAL Ver RAIOM.

SEERSUCKER Ver ANARRUGA.

SEE-THROUGH Ver TRANSPARENTE.

SEGRETO, CONRADO 1960-92. Estilista e costureiro. Nascido em São Paulo, foi estilista de várias confecções. Aluno de Marie Rucki, do STUDIO BERÇOT, aos 29 anos começou a se dedicar à alta-costura. Tornou-se famoso pelas criações RETRÔ, que misturavam técnicas de alta-costura e confecção.

SELINCOURT & COLMAN Companhia atacadista de MANTOS que Charles de Selincourt fundou em Londres em 1857. Em sociedade com F. Colman, a empresa expandiu-se para produzir capas, xales e roupas infantis. Na década de 1880, já se transformara num dos principais atacadistas de peles da Europa. Exporta para todo o mundo desde o século XIX e confecciona roupas para várias marcas.

SEVENTH AVENUE Avenida nova-iorquina que, desde o início do século XX, tem sido a base tradicional da indústria de prêt-à-porter americana.

SHANTUNG Ver XANTUNGUE.

SHARAFF, IRENE c. 1910-93. Figurinista. Nascida em Boston, Estados Unidos. É conhecida pelos figurinos para *O rei e eu* (*The king and I*, 1956) e *A garota genial* (*Funny girl*, 1968).

SHERARD, MICHAEL Datas desconhecidas. Local de nascimento desconhecido. Costureiro londrino que abriu sua casa em 1946. Fez sucesso por um período curto e era famoso por seus bem cortados vestidos e costumes de tweed, tanto para o dia quanto para a noite. Em 1964, após o declínio da alta-costura, Sherard fechou seu salão.

SHETLAND Durante o século XIX, as ilhas Shetland, na costa da Escócia, ficaram famosas pela produção de fios, tecidos de lã, roupas íntimas, XALES e SPENCERS. A partir da virada do século XX, tecidos para ternos, sobretudos e peças externas em geral passaram a ser exportados. Na década de 60 foram muito usados os suéteres *shetland*, tradicional modelo com mangas compridas e decote redondo, feitos com lã de cores vivas e de textura ligeiramente rústica.

SHILLING, DAVID 1953-. Chapeleiro. Nascido em Londres, Inglaterra. Aos doze anos, desenhou um chapéu para sua mãe usar na corrida anual de Ascot. Desde então, a sra. Shilling continuou a divertir e chocar os frequentadores das corridas usando as extravagantes criações de seu filho. Em 1969, David começou a trabalhar numa seguradora em Londres. Seis anos depois ele abriu uma chapelaria em Londres. Seus primeiros chapéus eram bonitos e muito enfeitados. Foram bastante copiados, para atender à demanda criada por um renascente interesse em chapéus. Durante a década de 70, produziu os primeiros "chapéus de discoteca". Depois, concentrou-se na criação de formas e contornos dramáticos. *Ver também* *DISCOTECA.

Chapéu e echarpe de seda estampada assinados pelo chapeleiro David SHILLING, da coleção primavera-verão de 1984.

SHORTS Calças curtas, a princípio um traje masculino, usado pelas mulheres desde os anos 20, em vários comprimentos. Eram associados a trajes esportivos e informais até o final da década de 70, quando os estilistas mostraram conjuntos de shorts e casaquinhos elegantes. Mas continuaram sendo uma peça de roupa informal.

SHORTS DE CICLISTA *Ver* CALÇAS DE CICLISTA.

SILHUETA EM S No final do século XIX, a silhueta em S entrou na moda. Era obtida graças a roupas íntimas apertadas, formando um busto grande, projetado para a frente, e uma cintura achatada e fina; nas costas, em contrapartida, as nádegas ficavam projetadas para trás, culminando em saias rodadas e soltas, em geral franzidas e elevadas sobre uma ANQUINHA. O artifício que criava essa silhueta era um ESPARTILHO, cortado para ser

As curvas deformadoras da SILHUETA EM S, em moda do final do século XIX ao início do século XX.

usado sobre a parte inferior do busto e estendido sobre os quadris. Quando bem apertado, estreitava a cintura e projetava o busto e as nádegas. Foi usado até o início da década de 1900. *Ver também* BEATON.

SIMONETTA 1922-. Estilista. Nascida duquesa Simonetta Colonna di Cesaro, em Roma, Itália. Em 1946, abriu um estúdio em Roma e assinou sua primeira coleção como Simonetta Visconti, sobrenome de seu primeiro marido. Em 1953, casou-se com Alberto FABIANI. Os dois estilistas seguiram carreiras separadas até 1962, quando formaram uma sociedade em Paris. Três anos depois, Simonetta voltou para Roma, onde continuou na moda por vários anos. Foi uma estilista renomada por suas saias bufantes e MACACÕES alegres. Vestiu várias estrelas do cinema no final da década de 40. Também era conhecida pela malharia e elegantes VESTIDOS DE COQUETEL. Simonetta aposentou-se em 1973.

SIMPSON, ADELE 1908-95. Estilista. Nascida Adele Smithline, em Nova York, Estados Unidos. Depois de estudar no Pratt Institute, em 1927 foi promovida a estilista-chefe da Ben Gershel's, empresa de prêt-à-porter. Pouco depois, passou para a Mary Lee Fashions, onde confeccionava roupas com seu próprio nome. Em 1949, comprou a firma e mudou a denominação para Adele Simpson Inc. Em 1964, sua empresa fez para a Bloomingdale's uma coleção especial de GIVENCHY. Adele desenvolvia roupas práticas, como os conjuntos para o dia, com peças sobrepostas que podiam ser retiradas para revelar roupas toalete. Na década de 50, produziu um vestido CHEMISIER com cintos presos, que podiam ser amarrados na frente ou atrás. Seus conjuntos — de blusa e costume, vestido e casaquinho, ou casaco e costume — eram muito apreciados, especialmente pelas esposas de vários políticos americanos importantes, além de serem amplamente copiados.

SITBON, MARTINE 1951-. Estilista. Nascida em Casablanca, Marrocos. Depois de estudar no Studio Berçot, em Paris, viajou muito mas acabou voltando à França e em 1985 apresentou sua primeira coleção. Apreciadora dos contrastes, Martine é uma modernista cujas roupas, no entanto, têm um senso de história. Os paletós longos e casacos de montaria são cortados com rigor, com ombros estreitos e cintura suavizada. Ela gosta também de criar saias longas e calças com amplidão moderada na boca. Em 1988 criou sua primeira coleção para CHLOÉ.

Vestido-mantô cinza-carvão com blusa branca, da estilista de origem marroquina Martine SITBON para o prêt-à-porter de 1989-90. Um look contemporâneo com vestígios históricos.

Dois modelos de 1989 de Graham SMITH, chapeleiro que foi diretor de estilo da Kangol de 1981 a 1991 e depois consultor até 1998.

SLOANE RANGER Termo usado primeiramente pela revista *Harpers & Queen* em 1979, para descrever parte de suas leitoras. As *Sloane Rangers*, que faziam compras ou moravam na região da Sloane Square, em Londres, usavam camisas brancas de algodão com babadinhos; saias pregueadas ou saias de algodão com estampas florais de Laura ASHLEY; suéteres de decote redondo, de caxemira ou lã de cordeiro; meias-calças claras ou azul-marinho; SAPATILHAS baixas; um colarzinho de pérolas e um prático colete de náilon matelassê.

SLOPPY JOE SUÉTER amplo de tricô de lã de mangas compridas e que chegava aos quadris, com decote redondo ou em V. Foi usado nas décadas de 40 e 50, combinado com calças justas. Distinguia-se pela extrema amplidão de suas formas.

SMITH, GRAHAM 1938-. Chapeleiro. Nascido em Bexley, Kent, Inglaterra. Frequentou o Bromley College of Art de 1956 a 1957 e passou o ano seguinte no Royal College of Art, em Londres. Trabalhou no salão de chapéus de Lanvin-Castillo, em 1959, em Paris, voltando para Londres em 1960 para trabalhar para a MICHAEL.

Em 1967, Smith estabeleceu-se por conta própria, fazendo chapéus para Jean *MUIR e outros estilistas. Ingressou na KANGOL em 1981 e misturou com sucesso as BOINAS e os BONÉS tradicionais da companhia a suas próprias criações.

SMITH, PAUL 1946-. Estilista. Nascido em Nottingham, Inglaterra. Em 1970 abriu uma butique de roupas em Nottingham, onde também vendia suas criações. Em 1976 apresentou em Paris sua primeira coleção de moda masculina. Paul Smith é mais conhecido por suas camisas em cores e modelos extravagantes. Sua marca faz sucesso no mundo todo, principalmente no Japão.

SMITH, WILLI 1948-87. Estilista. Nascido na Filadélfia, Pensilvânia, Estados Unidos. Estudou moda no Philadelphia Museum College of Art e, em 1964, ganhou uma bolsa de estudos para a Parsons School of Design, em Nova York. Formou-se em 1968 e tornou-se estilista freelance de malharia. Em 1976 abriu a WilliWear, confecção de SPORTSWEAR informal. Suas roupas de grandes dimensões anteciparam os estilos informais e as atitudes das últimas décadas: calças e shorts largos,

O SMOKING masculino em dezembro de 1919.

Versão feminina do SMOKING, criada por Saint-Laurent em 1966, como mostra o desenho de sua autoria.

suéteres folgados e camisas de proporções muito amplas, tudo isso em cores e tecidos que se coordenam facilmente. Muitas de suas ideias foram influenciadas pelo STREET STYLE.

SMOKING Originalmente um paletó de seda, veludo ou brocado, adornado com botões, que os homens usavam para fumar em casa ou em reuniões íntimas na segunda metade do século XIX. No final do período já havia se transformado num paletó formal, de noite, em tecido preto ou azul-escuro. Por volta dos anos 20, transformou-se num jaquetão toalete. Depois da Segunda Guerra, voltou a ter abotoamento simples. O smoking para mulheres entrou na moda no final dos anos 60. *Ver* TUXEDO *e* SAINT-LAURENT.

SNOW, CARMEL 1887-1961. Editora de revista. Nascida Carmel White, em Dublin, Irlanda. Na década de 1890, logo após a morte do pai, sua mãe mudou-se com a família para Nova York, abrindo um ateliê de costura em Manhattan. Depois de ter estudado em Bruxelas e em Nova York, Carmel começou a trabalhar na empresa da família. Em 1921, passou a escrever sobre moda na VOGUE e, dois anos depois, foi promovida a editora de moda. Em 1932, tornou-se editora da *Vogue* americana. No mesmo ano, porém, foi convidada para dirigir a editoria de moda da publicação rival HARPER'S BAZAAR, conseguindo melhorar o conteúdo editorial da revista. Possuía grande sensibilidade para descobrir e promover talentos. Trabalhou com o diretor de arte Alexey BRODOVITCH e com alguns dos mais reverenciados nomes da fotografia de moda: Irving PENN, Martin MUNKACSI e Richard AVEDON. Após ter-se aposentado em 1958, continuou a trabalhar como consultora de moda na França e na Itália.

SOBRECASACA A sobrecasaca do século XIX foi adaptada de um capote militar e transformou-se em roupa masculina formal. Aparecia em várias formas, mas basicamente era um casaco que tinha mangas compridas, chegava aos joelhos, era bipartido atrás e contava com gola, LAPELA larga, abotoamento e FENDAS nas costas. No século XIX, por períodos curtos, foi inteiriço. Com sua modelagem básica, foi o ponto de partida para muitos modelos de casacões femininos no século XX.

SOCIEDADE DO TRAJE RACIONAL Ver RATIONAL DRESS SOCIETY.

SOLIDÉU Pequeno barrete redondo que teve origem na Grécia antiga. Mais tarde, transformou-se em elemento das vestes eclesiásticas. Durante a década de 30, foi um modelo de chapéu feminino de fugaz popularidade.

SOMBREIRO Chapéu de copa alta e abas largas usado há muitos séculos por homens na Espanha, México e América do Sul. Raramente item da moda, o sombreiro é uma escolha popular para o verão em climas quentes.

SOMBRINHA Ver GUARDA-CHUVA.

SOMMER, MARCELO 1967-. Estilista paulista de moda feminina e masculina. Cursou a Central Saint Martins School of Arts & Design, em Londres, e lançou sua marca em 1995. Participou da equipe de criação e desenvolvimento da FORUM e coordenou a reformulação de imagem da ZAPPING. Sua linguagem se baseia na irreverência, no kitsch e na combinação de cores e formas inusitadas, com humor nostálgico RETRÔ, que às vezes faz as roupas parecerem figurino de teatro. Em 2005, vendeu sua marca para uma empresa têxtil. Continua atuando como estilista.

SOPRANI, LUCIANO 1946-. Estilista. Nascido em Reggiolo, Itália. Estudou agronomia antes de, em 1967, começar a trabalhar na firma de prêt-à-porter Max Mara. Tornou-se estilista freelance em 1975 e, na década de 80, passou a desenhar para a GUCCI e para Nazareno Gabrielli. Associou-se à BASILE em 1981. Estilista enérgico, Soprani mistura o corte disciplinado a cores fortes. É um grande talento italiano, com características próprias. Continua trabalhando como freelance.

SOUTACHE Ver SUTACHE.

SOU'WESTER Chapéu de borracha ou de lona impermeabilizada, com aba larga, mais comprido atrás do que na frente. Desde a década 50 é usado para chuva.

SPADE, KATE 1964-. Estilista de acessórios. Nascida Katherine Brosnahan em Kansas City, Kansas, Estados Unidos. Estudou jornalismo antes de se mudar para Nova York. Foi trabalhar na *Mademoiselle* e, em 1991, tornou-se editora de moda e acessórios. Dois anos depois deixou a revista para produzir sua primeira coleção de bolsas, baseada em simples e práticas sacolas em forma de caixa, em seis estilos e três cores neutras. Outras criações se seguiram, como as mochilas, sacolas de mensageiro, sempre seguindo sua filosofia de usar formas simples. Kate utiliza tecidos como o náilon, aniagem, madras, cetim de seda e tweed, tanto em cores suaves como vibrantes. Seu estilo discreto tem exercido larga influência.

SPANDEX Fibra sintética de alta elasticidade

lançada em 1958 pela DU PONT. Leve, mas forte, é utilizada em trajes de natação, lingerie e meias.

SPANZELLE Marca registrada de fantasia da fibra SPANDEX feita pela Firestone Tyre & Rubber Company.

SPENCER Originário da Inglaterra do século XVIII, o *spencer* era um casaquinho masculino curto, que ia até a cintura e tinha abotoamento simples ou duplo. No início do século XIX, foi adaptado às mulheres: como um casaquinho curto que terminava logo abaixo do busto para ser usado ao ar livre; ou como um casaquinho para noite, para ser usado sobre um vestido. Era DECOTADO, podendo ter mangas ou não. No final do século XIX, o *spencer* evoluiu para uma peça sem mangas, de lã ou flanela, geralmente usada como agasalho sob um paletó ou casaco.

O SPENCER do século XVIII, que originou todos os outros.

SPOOK, PER 1939-. Estilista. Nascido em Oslo, Noruega. Estudou na Escola de Belas-Artes em Oslo. Em 1957 foi para Paris e se inscreveu na escola da Chambre Syndicale de la Haute Couture (*ver* HAUTE COUTURE). Ficou na *maison* DIOR por vários anos e também trabalhou para FÉRAUD e SAINT-LAURENT. Abriu sua própria casa em 1977. Sua abordagem da moda é cheia de vida, o que se revela na ousada pureza de suas linhas e na utilização de cores vibrantes. A casa fechou em 1996.

SPORTSWEAR Termo americano que designa roupas para o dia e peças avulsas.

SPROUSE, STEPHEN 1953-. Estilista. Nascido em Ohio, Estados Unidos. Após frequentar a Rhode Island School of Design por apenas três meses, passou três anos como aprendiz de HALSTON, seguindo-se uma rápida passagem com Bill BLASS. No final da década de 70 e durante a de 80, ficou famoso pelas roupas para shows de estrelas do rock. Em 1983, lançou sua primeira coleção. As roupas de Sprouse eram inspiradas na moda dos anos 60, embora suas linhas sejam muito mais estudadas. Especializou-se em cores ácidas, fluorescentes, que brilham durante o dia, principalmente rosa e amarelos "quentes". Criou MÍNIS que deixavam à mostra o alto da barriga e vestidos e meias grafitados. Os modelos de Sprouse eram criativos e anticonvencionais, mas por volta de 1988 ele largou a profissão.

STAVROPOULOS, GEORGE 1920-90. Estilista. Nascido em Trípolis, Grécia. Em 1949, abriu um salão em Atenas, onde a princípio ganhou fama por seus costumes de alfaiataria e casacos de alta-costura. Entretanto, seus modelos mais apreciados baseavam-se na silhueta grega clássica drapejada. Em 1952, DIOR convidou-o para trabalhar em Paris, mas Stavropoulos recusou a proposta. Nove anos depois, mudou-se para Nova York e abriu sua firma. Suas primeiras coleções de prêt-à-porter foram recebidas com menos entusiasmo que suas elegantes e discretas roupas de alta-costura. Em meados da década de 60, seus conjuntos de casaco e vestido e vestidos toalete eram muito conhecidos. Os vaporosos vestidos de chiffon eram tão copiados que Stavropoulos criou novos e inovadores modelos usando o chiffon misturado com lamê ou renda.

George STAVROPOULOS era famoso pelo uso que fazia do chiffon. Como neste vestido cor de pêssego, com capinha e echarpe, da coleção de 1985.

STEICHEN, EDWARD 1879-1973. Fotógrafo. Nascido em Luxemburgo. Sua família emigrou para os Estados Unidos em 1881. Foi criado e educado em Milwaukee, Wisconsin. Em 1894, estudou na Milwaukee Arts Students League e, logo depois, ingressou na American Fine Art Company como aprendiz de fotógrafo. Steichen foi para Paris em 1900 e estudou na Académie Julian. Desde essa época até 1914, viajou entre a Europa e os Estados Unidos, pintando e tirando fotografias. Em 1911 foi incentivado por Lucien VOGEL a usar seu talento na fotografia de moda. Em 1914, alistou-se no exército americano e serviu como comandante de uma divisão fotográfica. Depois da guerra, Steichen estabeleceu-se em Nova York, abandonou a pintura e concentrou-se em fotografia de publicidade e de moda, tirando fotos para a VOGUE americana e a *Vanity Fair*, entre outras. Em 1923, ganhou o posto de fotógrafo-chefe das publicações Condé NAST, graças a seu talento. Sua obra é marcante, independente e muito moderna, tanto no tratamento quanto no conteúdo. Suas modelos enfrentam a máquina fotográfica de cabeça erguida, posando em interiores e cenários arquitetônicos que contribuem com textura e ambientação e que, ao mesmo tempo, formam uma moldura para a moda. Steichen tinha preferência por uma modelo, Marion Moorhouse, fotografando-a com frequência. Em 1947, deixou a Condé Nast para ser o diretor do departamento de fotografia do Museu de Arte Moderna, em Nova York.

STIEBEL, VICTOR 1907-76. Estilista. Nascido em Durban, África do Sul. Foi para a Inglaterra em 1924 e, como aluno da Universidade de Cambridge, criava figurinos e cenários para o show de variedades *Footlights*. Em 1929, tornou-se aprendiz na REVILLE AND ROSSITER e, em 1932, abriu seu próprio ateliê. Após ter servido no exército britânico durante a Segunda Guerra Mundial, Stiebel mudou-se para a Jacqmar em 1946, reinaugurando sua casa na década de 50. Era conhecido por suas roupas românticas, que muitas atrizes usavam dentro e fora do palco. Associado à Incorporated Society of London Fashion Designers, Stiebel vestiu membros da família real e criou fardas para as unidades femininas da Marinha e da Força Aérea britânicas. Preferia o jérsei e outros tecidos macios, tendo ficado famoso pelos vestidos toalete e roupas criadas para a elegante corrida de Ascot.

Vestido de *soirée* de Victor STIEBEL de 1933. Em xadrez vermelho, branco e verde, com corte enviesado, tem casaquinho com mangas pregueadas e forro de chiffon preto.

STRASS Adorno para trajes, acessórios e tecidos que consiste em pedras brilhantes parecidas com diamantes. Desde o século XX, o *strass* vem sendo muito usado em roupas para a noite.

STRAUSS, LEVI ?-1902. Nascido na Baviera. Chegou a São Francisco, Califórnia, durante a febre do ouro na década de 1850. Suas primeiras calças de trabalho para mineiros foram cortadas de lona marrom de barraca; mas, anos depois, começou a usar BRIM, tecido francês que tingiu de azul usando índigo. Em 1872, Strauss registrou a patente de sua vestimenta. Jacob Davis, um alfaiate de Carson City, Nevada, associou-se a Strauss em 1873 para patentear as calças que possuíam rebites de cobre nos pontos de maior tensão. Strauss morreu em 1902, mas a empresa continua sendo administrada pela família. Nos Estados Unidos, a palavra "Levi's" é sinônimo de JEANS de brim.

STREET STYLE O "estilo das ruas" é uma das influências mais significativas surgidas na segunda metade do século XX. O termo se refere às vestimentas adotadas pelos jovens, na sua maioria adolescentes, cujo estilo deriva do uso de roupas baratas de maneira a distinguir-se da sociedade em geral e, ao mesmo tempo, identificar-se como parte de um grupo ou cultura. Muitos estilistas e criadores de prêt-à-porter incorporaram elementos do *street style* a suas criações, refinando e reestruturando as vestimentas a ponto de suas fontes ficarem irreconhecíveis.

STUDIO BERÇOT Conceituado curso de estilismo. À frente, a parisiense de renome internacional Marie Rucki, aluna de Suzanne Berçot, que em 1955 fundou o Studio Berçot de Paris, um dos pioneiros do ensino de estilismo na França e no mundo. A ex-aluna herdou a escola e passou a dirigi-la nos anos 70, após a morte da fundadora, aprimorando o método de criação de moda. Marie foi res-

A Levi's de Levi STRAUSS, o mais famoso e duradouro exemplo de roupa de trabalhador transformada em moda. À esquerda: a vida real, com a calça original usada por dois mineiros. À direita: a Levi's, em 1982, com desbotamento artificial, em vez do aspecto gasto da década de 60.

ponsável por ministrar os primeiros cursos de estilismo no Brasil, a convite da divisão têxtil da RHODIA Poliamida, da década de 80 a meados dos anos 90. Com visão e conhecimento, madame Rucki é respeitada no mundo da moda internacional. Entre os estilistas brasileiros que aprenderam com ela estão Clô Orozco, Gloria COELHO, Reinaldo LOURENÇO, Ocimar VERSOLATO, Lorenzo MERLINO e Walter RODRIGUES; entre os estrangeiros, Martine SITBON, Christian LACROIX, Veronique Leroy e Olivier Guillemin.

SUÉTER Blusa de lã tricotada que, no final do século XIX, os esportistas usavam para provocar transpiração. No século XX, a palavra "suéter" descreve uma peça de malha de lã, com mangas, que chega à cintura ou mais abaixo. Suéteres adornados com chiffon ou crepe e bordados com pedrarias estiveram na moda no final da década de 30. Nos anos 40, modelos curtos que iam até a cintura eram a febre. No final da década de 40 e na de 50, houve vogas tanto do suéter justo como do modelo longo e amplo, um visual que as mulheres tomaram dos modelos masculinos. Nos dez anos seguintes, suéteres de todos os comprimentos e estilos passaram a ser aceitos como moda.

SUÉTER ARAN Ver ARAN.

SUÉTER ARGYLE Ver ARGYLE.

SUÉTER FAIR ISLE Ver FAIR ISLE.

SUI, ANNA 1955-. Estilista. Nascida em Dearborn Heights, Michigan, Estados Unidos. Estudou na Parsons School of Design em

Nova York. Depois de formada, trabalhou para várias empresas de SPORTSWEAR e atuou como estilista para o fotógrafo Steven MEISEL. Em 1980 começou a criar com seu próprio nome, embora só tenha ficado conhecida em 1991. Influenciada por várias culturas, com elegância e humor, Anna dá um toque contemporâneo a muitos estilos que marcaram época, como o BABY DOLL, o debutante e os modismos dos anos 60. Ela também cria acessórios espirituosos.

SUPORTE Originariamente, dois pedaços de tecido endurecido (um par de suportes) usados na parte dianteira e traseira do corpo, como roupa de baixo. A peça vem do século XVII, quando era conhecida como "corpo" e feita de linho ou algodão pesados, geralmente enrijecida com BARBATANAS DE BALEIA e dotada de cintura fina. No século XVIII, o suporte compunha-se de carreiras de barbatanas de baleia ou varetas costuradas num pedaço de tecido enrolado em volta do corpo e amarrado atrás. A moda mudou consideravelmente no início do século XIX, mas em meados do século a forma rígida, apertada, estava de volta, permanecendo até o princípio do século XX. Durante a segunda metade do século XIX, a palavra ESPARTILHO começou a substituir a palavra suporte.

SURÁ O surá original, de Surat, na Índia, era um tecido macio e lustroso feito de seda sarjada. No século XX, o nome "surá" é dado a uma fibra sintética usada na confecção de blusas e vestidos.

SURREALISMO Movimento artístico e literário que, entre as duas guerras mundiais, reagiu contra a racionalização e o formalis-

As criações de Anna SUI têm um toque vintage. O vestido da foto é da coleção primavera de 1997.

mo das tendências dominantes, concentrando-se na reconstrução de um mundo fantástico. Entre os pintores influenciados pelo surrealismo estão René Magritte, Salvador DALÍ, Pablo PICASSO e Joan Miró. Na moda, o termo "surrealismo" surgiu no final da década de 20 e foi usado com mais frequência durante a década de 30, para descrever roupas estranhas ou psicologicamente sugestivas. *Ver* SCHIAPARELLI.

SUSPENSÓRIO Criado para segurar calções masculinos no século XVIII, o suspensório era inicialmente feito de cordão ou de tiras de tapeçaria. No final do século XIX, lona, algodão, borracha e veludo eram usados na confecção de suspensórios. Por volta de 1900, transformou-se em duas tiras unidas nas costas e presas às calças por botões e, mais tarde, por clipes de metal. No século XX, é geralmente feito de elástico. As mulheres apropriaram-se do suspensório nas décadas de 60 e 70, como parte da tendência UNISSEX.

SUTACHE Abotoamento decorativo em PASSAMANARIA que forma PRESILHAS sobre botões ou sobre um "pino" do mesmo material. Originariamente usado em fardas militares, o sutache vem adornando casacos e jaquetas femininas desde o século XIX. Ver ANA KARENINA.

SUTIÃ O sutiã data do início da década de 1900. Um modelo feito de dois lenços, com fita estreita, foi patenteado nos Estados Unidos em 1914 por Mary Phelps Jacob (Caresse Crosby). Até meados da década de 20, os sutiãs não possuíam barbatanas e destinavam-se a achatar o busto e empurrá-lo para baixo. Foram amplamente adotados nos anos 20, quando a moda ditava vestidos para casa e, mais tarde, VESTIDOS DE COQUETEL que costumavam ser feitos de tecidos reveladores, semitransparentes. Por volta de 1925, os sutiãs possuíam alças ajustáveis na frente e uma divisão entre os seios, na parte frontal em BANDA. No final da década de 20, a Kestos Company of America fabricou um sutiã feito de dois pedaços triangulares de tecido, presos a um elástico que passava sobre os ombros, cruzava nas costas e era abotoado na frente, sob um par de "taças" com pence. No final da década de 20 e durante a de 30, fabricantes de ESPARTILHOS começaram a produzir sutiãs com barbatanas e com diferentes tamanhos de taça. Surgiu um sutiã com barbatanas e sem alças no final da

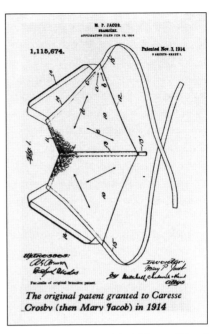

O primeiro SUTIÃ: a patente original foi concedida a Mary Phelps Jacob (Caresse Crosby) em 1914.

SUTIÃ Kestos, em anúncio de 1935, era descrito como "uma delicada tira de graciosidade".

década de 30. Nos anos 40, os enchimentos de espuma deram mais forma a muitos sutiãs. Seu formato foi muito exagerado na década de 50, quando os sutiãs eram armados com arame e a taça era costurada em círculos, para endurecer mais o tecido. O sutiã sem alças foi popular nos anos 50, sendo então usado sob vestidos tomara que caia. Na mesma década, os confeccionistas começaram a fazer sutiãs para adolescentes. A década de 60 assistiu à maior versatilidade de desenho e à maior liberação de conforto para as mulheres, com a introdução de tecidos contendo Lycra. Desde os anos 70, a moldagem de fibras termoplásticas em altas temperaturas produz sutiãs inteiriços, sem costuras. Em 1964, uma companhia canadense, posteriormente comprada pela Sara Lee Intimates, criou o *wonderbra*, sutiã com enchimento e armações na parte inferior das taças, com a finalidade de erguer os seios e dar-lhes uma aparência mais opulenta. *Ver* BERLEI, GERNREICH *e* WARNER BROS. CO.

SWATCH Contração de *Swiss* (suíço) e *watch* (relógio), foi produzido pela primeira vez em 1983 por uma companhia suíça. Planejado para ser colorido e barato, o sistema em constante variação é caracterizado por uma caixa de plástico presa por uma pulseira de plástico. Alguns modelos chegaram a se transformar em peças de colecionador. A Swatch lança mais de duzentos novos modelos por ano, a maior parte nas coleções primavera-verão e outono-inverno.

SWEATSHIRT *Ver* MOLETOM.

ABCDEFGHIJKLM NOPQRSTUVWXYZ

TABARDO Datando da Idade Média, quando era usado como traje militar ou cerimonial, o tabardo é um top retangular que vai até os quadris, sem mangas, com uma abertura para a cabeça. Esteve na moda na década de 60. *Ver também* TÚNICA.

O TAILLEUR fazia parte de todos os guarda-roupas da virada do século XX. Este modelo, mostrado na *Costumes Parisiens*, data de 1912.

TABLIER Palavra francesa para avental. Vestido ou saia com uma parte frontal semelhante a um avental decorativo. Nas décadas de 1860 e 1870, saias *tablier* eram tidas como muito elegantes.

TAFETÁ Tecido fino e firme, de seda natural ou artificial, com um brilho iridescente. Acredita-se que tenha recebido esse nome por causa do tecido persa *taftan*. Desde o século XIX, é muito usado em roupas toalete.

TAILLEUR Costume composto de casaco e saia que se tornou popular a partir da segunda metade do século XIX.

TAM O'SHANTER BOINA redonda de lã que recebeu o nome do herói do poema de mesmo nome, escrito pelo poeta escocês Robert Burns. Possui uma tira justa em torno da cabeça e uma copa cheia e macia, sendo geralmente enfeitada com um pompom no centro. No final do século XIX, as mulheres usavam *tam o'shanters* para a prática de atividades esportivas. Também conhecida como boina Balmoral.

TANGA Versão reduzida da calcinha do BIQUÍNI, criada nos 70, na praia de IPANEMA, Rio de Janeiro. Formada por dois minúsculos triângulos de tecido presos por tiras amarradas nos quadris, é a menor roupa da história da moda. A *tanga*, chamada assim pelo jornalista Justino

TAPEÇARIA

A TANGA do final da década de 70.

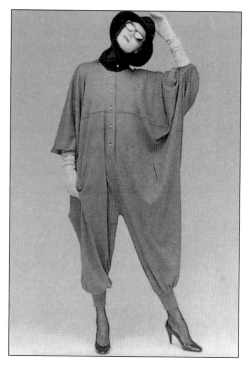

Quem poderia pensar que a roupa de baixo de um cavalheiro do século XVIII seria a silhueta básica de uma peça maravilhosamente delicada e leve como esta? Coleção de 1984-5 de Angelo TARLAZZI.

Martins, enfatiza o bumbum e era usada originalmente com sutiã de triângulo. Revolucionou a moda praia internacional, tornou-se símbolo de sensualidade tropical e conquistou fama para o biquíni pequeno, usado à moda brasileira e batizado no exterior de *Brazilian bikini* e, posteriormente, de *The string*. Ver *BLUE MAN.

TAPEÇARIA Originariamente, um tecido ornamental em que o desenho conta uma história. Na moda, a palavra "tapeçaria" descreve um tecido pesado com um desenho em JACQUARD, geralmente floral. Na década de 60, roupas de tapeçaria vingaram por pouco tempo.

TARLAZZI, ANGELO 1942-. Estilista. Nascido em Ascoli Piceno, Itália. Estudou ciências políticas em Roma, mas saiu aos dezenove anos para trabalhar na casa CAROSA, onde passou quatro anos criando vestidos de baile. Em 1966, foi para Paris como assistente de Michel GOMA na *maison* PATOU. Saiu em 1969, para trabalhar freelance, e passou os anos de 1971 e 1972 em Nova York. Finalmente voltou para Paris, a fim de assumir a direção artística da Patou. Em 1978, abriu em Paris sua própria casa. Cria roupas não convencionais para a mulher clássica. Seus modelos possuem corte generoso, são corretos, esculpidos e confeccionados em tecidos macios.

TARTÃ Tecido de trama fechada originário da Escócia, onde padrões diferentes são usados para identificar os clãs. O tecido possui listras coloridas que se cruzam, criando desenhos em xadrez de várias larguras. Na década de 1840, as visitas frequentes da rainha VITÓRIA a sua propriedade em Balmoral, Escócia, incentivaram a moda de roupas de tartã. Após a Segunda Guerra Mundial, KILTS e saias de tartã tornaram-se populares. Nos anos 80, calças de tartã foram lançadas por vários estilistas e nos invernos subsequentes o tecido foi utilizado, geralmente de maneira pouco convencional. *Ver* XADREZ.

TASSELL, GUSTAVE 1926-. Estilista. Nascido em Filadélfia, Pensilvânia, Estados Unidos. Estudou na Philadelphia Academy of Fine Arts. No final da década de 40, foi trabalhar com Hattie CARNEGIE em Nova York, primeiro como vitrinista e depois como estilista. Ficou em Paris de 1952 a 1964, vendendo desenhos a casas de alta-costura, e depois montou sua própria empresa, no estado da Califórnia. A simplicidade de sua primeira coleção levou-o a continuar desenhando roupas despojadas e elegantes até 1972, quando se mudou para Nova York para assumir a direção da casa de Norman NORELL, após a morte deste. Mais tarde, voltou a criar com seu próprio nome.

TECIDO ACAMURÇADO Tecido ou malha de algodão e de outras fibras com acabamento que lembra camurça. Material muito usado na América do Norte a partir de meados do século XX, para confeccionar vestidos, casacos, saias e costumes. *Ver também* HALSTON *e* ULTRASUEDE.

TECIDO AFLANELADO Tecido macio de algodão que é ligeiramente felpudo numa face. Desde o final do século XIX, é utilizado em roupas de baixo, de dormir e de crianças.

TECIDO AVELUDADO Tecido liso e macio, de trama apertada, com pelo curto e espesso. Pode ser feito de algodão, *mohair*, lã ou fibras sintéticas. No século XX, foi usado em muitas roupas, principalmente TRAININGS e roupas de lazer.

TECIDO FELPUDO Fazenda de algodão tecida com laçadas não cortadas numa face. Geralmente usado em toalhas, o tecido felpudo é também usado em roupas de praia desde a década de 50.

TELA 1. Vários tipos de tecidos simples e sarjados. 2. Modelo ou molde de uma roupa, costurado em musselina para provar ou fazer cópias.

TÊNIS Sapato de sola de borracha com a parte superior de lona e amarrado com cadarços. Desenvolvido na virada do século XX, hoje em dia é também confeccionado em outros materiais, como o couro e o couro sintético. Inicialmente usado somente para a prática do tênis, incorporou-se ao SPORTSWEAR, tornando-se moda desde os anos 70. *Ver* ALPERCATA.

TERILENE Fibra sintética desenvolvida em 1941 pela Calico Printer's Association. Foi produzida pela ICI e tornou-se a marca de fantasia da fibra da empresa.

TERNINHO Terno feminino de duas peças composto de calça e paletó bem cortados, uma cópia do terno usado pelos homens desde o final do século XIX. Embora diversas mulheres tenham usado o terninho desde o início da década de 30 (a atriz Marlene Dietrich, por exemplo), os terninhos femininos só entraram na moda durante a onda UNISSEX dos anos 60. Depois, tornaram-se peça básica do guarda-roupa feminino.

Desde a década de 60, o TERNINHO tornou-se peça básica do guarda-roupa feminino. O da foto é de Sonia Rykiel e faz parte da coleção outono-inverno de 1997.

tricô. As outras criações de Thaarup incluíam bonés escolares de copa alta, chapéus de palha adornados com legumes de plástico e modelos "auréola" rompendo com a tendência de TURBANTES e CHAPÉUS BRETÕES que se afundavam na cabeça. Depois da Segunda Guerra Mundial, desenvolveu os chapéus *Teen and Twenty*, linha produzida em massa e que foi vendida internacionalmente.

Moda da década de 60: minivestido TIE-DYE.

THAARUP, AAGE 1906-87. Chapeleiro. Nascido em Copenhague, Dinamarca. Saiu da escola aos dezesseis anos para trabalhar no departamento de chapéus femininos da Fonnesbeck's, uma loja de moda de Copenhague. De 1926 a 1932, viajou para Berlim, Paris, Londres, Bombaim e, finalmente, Delhi, onde abriu um negócio especializado em chapéus de luto. Em 1932 abriu uma casa em Londres e seus modelos atraíram grande atenção; um era decorado com minúsculos alfinetes de segurança; outro — um chapéu PILLBOX de feltro branco chamado *Purl and Plain* — era adornado com lã vermelha e branca e duas agulhas de

THE GAP *Ver* GAP.

THOMASS, CHANTAL 1947-. Estilista. Nascida em Paris, França. Em 1967, vendeu à DOROTHÉE BIS vestidos feitos de lenços pintados à mão. No mesmo ano, abriu com o marido uma companhia, a Ter et Bantine, para suprir o mercado jovem não convencional.

Roupa de baixo sensual e altamente adornada da estilista francesa Chantal THOMASS.

Em 1973, a firma transformou-se na Chantal Thomass. Desde então, Chantal adquiriu fama graças às coleções de moda íntima, teatrais e sedutoras, feitas com tecidos sofisticados, muitas delas adornadas com rufos e BABADOS. Suas criações são divertidas e altamente personalizadas.

TIE-DYE Método de tingimento pelo qual pequenos segmentos do tecido são amarrados com linha, evitando que a cor passe a essas partes e formando, assim, um padrão irregular. CAMISETAS e camisas informais *tie-dye* estiveram em voga na década de 60.

TIFFANY & CO. Companhia fundada em Nova York em 1837 por Charles Lewis Tiffany (1812-1902) e John B. Young (datas desconhecidas). Era então uma papelaria e loja de produtos de luxo. Um terceiro sócio, J. L. Ellis, foi admitido em 1841, e no mesmo ano a firma começou a comprar importantes coleções de joias europeias. Em 1853, Tiffany adquiriu a companhia, que daí em diante ficou conhecida como Tiffany & Co. Em 1868, ela encampou a Edward C. Moore & Co. (Moore já havia trabalhado como desenhista da Tiffany). Louis Comfort Tiffany (1844-1933), filho do fundador, ingressou na firma em 1900. A Tiffany & Co. tem fama internacional como joalheria de alta classe, que comercia pedras e metais preciosos. *Ver também* *PERETTI; *PICASSO, PALOMA; *e* SCHLUMBERGER.

Modelo de Jacques TIFFEAU, de 1964, composto de casaco e *fuseau* em *pied-de-coq*.

TIFFEAU, JACQUES 1927-88. Estilista. Nascido em Chenevelles, França. Estudou alfaiataria nas províncias e em Paris. Após o serviço militar, trabalhou com um alfaiate parisiense até 1951, quando emigrou para Nova York. Contratado como cortador de moldes por Maz Pruzan na firma Monte-Sano, Tiffeau logo se tornou o estilista da casa. Em 1958, ele e a filha de Pruzan, Beverly Busch, formaram a Tiffeau-Busch, empresa especializada em SPORTSWEAR jovem. A empresa encerrou suas atividades no final da década de 60, e Tiffeau regressou para Paris, onde trabalhou para SAINT-LAURENT no início da década de 70. Em 1976, estava de volta a Nova York, desenhando freelance para a Bill BLASS, entre outras.

TINLING, TEDDY 1910-90. Estilista. Nascido Cuthbert Tinling, em Eastbourne, Inglaterra. Aos 21 anos, abriu uma casa de moda em Londres. Durante a década de 30, suas inovadoras criações para a estrela do tênis Suzanne LENGLEN atraíram muitas outras clientes tenistas. Alistou-se no exército britânico em 1939, reabrindo sua casa quando recebeu baixa, em 1947. Dois anos depois, seu nome ficou muito conhecido quando criou, para Gussie Moran usar em Wimbledon, uma calcinha com babadinhos de renda sob o vestido de tênis igualmente desenhado por ele. Tinling sempre esteve envolvido com o tênis, trabalhando para a Lawn Tennis Association e outras associações, na maior parte das vezes no campo das relações públicas. Desde 1952 até a década de 80, ele vestiu, dentro e fora das quadras, a maioria das estrelas femininas do tênis com fama internacional, utilizando em alguns de seus modelos tecidos bizarros (como um tweed que não amassa). Em 1975, transferiu seus negócios para os Estados Unidos.

TIRA EM T Sapato feminino de salto alto com uma tira em forma de T recortada na gáspea. Foi lançado na virada do século XX e continuou muito popular, principalmente na primeira metade desse século.

TOMARA QUE CAIA Top curto, sem mangas e com cavas grandes. Feito de crochê ou lã, em cores ou padrões bem vivos. Foi muito usado nas décadas de 60 e 70 para ocasiões informais.

TOQUE Palavra francesa que se refere a um chapéu pequeno, sem aba, feito de lã leve, jérsei ou outros tecidos com bom drapejamento. Um adorno, como uma pluma ou joia, era colocado no centro do toque. Foi muito popular nas décadas de 20 e 30.

TORNOZELEIRAS Ver CANELEIRAS.

TOTEM Marca carioca de moda praia feminina e masculina, fundada em 1995 pelo ex-campeão de surfe Fred Orey (1968-). O charme da marca, que utiliza somente tecidos de fibras naturais, está na releitura de estampas tropicais, na utilização de referências de indumentária étnica e na apologia da estética e da cultura do surfe.

TOUCA Maior, mais franzida e menos enfeitada que a TOUCA DE LINGERIE, no século XIX a touca era usada dentro de casa para proteger os cabelos. Esteve fugazmente na moda na década de 60. Também conhecida no início do século XX como DORMEUSE.

TOUCA DE LINGERIE Touca do século XIX, usada para proteger o penteado no vestir-se. Com os penteados curtos do século

XX, ela perdeu a utilidade. Feita de musselina ou cambraia, possuía fitas embutidas que podiam ser puxadas e amarradas em torno da cabeça. A touca de lingerie era às vezes franzida por um elástico e costumava ter a borda rendada.

TOUCA JULIETA Pequena touca redonda ajustada na cabeça, confeccionada em tecido de trama aberta. Geralmente, é adornada com pérolas ou pedras semipreciosas. Foi popularizada pela atriz Norma Shearer no filme *Romeu e Julieta* (*Romeo and Juliet*, 1936).

TOUDOUZE, ANAÏS 1822-99. Ilustradora. Nascida na Ucrânia. Fez gravuras de moda para mais de 35 revistas, inclusive *Monde Élégant de 1850, Magazine des Demoiselles, Modes de Paris de 1857* e *Moniteur de la Toilette*. Sua filha, Isabelle Desgrange (1850-1907), também foi prolífica ilustradora de moda.

TRAINING Traje de duas peças usado por atletas durante o século XX confeccionado em algodão pesado e/ou fibras sintéticas. O modelo da calça é ajustado no tornozelo e a cintura é dotada de elástico ou franzida com cordão. O blusão normalmente possui mangas compridas. Na década de 70, quando se exercitar entrou na moda, o *training* incorporou-se à indumentária informal feminina. É conhecido vulgarmente como "abrigo".

TRAJE DE BALNEÁRIO Termo que designa moda usada nos balneários elegantes da França nas décadas de 20 e 30, tais como SHORTS, PIJAMAS de praia, saias ENVELOPE e PLAYSUITS. No final do século XX, a expressão abrangia todos os tipos de vestimentas leves para o verão e para usar em cruzeiros marítimos.

Simone de Beauvoir em TRAJE DE BALNEÁRIO da Hermès, em 1938.

TRAJE DE LUTO Quando o príncipe Alberto morreu, em 1861, a rainha VITÓRIA enlutou-se e isso ajudou a promover uma grande voga de roupas pretas, particularmente de crepe. Toucas, chapéus, casacos, vestidos, meias finas, VÉUS, MANTOS, luvas e blusas eram encontrados em musselina de crepe, gaze, algodão e lã. Usava-se bijuteria de azeviche. As roupas de luto foram gradativamente caindo em desuso; o preto deu lugar ao roxo, depois ao lavanda e branco para o verão. No final do século XIX, a moda de trajes de luto praticamente desapareceu. *Ver também* AZEVICHE.

TRAJE ESTÉTICO Traje associado ao Movimento Estético, que se estendeu da década de

1880 à de 1900. Inspirou-se nas roupas retratadas nos trabalhos de Millais, Holman Hunt, Rossetti e outros pintores pré-rafaelitas. O Movimento Estético incorporou a pintura e as artes gráficas e decorativas. O traje estético para mulheres consistia em túnicas em estilo medieval — soltas, desestruturadas e com poucos detalhes, acessórios ou adornos. O objetivo do movimento era incentivar as mulheres a adotar um estilo mais natural que as cinturas minúsculas e os bustos volumosos decretados pela moda da época. As que adotaram traje estético afrouxaram seus ESPARTILHOS (algumas o abandonaram por completo) e preferiam roupas que criassem um contorno mais suave. O estilo agradava aos intelectuais e aos envolvidos no mundo da arte e ligava-se ao movimento geral de emancipação da mulher. O espirituoso teatrólogo irlandês Oscar Wilde era um porta-voz do Movimento Estético. Wilde praticava o que pregava, vestindo paletó de veludo, calções que iam até os joelhos e meias pretas de seda — traje que seus contemporâneos consideravam extravagante e nada masculino. *Ver* RATIONAL DRESS SOCIETY *e* BLOOMERS.

Este exemplo do TRAJE ESTÉTICO, anunciado no catálogo da Liberty por volta de 1909, harmoniza-se com a decoração art noveau.

TRAJE MAGIAR Derivado da roupa húngara tradicional, o traje magiar consiste em roupas de cores vivas: saias com babados e blusas com o CORPETE justo e as mangas bufantes, franzidas no pulso. Variações do traje magiar entraram no cenário da moda no final do século XIX, na década de 30, no final da década de 60 e no início da década de 70.

TRAJE TIROLÊS Traje usado pela gente do Tirol, na Áustria. Foi divulgado por SCHIAPARELLI na década de 30. Muitos são feitos de lã e então bordados. O traje masculino compõe-se de calções de couro com SUSPENSÓRIOS de tecido bordado, meias de lã tricotadas e paletó de couro preto. As mulheres vestem saias rodadas bordadas, blusas de CAMPONESA e casaquinhos curtos. Homens e mulheres usam um chapéu de feltro macio, semelhante ao TRILBY, adornado com uma pena. *Ver também* LODEN.

TRAMA Fios transversais que são tecidos num pano no tear. *Ver* URDUME.

TRANSPARENTE Em 1968, Yves SAINT-LAURENT lançou uma blusa tão fina que o corpo ficava visível. Modas transparentes surgem de

Philip TREACY é um dos mais inventivos e originais chapeleiros do mundo. Suas criações esculturais e fantásticas são encomendadas pelos principais estilistas.

tempos em tempos mas raramente são aceitas. Também conhecido como *see-through* (expressão inglesa).

TRAPÉZIO Lançado por Yves SAINT-LAURENT em 1958, o vestido trapézio — quadrilátero com dois lados paralelos — era uma forma de tenda ampla e rodada que chegava aos joelhos. As costas eram cortadas de modo a cair livremente a partir dos ombros.

TREACY, PHILIP 1967-. Chapeleiro. Nascido no condado de Galway, Irlanda. Quando era estudante no National College of Art and Design, em Dublin, trabalhou nas férias de verão com Stephen JONES, em Londres. Depois de ganhar uma bolsa de estudos no Royal College of Art, voltou a Londres para estudar moda e chapelaria. Ainda estudante, continuou trabalhando para estilistas como Rifat OZBEK e John GALLIANO. Seu desfile de formatura ajudou-o a obter financiamento, e em 1990 abriu seu próprio negócio. Karl LAGERFELD e Marc BOHAN encomendaram a Treacy os chapéus de suas coleções. Logo reconhecido como um chapeleiro de excelência técnica e originalidade, que cria chapéus enormes e surpreendentes. Ele gosta de trabalhar com plumas, que torce, enrola e tosta para dar formas fantásticas: do monumental veleiro de 60 centímetros de altura aos delicados CHAPÉUS DE PALA com pluma que se enrolam em volta do rosto. Muitos de seus chapéus se parecem com esculturas, nas

O TRICÔ atingiu o auge na década de 80. Este casaco segue uma padronagem apresentada por Patricia Roberts em 1983.

quais o equilíbrio é fundamental. Tracey criou enormes discos côncavos de palha que apontam em direção ao céu, vastos círculos de rede presos a minúsculos bonés de cetim, cetim franzido em torno de enormes espirais, "ostras" que emolduram o rosto. Artesão exímio, Treacy mistura elementos do SURREALISMO com matemática e arte abstrata para realizar os seus chapéus.

TRENCHCOAT Casaco oitocentista em estilo militar, com DRAGONAS e uma PALA dupla nos ombros. No século XX, a versão civil do casaco de soldado da Primeira Guerra Mundial tornou-se conhecida como *trenchcoat*. Feito de lã leve ou misturada com algodão, é usado como CAPA DE CHUVA ou sobretudo. *Ver* BURBERRY.

TRICÔ Artesanato que remonta ao Egito antigo, o tricô é o entrelace de uma laçada de linha ou fio com outra, utilizando-se duas agulhas. No passado, o tricô à mão era muito usado tanto em roupas funcionais quanto em roupas decorativas, em regiões rurais onde a lã era abundante. No século XIX, já se empregavam máquinas de tricô, mas somente no final do século, quando surgiu o culto de saúde relacionado ao material, as peças de lã adquiriram grande popularidade. O esporte também ajudou a promovê-las. Na virada do século XX, as mulheres teciam à mão ou à máquina trajes tricotados elegantes, para ser usados fora de casa. Suéteres, que antes eram apenas usados como roupa esportiva, entraram na moda na década de 20 e continuaram na de 30. Durante as duas grandes guerras, as mulheres tricotaram peças para os soldados, algumas das quais (a BALACLAVA, por exemplo) transformaram-se em moda. Nos anos 50, a malharia voltou-se para a moda: fibras novas e mais flexíveis foram misturadas à lã para criar uma gama mais ampla de desenhos, cores, texturas e possibilidades de uso. Nos anos 60, o tricô estabeleceu-se fortemente no mundo da moda e, no final da década de 60 e início da de 70, houve um retorno do tricô artesanal, em grande parte devido à disponibilidade de fios em cores vivas e a padrões atualizados. Essa volta, particularmente nos anos 70, associou-se à moda ÉTNICA. *Ver também* ARAN, FAIR ISLE, MALHA, MALHARIA, *PATACHOU, ROBERTS, SUÉTER, TROMPE-L'OEIL *e* TWINSET.

TRICÓRNIO Chapéu de três pontas com a aba virada para cima. Tendo sido peça de farda militar, esteve rapidamente na moda para mulheres na década de 30.

TRIGÈRE, PAULINE

Capa dupla-face de lã preta e vermelha, com abotoamento angular, da coleção outono-inverno de 1984 de Pauline TRIGÈRE.

TRIGÈRE, PAULINE 1912-. Estilista. Nascida em Paris, França. Aos dez anos, já sabia usar a máquina de costura e ajudava a mãe, que era costureira. Seu pai era alfaiate. Após sair da escola, Trigère foi contratada como aprendiz de cortadeira pela Martial et Armand, na Place Vendôme, em Paris. Ela trabalhou também como estilista freelance antes de se mudar, em 1937, para Nova York, tornando-se estilista-assistente de Travis BANTON na casa de Hattie CARNEGIE. Cinco anos depois, abriu sua própria casa. Sua primeira pequena coleção de vestidos sob encomenda foi comprada por um grupo de executivos de lojas de departamentos americanas, e ela começou a desenvolver coleções de prêt-à-porter no final da década de 40. Pauline trabalha cortando e drapejando peças de tecidos. É famosa por seus cortes firmes e perfeitos e por suas ideias inovadoras, principalmente com trajes de passeio. Atribui-se a ela o lançamento de lenços e golas removíveis em vestidos e casacos, tendo também criado vestidos com a bijuteria já costurada na peça, casacos sem mangas, casacos dupla-face e capinhas para ópera. Uma destas é feita de lã preta de cobertor e angorá, com a outra face em rosa-choque. Muitos de seus casacos são concebidos para serem usados com dois vestidos intercambiáveis. Adornos de pele são frequentes em suas coleções. Pauline Trigère foi uma das primeiras estilistas a explorar a lã em roupas toalete.

TRILBY, o chapéu da moda na década de 40.

TRILBY Chapéu de feltro macio com textura semelhante ao *plush*. Tem copa com uma reentrância e aba flexível. Um modelo semelhante, adornado com uma pena, é usado no Tirol, na Áustria. O chapéu recebeu o nome da heroína do romance *Trilby* (1894), de George du Maurier, que usava um *trilby*. Foi um modelo popular nas décadas de 30 e 40.

TROMPE-L'OEIL Geralmente associada à pintura e à decoração, na moda se refere à ilusão de ótica que se cria costurando, tricotando ou tecendo um desenho numa roupa. Na década de 30, Elsa SCHIAPARELLI utilizou o *trompe-l'oeil* em malharia.

Schiaparelli lançou a moda das malhas TROMPE L'OEIL no início da década de 20. Estes modelos são de 1965. Observe os chapéus em estilo tirolês, outra invenção de Schiaparelli, dessa vez na década de 30.

TROPICALISMO Movimento cultural do fim da década de 60 que revolucionou a música popular brasileira, então dominada pela bossa nova. Usando deboche e improvisação para criticar a sociedade e criar uma estética tropical, o movimento, liderado pelos músicos Caetano Veloso e Gilberto Gil, reuniu as ideias do "Manifesto Antropofágico" de Oswald de Andrade e os ideais do movimento HIPPIE com elementos da cultura brasileira.

Líderes do movimento tropicalista, iniciado no final dos anos 60, Caetano Veloso e Gilberto Gil usavam roupas extravagantes como forma de expressão artística, numa versão brasileira do movimento hippie.

TROTTEUR Palavra francesa que significa "costume de caminhar", traje lançado por John REDFERN na década de 1890. Consistia num paletó masculino que era adornado com passamanaria, abotoado na frente, e numa saia que ia até os tornozelos, mais rodada atrás para facilitar o andar. Geralmente feito de sarja e lã, foi muito popular.

T-SHIRT *Ver* CAMISETA.

TUBO Vestimenta longa e reta — em geral vestido — com dois lados costurados e o mínimo de enfeite.

TUFVESSON, CARLOS 1967-. Estilista carioca. Filho da estilista Glorinha Pires Rebello, começou a trabalhar como comprador da *maison* D'Ellas de sua mãe. Em 1991, cursou moda na Domus Academy, em Milão, onde teve como professores nomes da alta moda italiana, como Gianfranco FERRÉ e Maurizio Galante, de quem foi assistente. Ao voltar para o Rio, abriu seu ateliê, onde confecciona roupas prêt-à-porter e de alta-costura.

TULE Originariamente feito de gaze ou seda, o tule é um tecido fino de malha hexagonal, utilizado em adornos de vestidos, em chapelaria e em vestidos de noiva. No século XX, costumava ser feito de náilon. Acredita-se que tenha surgido em Tulle ou em Toul, ambas na França, no século XVIII.

TÚNICA Originariamente, um vestido curto usado pelos antigos gregos e romanos. Em geral sem mangas e amarrada na cintura ou deixada solta, a túnica é uma peça reta e tubular que se adaptou a muitas finalidades. No século XIX, surgiu numa peça semelhante a casaco, usada sobre saias e vestidos compridos. Em 1860 essa forma foi usada por WORTH no seu vestido-túnica com comprimento até os joelhos. No início do século XX, Paul POIRET e outros estilistas empregaram a túnica como parte das linhas longas e esguias do pré-guerra. A forma da túnica voltou à moda na década de 60, quando vestidos-túnicas curtos eram trajados sobre versões um pouco mais compridas. A túnica também foi, com ou sem cinto, usada sobre calças.

TÚNICA DE MANDARIM Túnica reta e solta, tradicionalmente usada por funcionários chineses. Em geral ricamente bordada, possuía uma

VESTIDO-TÚNICA do início do século XX, de tecido macio e vaporoso, usado com uma banda com miçangas. Para efeito artístico, uma guirlanda de flores serve de boá.

pequena gola alta, sendo abotoada na frente ou no ombro. *Ver também* GOLA DE MANDARIM.

TÚNICA NEHRU Túnica reta e estreita que chegava aos quadris. Toda abotoada na frente, tinha uma gola reta e alta. Era usada por Jawaharlal Nehru (1889-1964), primeiro-ministro da Índia de 1947 a 1964. A *VOGUE* americana promoveu a túnica Nehru, que costumava ser branca, no final da década de 60. *Ver* TÚNICA.

TURBANTE Lenço comprido e fino de linho, algodão ou seda enrolado em volta da cabeça.

É comumente usado por homens muçulmanos e siques. Nos primeiros anos do século XX, Paul POIRET lançou turbantes com CALÇAS DE ODALISCA e TÚNICAS de inspiração oriental, feitos de tecidos fartos com adornos exóticos. De 1910 a 1920, o turbante tornou-se um modelo de chapéu muito usado, pré-montado pelos chapeleiros, já com o atual formato pontiagudo. Nas últimas décadas, o turbante esteve por pouco tempo em moda, para o dia e para a noite, principalmente nos anos 30, 60 e 80.

TURBEVILLE, DEBORAH 1937-. Fotógrafa. Nascida em Medford, Massachusetts, Estados Unidos. Foi para Nova York em 1956 e passou dois anos com Claire MCCARDELL, como modelo e estilista-assistente. De 1960 a 1972, Deborah foi editora de moda na *Ladies' Home Journal* e na *Mademoiselle*. Mudou-se então para Londres, como fotógrafa freelance, e durante a década de 70 viajou entre Londres, Paris e Nova York, fotografando para a maioria das principais revistas. O trabalho de Deborah Turbeville é romântico e, frequentemente, sombrio. Suas modelos apresentam um ar misterioso e indefinível, como se estivessem representando uma cena numa peça de teatro.

TUXEDO Nome que os americanos dão ao SMOKING.

TWEED Acredita-se que a palavra *tweed* seja uma leitura errônea de *tweel*, a pronúncia escocesa de TWILL (sarja). A associação do tecido à região do rio escocês Tweed, grande centro da indústria têxtil no século XIX, ajudou a perpetuar o erro. O tweed é um tecido de textura áspera, feito de lã em vários padrões coloridos. Desde o final do século XIX, utilizam-no para confeccionar casacos e ternos. Deixou de ser apreciado na década de 60, quando tecidos mais leves ganharam popularidade, mas voltou na década de 90.

TWEED Marca paulista de produtos de alfaiataria masculina. Fundada em 1975 por Olga de Almeida Prado (1954-92) e Luisa Pimenta (1950-), a marca logo se distinguiu por sua alfaiataria de alta qualidade, que segue tendências modernas, com discrição. Durante a década de 80, produziu tailleurs e BLAZERS para mulheres. A partir de 1997, a Tweed foi licenciada para a VILA ROMANA.

TWEED DONEGAL Tweed tecido à mão originário do condado de Donegal, Irlanda. No século XX, o nome era dado a uma variedade de tweed tecido à máquina com pedaços de fios coloridos entremeados.

TWEED HARRIS Tweed macio e espesso, originariamente feito em tear manual, usando fios de lã que eram tintos com corantes vegetais, pelos habitantes das ilhas Barra, Harris, Lewis e Uist, no arquipélago das Hébridas, na Escócia. Durante a década de 1840, o tecido chegou ao restante do Reino Unido e, desde aquela época, é utilizado para fazer casacos, paletós e ternos masculinos e femininos.

TWIGGY 1949-. Modelo fotográfico. Nascida Leslie Hornby, em Londres, Inglaterra. Sob a orientação do empresário Justin de Villeneuve, Twiggy foi lançada no mundo da moda em 1966. Apareceu como modelo em jornais e revistas internacionais, inclusive *Elle* na França e VOGUE no Reino Unido e nos Estados Unidos. Eleita "o rosto de 1966", rapidamente se tornou o símbolo da década, e seu jeito de moleque de olhos grandes foi avidamente copiado.

TWILL Tecido no qual linhas diagonais do fio da TRAMA passam alternadamente por baixo e por cima dos fios do URDUME. *Ver* TWEED.

TWINSET Conjunto de CARDIGÃ e SUÉTER de tricô combinados, lançado na década de 30. Originalmente usado de dia, com saia ou calças, o *twinset* perdeu muito de sua imagem conservadora e aparece tanto nos trajes informais (ligeiramente folgado e mais longo) como à noite, quando o material de que é feito pode ser tramado com fios brilhantes ou bordado. *Ver* PRINGLE.

TYLER, RICHARD 1946-. Estilista. Nascido em Sunshine, Austrália. Filho de uma costureira que também criava costumes para o teatro e o balé. Aos dezesseis anos deixou a escola para trabalhar como aprendiz de alfaiate em Savile Row, em Londres. Dois anos depois abriu sua própria loja, a Zippity-doo-dah, em Melbourne, criando as roupas que eram feitas por sua mãe. Na década de 70, tornou-se estilista dos astros do rock, transferindo-se para Los Angeles em 1974. Em 1988, abriu na cidade uma butique de roupa masculina e, um ano depois, ampliou e abriu o setor de moda feminina. A clientela famosa de Tyler adorou suas roupas primorosamente cortadas, muitas adaptadas de estilos dos anos 40. Suas criações sofisticadas, esculturais e por vezes teatrais, incluindo os trajes femininos para a noite, são sempre baseadas na alfaiataria masculina. É famoso pelos paletós meticulosamente realizados e forrados de seda. De 1993 até o final de 1994, Tyler foi o estilista da Anne KLEIN. Em 1996 foi nomeado diretor de estilo da BYBLOS.

O estilista Richard TYLER apresentou este glamoroso traje toalete na coleção outono-inverno de 1996.

ABCDEFGHIJKLM
NOPQRSTUVWXYZ

O ULSTER para viagens, mostrado na *Queen* em 1880.

ULSTER Sobretudo de lã comprido e folgado que vai até o meio da canela, com um cinto inteiro ou martingale. Originário da província irlandesa do Ulster, foi muito usado por homens e mulheres no final do século XIX e no início do século seguinte.

ULTRASUEDE Tecido sintético de POLIÉSTER e poliuretano que não amarrota e pode ser lavado na máquina. Ultrasuede é a marca de fantasia da American Skinner Fabrics Division da Spring Mills Inc. *Ver também* TECIDO ACAMURÇADO.

UNGARO, EMANUEL 1933-. Estilista. Nascido em Aix-en-Provence, França, de pais italianos. Foi treinado para ser alfaiate no negócio da família, mas em 1955 preferiu trabalhar em Paris. Após rápida passagem por uma pequena alfaiataria, trabalhou com BALENCIAGA. Em 1961, passou para a *maison* COURRÈGES e, quatro anos depois, abriu sua própria empresa. Especializou-se em casacos e costumes futuristas e angulares de corte perfeito, vestidos curtos numa LINHA A acentuada, vestidos TRANSPARENTES de renda, cavas pronunciadas em vestidos e casacos, conjuntos de shorts e BLAZERS, BOTAS que iam até as coxas, meias que chegavam acima do joelho e trajes de metal. Muitas de suas roupas eram confeccionadas em tecidos especiais criados por Sonja Knapp. Ungaro produziu suas primeiras coleções de prêt-à-porter em 1968. Durante a década de 70, seu trabalho tornou-se mais clássico. Com frequência, suas roupas são confeccionadas com ricos tecidos de estampas ousadas, que se tornaram sua marca registrada. A fim de realçar as cores, a estampa e a textura do tecido, Ungaro dá especial atenção aos detalhes.

UTILITY SCHEME

Vestido de veludo amassado de Emanuel UNGARO, tecido da Abraham, de sua coleção de primavera-verão de 1984. Chapéu da maison Paulette.

UNISSEX Roupas criadas para ambos os sexos, em moda nas décadas de 60 e 70. Peças unissex incluíam calças, jaquetas, coletes e camisas. O look unissex surgiu quando os homens começaram a usar estampas florais e as mulheres adotaram peças masculinas. Outrora criticado, o conceito incorporou-se aos costumes contemporâneos.

URDUME Fios do tear que se estendem no sentido longitudinal e são entretecidos com os fios da TRAMA.

UTILITY SCHEME Em 1941, devido às exigências da Segunda Guerra, o vestuário foi racionado no Reino Unido. No ano seguinte, Hardy AMIES, Norman HARTNELL, Edward MOLYNEUX, Digby MORTON, Victor STIEBEL, Bianca MOSCA e Peter Russell deram sua colaboração criando roupas racionais, confeccionadas a partir de metragem, quantidade e adornos preestabelecidos. Os estilistas produziram casacos, costumes, vestidos e MACACÕES de acordo com estas exigências. O racionamento terminou após a guerra, mas a indústria têxtil somente se recuperou no final da década de 40.

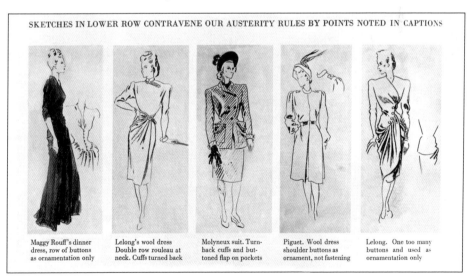

O UTILITY SCHEME foi estabelecido pelo governo do Reino Unido durante a Segunda Guerra Mundial e impunha severas normas para impedir o gasto excessivo de material. Alguns estilistas receberam uma repreensão por desperdício de tecido e botões.

ABCDEFGHIJKLM
NOPQRSTUVWXYZ

VALENCIENNES É um tipo de renda de bilro caracterizada por um fundo com formato de losangos. Originalmente feita na cidade de Valenciennes, na fronteira franco-belga.

VALENTINA 1909-89. Estilista. Nascida Valentina Nicholaevna Sanina, em Kiev, Ucrânia. Após curta passagem por Paris durante a Revolução Russa, mudou-se em 1922 para Nova York, onde, quatro anos depois, abriu seu próprio ateliê de costura. Interessada em teatro, criou figurinos para várias produções teatrais, muito apreciados também fora do palco. Desenvolvia seu trabalho a partir de linhas arquitetônicas, produzindo roupas chamativas, inclusive TURBANTES, VÉUS, capinhas ondulantes e vestidos toalete. Foi uma estilista de sucesso até aposentar-se, em 1957.

VALENTINO 1932-. Estilista. Nascido Valentino Garavani, em Voghera, Itália. Estudou na Accademia dell'Arte, em Milão, e na escola da Chambre Syndicale de la Haute Couture em Paris (*ver* HAUTE COUTURE). Passou quase dez anos em Paris, trabalhando primeiro com DESSÈS, de 1950 a 1955, e depois com LAROCHE. Valentino retornou à Itália no final da década de 50 e, em 1959, abriu uma *maison* de alta-costura em Roma. Apresentou sua primeira coleção em 1960, mas foi com a coleção de 1962, exibida em Florença, que seu nome atingiu fama internacional. Provavelmente o mais famoso estilista italiano, Valentino cria roupas elegantes e glamorosas. Seus toques e acessórios extravagantes revelam bom gosto e sempre foram muito copiados: grandes laços, meias finas bordadas e a inicial V, explorada em botões e decotes. É muito conhecido por seus trajes informais e toalete. As coleções de Valentino são confeccionadas em tecidos de qualidade. Entre suas clientes encontram-se socialites internacionais. Na Itália, seu nome, sinônimo de qualidade e luxo, é conhecido por todos.

A elegância italiana de VALENTINO em 1964.

VAN DEN AKKER, KOOS 1939-. Estilista. Nascido em Haia, Holanda. Aos quinze anos foi morar com amigos artistas e escritores. Em 1955, sem nenhuma instrução formal anterior, matriculou-se na Academia Real de Arte, em Haia. Seu primeiro trabalho no campo da moda foi com Christian DIOR em Paris, mas voltou à Holanda depois de alguns anos e abriu sua própria BUTIQUE. Em 1968, com uma máquina de costura portátil na bagagem, mudou-se para os Estados Unidos e estabeleceu-se numa calçada de Manhattan, atraindo muita atenção. Suas primeiras criações eram roupas em matelassê com entremeios de renda. Em 1970, já estabelecera a primeira de diversas lojas em Nova York. Inspirando-se no tecido, Van den Akker cria roupas individuais e ousados PATCHWORKS.

Vestido de cintura baixa, de vários tecidos com colagem floral colorida, por Koos VAN DEN AKKER, outono de 1985.

VAN DYKE Gola grande e branca adornada de renda que cai sobre os ombros, assim denominada em homenagem a Van Dyck (1599-1641), pintor flamengo seiscentista em cujos retratos esta gola aparecia com frequência. *Ver* PEQUENO LORDE FAUNTLEROY.

VAN NOTEN, DRIES 1958-. Estilista. Nascido na Antuérpia, Bélgica. Depois de estudar moda na Academia Real de Artes da Antuérpia, Van Noten abriu sua própria empresa em 1985. É um minimalista que valoriza as linhas sóbrias e uma gama de cores escuras, obtendo muitos seguidores na Bélgica e acabando por atrair atenção internacional. Utiliza tecidos que marcam o corpo, como jérsei e malha de seda, sendo conhecido também pela sobreposição de jaquetas, vestidos e calças. Produz também costumes impecáveis com paletós abotoados na diagonal, GUARDA-PÓS longos e vestidos toalete com lantejoulas opacas.

VAREUSE BATA de pescador da Bretanha, França. Peça solta com gola afastada do pescoço, é cortada para cair até os quadris. Em suas coleções de 1957, Christian DIOR incluiu variações da *vareuse*, confeccionadas de diversos tecidos.

VARON, JEAN *Ver* BATES.

VARTY, KEITH *Ver* BYBLOS.

VASS, JOAN 1925-. Estilista. Nascida em Nova York, Estados Unidos. Foi educada no Vassar College e estudou filosofia na Universidade de Wisconsin, formando-se em 1942. Trabalhou como editora em Nova York, indo depois para o Museu de Arte Moderna como curadora-assistente. Em 1974, fundou uma

VELUDO

O estilista belga Dries VAN NOTEN construiu uma reputação internacional a partir de meados da década de 80. Estes modelos para a noite são de sua coleção primavera-verão de 1977.

cooperativa para incentivar o mercado da malharia artesanal. Joan criou modelos para chapéus e suéteres, fornecendo-os aos tricoteiros. Dois anos depois, estava produzindo peças de tecido, acrescentando a sua coleção casacos e roupas informais. Famosa pelos suéteres artesanais de chenile, alpaca, angorá e outras lãs de alta qualidade, também é respeitada por suas coleções em tecido, que se distinguem pela ausência de ombreiras e de adornos aplicados. Sua marca de maior renome é a Joan Vass USA.

VELUDO Do latim *vellus*, "pelo", o veludo é conhecido na Europa desde a Idade Média. É um pano de trama apertada com pelo curto e denso, que produz uma textura macia e rica. No século XIX, o veludo era parcial ou totalmente feito de seda, mas no século XX é produzido de acetato e raiom. Comumente usado no século XIX em vestidos e casacos, desde o início do século XX o veludo tem sido considerado um tecido de luxo, e de maneira geral é reservado a roupas toalete — embora no fim da década de 60 e no início da de 70 tenha havido uma voga de saias e calças de veludo para o dia.

VELUDO AMASSADO Tecido semelhante ao veludo, com o pelo prensado numa só direção.

VENET, PHILIPPE 1931-. Estilista. Nascido em Lyon, França. Aos catorze anos, tornou-se aprendiz de Pierre Court, respeitado costureiro estabelecido em Lyon. Mudou-se para Paris em 1951, trabalhando primeiro para SCHIAPARELLI e, dois anos depois, para GIVENCHY. Em 1962, Venet fundou sua empresa, alcançando fama com casacos de corte esmerado. A casa foi fechada em 1996.

VERNIER, ROSE ?-1975. Chapeleira. Local de nascimento desconhecido. Criada em Viena, Áustria, abriu uma chapelaria na Polônia antes de se mudar para Londres, em 1939. Após a Segunda Guerra Mundial, tornou-se conhecida, tendo como clientes figuras da sociedade e a família real britânica. Trabalhou junto a AMIES, CREED, MATTLI e MORTON, criando chapéus para as coleções deles. Aposentou-se em 1970.

VERNIZ Material brilhante e impermeável utilizado em muitos modelos de calçados desde a década de 30, quando foi desenvolvido por lustradores ou envernizadores de couro.

VERSACE, GIANNI 1946-97. Estilista. Nascido na Calábria, Itália. Trabalhou com sua mãe, que era costureira, antes de se mudar para Milão. Depressa adquiriu fama de bom estilista e desenvolveu coleções de camurça e couro para a GENNY, e roupas toalete para a Complice. Em 1978, abriu sua própria empresa. Versace foi um dos mais importantes estilistas italianos das décadas de 80 e 90, famoso por seu forte senso de cor e proporções. Gos-

Gianni VERSACE, um mestre do corte em couro, exibiu seu talento nesta jaqueta luminosa, marcante e maleável de sua coleção primavera-verão de 1982.

tava de envolver a silhueta feminina com roupas de CORTE ENVIESADO e sedas vaporosas. Suas ideias audaciosas eram executadas com alto nível técnico. Versace via suas roupas como manifestações de poder que produziam uma inabalável segurança. Quase sempre o corpo era envolto ou embrulhado. Nas roupas de Versace, referências históricas clássicas se mesclavam com ousadas formas geométricas e texturas complexas de cores brilhantes. Suas criações eram inconfundíveis: ele gostava de trabalhar com couro e pesquisar novos tecidos e adornos. As criações de Versace para teatro e balé certamente influenciaram seu trabalho.

VERSOLATO, OCIMAR 1961-. Estilista paulista de moda feminina e masculina. Nascido em São Bernardo do Campo, largou a faculdade de arquitetura para se dedicar à moda. Em 1987, mudou-se para Paris, onde cursou estilismo no STUDIO BERÇOT, com Marie Rucki. Atuou na equipe de criação de marcas de prestígio como Gianni VERSACE e Hervé LÉGER. Foi diretor de criação da *maison* LANVIN até 1998, quando abriu sua própria *maison* de alta-costura, em Paris. Foi o único estilista brasileiro membro da CHAMBRE SYNDICALE DE LA HAUTE COUTURE, e o responsável pelo figurino da atriz Sônia Braga no filme *Tieta* (1996), de Cacá Diegues.

VERTÈS, MARCEL 1895-1961. Ilustrador. Nascido em Ujpeste, próximo a Budapeste, Hungria. Estudou engenharia aeronáutica, mas acabou voltando-se para o desenho e a pintura. No início dos anos 20 foi para Paris, onde trabalhou para a revista satírica *Rire* e para a GAZETTE DU BON TON, estudando na Académie Julian nas horas vagas. Vertès ilustrou livros e criou figurinos e cenários para filmes, peças de teatro e musicais. Trabalhou por pouco tempo na *Vanity Fair*, em Nova York, antes de ir para Londres para fazer ilustrações para os perfumes de SCHIAPARELLI. Depois da Segunda Guerra Mundial, trabalhou como ilustrador de livros e revistas. A marca registrada de Vertès eram as aquarelas leves, graciosas e espirituosas em que traçava esboços da alta moda e da alta sociedade.

VESTIDO-AVENTAL

O VESTIDO DE CHÁ de 1888, mostrado na *Queen*: uma versão mais confortável do estruturado vestido para o dia.

VESTIDO-AVENTAL 1. Forma de avental com um peitilho, FRENTE-ÚNICA e saia comprida amarrada atrás, na cintura. 2. Vestido sem mangas com amplo decote quadrado ou frente-única, usado no século XX sobre uma blusa. *Ver* JUMPER.

VESTIDO BOLHA Em 1957, o estilista francês Pierre CARDIN lançou vestidos e saias curtos que tinham forma de bolha, produzidos mediante CORTE ENVIESADO entretelado.

VESTIDO CAMPESTRE O vestido *prairie* data do final da década de 1880. Era um vestido de mangas compridas, de morim ou xadrez vichi com um babadinho na barra, lembrando os modelos simples usados pelas mulheres pioneiras da América do Norte. Na década de 70, Ralph LAUREN lançou seu "estilo campestre", que apresentava anáguas brancas com babados usadas sob saias de brim e blusas de algodão adornadas com bordado inglês.

VESTIDO DE BAILE Tradicionalmente, um vestido de saia rodada que chega pelo menos até o tornozelo e é feito de tecido luxuoso, com adornos delicados e exóticos. A maioria das versões é cortada com decotes que deixam nus os ombros. Desde meados do século XIX, a forma do vestido de baile mudou pouco. Embora tecidos sintéticos sejam às vezes usados, as fazendas mais comuns são cetim, seda, tafetá e veludo, com adornos de renda, pérolas, lantejoulas, bordados, franzidos e babados. *Ver* *SAIA BAILARINA *e* CRINOLINA.

VESTIDO DE CHÁ Usados em meados do século XIX antes do jantar, os vestidos de chá possuíam estruturas simples, para permitir que o ESPARTILHO fosse afrouxado ou mesmo retirado. Em torno da década de 1870 adquiriram características pouco práticas, possuindo CAUDAS esmeradas, mangas compridas, cintura alta e roda atrás. Eram feitos com chifom, musselina, seda ou cetim e adornados com babados de renda e fitas. Na década de 20, quando as mulheres começaram a livrar-se dos espartilhos e os VESTIDOS DE COQUETEL recortados e esguios entraram na moda, o vestido de chá foi caindo em desuso. Foi substituído pelo *robe d'hôtesse* da década de 50. *Ver* LUCILE *e* PENHOAR.

VESTIDO DE COQUETEL Os coquetéis, invenção dos americanos, tornaram-se populares na década de 20. O vestido de coquetel, também usado para um jantar, baniu para sempre o VESTIDO DE CHÁ, ou vestido da tarde. Era curto (ia até os joelhos ou abaixo deles), geralmente confeccionado de lã, cetim, seda, veludo e outros tecidos luxuosos; podia ter bordados ou outros adornos e frequentemente revelava os ombros e braços. Uma das formas desse vestido, baseado nas linhas simples da CAMISA ÍNTIMA, tornou-se básico para a ocasião; sua versão em preto ficou conhecido como PRETINHO, peça fundamental na maioria dos guarda-roupas femininos. Originalmente difundido nos anos 20 e 30 por CHANEL e MOLYNEUX, o vestido de coquetel continuou popular. *Ver* *GIVENCHY, *LELONG *e* *OLDFIELD.

VESTIDO DE METAL *Ver* RABANNE.

VESTIDO ENGANA-MAMÃE *Ver* VESTIDO RECORTADO.

VESTIDO LENÇO Vestido-túnica composto de grandes pedaços quadrados de tecido com as pontas bem compridas, adornadas para combinar com o vestido principal. Na década de 1880, foi um modelo de curto sucesso.

VESTIDO-MANTÔ Inovação que data da Primeira Guerra Mundial, é uma peça única, de mangas compridas, cortada de acordo com as linhas de um mantô, mas adornada como um vestido.

VESTIDO RECORTADO Vestido com grandes círculos recortados nos lados e/ou no meio das costas e da frente. André COURRÈGES foi um dos primeiros estilistas a lançar vestidos e TÚNICAS recortadas no início da década de 60. Também conhecido como vestido ENGANA-MAMÃE.

VESTIDO SUSY WONG *Ver* CHEONGSAM.

VESTIDO TANGO Vestido usado para dançar o tango, a dança argentina que foi popular na Europa entre 1910 e o início da Segunda Guerra. Ia até o tornozelo, era drapejado e possuía uma fenda, na frente ou do lado, para proporcionar liberdade de movimentos, revelando a parte inferior das pernas. As mangas eram cortadas folgadas, igualmente para permitir os movimentos.

Perfeitos para o tango, os VESTIDOS LENÇO mais longos, como este modelo de *c.* 1910, permitiam que as mulheres se movimentassem livremente sem mostrar demais as pernas.

VESTIDO TENDA Em 1951, Cristóbal BALENCIAGA lançou um casaco de lã que se abria a partir de uma gola baixa em formato de A. Conhecida como tenda, essa forma foi usada em vestidos e casacos. Era semelhante à LINHA A, mas geralmente mais exagerada. *Ver também* MCCARDELL.

VÉU Pedaço fino de tecido, em comprimentos e materiais variados, que cai sobre os olhos e/ou o rosto, escondendo-os parcialmente. Véus de tule ou de renda presos ao CHAPÉU DE PALA foram muito usados em todo o século XIX. Mais para o final do período, com o advento do automobilismo, os véus eram usados sobre um chapéu e amarrados sob o queixo, caindo sobre as costas, funcionando como guarda-pó. Algumas versões possuíam uma abertura para os olhos. Na década de 1890, véus salpicados com POÁS de chenile estiveram brevemente em voga. Pesados véus de luto, de crepe, foram usados durante todo o século XIX. No século XX, foram gradativamente abandonados, embora véus curtos, que cobriam apenas os olhos, continuassem populares até a década de 40. A moda de véus brancos e longos para noivas perdura desde o século XIX.

VICTOR, SALLY 1905-77. Chapeleira. Nascida Sally Josephs, em Scranton, Pensilvânia, Estados Unidos. Adquiriu os conhecimentos de chapelaria trabalhando no ateliê de sua tia, em Nova York. Aos dezoito anos, ingressou no setor de chapelaria da loja de departamentos Macy's. Após dois anos, passou a compradora-chefe de chapéus para uma loja de Nova Jersey. Em 1927, casou-se com Sergiv Victor, diretor atacadista da Serge, tornando-se rapidamente a estilista-chefe da companhia. No

Chapéu com véu, adornado com um pássaro, do final da década de 50.

início da década de 30, comercializava os modelos com seu próprio nome e, em 1934, abriu sua própria chapelaria. Da década de 30 até o início da década de 50, Sally Victor foi uma das mais influentes e inovadoras chapeleiras dos Estados Unidos. Tecia e tingia o pano em instalações próprias, fazendo experiências com feltro, brim e tecidos mais exóticos. Criou chapéus PILLBOX em forma de peças de xadrez, CHAPÉUS DE PALA dobráveis, gorros de marinheiro, chapéus de gueixa, coques de Ali Babá e outros inspirados em lanternas japonesas e adereços de nativos americanos. Era procurada por esposas de políticos americanos e por atrizes de teatro e cinema. Aposentou-se em 1968.

VICUNHA Lã da vicunha, um pequeno animal da família da lhama, encontrada nos Andes, América do Sul. Fibra das mais delicadas, a vicunha é macia, forte e cara: é preciso retirar o pelo de doze animais para fazer apenas um corte de tecido. Tendo a cor natural canela ou castanho-amarelado, foi um tecido muito usado no século XX em casacos, capinhas, paletós e tailleurs.

VIDE BULA Marca mineira de moda casual jovem feminina e masculina. Criada em 1982, em Belo Horizonte, pelos irmãos Roberta e Giacomo Lombardi (1956-), ex-músico e compositor de rock. É conhecida pela irreverência dos jeans e camisetas criados para o público jovem.

VIDRILHO Pedras de fantasia, feitas de vidro ou CRISTAL DE VIDRO, em geral incolores ou prateadas. Também é conhecido como cristal de rocha. Desde a década de 30, é muito usado em bijuteria e como adorno de roupas e sapatos.

VIEIRA, PATRICIA 1956-. Estilista carioca de moda feminina, especializada em roupas de couro. Iniciou a carreira em 1998, como confeccionista de peças de couro para marcas como DASLU, Maria Bonita Extra e LENNY. Em 2000, lançou sua própria marca. Seu criações são elegantes, sem exageros, e femininas na forma e nas tonalidades.

VILA ROMANA Fundada em 1953, em São Paulo, por Estevão Brett, iniciou as atividades como confecção feminina, antes de fabricar os ternos masculinos que a tornaram conhecida. Na década de 60, revolucionou o mercado com o terno de tergal, que não amassava, e transformou-se numa das maiores do país. Nos anos 70, foi a primeira empresa brasileira a adquirir licença para fabricar marcas estrangeiras, como Pierre CARDIN e Yves SAINT-LAURENT. Na década seguinte, licenciou Calvin KLEIN, Christian DIOR e Giorgio ARMANI, e mais recentemente a marca brasileira TWEED e a americana ARROW.

A mineira VIDE BULA traz para a moda jovem referências brasileiras e a irreverência do rock. A camiseta de verão de 2005 homenageia a artista plástica Tarsila do Amaral.

VILLAVENTURA, LINO 1955-. Estilista paraense. Depois de se radicar em Fortaleza, a partir de 1978 passou a criar e confeccionar roupas artesanais em pequenas tiragens. Como a região tinha poucos fornecedores para as confecções locais, Lino desenvolveu maneiras própria de tingir os tecidos e utilizou a mão de obra de rendeiras e bordadeiras locais, além de materiais nativos e inusitados como o couro de tilápia e a casca de coco em bordados. A marca surgiu em 1982, com a abertura da butique em Fortaleza, em parceria com a mulher, Inez. Um dos representantes mais significativos da moda brasileira, Lino reúne referências da cultura regional e

VIONNET, MADELEINE

Roupa da coleção de inverno de 2006 de Lino VILLAVENTURA, conhecido pelas criações exuberantes e pela inspiração em movimentos artísticos como o art déco.

internacional. Sua moda é autoral, exuberante, com referências a movimentos artísticos, em especial, o art déco e nomes da moda como Paul POIRET e ERTÉ.

VIONNET, MADELEINE 1876-1975. Estilista. Nascida em Aubervilliers, França. Aos onze anos foi aprendiz de uma costureira. Trabalhou nos subúrbios de Paris no final da adolescência, antes de ir para Londres, em 1898, trabalhar com a costureira Kate O'Reilly. Em 1900, retornou a Paris e foi contratada por madame Gerber, a sócia-estilista da CALLOT SOEURS. Madeleine ingressou na DOUCET em 1907, ali permanecendo durante cinco anos. Em 1912, abriu sua própria *maison*, que fechou as portas durante a Primeira Guerra Mundial, reabrindo-a pouco depois. A preferida das atrizes do pré-guerra Eve Lavallière e Réjane, mostrou-se uma das estilistas mais inovadoras de sua época. Concebia seus modelos num manequim-miniatura, drapejando o tecido em dobras sinuosas. Mestra do CORTE ENVIESADO, encomendava seus tecidos quase dois metros mais largos, para esculpir seus drapejados. Descartou o ESPARTILHO e usou costuras diagonais e BAINHA ABERTA, a fim de obter formas simples helênicas. Muitas de suas roupas pareciam estranhas e amorfas, até serem vestidas. No final da década de 20 e no início da de 30, ela atingiu o ápice da fama. Atribui-se a Madeleine a divulgação da GOLA CAPUZ e da FRENTE-ÚNICA.

Madeleine VIONNET, em 1935, trabalhando numa modelo em miniatura.

O corte impecável de VIONNET, de 1933.

Preferia o crepe, o crepe-da-china, a gabardina e o cetim para vestidos toalete e modelos diurnos, que eram geralmente cortados numa peça inteiriça, sem cavas. Os tailleurs possuíam saias enviesadas ou com nesgas. Os casacos ENVELOPE contavam com abotoamento lateral; muitas peças eram abotoadas atrás ou, então, vestidas pela cabeça, sem abotoamento algum. Tiras de gorgorão costumavam servir de forro ou suporte para a parte interna de vestidos de crepe fino. Madeleine usava tecidos listrados, mas não era colorista. Forma e caimento suaves eram seus objetivos para conseguir o máximo em estilismo: um vestido que se amolda com perfeição ao corpo. Nenhum outro estilista igualou sua con-

tribuição técnica à alta-costura. Madeleine Vionnet aposentou-se em 1939.

VISCOSE Fibra sintética de celulose derivada da polpa de madeira. Em 1905, a COURTAULD'S começou a produzir raiom de viscose. A viscose é utilizada em malhas, vestidos, casacos, blusas e SPORTSWEAR.

VISOM Pele do animal de mesmo nome, encontrado originariamente na Eurásia e na América do Norte. O visom não era apanhado em quantidade até o século XIX e só entrou na moda para confeccionar casacos em meados do século XX. Possui pelo curto e é espesso, brilhante e durável. Há dois tipos de visom: o silvestre e o criado em cativeiro. O visom silvestre tem cor naturalmente escura; já o do animal criado em cativeiro é tingido em vários tons. A criação começou em torno de 1940, e um desenvolvimento genético cuidadoso produziu diferentes variedades. É uma pele cara e a maior parte vem da América do Norte.

VITÓRIA, RAINHA 1819-1901. Nascida Alexandria Victoria em Londres, filha de Eduardo, duque de Kent, e da princesa Vitória Maria Luísa de Saxe-Coburgo-Gotha. Tornou-se rainha em 1837. Em 1840, casou-se com Alberto de Saxe-Coburgo-Gotha, seu primo. O vestido de noiva foi feito de seda Spitalfields, e o véu, de *RENDA Honiton. Embora Vitória não tenha sido uma personalidade de moda, foi responsável por muitas vogas. Sua afeição pela propriedade escocesa em Balmoral, por exemplo, criou uma tendência de peças que receberam o nome da região e divulgou o TARTÃ. Ao adotar o TRAJE DE LUTO quando seu consorte morreu, em 1861, tornou indispensável que as viúvas usassem esse vestido e provocou enorme aumento na produção de tecidos adequados.

VIVIER, ROGER 1907-98. Estilista de calçados. Nascido em Paris, França. Estudou escultura na École des Beaux-Arts, em Paris, até que um convite de amigos para desenhar uma linha de sapatos interrompeu seus estudos. Em 1936, trabalhou para outros fabricantes de calçados, antes de abrir seu próprio ateliê no ano seguinte. Vivier criava para muitos fabricantes de renome: Pinet e Bally na França, Miller e DELMAN nos Estados Unidos, RAYNE e Turner no Reino Unido. Delman recusou um de seus modelos, um sapato de plataforma em estilo chinês, que logo depois foi aceito por SCHIAPARELLI. Em 1938, Vivier concordou em trabalhar com exclusividade para Delman nos Estados Unidos, mas o cumprimento do contrato foi impedido por sua convocação para o exército, em 1939. Um ano depois, já deixara o exército e estava novamente a caminho de Nova York, onde trabalhou com Delman até 1941. Em 1942, tendo estudado chapelaria, Vivier abriu uma loja com Suzanne Rémy, respeitada chapeleira parisiense que morava em Nova York. Em 1945, novamente com Delman, produziu várias coleções, uma das quais incluía seu "sapato de cristal". Retornou a Paris em 1947 e trabalhou como freelance até que, em 1953, Christian DIOR abriu um departamento de calçados em seu salão e indicou Vivier desenhista. Durante o tempo em que trabalhou com Dior, Vivier concebeu alguns dos sapatos de maior influência e originalidade da época. Transformou as MULES do século XVIII em sapatos toalete, em ESCARPINS e em botas para o dia. Em 1957, criou um sapato alto com salto de couro e bico com recortes que fez muito sucesso. Criou saltos circulares de STRASS, sapatos anabela e modelos bordados com miçangas. Na década de 60, desenhou sandálias africanas e sapatos com fivelas de madrepérola, de CASCO DE TARTARUGA ou de

Roger VIVIER, um dos maiores designers de sapato do século XX, criou este modelo com joias em 1963-4.

A *mule* com joias segue o estilo do século XVIII mas é moderna na elaboração. Foi criada em 1964 pelo mestre Roger VIVIER.

prata. Mestre não conformista do artesanato, Vivier raramente tropeçava e era notório por sua habilidade em posicionar e equilibrar saltos inovadores e por sua imaginativa utilização da textura. Reabriu sua empresa em Paris em 1963 e continuou a produzir duas coleções por ano até a sua morte.

VIYELLA Marca de fantasia criada em 1894 pela William Hollins & Company para seu tecido de lã e algodão. Era utilizado no final do século XIX em camisas de dormir e em roupa íntima masculina, mas, no século XX, tornou-se gradativamente um tecido popular para toda a família, servindo a pijamas e camisolas. Macias, quentes e duráveis, as roupas de Viyella conservaram a popularidade. Durante as décadas de 60 e 70, camisas de Viyella com xadrez Tattersall foram muito usadas.

VOGEL, LUCIEN 1886-1954. Editor de revista francês, fundou a GAZETTE DU BON TON em 1912 e incentivou artistas como DRIAN, BARBIER, LEPAPE, IRIBE, MARTY e MARTIN a produzir elegantes gravuras coloridas à mão. Em 1922, lançou LE JARDIN DES MODES (que foi depois comprada por Condé NAST) e se tornou também editor da VOGUE. Em 1928 criou uma revista chamada *Vu*. Viveu nos Estados Unidos durante a Segunda Guerra Mundial e voltou à França em 1945. Editou *Le Jardin des Modes* até sua morte.

VOGUE Revista fundada nos Estados Unidos em 1892 como semanário de moda, destinado às mulheres de sociedade. Em 1909, a *Vogue* foi comprada por Condé NAST, tornando-se quinzenal em 1910. A *Vogue* britânica foi encampada pela americana em 1916. Seguiram-se as edições da França, Austrália, Espanha e Alemanha, embora na Espanha durasse apenas de 1918 a 1920 e na Alemanha sobrevivesse durante poucos números, em 1928. Nast transformou a *Vogue*, um pequeno semanário, numa das revistas de moda mais influentes do século XX. Dedicada à moda, à sociedade e às artes, em suas páginas a *Vogue* promoveu com sucesso arte, fotografia, ilustração e literatura. Atualmente, a *Vogue* possui várias edições internacionais, inclusive no Brasil. *Ver também* CHASE, LEPAPE, VOGEL *e* VREELAND.

VOILE Tecido plano fino e semitransparente, de fios bem torcidos, feito de algodão, seda, lã ou, a partir do século XX, de fibras sintéticas. Desde o século XIX é usado na confecção de blusas e vestidos.

VOILE NINON *Voile* liso e semitransparente, de trama fechada. No século XIX, foi muito usado em vestidos.

VOLLBRACHT, MICHAELE 1947-. Estilista, ilustrador. Nascido em Kansas City, Missouri, Estados Unidos. Aos dezessete anos, ingressou na Parsons School of Design, em Nova York. Após se formar, trabalhou com Geoffrey BEENE e Donald BROOKS, antes de passar para Norman NORELL, com quem ficou até 1972. Vollbracht também criou inúmeras ilustrações para a loja nova-iorquina Bloomingdale's. Durante a década de 70, abriu sua própria empresa, especializada em peças de seda estampada à mão. Essa firma fechou, mas logo iniciou outro empreendimento em 1981.

VON ETZDORF, GEORGINA 1955-. Estilista têxtil. Nascida em Lima, no Peru, frequentou a Camberwell School of Art, em Londres. Em 1981 abriu uma empresa com dois colegas da escola de arte, produzindo roupas e acessórios personalizados com tecidos estampados à mão, principalmente lenços de cabeça de ricos veludos e chifons, que se tornaram marcantes.

As luxuosas echarpes de veludo estampadas à mão e outros acessórios das décadas de 80 e 90 criados por Georgina VON ETZDORF foram muito influentes.

VON FÜRSTENBERG, DIANE 1946-. Nascida Diane Michelle Halfin, em Bruxelas, Bélgica. Formou-se em economia na Universidade de Genebra. Em 1969, tornou-se aprendiz de Angelo Ferretti, fabricante italiano de tecidos, e, utilizando jérsei de seda estampado, produziu uma linha de roupas, em sua maioria vestidos-túnicas em comprimentos variados e vestidos GRAND-PÈRE de CORTE ENVIESADO. Em 1972, fundou sua própria empresa em Nova York. Na década de 70, criou um vestido ENVELOPE que se tornou best-seller. Possuía mangas compridas, blusa ajustada e uma saia que se enrolava em torno do corpo e era amarrada na cintura. Diane von Fürstenberg prefere o jérsei e com frequência usa estampas geométricas.

VR MENSWEAR Marca de moda masculina. Fundada em 1988 como VR, em 1996 a marca passou a ser uma referência no mercado brasileiro, com a entrada do empresário Alexandre Brett (1971-), que, além da própria marca, investe no segmento de multimarcas, com propostas que dosam informalidade e elegância.

Diane VON FÜRSTENBERG criou em 1976 seu best-seller, o vestido envelope de jérsei que se tornou um clássico moderno.

VREELAND, DIANA 1906-89. Editora de revista. Nascida Diana Dalziel, em Paris, França. Mudou-se para Nova York aos oito anos. Passou o início de sua vida de casada em Albany, Nova York. Em 1937, foi trabalhar na HARPER'S BAZAAR em Nova York, tornando-se editora de moda em 1939. Em 1962, após 25 anos na *Harper's Bazaar*, Diana deixou a revista e, no ano seguinte, tornou-se editora associada da VOGUE. Pouco depois, foi promovida a editora-chefe e permaneceu na *Vogue* até 1971. Desde o final da década de 30, Diana Vreeland tem sido árbitro da moda e do estilo. Sua capacidade de descobrir talentos promoveu inúmeros modelos, fotógrafos e estilistas. Seu próprio senso de estilo, o qual ela nunca hesitou em revelar, não só inspirou outras pessoas mas também a tornou famosa. Durante a década de 60, editou a *Vogue* de maneira extravagante, mas eficiente. Em 1971, tornou-se consultora do Costume Institute do Metropolitan Museum de Nova York e foi responsável por muitas exposições de moda e estilo no museu.

Vestidos frescos e simples de VUOKKO para o verão escandinavo. Os modelos são de meados da década de 70, e os tecidos, do início da década de 80. O tratamento descomplicado contribui para o sucesso de Vuokko.

VUOKKO 1930-. Estilista. Nascida Nurmesniemi Vuokko, na Finlândia. Estudou costura no Ateneu e depois fez um curso de cerâmica no Instituto de Desenho Industrial, ambos em Helsinque. Formou-se em 1952 e trabalhou para diversas companhias têxteis e para a MARIMEKKO, além de elaborar vários projetos de desenho industrial, antes de fundar a Vuokko, em 1965. Suas roupas baseiam-se em formas simples. Utiliza algodão e jérsei em tonalidades claras e vibrantes, a padronagem de seus tecidos é parte integrante do modelo. No final da década de 60 e no início da de 70, produziu várias coleções, mas tornou-se conhecida por suas estampas geométricas.

ABCDEFGHIJKLM NOPQRSTUVWXYZ

WAINWRIGHT, JANICE 1940-. Estilista. Nascida em Chesterfield, Inglaterra. Estudou na Wimbledon School of Art, na Kingston School of Art e no Royal College of Art em Londres. De 1965 a 1968, trabalhou na empresa Simon Massey, criando muitas coleções com seu próprio nome. Seguiram-se então seis anos de estilismo freelance, até abrir sua própria companhia, em 1974. Seu interesse por tecidos evidencia-se nas formas longas e delgadas, nas costuras sinuosas e na utilização do CORTE ENVIESADO. Os preferidos são jérsei opaco, crepe e lãs macias, que Janice transforma em trajes ondulantes, espiralados, geralmente de ombros largos.

WARNER BROS. CO. Em 1874, dois irmãos americanos, Lucien G. Warner e I. de Ver Warner, ambos médicos, fundaram uma companhia para promover ESPARTILHOS "saudáveis".

Vestido em estilo pagode de Janice WAINWRIGHT, de 1976.

Anúncio do espartilho WARNER, "à prova de ferrugem", em 1902. Manchas de ferrugem na roupa íntima eram o principal problema dos espartilhos do final do século XIX.

Em 1914, compraram a patente do SUTIÃ sem costas de Mary Phelps Jacob (Caresse Crosby). Em 1932, a empresa lançou a CINTA-CALÇA e, em 1935, os sutiãs em forma de taça. A peça de aniversário de Warner em 1961 — um collant de Lycra — foi uma inovação. Há anos, a Warner é uma das maiores fabricantes de roupas íntimas.

WATTEAU Nome dado a um modelo de vestido do final do século XIX que se parecia com as roupas das pinturas do início do século XVIII de Jean-Antoine Watteau (1684-1721). Um vestido modelo Watteau possuía as costas em SACQUE e um CORPETE bem justo na frente.

WEBER, BRUCE 1946-. Fotógrafo. Nascido em Greensburg, Pensilvânia, Estados Unidos. Embora não seja um fotógrafo de moda na acepção tradicional do termo, o trabalho de Weber tem sido altamente influenciável nessa área. Suas fotos para anúncios e para as páginas editoriais de revistas retratam atitudes e estilos de vida em que as roupas parecem ser acidentais. Na realidade, seus cenários naturalistas e ordenados realçam a vestimenta, de forma que a mensagem secundária — o que as modelos estão vestindo — na verdade torna-se o mais importante.

WESTWOOD, VIVIENNE 1941-. Estilista. Nascida Vivienne Isabel Swire em Glossop, na região de Derbyshire, Inglaterra. Estudou durante um semestre na Harrow Art School, saindo para estagiar como professora. No final da década de 60, ela e Malcolm McLaren abriram uma butique na KING'S ROAD, Londres. Durante os anos 70, o conjunto pop de McLaren, os Sex Pistols, e a loja de Vivienne atraíram muita atenção. Representando uma cultura jovem urbana anárquica, a loja, que era conhecida por diversos nomes, vendia roupas de couro e borracha a pessoas interessadas em PUNK e fetichismo. Embora fossem chocantes em 1976, quando ela produziu a coleção "Servidão", feita de roupas com tachas, fivelas e tiras, muitas das ideias de Westwood foram diluídas e aproveitadas pe-

Modelo de Vivienne WESTWOOD de sua influente coleção "Búfalo", do outono-inverno de 1982-3.

Coleção de WESTWOOD "Viva a cocote", para o outono-inverno de 1995-6.

las tendências dominantes. Estilista descompromissada, ela é inquestionavelmente uma das figuras mais influentes de seu tempo. Sua aliança com a cultura das ruas, suas ideias de contracultura e sua insistência em promover roupas que sugerem agressividade sexual lhe garantiram uma grande cobertura na mídia. As roupas de Vivienne Westwood são criticadas por serem pouco usáveis, embora suas criações sejam amplamente copiadas em todo o mundo e seus desfiles sejam fontes de ideias. Em 1981, começou a desfilar em Paris. Seus looks *Pirate* e *New Romanticism,* que lhe valeram a atenção do mundo da moda, estavam uma década à frente de sua época, com anáguas enormes e ondulantes, fivelas, babados, chapéus de pirata e botas de pernas largas. Teve papel determinante na moda da lingerie usada como roupa, como sutiãs sobre vestidos. Em meados da década de 80, Westwood mostrou ESPARTILHOS e CRINOLINAS (peças-base do guarda-roupa feminino do século XIX), assegurando que não eram restritivas, mas sensuais. Seus sapatos são extremados na altura e nos desenhos. A coleção *Savages*, de 1982, e a seguinte, *Hoboes*, anteciparam o GRUNGE, e continham muitos elementos — roupas rasgadas, costuras expostas — que estavam aparecendo simultaneamente nos DESCONSTRUCIONISTAS. Criações mais recentes, da década de 90, enfocaram vestimentas tradicionais, que ela reinventou e explorou, criando no espectador um desconforto diante das novas relações que estabelece entre vestimentas, estilos e cortes. Suas roupas têm um estilo único.

WET LOOK *Ver* CIRÉ.

WINDCHEATER Blusão que vai até a cintura, com um cós ajustado, adaptado das jaquetas de pilotos da Real Força Aérea bri-

De WINTERHALTER, o retrato da imperatriz Eugênia e suas damas de companhia, c. 1860.

tânica (RAF) no final da década de 40 e no início da década de 50. Também chamado de *windbreaker*. Feito de lã, gabardina ou náilon, o *windcheater* costuma ser impermeável. É fechado com zíper ou botões, desde a cintura até o pescoço, e usado para a prática de atividades esportivas e informais. *Ver também* ANORAQUE *e* PARCA.

WINTERHALTER, FRANZ XAVER 1806-73. Artista plástico. Nascido na região da Floresta Negra, Alemanha. Tornou-se o pintor da corte em Karlsruhe, em 1828. Durante as décadas de 1850 e 1860, viajou para Paris e Londres e trabalhou nessas cidades, retornando à Alemanha em 1870. Winterhalter é conhecido pelos famosos retratos da realeza europeia, incluindo os da imperatriz EUGÊNIA e da rainha VITÓRIA. Pintou com tanta minúcia seus vestidos rodados, de ombros nus, que esse estilo ficou ligado a seu nome.

WOMEN'S WEAR DAILY (*WWD*) Originariamente um jornal dirigido à indústria de roupas, o *Women's Wear Daily* foi transformado, com sucesso, em revista popular que agrada tanto aos empresários quanto ao público. O novo enfoque foi ideia de John FAIRCHILD, que se tornou editor da *WWD* a partir de 1960. A revista traz reportagens sobre o comércio e os desfiles de moda, além de fazer a cobertura de festas e acontecimentos beneficentes, descrevendo as roupas dos convidados e divulgando fofocas. Fairchild deu espaço a artistas de moda de primeira linha. Em 1973, lançou *W*, jornal quinzenal impresso em papel com peso suficiente para permitir a reprodução de fotografias de boa qualidade.

WONDERBRA *Ver* SUTIÃ.

WORTH, CHARLES FREDERICK 1825-95. Estilista. Nascido em Bourne, Lincolnshire, Inglaterra. Começou a trabalhar aos doze anos, numa loja de cortinas em Londres. Um ano depois, iniciou um aprendizado de sete anos no armarinho Swan & Edgar, vendendo xales. Depois de trabalhar por pouco tempo na loja de sedas Lewis & Allenby, foi para Paris, em 1845. Seu primeiro emprego na capital france-

WORTH, CHARLES FREDERICK

O inglês Charles Frederick WORTH (acima, à esquerda) é considerado o fundador da alta-costura. Ele abriu sua casa em Paris em 1858 e vestiu tanto as mulheres da sociedade quanto as cortesãs, até sua morte em 1895. Worth dominou a cena da moda em meados do século XIX, com a crinolina (acima, à direita) e a anquinha (abaixo), até as linhas menos volumosas do final do século (na página seguinte). Depois de sua morte, a *maison* Worth foi dirigida por seus filhos Gaston e Jean-Philippe.

WORTH, CHARLES FREDERICK

sa foi na *maison* Gagelin, onde vendia MANTOS e xales. Cinco anos depois, abriu um departamento de costura na loja. Em 1858, Worth fez sociedade com um negociante sueco, Otto Bobergh, e estabeleceu seu próprio ateliê. Logo se tornou o predileto da imperatriz EUGÊNIA, sendo a influência e o apoio dela muito propícios ao sucesso de Worth. Na década de 1860, lançou o vestido-túnica, que ia até os joelhos e era usado sobre saia longa. Em 1864, aboliu a CRINOLINA e elevou a saia na parte de trás, formando também uma cauda. Cinco anos mais tarde, elevou a cintura e criou uma ANQUINHA atrás. Em 1870, quando caiu o Segundo Império, Worth fechou sua *maison*, reabrindo no ano seguinte. Embora a demanda de caudas e crinolinas para a realeza diminuísse, Worth continuou a ser o maior costureiro parisiense, vestindo as atrizes Sarah Bernhardt e Eleonora Duse, e tendo como clientes a nobreza europeia e a sociedade internacional. Retirou o excesso de ornamentalismo próprio da época, manuseando tecidos luxuosos em modelos elegantes, de linhas lisonjeiras. Grande parte de seu trabalho é associada ao movimento para redefinir a forma feminina e os contornos da moda, eliminando o exagero de babados e adornos, modificando tanto os CHAPÉUS DE PALA, afastando-os da testa, como a forma da crinolina e da anquinha. Na segunda metade do século XIX, o uso copioso de ricos tecidos por Worth inspirou os fabricantes de seda de Lyon, na França, a produzir tecidos cada vez mais interessantes. Para algumas clientes, criava uma coleção completa de roupas, destinadas a cada ocasião. Sua clientela apreciava os conselhos do mestre, confiando-lhe a tarefa de realçar seus pontos fortes através de sua habilidade no manuseio do tecido. Apesar de Worth ter criado roupas de viagem e TROTTEURS, ficou famoso pelos vestidos toalete, em geral de tule branco. Foi um estilista de grande talento que possuía uma visão clara da época em que viveu. Mostrou-se capaz de vestir com o mesmo bom gosto tanto a alta sociedade quanto o *demi-monde*. Após sua morte, em 1895, seus dois filhos, Gaston e Jean-Philippe, continuaram o negócio, que passou por quatro gerações antes de ser encampado pela *maison* PAQUIN em 1953. Ver DECOTADO.

WORTH, GASTON 1853-1924. Nascido em Paris, França, filho de Charles Frederick WORTH. Em 1874, Gaston começou a trabalhar na *maison* do pai. Com a morte deste, assumiu o negócio com o irmão, Jean-Philippe. Gaston era o administrador e o talento comercial do negócio. Foi também o primeiro presidente da CHAMBRE SYNDICALE DE LA HAUTE COUTURE, organização criada para proteger os estilistas da pirataria. *Ver também* WORTH, JEAN-PHILIPPE.

WORTH, JEAN-PHILIPPE 1856-1926. Estilista. Nascido em Paris, França, filho de Charles Frederick WORTH. Foi muito útil na transição que a casa Worth fez do final do século XIX para o século XX, sem alterar o estilo estabelecido por seu fundador. Tendo forte influência do pai, Jean-Philippe era particularmente famoso pelos modelos toalete. Criou modelos até o final da década de 1900. *Ver também* WORTH, GASTON.

ABCDEFGHIJKLM
NOPQRSTUVW**X**YZ

O XALE era parte integrante do vestuário elegante na segunda metade do século XIX. Arthur Lasenby Liberty, fundador da Liberty de Londres, iniciou sua carreira na loja de xales londrina Farmer & Roger's, na Regent Street. Este é um anúncio da loja Liberty em 1866.

XADREZ O tecido xadrez (*check*) foi criado por proprietários de terras na Escócia, durante o século XIX, como alternativa para o TARTÃ, considerado inadequado ao uso diário ou ao trabalho. Foi adaptado de tecidos locais, baseando-se em padrões e cores do tartã. Era também comum lançar o tecido xadrez como padrão comemorativo. Durante o século XX, o xadrez foi, a princípio, usado em ternos e casacos masculinos, ficando logo popular entre as mulheres em costumes, mantôs, vestidos, saias e, na década de 60, calças. *Ver* XADREZ VICHI.

XADREZ VICHI É um tecido de peso leve ou médio, a princípio feito de linho e depois de algodão. É confeccionado com fios tintos, em xadrezes de tamanhos diferentes. Foi popular em vestidos de verão durante o século XIX e entrou na moda em vestidos, blusas, saias, PLAYSUITS e BIQUÍNIS nas décadas de 40 e 50. Ver BARDOT.

O XALE era um componente essencial do "estilo vovó" da década de 60.

XALE Pedaço de tecido quadrado ou retangular colocado em volta dos ombros e amarrado frouxamente sobre o busto. Os primeiros xales usados como peças de alta moda chegaram à Europa no século XVIII, levados pelos soldados britânicos e franceses que voltavam das guerras na Índia. Seus padrões e modelos influenciaram as versões europeias durante os cem anos seguintes. No Reino Unido, os centros de tecelagem de Norwich e Paisley produziram inúmeros modelos de xale durante o século XIX: no início da década de 1800, eram pequenos quadrados de seda; a partir da década de 1830, porém, surgiram como importantes peças de moda. As saias ficaram mais rodadas, e capinhas e MANTOS tornaram-se insuficientes por não poderem mais cobrir adequadamente a exagerada silhueta. Os xales eram a alternativa dentro e fora de casa. Variavam das compridas e estreitas ESTOLAS das décadas de 1830 e 1840 aos enormes xales das décadas de 1850 e 1860, que se destinavam a envolver a CRINOLINA. Os indianos, principalmente os estampados com motivos de "cone" de caxemira, foram muito usados durante todo o século XIX. Lojas especializaram-se em modelos de algodão, renda, seda ou lã; lisos, estampados, bordados e, frequentemente, franjados. Os xales continuaram na moda no século XX, tanto para trajes de noite como para o dia.

XANTUNGUE Seda tecida à mão originariamente produzida na província de Shantung, na China. O xantungue é fino e macio, tecido com fios irregulares, para produzir uma superfície desigual. O xantungue do século XX era geralmente feito de seda misturada com algodão ou raiom. Isso cria um tecido mais pesado que o original, o qual hoje em dia é pouco encontrado. Os dois tecidos tradicionalmente têm sido usados em roupas toalete.

ABCDEFGHIJKLM
NOPQRSTUVWXyz

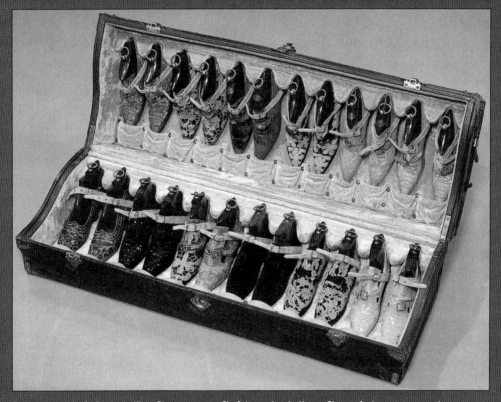

Os sapatos no baú são do estilista Pietro YANTORNY. Ele foi curador do Museu Cluny e fazia sapatos, nas horas vagas, para uma pequena e seleta clientela. Os modelos da foto foram criados por volta de 1914-8 para uma anfitriã da alta sociedade, Rita de Acosta Lydig.

YAMAMOTO, KANSAI 1944-. Estilista. Nascido em Yokohama, Japão. Estudou inglês na Universidade Nippon. Após ter trabalhado por pouco tempo com um estilista, abriu sua própria casa em 1971. A apresentação de seu desfile tornou-o famoso: roupas extravagantes mostradas num ambiente excitante. Ao misturar os modelos vigorosos, exóticos e poderosos da roupa japonesa tradicional com a roupa para o dia ocidental, Kansai obtém um estilo pessoal. *Ver* JAPONESES.

YAMAMOTO, YOHJI 1943-. Estilista. Nascido no Japão. Formou-se pela Universidade Keio em 1966, frequentando depois, por dois anos, a faculdade de moda Bunka Fukuso Gakuin, em Tóquio. Após um período como freelance, formou sua própria companhia em 1972 e apresentou no Japão, em 1976, sua primeira coleção. Yohji é um estilista firme, não tradicionalista. Envolve o corpo em roupas desestruturadas, soltas e volumosas, semelhantes em estilo e filosofia às de Rei KAWAKUBO. Muitas de suas peças trazem abas, bolsos e tiras adicionais.

YANTORNY, PIETRO Datas desconhecidas. Fabricante de sapatos. Uma das lendas da moda, Yantorny foi, durante algum tempo, curador do museu de Cluny, em Paris. Nos primeiros anos do século XX, tinha uma loja em Paris, sendo conhecido pelos preços altos, pelo tempo que demorava para fazer sapatos (geralmente vários anos o par) e pela maneira arrogante com que tratava seus clientes.

YES, BRAZIL Ver AZULAY, Simão.

YUKI 1937-. Estilista. Nascido Gnyuki Torimaru, em Mizki-Ken, Japão. Depois de estagiar como engenheiro têxtil, saiu do Japão em 1959 e foi para Londres. Estudou inglês por três anos e depois história da arquitetura no Art Institute of Chicago. Voltou para Londres em 1964 para estudar no London College of Fashion. Após se formar em 1966, trabalhou para Louis FÉRAUD, MICHAEL e HARTNELL, indo depois trabalhar com CARDIN por três anos. Em 1973 abriu sua própria empresa, tornando-se conhecido pelos vestidos esculpidos de jérsei drapejado, tamanho único, que enfatizam o movimento do corpo.

Z

ZAPPING Marca paulista de moda jovem feminina e masculina. Criada em 1993, é a segunda marca de Renato Kherlakian (1950-), da ZOOMP. Produz roupas irreverentes, com destaque para os jeans e as camisetas. A linguagem lúdica e pop, aliada à tecnologia industrial, transformaram-na numa importante referência de moda urbana. Pela equipe de estilismo já passaram Mareu NITSCHKE, Marcelo SOMMER e Thaís LOSSO.

ZAZOU Versão francesa do terno ZOOT, usado por um pequeno grupo de jovens de ambos os sexos no início dos anos 40. A versão feminina do *zazou* consistia num casaquinho com ombros acentuados, saia reta e curta e sapatos com plataforma.

ZIBELINA Pele lustrosa de animal da família da marta, nativa do Canadá e da Rússia. Mais clara que o visom, a zibelina foi muito usada no século XIX e no início do século XX, antes de se tornar proibitivamente cara.

ZÍPER Em 1893, W. Litcomb Judson, de Chicago, Estados Unidos, patenteou um sistema de abotoamento feito de uma série de ganchos e orifícios com uma garra para abrir e fechar. Em 1913, Gideon Sundback, um sueco que trabalhava nos Estados Unidos, desenvolveu as ideias de Judson e produziu um fecho sem ganchos com dentes de metal que se entrelaçavam. Esse fecho foi usado primeiro em cintos porta-moeda e bolsas de tabaco; em 1917, membros da marinha americana receberam jaquetas impermeáveis com esses fechos na frente. B. G. Worth, da B. F. Goodrich Co., deu o nome *zipper* a um fecho usado em calçados na época. No início da década de 30, SCHIAPARELLI foi uma das primeiras estilistas a utilizá-lo. Em meados do século XX, o zíper, já aperfeiçoado, é composto de duas tiras de me-

Em 4 de setembro de 1935, quando surgiu este anúncio, a palavra ZÍPER ainda não era de uso geral.

Gisele Bündchen foi a estrela da coleção de inverno de 2000 da ZOOMP.

tal ou plástico, uma de cada lado de uma abertura, às quais são presas duas carreiras de dentes de metal que se fecham numa direção e se abrem na outra. Também chamado de fecho *éclair*.

ZOOMP Marca paulista de moda feminina e masculina. Criada em 1974 por Renato Kherlakian (1950-), que também é dono da marca ZAPPING, destacou-se a partir da década de 80 com a linha de jeans de corte moderno, alta tecnologia, rígidos padrões de qualidade, apoiada por sólida estrutura industrial e um estilo arrojado e inovador.

ZOOT Terno usado nos Estados Unidos nas décadas de 40 e 50, principalmente por mexicanos e afro-americanos. Consistia num paletó com ombros largos, cintura estreita e uma prega profunda nas costas. Em geral ia até os joelhos e estreitava-se sobre calças folgadas, que eram amplas nos joelhos mas se afunilavam ligeiramente na boca. O terno *zoot* costumava ser confeccionado em tecidos de cores fortes.

ZORAN 1947-. Estilista. Nascido Zoran Ladicorbic, em Belgrado, Sérvia. Formou-se em arquitetura pela Universidade de Belgrado. Em 1971, mudou-se para Nova York. Sua primeira coleção, em 1977, atraiu muito interesse. É um estilista do MINIMALISMO, que usa tecidos luxuosos cortados em formas precisas e simples e evita o uso de fechos, acessórios e adornos. Produziu um guarda-roupa portátil, destinado a atender todas as necessidades de viagem de suas clientes, que consistia em calças, um cardigã, um top, quatro camisetas e várias saias de comprimentos diferentes. Caxemira é um de seus tecidos prediletos. Zoran restringe o uso da cor a uma paleta básica de vermelho, preto, cinza, creme e branco.

ZUAVO Casaco em estilo BOLERO, sem gola, que ia até a cintura, adornado com passamanaria, com mangas três-quartos. Recebeu esse nome em homenagem aos zuavos, regimento de soldados franceses ligados aos hussardos, os quais, na década de 1830, adotaram um traje em estilo árabe que incorporava esse casaco. Durante a década de 1860, as mulheres usaram-nos dentro e fora de casa.

O ZOOT seguiu da América do Sul para a América do Norte no início do século XX. Foi mais usado nas décadas de 40 e 50.

BIBLIOGRAFIA

REFERÊNCIAS GERAIS SOBRE MODA

ARNOLD, Janet. *A handbook of costume*. Londres, 1973.
BATTERBERRY, Michael e Ariane. *Mirror, mirror: a social history of fashion*. Nova York, 1977.
BLACK, J. Anderson e GARLAND, Madge. *A history of fashion*. Londres, 1953.
BOUCHER, François. *A history of costume in the West*. Londres, 1967.
_____. *20,000 years of fashion*. Nova York, 1982.
BRADFIELD, Nancy. *Costume in detail, 1730-1930*. Londres, 1968.
BROOKE, Iris. *A history of English costume*. Londres, 1937.
CHENOUNE, Farid. *A History of men's fashion*. Londres, 1993.
CRAWFORD, M. D. C. *The ways of fashion*. Nova York, 1941.
CUNNINGTON, C. W. e Phillis. *Handbook of English costume in the 19th century*. Londres, 1959.
CUNNINGTON, Phillis. *Costume*. Londres, 1966.
DAVENPORT, M. *The book of costume*. 2 vols. Nova York, 1948.
DE MARLY, Diane. *Fashion for men: an illustrated history*. Nova York, 1985.
EWING, Elizabeth, *History of 20th century fashion*. Londres, 1974.
GARLAND, Madge. *Fashion*. Londres, 1962.
GLYNN, Prudence. *In fashion: dress in the twentieth century*. Londres, 1978.
Godey's lady's book(s). Philadelphia, 1872.
GURELL, Lois M. e BEESON, Marianne S. *Dimensions of dress and adornment*. Iowa, 1977.
KEMPNER, Rachel H. *Costume*. Nova York, 1977.

KHORNAK, Lucille. *Fashion 2001*. Nova York, 1982.
LAVER, James. *Taste and fashion*. Londres, 1937.
_____. *Costume*. Nova York e Londres, 1963.
_____. *Fashion*. Londres, 1963.
_____. *Style in costume*. Londres, 1949.
_____. *Modesty in dress*. Londres e Boston, 1969.
_____. e DE LA HAYE, Amy. *Costume and fashion*. Londres e Nova York, 1995.
 [*A roupa e a moda*. São Paulo, Companhia das Letras, 1990].
MANSFIELD, Alan e CUNNINGTON, Phillis. *Handbook of English costume in the 20th century, 1900-1950*. Londres, 1973.
MARTIN, Richard. *Fashion and Surrealism*. Londres e Nova York, 1989.
MCCRUM, Elizabeth. *Irish fashion since 1950*. Ulster, 1996.
MILBANK, Caroline Rennolds. *Couture*. Londres e Nova York, 1986.
MONSERRAT, Ann. *And the bride wore*. Londres, 1973.
MOORE, Langley Doris. *The woman in fashion*. Londres, 1949.
PEACOCK, John. *The chronicle of western costume*. Londres e Nova York, 1991.
_____. *Costume 1006-1990s*. Londres, 1994.
_____. *Twentieth century fashion: the complete sourcebook*. Londres e Nova York, 1993.
PICKEN, Mary Brooks. *Dressmakers of France*. Nova York, 1956.
POLHEMUS, Ted. *Streetstyle*. Londres, 1994.
_____. *Style surfing*. Londres e Nova York, 1996.
RUBIN, Leonard G. *The world of fashion*. São Francisco, 1976.
RUSSELL, Douglas A. *Costume history and style*. Nova Jersey, 1983.
WILCOX, R. Turner. *Mode in costume*. Nova York, 1947.
YARWOOD, Doreen. *English costume*. Londres, 1952.

DICIONÁRIOS E ENCICLOPÉDIAS DE MODA

ANTHONY P. e ARNOLD, J. *Costume: a general bibliography*. 2. ed., Londres, 1974.
CALASIBETTA, Charlotte. *Fairchild's history of fashion*. Nova York, 1975.
HOUCK, Catherine. *The fashion encyclopedia*. Nova York, 1982.
IRONSIDE, Janey. *A fashion alphabet*. Londres, 1968.
MARTIN, Richard. *The St. James Fashion Encyclopedia*. Detroit, 1997.
MCDOWELL, Colin. *McDowell's directory of twentieth century fashion*. Londres, 1984.
PICKEN, Mary Brooks. *The fashion dictionary*. Nova York, 1939.
STEGEMEYER, Anne. *Who's who in fashion*. Nova York, 1980.
WATKINS, Josephine Ellis. *Who's who in fashion*. 2. edição, Nova York, 1975.
WILCOX, R. Turner. *Dictionary of costume*. Nova York, 1969.
YARWOOD, Doreen. *Encyclopedia of world costume*. Nova York, 1978.

LIVROS SOBRE ESTILISTAS E FIGURINISTAS

BAILLEN, Claude. *Chanel solitaire*. Londres, 1973.
BARILLÉ, Elisabeth. *Lanvin*. Londres, 1997.
BAUDOT, François. *Alaïa*. Londres, 1996.
_____. *Chanel*. Londres, 1996.
_____. *Christian Lacroix*. Londres, 1997.
_____. *Elsa Schiaparelli*. Londres, 1997.
_____. *Poiret*. Londres, 1997.
_____. *Yohji Yamamoto*. Londres, 1997.
_____. *Thyerry Mugler*. Londres, 1998.
BENAÏM, Laurence. *Issey Miyake*. Londres, 1997.
BERGÉ, Pierre. *Yves Saint-Laurent*. Londres, 1997.
BOURHIS, Katell Le, et al. *Emilio Pucci*. Genebra, 1997.
BROOKLYN Institute of Arts and Sciences. *The age of Worth*. Nova York, 1982.
CASADIO, Mariuccia. *Missoni*. Londres, 1997.
_____. *Moschino*. Londres, 1997.
_____. *Versace*. Londres, 1998.
CHARLES-ROUX, Edmonde. *Chanel*. Londres, 1976.
_____. *Chanel and her world*. Londres, 1981.
CHENOUNE, Farid. *Jean-Paul Gaultier*. Londres, 1996.
CHIERICHETTI, David. *Hollywood costume design*. Nova York, 1976.
DE GRAW, Imelda. *25 years/25 couturiers*. Denver, 1975.
DE MARLY, Diana. *Worth, father of haute couture*. Londres, 1980.
DEMORNEX, Jacqueline. *Vionnet*. Londres, 1991.
DESLANDRES, Yvonne. *Poiret*. Londres, 1987.
DESVEAUX, Delphine. *Fortuny*. Londres, 1998.
GALANTE, Pierre. *Mademoiselle Chanel*. Chicago, 1973.
GIROUD, Françoise. *Dior: Christian Dior 1905-1957*. Londres, 1987.
GRAND, France. *Comme des garçons*. Londres, 1998.
HAEDRICH, Marcel. *Coco Chanel, her life, her secrets*. Londres e Boston, 1972.
JOUVE, Marie-Andrée. *Balenciaga*. Londres, 1997.
KAMITSIS, Lydia. *Vionnet*. Londres, 1996.
KEENAN, Brigid. *Dior in Vogue*. Londres e Nova York, 1981.
KRELL, Gene. *Vivienne Westwood*. Londres, 1997.
LATOUR, Anny. *Kings of fashion*. Nova York, 1956.
LAYNAM, Ruth. *Couture, an illustrated history of the great Paris designers and their creations*. Nova York, 1972.
LEE, Sarah Tomerlin (Org.). *American fashion: the life and lines of Adrian, Mainbocher, McCardell, Norell, Trigère*. Nova York, 1975.

LEESE, Elizabeth. *Costume design in the movies*. Londres, 1976.
MADSEN, Axel. *Living for design: the Yves St. Laurent story*. Nova York, 1979.
MARTIN, Richard. *Gianni Versace*. Nova York, 1997.
_____. *Charles James*. Londres, 1997.
_____ e KODA, Harold. *Christian Dior*. Nova York, 1997.
MAURIÈS, Patrick. *Christian Lacroix: the diary of a collection*. Londres e Nova York, 1996.
MORRIS, Bernadine. *Valentino*. Londres, 1996.
MULASSANO, Adriana e CUSTALDI, Alfa. *The who's who of Italian fashion*. Florença, 1979.
NEW YORK City Metropolitan Museum of Art. *The world of Balenciaga*. Nova York, 1973.
OSMA, Guillermo de. *Fortuny, Mariano Fortuny: his life and work*. Londres, 1980.
PERKINS, Alice K. *Paris couturiers and milliners*. Nova York, 1949.
PIAGGI, Anna. *Karl Lageifeld: a fashion journal*. Londres e Nova York, 1986.
POCHNA, Marie-France. *Dior*. Londres, 1996.
SAUNDERS, Edith. *The age of Worth*. Londres, 1954.
SISCHY, Ingrid. *Donna Karan*. Londres, 1998.
VERCELLONI, Isa Tutino. *Missonologia: the world of Missoni*. Milão, 1994.
WHITE, Palmer. *Poiret*. Londres e Nova York, 1973.
WILLIAMS, Beryl. *Fashion is our business: careers of famous American designers*. Philadelphia, 1945.

LIVROS DE ESTILISTAS, CHAPELEIROS, FIGURINISTAS ETC.

AMIES, Hardy. *Just so far*. Londres, 1954.
ANTOINE. *Antoine by Antoine*. Nova York, 1945.
BALMAIN, Pierre. *My years and seasons*. Londres, 1964.
CARDIN, Pierre. *Past, present and future*. Londres, 1990.
CREED, Charles. *Made to measure*. Londres, 1961.
DACHÉ, Lilly. *Talking through my hats*. Londres, 1946.
DIOR, Christian. *Christian Dior and I*. Nova York, 1957.
_____. *Dior by Dior*. Londres, 1957.
ETHERINGTON-SMITH, Meredith. *Patou*. Londres, 1983.
FERRAGAMO, Salvatore. *Schoemaker of dreams*. Londres, 1957.
GORDON, Lady Duff. *Discretions and indiscretions*. Londres, 1932.
GREER, Howard. *Designing male*. Nova York, 1951.
HARTNELL, Norman. *Royal courts of fashion*. Londres e Nova York, 1971.
HEAD, Edith e ARDMORE, Jane K. *The dress doctor*. Boston, 1959.
HULANICKI, Barbara. *From A to Biba*. Londres, 1984.
KLEIN, Bernat. *Eye for colour*. Londres, 1965.
LACROIX, Christian. *Pieces of a pattern: Lacroix by Lacroix*. Londres e Nova York, 1992.
LEIBER, Judith. *The artful handbag*. Londres e Nova York, 1995.

Links, J. G. *How to look at furs*. Londres, 1962.
Moschino, Franco e Castelli, Lydia. *Moschino: X Years of Kaos!* Milão, 1993.
Poiret, Paul. *En habillant l'époque*. Paris, 1930.
_____. *King of fashion: the autobiography of Paul Poiret*. Philadelphia, 1931.
_____. *Revenez-y*. Paris, 1932.
Quant, Mary. *Quant by Quant*. Londres, 1965.
Schiaparelli, Elsa. *Shocking life*. Londres e Nova York, 1954.
Sharaff, Irene. *Broadway and Hollywood: costumes designed by Irene Sharaff*. Nova York, 1976.
Thaarup, Aage. *Heads and tails*. Londres, 1956.
Tinling, Teddy. *Sixty years in tennis*. Londres, 1985.
Worth, Jean-Philippe. *A century of fashion*. Boston, 1928.

ILUSTRADORES E ILUSTRAÇÕES DE MODA

Barbier, Georges. *The illustrations of Georges Barbier in full color*. Nova York, 1977.
Brunelleschi, Umberto: fashion stylist, illustrator, stage and costume designer. Nova York, 1979.
Delhaye, Jean. *Affiches: gravures Art Déco*. Londres, 1977.
Drake, Nicholas. *Fashion illustration today*. Londres e Nova York, 1994.
Erté. *Things I remember: an autobiography*. Londres e Nova York, 1975.
Gallo, Max. *L'affiche: miroir de l'histoire*. Paris, 1973.
Ginsburg, Madeleine. *An introduction to fashion illustration*. Londres, 1980.
Kery, Patricia Franz. *Great magazine covers of the world*. Nova York, 1982.
McDowell, Colin. *The man of fashion*. Londres e Nova York, 1997.
Moore, Doris Langley. *Fashion through fashion plates 1771-1970*. Londres, 1971.
Packer, William. *The art of Vogue covers*. Nova York, 1980.
_____. *Fashion drawing in Vogue*. Londres, 1984.
Petersen, Theodore. *Magazines in the twentieth century*. Chicago, 1965.
Ramos, Juan. *Antonio*. Londres e Nova York, 1995.
Schaw, Michael. *J. C. Leyendecker*. Nova York, 1974.
Vertès, Marcel. *Art and fashion*. Nova York e Londres, 1944.

FOTÓGRAFOS E FOTOGRAFIA DE MODA

Beaton, Cecil. *Photobiography*. Nova York, 1951.
_____. *The glass of fashion*. Londres, 1954.
_____. *Selected diaries, 1926-54*. Londres, 1954.
Devlin, Polly. *Vogue book of fashion photography*. Nova York, 1979.

EWING, William A. *Blumenfeld: a fetish for beauty*. Londres e Nova York, 1996.
HALL-DUNCAN, Nancy. *The history of fashion photography*. Nova York, 1979.
KERY, Patricia Franz. *Great magazine covers of the world*. Nova York, 1975.
NICKERSON, Camilla e WAKEFIELD, Neville. *Fashion photography of the 90s*. Londres, 1997.
PACKER, William. *The art of Vogue covers*. Nova York, 1980.
ROSS, Josephine. *Beaton in Vogue*. Londres, 1986.
STEICHEN, Edward. *A life in photography*. Nova York, 1963.
VREELAND, Diana e PENN, Irving. *Inventive Paris clothes, 1909-1939*. Londres, 1977.

O MUNDO DAS REVISTAS

BALLARD, Bettina. *In my fashion*. Nova York e Londres, 1960.
CHASE, Edna Woolman e Ilka. *Always in Vogue*. Nova York e Londres, 1954.
GARLAND, Ailsa. *Lion's share*. Londres, 1970.
PETERSEN, Theodore. *Magazines in the twentieth century*. Chicago, 1965.
SEEBOHM, Caroline. *The man who was Vogue*. Nova York, 1982.
SNOW, Carmel. *The world of Carmel Snow*. Nova York, 1962.
WHITE, Cynthia L. *Women's magazines 1693-1968*. Londres, 1970.
YOXALL, H. W. *A fashion of life*. Londres, 1966.

LOJAS DE DEPARTAMENTO E VAREJO

ADBURGHAM, Alison. *Shops and shopping*. Londres, 1964.
BRADY, Maxine. *Bloomingdale's*. Nova York, 1980.
DAVES, Jessica. *Ready-made miracle: the American story of fashion for the millions*. Nova York, 1967.
JARNOW, Jeanette e JUDELLE, Beatrice. *Inside the fashion business*. 2. ed., Nova York, 1974.
LEVIN, Phyllis Lee. *The wheels of fashion*. Nova York, 1965.
MARCUS, Stanley. *Minding the store*. Boston, 1974.
POPE, Jesse. *The clothing industry in New York*. Nova York, 1970.
ROSCHO, Bernard. *The rag race*. Nova York, 1963.

ALTA-COSTURA E PRÊT-À-PORTER

ALLEN, Agnes. *The story of clothes*. Londres, 1955.
BERTIN, Celia. *Paris à la mode*. Londres, 1956.
_____. *La couture, terre inconnue*. Paris, 1956.
DAVES, Jessica. *Ready-made miracle: the American story of fashion for the millions*. Nova York, 1967.
DE MARLY, Diana. *The history of haute couture 1850-1950*. Londres e Nova York, 1980.

HALLIDAY, L. *The makers of our clothes*. Londres, 1966.
LEY, Sandra. *Fashion for everyone: the story of ready-wear 1870s-1970s*. Nova York, 1976.
LYNAM, Ruth (Org.). *Couture*. Nova York, 1972.
RICHARDS, Florence. *The ready-to-wear industry, 1900-1950*. Nova York, 1951.

RILEY, R. e VECCHIO, W. *The fashion makers*. Nova York, 1967.

ACESSÓRIOS, MAQUIAGEM E PENTEADOS

BAYNES, Ken e Kate. *The shoe show: British shoes since 1790*. Londres, 1979.
BECKER, Vivienne. *Antique and 20th-century jewellery*. Londres, 1980.
BRAUN, Ronsdorf M. *The history of the handkerchief*. Leigh-on-Sea, 1967.
BUCK, Anne. *Victorian costume and costume accessories*. Londres, 1961.
CASTELBAJAC, Kate de. *The face of the century: 100 years of make-up and style*. Londres e Nova York, 1995.
CAWFORD, T. S. *A history of the umbrella*. Nova York e Devon, 1970.
CLABBURN, Pamela. *Shawls*. Buckinghamshire, 1981.
EPSTEIN, Diana. *Buttons*. Nova York, 1968.
FOSTER, Vanda. *Bags and purses*. Londres, 1982.
GINSBURG, Madeleine. *The hat*. Londres, 1990.
GRASS, Milton E. *History of hosiery*. Nova York, 1953.
HOUART, V. *Buttons: a collector's guide*. Londres, 1977.
KENNETT, Frances. *The collector's book of twentieth century fashion*. Londres, 1983.
MAURIÈS, Patrick. *Jewelry by Chanel*. Londres, 1993.
McDOWELL, Colin. *Hats*. Londres e Nova York, 1992.
_____. *Shoes*. Londres e Nova York, 1989.
MIRABELLA, Grace. *Tiffany & Co*. Londres, 1997.
NADELHOFFER, Hans. *Cartier*. Londres, 1984.
O'KEEFFE, Linda. *Shoes*. Nova York, 1996.
SALLEE, Lynn. *Old costume jewellery 1870-1945*. Alabama, 1979.
SNOWMAN, A. K. *The master jewelers*. Londres, 1990.
SWANN, June. *Shoes*. Londres, 1982.
WILCOX, R. Turner. *The mode in hats and headdresses*. Nova York, 1959.
WILSON, Eunice. *The history of shoe fashions*. Nova York, 1969.

ROUPA ÍNTIMA

CUNNINGTON, C. W. e Phillis. *The history of underclothes*. Londres, 1951.
EWING, Elizabeth. *Dress and undress*. Londres e Nova York, 1978.
FONTANEL, Beatrice. *Support and seduction: a history of corsets and bras*. Londres, 1990.

ST. LAURENT, Cecil. *The history of ladies' underwear*. Londres, 1968.
WAUGH, Norah. *Corsets and crinolines*. Londres, 1954.
WILLETT, C. e CUNNINGTON, Phillis. *The history of underclothes*. Londres, 1981.
YOOLL, Emily. *The history of the corset*. Londres, 1946.

TECIDOS

AMERICAN Fabrics Magazine (Org.). *Encyclopedia of textiles*. Nova York, 1972.
EARNSHAW, Patricia. *The dictionary of lace*. Buckinghamshire, 1981.
_____. *The identification of lace*. Buckinghamshire, 1982.
KLEEBURG, Irene Cumming. *The butterick fabric handbook*. Nova York, 1982.
LINTON, George E. *The modern textile and apparel dictionary*. Nova Jersey, 1973.
LUSCOMBE, S. *The encyclopedia of buttons*. Nova York, 1967.
PICKEN, Mary Brooks. *The fashion dictionary*. Nova York, 1939.
SIMEON, Margaret. *The history of lace*. Londres, 1979.

HISTÓRIA GERAL

ADBURGHAM, Alison. *A punch history of manners*. Londres, 1961.
HOWELL, Georgina. *In vogue*. Londres, 1975.
KEENAN, Brigid. *The women we wanted to look like*. Nova York, 1977.

HISTÓRIA DA ÉPOCA

ARLEN, Michael. *The green hat*. Londres, 1924.
BATTERSBY, Martin. *The decorative twenties*. Londres, 1969.
_____. *The decorative thirties*. Londres, 1971.
BENNETT, Richard. *A picture of the twenties*. Londres, 1961.
BERNARD, Barbara. *Fashion in the 60s*. Londres e Nova York, 1958.
BROUGH, James. *The prince and the lily*. Londres, 1975.
BRUNHAMMER, Yvonne. *Lo stile 1925*. Milão, 1966.
DORNER, Jane. *Fashion in the forties and fifties*. Londres, 1957.
GARLAND, Madge. *The indecisive decade*. Londres, 1968.
GARRETT, Richard. *Mrs Simpson*. Londres, 1979.
GOLDRING, Douglas. *The nineteen twenties*. Londres, 1945.
HANEY, Lynn. *Naked at the feast*. Londres, 1981.
HILLIER, Bevis. *The world of Art Déco*. Minneapolis, 1971.
JENKINS, Alan. *The twenties*. Londres, 1974.
LARDNER, John. *The aspirin age, 1914-1941*. Londres, s.d.
LAVER, James. *Between the wars*. Londres, 1961.

LAVER, James. *The jazz age*. Londres, 1964.
MARGUERITTE, Victor. *La garçonne*. Paris, 1922.
MELINKOFF, Ellen. *What we wore*. Nova York, 1984.
MONTGOMERY, James. *The twenties*. Londres, 1957.
RIDLEY, Jasper. *Napoleon III and Eugénie*. Londres, 1979.
ROBERTS, Cecil. *The bright twenties*. Londres, 1970.
ROBINSON, Julian. *Fashion in the 40s*. Londres e Nova York, 1976.
_____. *Fashion in the 30s*. Londres, 1978.
SEAMAN, C. C. B. *Life in Britain between the wars*. Londres, 1970.
STEVENSON, Pauline. *Edwardian fashion*. Londres, 1980.

O CENÁRIO DA MODA

ADBURGHAM, Alison. *View of fashion*. Londres, 1966.
BENDER, Marilyn. *The beautiful people*. Nova York, 1967.
BRADY, James. *Super chic*. Boston, 1974.
CARTER, Ernestine. *20th century fashion: a scrapbook 1900 to today*. Londres, 1957.
_____. *With tongue in chic*. Londres, 1974.
_____. *The changing world of fashion*. Londres e Nova York, 1977.
_____. *Magic names of fashion*. Londres, 1980.
DE WOLFE, Elsie. *After all*. Londres, 1935.
FAIRCHILD, John. *The fashionable savages*. Nova York, 1965.
FLANNER, Janet. *Paris was yesterday*. Nova York, 1979.
KELLY, Katie. *The wonderful word of women's wear daily*. Nova York, 1972.
LAMBERT, Eleanor. *The world of fashion: people, places, resources*. Nova York, 1976.
MORRIS, Bernadine e WALZ, Barbara. *The fashion makers*. Nova York, 1978.
SPANIER, Ginette. *It isn't all mink*. Nova York, 1960.

PSICOLOGIA E SOCIOLOGIA DA MODA

ANSPACH, Karlyne Alice. *The why of fashion*. Amos, 1968.
BAINES, Barbara. *Fashion revivals*. Londres, 1981.
BERGLER, Edmund. *Fashion and the unconscious*. Nova York, 1953.
DELBOURG-DELPHIS, Marylene. *Le chic et le look*. Paris, 1981.
DORNER, Jane. *The changing shape of fashion*. Londres, 1974.
FLÜGEL, John C. *The psychology of clothes*. Londres e Nova York, 1966.
GARLAND, Madge. *The changing form of fashion*. Londres, 1970.
GERNSHEIM, A. *Fashion and reality 1840-1914*. Londres, 1963.
HAWES, Elizabeth. *Fashion is spinach*. Nova York, 1938.
_____. *It's still spinach*. Boston, 1954.

HAWES, Elizabeth. *Why is a dress?* Nova York, 1954.

HOLLANDER, Anne. *Seeing through clothes*. Nova York, 1978.

HORN, Marilyn J. *The second skin: an interdisciplinary study of clothing*. 2. ed., Boston, 1975.

HURLOCK, Elizabeth B. *The psychology of dress*. Nova York, 1929.

KONIG, Rene. *The restless image: a sociology of fashion*. Londres, 1973.

LAVER, James. *How and why fashions in men's and women's clothes have changed during the past 200 years*. Londres, 1950.

LURIE, Alison. *The language of clothes*. Nova York, 1981.

PRITCHARD, Mrs Eric. *The cult of chiffon*. Nova York, 1902.

ROACH, Mary Ellen e EICHER, Joanne B. *Dress, adornment and the social order*. Nova York, 1965.

ROSENCRANTZ, Mary Lou. *Clothing concepts: a social-psychological approach*. Londres, 1972.

RYAN, Mary S. *Clothing: a study in human behaviour*. Nova York, 1966.

YOUNG, Agatha Brooks. *Recurring cycles of fashion*. Nova York, 1937.

CRÉDITOS DAS ILUSTRAÇÕES

Todos os esforços foram feitos para identificar os detentores dos direitos autorais das *ilustrações* desta enciclopédia. Nem sempre isso foi possível. A editora se compromete a fazer eventuais inclusões e correções numa próxima edição.

IMAGENS DA EDIÇÃO ORIGINAL

©ADAGP, Paris and DACS, Londres: pp. 110, 115, 116, 196, 111ad, 111ae, 81b. ©Aquascutum Ltd: p. 23. Cortesia de Giorgio Armani: p. 24. Cortesia de David Bailey/ *Sunday Times*: p. 30. ©David Bailey: p. 259. Cortesia de Archives Balenciaga, Paris: p. 31. Cortesia de Balmain. Desenhos de René Gruau: pp. 33a, 33b. Cortesia de Jeff Banks: p. 34. Cortesia de Geoffrey Beene: p. 39a. Cortesia de ©Bellville Sassoon: p. 39b. Cortesia de Elio Berhanyer: p. 41. Cortesia de Manolo Blahnik: p. 44. Cortesia de Bill Blass, Ltd. Archives: p. 45. Cortesia de Body Map: p. 49. The Brooklyn Museum, Millicent Rogers Collection: p. 286bd. Cortesia de Brooks Bros.: p. 56. Cortesia de Liza Bruce: p. 57. Caisse Nationale des Monuments Historiques et des Sites, Paris: pp. 46, 77, 313, 337, 47a, 104be, 168e. Cortesia de Calman Lis: pp. 65a, 244. Calouste Gulbenkian Foundation Museum, Lisboa: p. 188d. Cortesia de Pierre Cardin: p. 122. ©Cartier. Foto Louis Tirilly: p. 72. Cortesia de Bonnie Cashin: p. 74. Cortesia de Oleg Cassini: p. 75. Cortesia de Nino Cerruti: p. 79. Cortesia de Hussein Chalayan. Foto Chris Moore: p. 80. ©Cortesia de Chanel: p. 81ae. Cortesia de Caroline Charles: p. 84. Cortesia de Central Museum, Northampton: pp. 251a, 282b. Cortesia de Clements Ribeiro. Foto Tim Griffiths: p. 90a. Cortesia de Cluett, Peabody and Co.: p. 25. *Collier's Weekly*, Nova York, 1904: p. 147. Château Compiègne: p. 335. Cortesia de Sybil Connolly: p. 94. Stuart Cosgrove Collection: p. 345. *Costumes Parisiens*, 1912: p. 301. Cortesia de Courrèges: p. 97ad. Cortesia de Patrick Cox: p. 99. Cortesia de Wendy Dagworthy: p. 102. Cortesia de Oscar de la Renta: p. 105. Cortesia de Ann Demeulemeester. Foto Marleen Daniëls: p. 107. Cortesia de Archives Christian Dior: p. 216d. Cortesia de Dolce & Gabbana: p. 113. Cortesia de Edina & Lena: p. 271. Cortesia de Perry Ellis: p. 120e. © Cortesia de Emanuel: pp. 149, 120d. European Silk Commission: p. 285e. Cortesia de Fendi. Foto Peter Lindbergh: p. 129. Cortesia de Ferragamo: p. 130, 131. Cortesia de Fiorucci: p. 251b. Fotomas Index: pp. 32, 317, 275d. Cortesia de Gina Fratini: p. 136. Desenhos ©Jean--Paul Gaultier. Cortesia de Jean-Paul Gaultier: pp. 142, 143. Cortesia de Rudi Gernreich: p. 145e. Cortesia de Ghost: p. 145. Cortesia de Bill Gibb: p. 146. Cortesia de Givenchy: pp. 48, 148. Cortesia de Andrew Grima: p. 153. Cortesia de Gucci: p. 155. Cortesia de Norman Hartnell Ltd: p. 158. Cortesia de Hermès. Fotos Philippe Peraldi: p. 162e. Cortesia de Carolina Herrera: p. 162d. Cortesia de Peter Hope Lumley: pp. 19, 69, 282a. Cortesia de Barbara Hulanicki: pp. 165, 60a. Hulton Getty Picture Library: pp. 22, 30, 37, 66, 76, 85, 89, 96, 100, 118, 163, 199, 206, 233, 247, 252, 257, 296, 209a, 81ad, 93ae, 90b, 83be,

304d, 250e, 268, 292, 302. *I Was Lord Kitchener's Valet* by David Block: p. 60b. *Illustrated London News* Picture Library: pp. 16, 209b. ©International News Photos. Foto Stuart Heydinger: p. 200e. Cortesia de Betty Jackson. Foto Martin Brading: p. 168d. Cortesia de Betty Jackson. Foto S. Karadia/Spoon: p. 168e. Jaeger Archives: pp. 169, 175. Desenhos Cortesia de ©Betsey Johnson: p. 173. Cortesia de Charles Jourdan: p. 174a, 174b. Journal des jeunes personnes: p. 336. Cortesia de Norma Kamali: p. 176. Cortesia de Kangol Hats Ltd: p. 177e. Cortesia de Donna Karan: p. 177d. Cortesia de Kenzo. Foto Peter Lindbergh: p. 179. Cortesia de Kenzo. Foto ©O. Toscani: p. 180. Cortesia de Calvin Klein: p. 182d. Cortesia de Roland Klein. Foto Chris Moore: p. 183. Diana Korchien: p. 135e. Cortesia de Lacoste: p. 185. Cortesia de Christian Lacroix. Foto Guy Marineau: p. 186ad. Cortesia de Christian Lacroix. Foto Joe Dorsey: p. 186e. Desenho Cortesia de Christian Lacroix: p. 186. Desenho Cortesia de Karl Lagerfeld: p. 187. Cortesia de Karl Lagerfeld. Fotos ©Pascal Thermé: p. 188e. Cortesia de Helmut Lang: p. 190. ©Lanvin Estate: p. 191. Cortesia de Guy Laroche: p. 192. Cortesia de Ralph Lauren: p. 193. Pierre Le Tan Collection, Paris: p. 287e. Cortesia de Hervé Léger. Foto: Guy Marineau, p. 194. Cortesia de Francois Lesage: p. 198. Cortesia de Levi Strauss: p. 297. Cortesia de Liberty & Co.: p. 308. Mansell Collection: pp. 70, 73, 263, 323, 339, 42, 216c, 289d, 273e. Cortesia de Vera Maxwell: pp. 121. Desenho Cortesia de Vera Maxwell: pp. 212. Fotos ©Niall McInerney: pp. 139, 140. Cortesia de Alexander McQueen: p. 214. The Metropolitan Museum of Art, Nova York. Gift of Capezio Inc.: p. 341. Cortesia de Simone Mirman: p. 219d. *Missonologia,* Electa, 1994. Cortesia de Missoni: pp. 220. Cortesia de Issey Miyake Inc.: p. 221. Cortesia de Moschino: p. 225. Cortesia de Thierry Mugler: p. 226. Cortesia de Jean Muir: p. 227. Musée du Louvre, Paris: p. 264e. Musée de la Mode et du Costume, Paris: pp. 195, 223, 327. Foto Tabard. Musée de la Mode et du Textile, Paris. ©UFAC Collection: p. 326. New York Herald, Paris, 17/05/1896: p. 52. Cortesia de Bruce Oldfield: p. 232. Foto ©Norman Parkinson. Cortesia de Zandra Rhodes: p. 238. Cortesia de Mollie Parnis: p. 239. Cortesia de Jean Patou: p. 241. *Patricia Roberts' Second Knitting Book*, 1983: p. 310. Desenhos de John Peacock: pp. 64, 92, 95, 236, 262, 294, 104bd, 264d, 275e. Thierry Perez, Cortesia de Azzedine Alaïa: p. 15. Photo Source: p. 218d. Cortesia de Jacques Pinturier: p. 250. Collection Poiret—de Wilde: pp. 253, 254. Popperphoto: p. 205. Cortesia de Thea Porter: pp. 255, 279d. Cortesia de Pringle of Scotland: p. 200d. Cortesia de Mary Quant. Foto Terence Donovan: p. 260. Cortesia de Paco Rabanne. Foto J. W. T. Paris: p. 261. Cortesia de Nina Ricci Archives: p. 269d. Royal and Ancient Golf Club, St Andrews/ Colnaghi & Co. Ltd: p. 119. Cortesia de Sonia Rykiel: pp. 274, 304e. Cortesia de Yves Saint-Laurent: pp. 170, 278, 97ae, 292d, 279e. © Cortesia de Jil Sander: p. 281. Cortesia de Vidal Sassoon: p. 284. Cortesia de Mila Schön: p. 287d. Cortesia de Sears, Roebuck and Co.: pp. 62, 126, 215, 277. Cortesia de David Shilling: pp. 112e, 289. Cortesia de Martine Sitbon: p. 290. Cortesia de Caroline Smith: p. 324. Cortesia de Graham Smith and Kangol Hats Ltd.: p. 291. Foto Cortesia de L. J. Smith Ltd, Sandwick, The Shetlands: p. 128. Cortesia de Paul Smith: p. 77. Cortesia de George Stavropoulos: p. 295. Cortesia de Anna Sui: p. 298. *Sunday Times* Costume Research Institute: pp. 67, 138, 144, 156, 248, 318, 268d, 305, 182e, 312. Cortesia de Angelo Tarlazzi: p. 302d. Cortesia de Chantal Thomass: p. 305a. Cortesia de Tiffany & Co.: pp. 249, 246d. Cortesia de Philip Treacy. Fotos Robert Fairer: p. 309. Cortesia de Pauline Trigère: p. 311e. Cortesia de

Richard Tyler: p. 315. Cortesia de Emanuel Ungaro: p. 317a. Cortesia de Verdura Inc.: p. 112d. Cortesia de Dries van Noten: p. 320. Cortesia de Gianni Versace: p. 321. Cortesia de The Board of Trustees of the Victoria and Albert Museum, Londres: pp. 54, 197, 267, 65b, 216e. *Victorian Fashions and Costumes from Harper's Bazar, 1867-1898*, Dover Publications, 1974: pp. 53, 151, 243, 336, 244b, 273d. Visual Arts Library: pp. 276, 285, 307. Cortesia de Roger Vivier: p. 328a. Cortesia de Roger Vivier. Foto: Erica Lennard, p. 328. Cortesia de Georgina von Etzdorf: p. 330e. Cortesia de Diane von Fürstenberg: p. 330d. Cortesia de Vuokko: p. 331. Cortesia de Janice Wainwright: p. 332e. Cortesia de Warners and Co.: p. 332d. Weidenfeld and Nicholson Archives: pp. 123, 124, 181, 189, 203d. Cortesia de Vivienne Westwood. Fotos: Niall McInerney, p. 333, 334. Cortesia de Vivienne Westwood. Foto Patrick Fetherstonhaugh: p. 59.

Os editores agradecem a todos os estilistas e empresas que forneceram generosamente esboços e fotografias originais de seus arquivos, em particular a:
Azzedine Alaïa, Aquascutum Ltd, Giorgio Armani, Jeff Banks, Geoffrey Beene, Bellville Sassoon, Elio Berhanyer, Manolo Blahnik, Bill Blass, Body Map, Brooks Bros., Calman Links, Pierre Cardin, Cartier, Bonnie Cashin, Oleg Cassini, Nino Cerruti, Hussein Chalayan, Chanel, Caroline Charles, Clements Ribeiro, Cluett, Peabody & Co., Sybil Connolly, Courrèges, Patrick Cox, Wendy Dagworthy, Oscar de la Renta, Ann Demeulemeester, Christian Dior, Dolce & Gabbana, Edina & Lena, Perry Ellis, Emanuel, Fendi, Ferragamo, Fiorucci, Gina Fratini, Jean-Paul Gaultier, Bill Gibb, Givenchy, Andrew Grima, Gucci, Norman Hartnell, Carolina Herrera, Hermès, Barbara Hulanicki, Betty Jackson, Jaeger, Betsey Johnson, Charles Jourdan, Norma Kamali, Kangol Hats Ltd, Donna Karan, Kenzo, Calvin Klein, Roland Klein, Lacoste, Christian Lacroix, Karl Lagerfeld, Helmut Lang, Lanvin, Guy Laroche, Ralph Lauren, Hervé Léger, François Lesage, Liberty & Co., Vera Maxwell, Simone Mirman, Missoni (com agradecimentos a Gai Pearl Marshall), Issey Miyake Inc., Claude Montana, Moschino (com agradecimentos a Gai Pearl Marshall), Jean Muir, Thierry Mugler, Bruce Oldfield, Mollie Parnis, Jacques Pinturier, Jean Patou, Thea Porter, Pringle of Scotland, Mary Quant, Paco Rabanne, Zandra Rhodes, Patricia Roberts, Nina Ricci, Sonia Rykiel, Yves Saint Laurent, Jil Sander, Vidal Sassoon, Mila Schön, Sears Roebuck & Co., David Shilling, Martine Sitbon, Graham Smith, George Stavropoulos, Levi Strauss, Anna Sui, Angelo Tarlazzi, Chantal Thomass, Tiffany & Co., Philip Treacy, Pauline Trigère, Richard Tyler, Emanuel Ungaro, Koos van den Akker, Dries van Noten, Georgina von Etzdorf, Verdura Inc., Versace, Diane von Fürstenberg, Vuokko, Janice Wainwright, Warners and Co., Vivienne Westwood, Whitmore Thomas.
Agradecimentos especiais a John Peacock.

IMAGENS BRASILEIRAS

Amazonlife (p. 18): Bolsas Orquídea. Foto: Tatiana Altberg. *Angel, Zuzu* (p. 20): Zuzu e Ana Cristina. Acervo Instituto Zuzu Angel. *Arruda, Vera* (p. 26): Folhapress. Foto: Sandra Penha. *Bernardo, Antonio* (p. 42): Pulseira. Foto: divulgação. *Blue Man* (p. 47) : biquíni Blue Man, Status, n. 6, Editora Três, jan. 1975. *Bündchen, Gisele* (p. 58): Desfile Cia Marítima — primavera-verão 2002-3. Foto: divulgação. *Cavalera* (p. 78): Desfile São Paulo Fashion Week — verão 2003-4. Foto: Marcia Fasoli. *Chita* (p. 86): *Que Chita Bacana*, A CASA casa-museu do objeto brasileiro, 2005, p. 123. Foto: Lena Trindade. *Coelho, Gloria* (p. 91): Armadura — verão 2004-5. Foto: divulgação. *Dener* (p. 108): Editora Abril. Foto: J. Ferreira da Silva. *Fraga, Ronaldo* (p. 135): Coleção de verão 2001-2 – "Quem Matou Zuzu Angel?". Foto: Nino Andrés. *Guimarães, Guilherme* (p. 155): Acervo Manchete. Foto: Hélio Santos (22/3/66). *Havaianas* (p. 159): Still fundo palha e produto em azul. Foto: Rômulo Fialdini. *Herchcovitch, Alexandre* (p. 161): Vestido em látex preto — inverno 2004. Foto: Cláudia Guimarães. *Huis Clos* (p. 164): Desfile São Paulo Fashion Week. Foto: divulgação. *Lenny* (p. 196): Desfile verão 2003. Foto: Jaques Faing. *Lourenço, Reinaldo* (p. 203): Desfile primavera-verão 2003-4. Foto: divulgação. *Maria Bonita* (p. 210): Foto: Marcio Madeira. *Martins, Gilson* (p. 211): Bolsa Cristina Fragoso Br. Foto: Patrick Gomes. *Miele, Carlos* (p. 218): Modelo de Carlos Miele para a coleção de inverno de 2002 da M. Officer. Foto: Cláudia Guimarães. *Miranda, Carmen* (p. 219): Acervo Fabiano Canosa. *Nakao, Jum* (p. 229): *A costura do invisível*, de Jum Nakao, Editora Senac São Paulo, 2005, p. 69. Foto: Alexandre Perroca. *Penna, Alceu* (p. 246): As garotas do Alceu. Cortesia de Tereza Penna. *Rhodia* (p. 269): Fashion Show – 1960's. Arquivos Rhodia. *Rosa Chá* (p. 272): Rosa Chá/Guaraná Antarctica. Foto: Jacques Dequeker. *Tropicalismo* (p. 312): Caetano Veloso e Gilberto Gil, 1968. Acervo Manchete. *Vide Bula* (p. 325): Desfile verão 2005. Foto: Vide Bula. *Villaventura, Lino* (p. 325): Desfile inverno 2006 (São Paulo Fashion Week). Foto: Fernando Louza. *Zoomp* (p. 344): Coleção inverno 2000. Foto: Mario Testino.

A tradutora agradece a Elizabeth Bhering de Carvalho, Pontes de Paula Lima, Walden Camilo de Carvalho e seus filhos Natália, Samuel e Leonora. [G.M.M.C.]

Cynthia Garcia agradece a colaboração de Alice Penna e Costa, Fernanda Calfat, Mariana Sampaio e Sonia Gonçalves.

2ª EDIÇÃO [2007] 2 reimpressões

ESTA OBRA FOI COMPOSTA POR RITA DA COSTA AGUIAR EM APOLLO MT STD E IMPRESSA PELA GEOGRÁFICA EM OFSETE SOBRE PAPEL COUCHÉ DESIGN MATTE DA SUZANO PAPEL E CELULOSE PARA A EDITORA SCHWARCZ EM JULHO DE 2017

A marca FSC® é a garantia de que a madeira utilizada na fabricação do papel deste livro provém de florestas que foram gerenciadas de maneira ambientalmente correta, socialmente justa e economicamente viável, além de outras fontes de origem controlada.